"博学而笃志，切问而近思。"

(《论语》)

博晓古今，可立一家之说；
学贯中西，或成经国之才。

复旦博学・复旦博学・复旦博学・复旦博学・复旦博学・复旦博学

张贵敏，博士，教授，博士生导师，男，大连市人，原沈阳体育学院院长，兼任中国体育科学学会体育产业专业委员会副主任、运动训练专业委员会副主任。1982年沈阳体育学院体育教学理论与方法专业研究生毕业，2001年上海体育学院体育人文社会学专业博士研究生毕业。1991年留学德国格丁根大学。主要研究方向为体育经济与管理，近年主编和参编了10部专著和教材，主编并出版了两套共19本丛书，发表学术论文70余篇。他先后主持完成国家部委级立项课题18项，获国家部委级成果等奖20项；并先后被授予辽宁省中青年学术带头人和省级优秀专家，获国务院政府津贴。

辽宁省"十二五"普通高等教育本科规划教材
辽宁省普通高等学校精品教材

博学·体育经济管理丛书

TIYU JINGJI GUANLI CONGSHU

■ 主编 张贵敏

体育市场营销学

（第二版）

复旦大學 出版社

内容提要

　　本书系复旦博学·体育经济管理丛书的一种，全书包括：第一章导论、第二章体育市场营销环境、第三章体育消费行为分析、第四章体育市场竞争策略、第五章体育市场营销调研与市场预测、第六章体育市场营销策划、第七章体育目标市场定位、第八章体育营销组合策略、第九章健身娱乐休闲市场、第十章体育竞赛表演市场、第十一章体育装备用品市场、第十二章体育赞助营销、第十三章体育旅游市场等。每章后附有案例和复习思考题，对学生拓展视野、掌握实际案例很实用，是一本内容新、观念新的体育经济管理教材，适合高等院校体育经济管理专业、社会体育专业、体育MBA使用，也适合各级各类干部培训、上岗培训。

总　　序

　　体育产业在20世纪60年代随着世界经济和社会的发展,人们生活水平的提高,闲暇时间的增加而发展起来的。20世纪70年代以后,由于现代高科技的发展,进一步推动了体育产业的发展,从而增强了体育产业发展的活力。到了20世纪80年代,体育产业的发展进入了一个前所未有的高峰期,其影响扩展到全球。也就在这个时期,随着我国改革开放的推行,经济和社会的飞速发展和人民生活水平的迅速提高,体育产业也得到了相应的发展。国务院1985年颁布的《国民生产总值计算方案》开始运用三次产业分类法,将体育部门列入第三产业,此后,理论界特别是体育经济理论研究中普遍出现了"体育产业"这一提法。1992年6月,中共中央、国务院发布了《关于加快发展第三产业的决定》后,体育界也掀起了对体育产业、体育经济研究的热潮。体育经济是比体育产业外延更广的一个概念,它不仅包括体育产业的经济活动,还包括体育与经济的关系,以及与体育关系密切的一些经济活动。所以,参加体育经济研究的人员更多、更广泛,包括一些著名的经济学家,使这方面的研究取得了不少的成果。这些研究成果对体育产业的实践,对体育经济的发展都是十分有益的。

　　理论研究的发展,体育产业的实践,使相关人才的需求得到重视,许多体育院校、师范大学内的体育系科,甚至一些著名的综合性大学也办起了体育管理、体育市场营销等等有关的专业,使人才培养工作跟上了发展的需要。

　　但当我们冷静地分析自己所面临的现实时又发现,在目前的相关教育中,系统性的教材尚不足。许多教学工作者编写了不少相应的教材,但往往都是为了满足某一门课程的需要,而作为一个专业来说,还应该有自己的系列专业教材,即使一时还不成熟也不要紧,可以在今后的实践中逐步丰富、完善。

　　我们就是出于这样的初衷,编写一套有关体育管理与体育经济的系列教材,可能很不完善,但我们愿意听取大家意见,再作努力,逐步使它完善、成熟起来。

　　我们的每位作者在具体编写时除了利用自己长期积累的资料和研究成果外(因为有些书的选题就是来自作者自己的博士论文),还大量引用了许多其他学者的研究结论和教学成果。如果没有这些教学、研究的成果,我们这套系列教材也就难以完成。所以这套书能够编写出来首先要对他们表示感谢。

　　在这套书的选题上我们就自己理解的方方面面的内容,确定了13本书,对于目前体育管理与体育经济所涉及的内容都尽量涉及。也许不准确,肯定还不全面,可是我们的目标是明确的,即建立一套适合中国体育产业发展实践的理论教学用书。

　　这套书是从教学需要出发而编写的,为了增强它的实用性和可操作性,在写法上不但增加了不少练习题,还引用了大量的案例,使阅读者不仅可以从理论上进行思考,还可从实践上深一步探索。因此,它对在体育管理岗位上开展体育经济活动的所有人员也都有参考价值。

　　希望大家多提意见! 愿我们共同努力,尽快地把我国体育管理与体育经济方面的教学用书编得完善、系统、科学!

　　　　　　　　　　　　　　　　　　上海体育学院
　　　　　　　　　　　　　　　　教授博士生导师　　　胡爱本

前　　言

　　中国的竞技体育和社会体育经过 20 多年来的市场化改革,已从过去完全是国家的社会福利事业开始进入社会化、职业化、商业化的发展阶段,并逐渐成为国民经济发展新的增长点。随着体育产业的不断发展,体育经济功能的不断扩展,需要我们对体育市场的投入、产出、结构、消费、营销等一系列规律的问题进行系统的分析。

　　2014 年 10 月 20 号国务院《关于加快发展体育产业促进体育消费的若干意见》(以下简称《意见》)指出,"发展体育事业和产业是提高中华民族身体素质和健康水平的必然要求,有利于满足人民群众多样化的体育需求、保障和改善民生,有利于扩大内需、增加就业、培育新的经济增长点,有利于弘扬民族精神、增强国家凝聚力和文化竞争力"。该《意见》还指出,体育产业发展在发挥市场作用上,要"遵循产业发展规律,完善市场机制,积极培育多元市场主体,吸引社会资本参与,充分调动全社会积极性与创造力,提供适应群众需求、丰富多样的产品和服务"的原则。并且在主要任务和政策措施中都提到要完善和丰富市场环境,改善产业布局和结构,促进与其他产业的融合,丰富体育产业内容;以竞赛表演业为重点,大力发展多层次、多样化的各类体育赛事;完善无形资产开发保护和创新驱动政策,建立体育产业资源交易平台,创新市场运行机制,推进赛事举办权、赛事转播权、运动员转会权、无形资产开发等具备交易条件的资源公平、公正、公开流转。按市场原则确立体育赛事转播收益分配机制,促进多方参与主体共同发展,进一步促进公平竞争,降低赛事和活动成本。体育营销作为体育产业发展中不可缺少的重要环节,迎来了发挥自身优势的"新的春天"和展示自身能量的"更大平台"。

体育市场营销的含义绝不仅止于赞助体育运动,它还包括购买某项体育比赛的冠名权,投资制作以体育为主题的广告,举行与体育相关的宣传、促销或公关活动,请体育明星出面推荐产品或出席展销会等,以最终达到提升本公司及品牌知名度的目的。2008年北京奥运会之后,中国体育营销正在不断地融入世界经济的舞台,联想、李宁、安踏等中国企业走出国门,借助于美国NBA进行促销;上海大师杯、中国网球公开赛、环青海湖自行车赛、环长三角太湖自行车赛、厦门环岛马拉松赛等赛事活动的市场营销策划与国际标准全面对接;姚明、刘翔、李娜等世界级中国体育明星的市场推广完全按国际惯例运作。体育营销理论与实践的发展是建立在体育产业发展基础之上的,体育产业作为横跨第二、第三产业的复合产业,与旅游业、传媒业、培训业、交通业、建筑业、服装业、器材制造业等相互交融、相互促进、共同发展,从任何一个产业中都能寻觅到“体育产业”的身影,人们很难判断体育产业的边界,因此体育产业也可称为“泛产业”。如今,体育产业在调整国家或地区产业结构,促进社会就业,引导人们朝着健康、文明、科学的生活方式转变中已发挥越来越积极的推动作用,是大文化产业的重要内容。

体育市场营销学作为市场营销学的分支,是以与体育市场营销有关的活动为对象进行研究的一门应用性科学。本书从理论和应用两个大的方面对体育市场营销进行了梳理和分析。全书共分十三章,前八章是对体育市场营销理论的梳理,后五章是对体育市场营销应用的分析。各章围绕其内容,摘选了国内外案例,更注重将理论同实践密切地相结合。

本书是在2006年6月版本的基础上重新修订而成,原教材于2007年获得辽宁省自然科学学术成果二等奖,2008年获得辽宁省“十一五”中期教育科学优秀成果一等奖,2009年获辽宁省精品教材,2012年被确定为辽宁省“十二五”普通高等教育本科规划教材。

全书由主编张贵敏教授具体设计写作框架和研究思路,并在其主持下完成撰写。具体各章写作分工如下:张贵敏(第一章)、张春宇(第二章、第十一章)、邹德新(第三章、第十章第一节、第四节)、朴勇慧(第四章、第七章、第八章、第十三章)、刘红华(第五章、第十章第二节、第三节)、丁林梅(第六章)、曹亚东(第九章、第十二章)。全书由张贵敏和曹亚东统稿,张贵敏负责定稿。

　　本书在编写过程中参阅、吸收和引用了国内外许多有关专家、学者的文献、观点及最新研究成果,对此我们已经尽可能地注明了出处。因篇幅所限,还有一些参考文献未能一一注明,在此我们谨向有关作者、出版者致以深深的歉意和谢意! 同时衷心感谢上海体育学院胡爱本教授和复旦大学出版社的各位编辑对本书出版的支持和付出的辛勤劳动。

　　本书尽管各位作者在编写过程中都作出了很大努力,但由于我国的体育营销理论和实践还正在探索和摸索进程中,加之作者水平有限,书中肯定存在不少错漏之处,敬请各位专家和读者批评指正,我们在此深表谢意!

编者

2015 年 6 月 15 日

目　　录

第一章
导　　论

内容提要

- 市场营销学与体育市场营销学
- 体育市场与体育市场分类

体育在推动现代社会文明发展和人类健康生活中占据重要地位。以满足大众体育消费需求为目标,体育市场已经成为完善体育公共服务、提供丰富多彩体育产品的基本保证。同时,伴随时代变革的影响,在长期实践过程中,体育市场营销理论不断丰富、发展和完善,逐步形成了体育市场营销学的科学体系。

第一节　体育市场营销学发展的背景

体育市场营销学与市场营销学有着不可分割的渊源关系,前者的基本理论是建立在后者的基础上,依据自身的特点、分类方法、研究内容,建立起一个市场营销学的新分支。

一、市场营销学的产生与发展

市场营销学是一门研究市场营销活动及其顾虑的应用科学。据记载,19世纪末20世纪初,美国西部开发运动使市场更加活跃,新的竞争因素不断增加,信息、促销活动等越来越受到重视。特别是随着工业生产急速发展,科技进步带动了生产力的提高,市场供大于求,卖方有了危机感,买方失去了安全感。买卖双方都渴望有一门新的理论来对其经济生活实践进行有效的指导。1902年在美国的密执安大学、加州大学及伊利诺大学的经济系开设了市场营销课程。在此之后,美国的其他大学相继也开设了此课程,并使这门课程不断完善。1912年,哈佛大学的海格蒂(J. E. Hagerty)教授出版了历史上第一部《市场营销学》(*Marketing*)教材,从此,作为一门独立学科,市场营销学便从经济学中分离出来。但是,该书与现代的市场营销学差距较大,它所涉及的对象主要是企业运行中的商品分销、广告等内容的某些问题,更多限于学校的研究和教学,还没有起到对营销活动的直接指导作用。

20世纪30年代初,西方资本主义国家爆发了经济大危机,市场萧条,销售极为困难,大量产品积压,大批企业纷纷倒闭。由于企业主从过去对产品产量的关注,被迫转向了对市场销售的关注,市场营销学也逐渐开始受到学术界和企业界的重视。教授市场营销学的专家开始走出校门,为企业出谋划策,帮助他们解决问题,市场营销学的内容开始获得充实,基本概念和理论体系便逐步形成。可以说,从此以后市场营销学在理论与实践的结合上获得了较大的发展。

20 世纪 50 年代以后,第三次科技革命极大地提高了生产率,各种产品的变化和数量剧增,市场出现供过于求。过去仅仅被视为产品推销术的市场营销学,已经不能适应新形势的要求,一些学者提出了新的观点,即生产者的产品或劳务必须适合消费者的需求与欲望,提出了营销活动的实质,即企业对于动态环境的创造性的适应。迎合当时企业需求的新理念、新专著相继出现,使市场营销学发生了重大的变革,使企业的经营理念从"以生产为中心"转变为"以消费者为中心"。因此,市场被视为生产过程的起点而不是终点,营销突破流通领域,并通过对消费者需要与欲望的调查、分析和判断等整体协调活动来满足消费者的需求,使市场营销观念贯穿到生产过程及售后过程。现代市场营销学逐步成熟。

在近几十年中,市场营销学的理论体系继续扩展并更趋完善。20 世纪 70 年代,市场营销学与消费经济学、心理学、行为科学、社会学、统计学等应用科学结合,成为一门综合性的应用科学,使学科走向成熟。至今,市场营销学从没停止脚步,仍随人类社会的发展在拓展和延伸。如果说,传统的市场营销是把市场作为生产过程的重点,企业的责任就是完成推销任务,那么,现代的市场营销则是把市场看作生产过程的起点,通过了解市场的需求来提供对路的产品。因此,现代的市场营销学是指导现代企业的重要理论基础。

二、体育市场营销学的产生与发展

体育市场营销学是市场营销学的分支,是以与体育市场营销有关的活动为对象进行研究的一门应用性科学。

随着体育运动的普及,人们对运动的认识和需求越来越高,体育产品及与体育相关的产品受到的关注程度也越来越高。与其他产品一样,体育产品一旦进入市场,营销活动就成为企业生存和发展的关键环节。体育市场营销把市场营销的一般原理和过程运用到体育产品的营销,它本身具有较长历史,按照美国 B. J. Mullin 等人的说法,"就发展而言,资料上可追溯到古埃及和古罗马的推销商。其中有很多发展的黄金时段和高速成长期"。伴随着体育市场的发展,体育市场营销学吸收了市场营销学的理论,形成了独立的学科。

然而,体育市场营销学作为独立学科,远远滞后于体育市场的发展。起初,体育市场营销的某些内容包含在体育管理学中,如日本、美国等国将体育产业和市场管理纳入其中。Mullin 曾指出,市场营销学因附加了不同的内涵,使其进一步拓展。其中:"营销体育"(marketing of sport)是直接为最后的使用者——体育观赏者或参与者生产与销售体育商品的服务;"通过体育进行营销"(marketing through sport)是企业通过接纳体育的观赏者和体育的参与者去影响自己产品的消费者。由此可以把体育产品既看作是消费品,也可看作是产业的商品。由于体育营销内容和观念的不断丰富,极大地促进了学科的发展。1987 年我国第一本《体育经济学》问世,它对体育市场的相关内容从宏观角度有一定论述,这标志着我国体育向经济领域的理论研究迈出了一步。20 世纪 90 年代后期,我国出版了第一部《体育市场营销导论》,2001 年出版了我国第一部高等学校教材《体育市场营销学》。近些年,有关体育市场营销的实践活动和研究不断地丰富了学科领域的发展,与此有关的专著和教材数量大大增加,有力地推动了体育市场营销理论与实践的发展。目前很多国家体育院系开设了体育市场营销学课程,近几年我国的一些体育院系也相继开设了此课程。

第二节　体育市场与体育市场分类

一般认为,市场作为商品经济运行的基础和基本形式,是营销活动的场所、对象和载体。体育市场遵循市场的一般规律,成为体育营销活动的中心。

一、体育市场

市场属于商品经济范畴,是一种以商品交换为内容的经济联系形式。马克思指出:"生产直接是消费,消费直接是生产。每一方直接是它的对方,可以同时在两者之间存在着一种媒介运动。生产的媒介是消费,它创造出消费的材料,没有生产,消费就没有对象。但消费也媒介着生产,因为正是消费为产品创造了主体,产品针对这个主体才谓产品。产品在消费中才能得到最后完成。"[①]由于生产劳动分工各异,在产品存在不同所有者的情况下,使各自的产品互相成为商品,出现了商品的供求关系,进而产生了交换产品的市场。供求关系使市场成为生产和消费的纽带,通过交易活动,把生产者的产品转化为经营者的商品,最终转化为消费者的消费品。因此,市场不仅是交换产品的场所(狭义市场),而且是商品交换关系的总和,或供需关系的总和(广义市场)。

根据对市场的一般理解,体育市场作为一般消费品市场的一部分,它体现着不同层次的含义。

---

① 《马克思恩格斯选集(第 2 卷)》,人民出版社,1995 年。

1. 作为商品交换的场所,体育市场表达了空间的含义

任何体育商品交换活动,无论是有形或无形的商品,都要在一定空间进行。体育产品主要是服务产品,具有生产消费不可分割的特点,这就意味着商品交换时空的一致性。健身娱乐、竞赛表演、运动培训等的交换行为在体育场馆,或者说,体育场馆提供了交换活动的场所。即使是体育信息一类的无形商品,往往借助于现代化交易手段,也要在特定的场所进行交易。随现代科学技术的发展,交易场所的范围依手段的变化而不断扩大。

2. 体育市场表达了对体育消费品的供需

消费需求集中体现了现代市场的特征,就体育消费品而言,无论是体育服务产品,或是保障体育服务消费的相关产品,归根结底,市场存在与否取决于需求,特别是取决于体育服务产品的需求。一般认为,体育消费属于享受型和发展型消费,体育消费的需求增长与人们生活水平的提高密切相关,因此,体育市场的发展与社会进步、经济发达具有较明显的同步性。此外,经济学上的互补效应在体育市场较为明显。体育服务的需求依靠相关商品的支持,即体育服务市场难以单独活跃,还要借助相关市场的活跃,如人们参加健身消费离不开运动服装和器材,这表现出体育市场中各相关市场的一致性。从上述意义上讲,体育市场不仅是指满足人们特定的需求和欲望,而且指愿意并能够通过交换来满足体育需要或欲望的全部潜在消费者。

3. 体育市场表现了体育交换过程中的全部经济关系

在市场经济条件下,商品的生产者、持有者、经营者、消费者,只有通过市场从事交换活动,并发生经济联系,从而达到各自的目的。所以,体育市场成为以体育产品交换为中心的各种经济关系的总集合体。

二、体育市场分类

目前各国对有关体育市场的分类差异较大,出于不同的研究或统计目的,在分类时有的作了细分,有的作了合并。我国体育市场分类有几种,其中按体育产业构成部分分别划分为相应市场和按体育消费品市场类型划分比较多见。体育产业可划分为"本体产业"和"相关产业",即以发挥体育自身价值和功能、利用体育自身方法和手段实现的、提供体育服务的体育产业营销活动,以及保障体育活动有关的产业营销活动。我国根据《国民经济行业分类》和体育活动的特点,将行业分类中相关类别进行重新组合,形成 3 个层次,即第 1 层次的 8 大类、第 2 层次的 24 个中类和第 3 层次的 57 个小类产业活动(见本章附件)。

按商品形态,体育市场可分为有形商品和无形商品两大类;按商品的属性,体育市场可分为实物和服务两类市场。无论按哪一种方式分类,其结果都应考虑在以体育为深刻的本质或显著特征作为标准的基础上,按照便于人们理解和有利于开发、指导的原则上。

有一点值得注意,国外一些学者将体育产业界定为劳务性产品的生产和营销,由此将体育消费市场定位在对体育的劳务产品的消费,将体育消费者简单分为体育参与者和体育观赏者两类。我国也曾有学者持有此种观点,认为体育市场的本质是它的服务性。但是,如果研究体育市场时只考虑体育本质特征一方面,而忽视了体育市场的拓展和延伸,忽视了与它相伴而生和相互依托的其他市场,就难以全面地理解、研究和开发体育市场。

根据体育市场形成的功能特点分类,则更容易分清体育目标市场的不同层次。按此方法可将体育市场划分为三个大类和进一步细分的若干个市场(图1-1)。三大类市场相互依存,又相互制约。没有体育主体市场,其他体育市场就不复存在;没有体育保障市场,体育主体市场则缺少运行条件;没有体育延伸市场,其他体育市场也就失去活力。

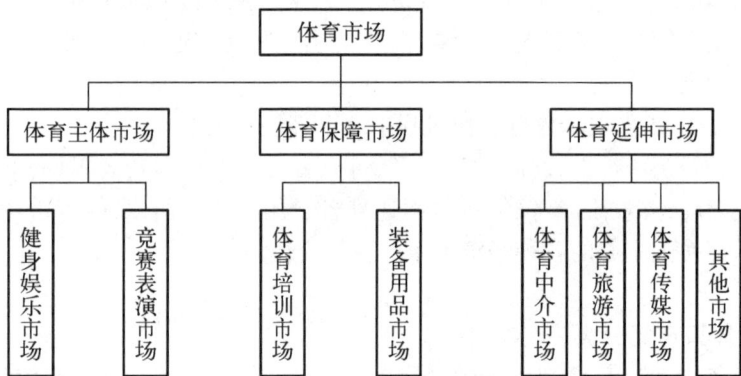

图1-1　体育市场分类

(一) 体育主体市场

体育的本质表现在它的功能和价值上,取决于体育运动的内在目的性。围绕体育本质属性可直接进入市场的产品是体育原发性的产品,直接进入市场的消费者是体育运动参与者、观赏者,他们直接通过人体的身体感受和视觉感受进行消费,消费的是体育原发性服务产品。由此形成的体育市场满足了运动参与者、观赏者两方面人群需求的供给,并实现交换,这可称其为体育主体市场。

1. 健身娱乐市场

健身娱乐市场是指满足人们健身娱乐需求、提供体育活动项目有偿消费的场所。健身娱乐消费是服务性消费。作为体育本质的重要内容,健身是通过身体活动达到健康目的。原来意义的健康主要指身体健康,而现代健康的概念还包括了心理健康,因此健身涵盖着身体和身心双重健康的含义。《韦氏辞典》(*WEBSTER*)把体育定义为"消遣娱乐的一个源泉或是为娱乐而从事的一种身体活动"。可见,健身与娱乐是体育中的一对孪生兄弟。

健身娱乐市场在体育市场中占有重要地位,有关的市场受其影响程度大,在体育产业中起到核心拉动力作用。据调查,我国城市居民关注的问题中,健康问题排在首位。因此,随着人民生活水平的提高、闲暇时间的增加、人们对健康的关注程度越来越高,市场消费主体的规模将不断扩大,健身娱乐的内容更将不断丰富,且逐渐向高层次发展,我国健身娱乐市场未来的发展速度将会更快,并将成为引领居民消费结构变化的重要因素之一。

2. 竞赛表演市场

竞赛表演市场指人们有偿观赏体育项目竞赛和表演的服务性消费市场。观赏者直接消费的商品是体育竞赛表演。体育观赏市场以欣赏体育的人群和提供的竞赛活动为基础,以满足人们观赏为目的。

竞赛表演市场在我国起步较晚,自20世纪80年代末开始,至今只有20多年的历史,但它标志着我国竞技体育迈出了市场化、社会化的一步。这一市场的启动和发展受到的关注程度很高,成为媒体运作的焦点。近几年,进入竞赛表演市场的运动项目不断增加,一些大众喜闻乐见的体育游戏娱乐内容也成为该市场的卖点,极大地丰富了市场。由于竞赛表演市场的发展,带动了众多相关市场的繁荣,推动了我国竞技体育的发展。

(二) 体育保障市场

为能使主体市场顺利运行,保障体育市场消费者能够实现消费欲望,必须借助有运动技艺的人和运动必备的物,这种支持体育主体市场的继发性市场成为体育保障市场。

1. 体育培训市场

体育培训市场是指人们接受运动理论和技术指导、训练的服务性市场。参与培训消费的人主要分为三种:第一种是大众健身培训,消费者以在指导下掌握运动的技巧、方法、手段,提高个人练习的效果,达到健身、健美、愉悦身心为目的;第二种是运动项目的训练和指导,消费者多以竞技体育项目训练为主,达到增加竞技运动能力资本、提高运动成绩的目的;第三种是对指导者的培训,消费者接受理论与实践的培训,达到获得进入行业的资格、等级,以及获得或提高专业能力的目的。

在市场经济条件下,知识、技能、运动潜能作为劳动能力的组成部分,由所属的人带入市场进行交换,实现有偿交流。衡量运动员价值的标准是运动水平或运动成绩和运动潜在能力;衡量教练员价值的标准是训练指导能力、经验。在我国竞技体育走向市场后,越来越多的初级竞技体育人才培养通过体育培训市场实现,并进入竞技体育人才交流市场,完成人才的合理流动。运动员培训消费依运动水平提高而减少,这与转型期竞技体育市场化程度及国家利益两者有关,随着职业俱乐部体制的建立,竞技体育培训市场将得到进一步发展。

当前在我国体育培训市场正刚刚起步之时,就出现了较强的发展势头。但是,就目前的体制而言我国竞技体育人才还没有完全打破地方或单位所有制,部分进入人才市场的交换行为还不规范,这就大大地制约了运动员、教练员个人投入的积极性,限制了体育培训市场的发育和发展。一些按企业化运作的单项俱乐部,依据人才市场的规律虽然已迈出了一大步,然而更多运动项目的人才流动却仍采用所谓"交流"的办法,培养运动员的单位只收取部分培养费用,影响了一些单位培养人才的积极性和体育培训市场的完善。随运动员培养市场化的推进,竞技体育人才培训市场化将会得到较大的发展。

2. 体育装备用品市场

体育装备用品市场是指为体育运动提供必要的场地、设施、器材、用具、服装、鞋帽等实物性市场。这是目前体育市场中最为活跃的市场,也是消费量最大的市场。随着参加体育活动的人群扩大和竞赛表演市场的活跃,体育装备用品市场呈上升趋势。Lisa Pike Masteralexis 指出,日本在体育实物消费方面处于领先地位,1995 年平均每人每年为此支出 888 美元,德国为此支出 790 美元,美国城市居民支出 695 美元,英国支出 443 美元,体育实物产业的全球化仍将继续①。表 1－1 和表 1－2 列出瑞典和日本不同年度体育实物性消费变化情况,从中可以清楚地看到实物消费总支出在逐年提高。与这些国家相比,我国体育实物性消费量也同样在体育消费总量中占到较大的比例,1999 年达 57.85%。统计结果表明,2008 年我国体育产业增加值为 1 658.6 亿元人民币,其中体育用品业的增加值为 1 294.94 亿元人民币,占体育产业总增加值的 78.07%。有研究报道,国际体育用品市场约有 65% 的产品来自中国。可见,我国体育装备用品市场在

① Lisa Pike Masteralexis, *Principles and Prsctice or Sport Management*, Aspen Publisters. Inc, 1998, pp. 404、407.

国际体育市场中占有重要地位。

表 1-1　瑞典家庭体育消费支出与比例结构

	1985 年	1988 年	1992 年
运动服、鞋支出额(亿克朗)	23.04	26.61	38.99
占体育消费总支出比例(%)	48.79	44.36	43.14
体育器材支出额(亿克朗)	13.46	17.54	21.88
占体育消费总支出比例(%)	28.50	29.24	24.21

资料来源:杜利军,"瑞典家庭用于体育和健康开支",《体育经济政策研究》,人民体育出版社,1997 年。

表 1-2　日本体育消费支出与结构

	1987 年	1988 年	1989 年	1990 年
体育器材支出额(亿美元)	64.20	71.20	81.00	88.60
占体育消费总支出比例(%)	24.98	25.20	25.00	25.22
体育服装支出额(亿美元)	32.50	32.50	39.00	41.40
占体育消费总支出比例(%)	12.65	11.50	12.04	11.78

资料来源:陈琳,"日本体育消费",《国外体育动态》,1997 年第 43 期。

　　值得注意的是,在体育装备用品市场中,体育服装和鞋帽的销售长盛不衰。一方面,这与世界一些名牌公司不断更新运动服装和运动鞋的品种、式样和性能,焕发人们追求时尚的心理,从而保持它们的消费量有关。另一方面,如 Lisa Pike Masteralexis 所论述的那样,现代人以穿运动鞋为时尚,35% 的人在学校时穿运动鞋,28% 的人用于体育活动,22% 的人则偶尔穿穿。日本有 70% 的人、德国有 89% 的人、英国有 55% 的人穿运动服装从事娱乐活动,这些国家分别有 38%、6%、27% 的人,把运动服用于日常生活中[①]。可见,体育实物消费品,如运动服、鞋已经延伸到生活领域之中,无形中使体育装备用品市场更加活跃。

　　(三) 体育延伸市场

　　利用或依托体育所产生的效应或机会等从事各种经营活动而衍生出的市场应称为体育延伸市场。这种市场将会随体育市场的开发和完善不断增加。

　　1. 体育中介市场

　　体育中介市场是指为体育市场的交易活动主体提供服务的市场。其服务对

---

　　① Lisa Pike Masterralexis, *Principles and Prectice or Sport Management*, Aspen Publisters. Inc. 1998, p.407.

象包括企业、消费者,也包括从事购销活动的体育职能部门和体育社会团体,还包括具有较高竞技运动能力的运动员和具有训练指导能力的教练员等。体育中介市场是整个体育市场体系中的重要组成部分,它能使各个不同市场主体发生联系,使之相互衔接、协调,从而成为一个有机和谐的整体。市场中介组织的终极行为属于市场行为,是经济民主化的一种组织形态,在很大程度上代替了政府原来的某些职能。

体育中介市场较为活跃的是体育经纪人,他们以从事赛事或体育活动举办方和承办方的介绍与协调、运动员或教练员的代理、赞助和媒体宣传的中间运作等活动获取佣金。经纪人活动的中介服务对象是买卖双方,是在尊重双方权益的基础上进行的,所获得的报酬是合法收入。我国体育中介市场起步较晚,由于体育市场不完善,专门从事体育中介的机构很少,随着市场的不断开放和规范,体育中介市场将有较好的前景。

2. 体育旅游市场

关于体育旅游的概念,现有的体育理论和旅游学理论都还没有给予较为科学的界定。我国国内的众多学者从不同的角度界定了体育旅游的概念,但尚未达成共识。体育旅游是一种专业性的旅游,即区别于一般观赏、审美、娱乐旅游。从体育的角度定位可以理解为:体育旅游是游客以参与或观赏体育活动项目为主要内容的旅游活动形式。体育旅游是一种休闲体育或假日体育,是人们参与体育的一种形式或体育活动的一种方式,它是一种旅游活动,也是一种旅游方式,旅游过程中有体育,体育之中有旅游,这是体育与旅游的结合。

体育旅游融合旅游观光与体育健身的双重优势,亲身感受参与体育健身与亲和大自然所产生的乐趣,对缓解现代紧张生活给人们带来的压力、改善人们的社会质量、提高民众的综合素质具有独特的作用,对促进经济发展和文化水平的提高也具有很大的拉动作用,故而受到人们的普遍欢迎。在欧美发达国家,体育旅游已经成为一种休闲健身时尚活动,并形成了巨大的市场。据统计,西班牙在20世纪90年代以来每年接待旅游人数高达5 600万左右,其中体育旅游者占60%以上,创汇170多亿美元;瑞士仅滑雪一项每年接待外国游客高达1 500万人次,创汇70亿美元;英国通过发展体育旅游业所得到的年产值约为90亿英镑。有关专家预测:旅游业是21世纪最具发展潜力的朝阳产业,而体育旅游业将成为世界最大的行业之一。

3. 体育传媒市场

体育传媒指通过一定的工具实现体育信息交流和传播的功能系统。所谓工具即媒体,如报刊、广播、电视、网络、音像制品等,各种体育信息,如体育的宣传、报道、新闻,体育的技术、知识、运动的方法等,通过媒体的渠道传递到相关组织和个人。体育传媒具有公益性和商业性两种作用,分别服务于公共事业和商业。在信息高度发达的社会中,传媒的作用越来越受到关注,与此同时,载有大量具有商业运作价值的体育信息也由此更加活跃。

体育传媒市场的经营者利用体育信息的价值,以体育传媒为手段,达到商业开发、经营的目的。同样,由于体育传媒市场的活跃,消费者有更多的机会获取信息。近些年,各种媒体通过体育信息不断扩大发行量,体育明星广告、体育赛事的转播等收益不断提高,特别是依托网络的电子竞技运动的发展,为体育传媒市场提供了更大空间。从奥运会电视转播权费的变化可以看出,1980 年莫斯科奥运会的电视转播费只有 1.01 亿美元,到 2004 年雅典奥运会电视转播费已达14.89 亿美元,二十几年时间提高了 14 倍之多。可见,体育传媒市场的潜力较大,已成为国际大型赛事商业运作的重要支柱。

第三节 体育市场营销特点

体育市场营销是市场营销的一部分,因此它具有普通市场营销的一般特点。然而,体育市场作为特色市场,它的营销活动还应充分考虑其特殊性。由于体育产品具有有形和无形两种形态存在形式,又具有实物和服务两种属性,因此体育市场营销的自身特点十分突出。

一、体育市场营销对社会与经济环境依赖性强

体育是一种社会文化现象,是社会存在和发展的反映。在不同的社会文化背景下,人们对体育的认识程度不同,对体育的消费需求差异较大,受其影响,体育市场的营销活动的差别也非常大。即使在同一个国家,体育的发展程度也千差万别。我国是个多民族的人口大国,各地区、各民族的文化差异会直接导致体育市场的变化。因此,没有一个适合的社会环境,体育市场营销活动就很难找到自己的立足点。

体育的消费需求属于高层次的需求,经济发展程度是大众体育消费的基础。与一般生活消费不同,体育消费只有在恩格尔系数低于 40% 时才能活跃起来,或者说,体育消费的发展要依赖于经济的发展,达到小康生活水平的人们才会更关注体育消费。所以,在经济发达地区体育市场营销活动比较容易开展,而在经济环境差或经济发展欠发达地区,体育市场营销活动开展比较难,并主要以某些

体育实物营销为主。

二、体育市场营销多元化日趋突出

体育市场的发展与社会的发展极为密切,在市场经济条件下,市场的主体和客体发生了较大变化。根据所有制形式,市场由单一的国有经济市场主体,不断扩展增加了集体经济市场主体、混合经济市场主体、股份经济市场主体、私人经济市场主体、中外合资及外商独资经济市场主体,大大提高了市场营销的竞争力。以体育市场发展为契机,品种繁多的产业融合进体育市场中来,如经纪业、保险业、旅游业、饮食业等,并逐渐形成了具有自身行业特点的新的体育市场。体育市场营销的多元化增长使体育的产品数量、种类大幅增加,跨行业地生产经营体育产品和服务,扩大了体育市场的范围,提高了市场内涵。近年来,健身与娱乐的结合已经成为总的趋势,针对不同目标市场的体育营销活动进一步分化,以健身为主的娱乐活动和娱乐为主的健身活动朝多样化发展。由于体育市场的前景被商家看好,激烈的竞争为体育市场的发育和发展创造了难得的机遇和条件。

三、体育市场营销空间大

随着人们生活水平的提高,健康意识和生活质量意识得到加强,从事体育消费活动的人群不断增大,体育产品和服务的消费需求不断增长,体育市场营销的范围和规模不断扩大。我国加入 WTO 后,体育市场的国际化趋势越来越突出,体育的国际市场营销活动日趋频繁,经营活动在向国外拓展,以寻求和占领国际市场。体育实物产品的直接作用在于保证体育活动的开展,为体育服务提供基本条件。体育健身娱乐市场的销售量增加,必然导致体育用品市场销售量的增加。由于体育消费方式的差异,参与体育健身活动的人未必通过交费方式达到健身目的,但是他们也仍有对体育用品的需求。受体育市场多元化影响,体育市场的营销活动渗透到更多领域,遍及到任何地方。由于体育的大多产品具有替代性较强的特点,在很多情况下,人们都会找到替代产品或活动方式满足个人体育消费需求。因此,体育的广泛性和持久性为体育市场的发展提供了更广阔的空间。

四、体育市场营销难以把握主体产品的质量标准

为产品制定质量标准能保证产品在生产过程中的监控,保证产品生产完成后的质量验收,主要目的是为消费者提供满意的产品。通常的产品质量有一定的检测指标,以指标的检测结果衡量产品的等级或确定是否达到规定标准。制定服务产品的质量标准很难,制定体育的主体产品的质量更难。体育的主体产

品是满足人们观赏和身体运动的需要,对不同人群来说,无法确定统一的质量标准,即不能用一种标准评价它的好坏。由于这些服务产品的生产过程可变因素多,消费者的个体差异大,消费欲望的满足程度不可能用一种标准衡量,所以体育市场营销的主体产品缺乏客观评价标准。将消费者的满足程度作为质量评价标准,难以使经营者和消费者在法律的层面上解决纠纷。

第四节　体育市场营销学的研究内容

任何学科都有自己的研究领域和内容。在市场动态变化的条件下,体育市场营销学要研究相关企业如何有效地管理买卖双方的交换过程和市场营销过程,如何有效地提高企业营销效益,如何有效地在满足消费者需求和欲望的同时求得自身发展,同时也要研究体育的事业单位如何通过市场营销活动,发挥有形和无形资产效益,提高营销水平,使国有资产保值和升值,并为体育行政部门扩大资金来源。说到底,体育市场营销学研究的是经营方略。因此,它要着重研究在激烈竞争的环境中,如何识别、分析、评价、选择和利用市场机会,围绕产品研究适销对路、扩大市场销售,并为此提供理论、思路和方法。体育市场营销学的研究内容主要有三个方面。

一、消费者的需求和欲望及消费行为

没有消费就没有生产,更不存在营销,无论是生产还是营销,其目的是为满足消费者的需求和欲望,欲望是消费的基础,消费是营销的前提。了解消费者的需求,还应知道消费者怎样消费,就必须研究消费者的消费行为。

二、供应者满足及影响消费者的方式和供应者行为

供应者的活动以消费者的需求为出发点,满足程度高,收益就大。如何用供应者的愿望去影响消费者,把供应者的信息有效地传达给消费者,使之变成消费者的购买行动,这是体育市场营销学中探讨的供应者行为。

三、辅助完成交易行为的营销机构行为

供应者和消费者的意志达到统一,促成双方交易行为实现,需要一定的机构和它的活动来完成。辅助完成交易行为的营销机构是研究的另一个方面。

[本章讨论题]
1. 如何理解体育市场营销？
2. 如何理解体育市场营销的特点？
3. 体育市场如何分类？

[案例一]

奥运会为何与营销"联姻"

在 1984 年洛杉矶奥运会之前，为了保持奥林匹克运动的纯洁性，奥林匹克运动组织一直坚持"非商业化、非职业化、非政治化"的准则，奥运会的商业色彩极低。随着奥林匹克运动在全球的日益深入人心，奥运会的比赛项目日趋增多，规模也越来越大，其对比赛设施的要求也越来越高。对于承办奥运会的城市来说，除了是一种荣誉以外，更多的是一项沉重的负担。

1976 年的蒙特利尔奥运会，亏损高达 10 亿美元。1980 年的莫斯科奥运会，耗资达 90 亿美元，因为受到以美国为首的西方国家的抵制，奥运会仅有的一些集资的市场运作大受影响，亏损更为巨大。奥运会变成了侵吞巨额金钱的无底洞。

面对奥运会这一让举办城市又爱又怕的"烫山芋"，申办 1984 年奥运会的只有美国洛杉矶一座城市，而申办 1988 年奥运会的也只有两个城市，其中包括韩国的汉城。面对此情此景，人们议论纷纷，有一种开玩笑的说法认为，只有 3 类国家能够举办奥运会：富国美国，集权国家苏联和大胆的小国（如韩国）。

所有这些，都宣告了奥运会的非商业化原则的失败。在 1980 年当选国际奥委会主席的萨马兰奇不得不无奈地承认，国际奥委会的财政问题已成了一个急需加以解决的问题。

美国的洛杉矶虽然获得了 1984 年奥运会的主办权，但美国政府和洛杉矶地方政府都拒绝出钱。为了让奥林匹克运动不至于因缺钱而熄火，1981 年，国际奥委会不得不同意洛杉矶奥运会组委会采取商业化的原则来筹备举办奥运会的资金，1984 年的洛杉矶奥运会由此而成为现代奥林匹克营销的转折点。

1984 年洛杉矶奥运会之后,为了获得用于奥林匹克运动发展的各种资金,国际奥委会等奥林匹克组织利用奥运会及奥林匹克标识,开始大张旗鼓地进行各种商业活动。而成功的商业运作,也使 1988 年汉城奥运会、1992 年巴塞罗那奥运会、1996 年亚特兰大奥运会、2000 年悉尼奥运会、2004 年雅典奥运会、2008 年北京奥运会和 2012 年伦敦奥运会都顺利举行。现在,举办奥运会甚至成了赚大钱的买卖,申办奥运会的热潮一浪高过一浪。

萨马兰奇在一次讲话中说:"我们(国际奥委会)犯了一个错误! 我们没有看到,我们的机构必须调整自身以适应新的世界……在这个新世界里,金钱已经渗透到人类和社会生活的各个方面,包括各种形式的体育活动。"奥林匹克组织进行奥林匹克营销的目的,主要包括以下几个方面。

1. 确保奥林匹克运动经济上的独立性,维护奥林匹克理想

在 1984 年洛杉矶奥运会前,由于资金上的捉襟见肘,很难说各种奥运组织有多大的独立性。像奥运会最初创立时举办的 1900 年法国巴黎第 2 届奥运会、1904 年美国圣路易斯第 3 届奥运会和 1908 年英国伦敦第 4 届奥运会,都是与世界博览会合在一起举办的,奥运会的开支由世界博览会支付。

2. 支付奥林匹克运动的各种活动的开支

现代奥林匹克运动发展到现在,已是一个包括世界上 200 多个国家和地区参与的庞大的复杂的国际性组织了。如维持奥林匹克博物馆、研究中心、国际体育仲裁理事会、世界奥林匹克选手协会和收藏者协会的运作,以及雇员的工资、出版物的发行、公共关系的开展、差旅费、召开各种会议的费用等开支,都是一笔不小的数目。

另外,现在举办一届奥运会的投入动辄就是几十亿美元,单纯靠举办国和举办城市的财政支出,这显然是给纳税人造成了相当大的负担。通过奥运营销,奥运会的组委会不但可以筹到必需的资金,就是国际奥委会也可以将其奥运营销收益分给夏季和冬季奥运会组委会,使奥运会组委会得以在 7 年时间内为举办奥运会准备好各种硬件和软件设施。如北京获得 2008 年奥运会的主办权,就从国际奥委会分得 10 亿美元。

3. 促进奥林匹克运动在全球的发展

通过各种奥运营销,保证了支持奥林匹克运动的所有成员(如国际奥委会、奥运会组委会、各国家奥委会和国际单项体育联合会)的正常运作,为奥林匹克运动在全球的推广和发展打下了坚实的物质基础。国际奥委会副主

席兼营销委员会主任庞德说过："如果从当今的体育中拿走了商业伙伴与商业精神,剩下了什么? 正如一个巨大而精巧的用了 100 年时间加工完善的发动机没有了燃料一样。"

(资料来源:冯春水,《奥运营销》,海天出版社,2003 年)

[案例二]

"李宁"的市场推广

1990 年初,我国著名的体操运动员李宁在健力宝公司的全力支持下,在广东省三水市注册成立了一家合资服装公司,推出了以自己的名字命名的运动服品牌。一年后,李宁成立了以自己的名字命名的体育用品有限公司。这是中国第一家以运动员名字命名的体育公司。在谈到以"李宁"作为一家服装企业品牌时,李宁曾说过:"不管是用我的名字还是用谁的名字,我的目是做成一个体育用品的品牌,这个品牌应该能够代表它后面的各种努力,比如生产、营销、经营特色、企业理念,这些才是这个品牌名字的内涵。如果说到'李宁',我希望大家还知道这是一位世界冠军的名字;如果说到'李宁牌',我希望大家知道这是一个有技术的、有经营理念的、有体育文化的、有成熟商品的品牌。"

中国体育的发展给李宁公司提供了发展契机。1992 年,中国在巴塞罗那奥运会上取得 16 枚金牌,位居世界第四,奠定了在国际体坛的强者地位。随着中国国歌在奥运会赛场一次次奏响,人们也一次次看到中国运动员身穿国产的李宁牌运动服走上领奖台。

从"李宁牌"诞生的那天起,公司就采用国际通用的 OEM——定牌生产方式,把固定成本投入减少到最低程度。公司专心于产品的设计、开发和市场推广,通过严格的品质保证手段对定点工厂进行监控。按照 OEM 方式,南到广州,北到北京,中国制鞋和制衣行业的近百个优秀企业成为"李宁牌"的合作伙伴,各自的资源优势得以高度整合。

虽然成功的品牌攻势在短时间内迅速提高了"李宁牌"的知名度,但是出于价位、顾客接受程度等风险因素的考虑,国有商业的主批发渠道并不像预期的那样接受这个以世界冠军的名字命名的品牌,一个清晰的信号反映到李宁公司来：市场不相信冠军！

李宁公司决定借鉴国外先进的品牌运作模式，建立以"特许经营"为核心的"专卖店"销售系统。20世纪90年代初，特许经营这一在国外已经非常成熟的经营模式，对于中国人来说，还是个新鲜事物。李宁公司的目标是要做一个品牌，而特许经营不仅可以保证品牌形象在市场上的高度统一性，还能够借用经销商的力量迅速形成独立完整的营销网络。"就这么定了！"李宁公司在困境中找到了"长治久安"的办法。

万事开头难。特许经营的推广需要借助两样"利器"：一是进行大规模的广告宣传攻势，在市场中形成强大的品牌效应和极高的知名度；二是拥有足以吸引经销商投资的成功范例。只有点面结合，才有可能吸引加盟者、"李宁牌"无疑拥有了前者，而后者则需要踏踏实实地干出来才行。

此后，李宁公司采用铺底货、提供装修费用等优惠政策，逐步扩大在各地的专卖店数量。目前，李宁公司在中国拥有350家专卖店，1999年公司的销售额达到7亿元人民币。为了推广品牌形象，也为了吸引投资者，每一家专卖店的开业，李宁都专程前往剪彩、签名。最早加盟"李宁牌"事业的人所创造出的财富效应，渐渐形成了一种投资导向，经营网络逐步扩张。在此期间，李宁公司开始对店面面积、形象、投资额等提出了更高的要求，经销商队伍的素质也随之全面提高。

1999年8月，"世界体育用品博览会"在德国南部美丽的城市慕尼黑举行。来自体育产业发达国家的著名运动品牌纷纷在慕尼黑奥林匹克公园内占据有利地形，拉开架势，一决高下。众多参观者拥入阿迪达斯所在的展馆时惊奇地发现，在这个世界顶尖高手的对面，赫然出现了一幅完全陌生但却充满诱惑力的东方面孔——占地近300平方米的"李宁 LI－NING"展位。

"From China？"如果说那些专门从中国空运来的独特展品称得上有东方特色的话，那么，设计新颖、具有很高技术含量和现代感的李宁运动用品则完全让观众产生了这样的疑问。在得到肯定的回答后，精明的商人们立刻看出了"李宁"可能带给他们的商机。除了数百万德国马克的订单外，有近20家欧洲著名销售商同李宁公司签订了所在国家或地区的独家代理意向性协议。

登月英雄阿姆斯特朗说过，他的一小步是人类的一大步。如今，李宁公司小心翼翼迈向欧洲市场的这一步，又何尝不是中国体育用品迈向世界的一大步呢？

[案例分析]

李宁公司是我国体育用品厂商,1999年营业额达到7亿元人民币,占据国内体育用品50%的市场份额,2000年法国国家体操队选择李宁公司为自己参加奥运会体育用品的赞助商,法国体操队作为第一个国外运动队,历史性地穿上中国李宁服装奔赴奥运会。这一切将中国体育用品市场的竞争推向了前所未有的高潮阶段。李宁公司取得的成就在很大程度上都归功于李宁品牌的市场推广。

1. 形象推广

李宁是颇有国际影响力的运动员。他的认知度很高,品牌有相当价值,这样使得它有一个好的起步。但换一个角度来思考,仅从李宁品牌的字面意思理解,很容易使人们联想起体操,会认为它是体操用品的专业品牌。因而李宁作为自己品牌代言人具有不完整性。所以,李宁公司在推出许多休闲系列产品时,提出的口号是"我运动我存在"。1999年聘请瞿颖作为其形象代言人,努力把这个品牌从李宁个人形象上拉开。从市场推广以及品牌的长期生存来说,这是一个明智之举,使"李宁"品牌不仅与体操有关,更是运动的化身。

2. 品牌推广战略

李宁公司的品牌推广战略是"草根计划",这是和耐克、阿迪达斯的"金字塔推广战略"(即从塔尖的顶级运动员到国家队,再到省级队,直至包装到普通青少年篮球活动,囊括整个体育用品市场构成的四等级要素。顶级的运动员人数是最少的,但具有很强的辐射力)的根本区别,即先把根深植到消费者队伍里,吸取营养,并通过自身努力使消费者规模扩大,从而使自己获得更大的发展空间。

3. 正确的市场定位

李宁公司为了避免在发展初期过早地与耐克等国际著名的体育用品公司进行竞争,对自己的产品进行了准确的定位。李宁的目标消费者与耐克有一定的区分,耐克更多地追求运动,以某种运动类别、运动项目出现,而李宁更多的是休闲,以一种大众的、运动休闲的形象出现,不是专门针对某一项运动的,因此其市场定位与耐克等厂家并不重合,目标消费群体在目前来看竞争性并不强,却有互补性。当然从战略上考虑,将来激战是难免的,因为一个市场,老大只会有一个。

4. 合理的市场定价

目前,"李宁"的价位是比较适合中国消费者消费能力的。李宁最贵的鞋也不过300多元,即使当消费者消费能力有了提高,体育用品市场日趋成熟的时候,李宁产品价位上升的空间也是有限的,因为与耐克、阿迪达斯进行价位相差无几的竞争,市场能否接受,还是未知数。

　　(资料来源:曹刚、李桂陵、王德发,《国内外市场营销案例集》,武汉大学出版社,2002 年第一版)

[附件]
《国民经济行业分类》对体育活动的分类

一、体育组织管理活动

　　1. 体育行政、事业组织管理活动

　　社会事务管理机构

　　　　—体育社会事务管理机构

　　体育组织(指专业从事体育比赛、训练、辅导和管理的组织的活动)

　　　　—各种职业体育俱乐部

　　　　—各种运动队

　　　　—各种群众性体育组织

　　　　—各种专项性体育管理组织(如体育协会、中心)

　　2. 其他体育组织管理活动

　　专业性团体

　　　　—体育社会团体服务

　　其他社会团体

　　　　—体育基金会

　　　　—其他未列明的体育社会团体

二、体育场馆管理活动

　　体育场馆管理活动

　　体育场馆(指可供观赏比赛的场馆和专供运动员训练用场地的管理活动)

　　　　—综合体育场

　　　　—综合体育馆

　　　　—体育训练基地

　　　　—游泳比赛场馆

　　　　—足、篮、排场馆

　　　　—网球、羽毛球、乒乓球场馆

　　　　—棋牌比赛场馆

　　　　—其他未列明比赛场馆

三、体育健身休闲活动

体育健身休闲活动

休闲健身娱乐活动(指主要面向社会开放的休闲健身娱乐场所和其他体育娱乐场所的管理活动)

——综合性体育娱乐场所(游泳、保龄、球类、健身等一体的综合性健身中心)

——保龄球馆

——健身中心(馆)

——台球室、飞镖室

——高尔夫球场

——射击、射箭馆(场)

——滑沙、滑雪以及模拟滑雪场所的活动

——惊险娱乐活动场所(跳伞、滑翔、蹦极、攀岩、滑道等)

——娱乐性军事训练

——体能训练场所

——其他未列明的休闲健身娱乐活动

四、体育中介活动

1. 体育商务服务

其他未列明的商务服务

——运动员的个人经纪代理活动

——体育赛事票务代理活动

——运动会筹备、策划、组织活动

——其他未列明的体育商务服务

2. 体育经济咨询服务

社会经济咨询

——体育经济咨询活动

3. 体育经纪服务

其他体育

——体育经纪服务

五、其他体育活动

1. 体育培训服务

职业技能培训

——武术培训服务

　　　　—其他体育项目培训服务
2. 体育科研服务
　　社会人文科学研究与试验发展
　　　　—体育科学研究服务
3. 体育彩票服务
　　其他娱乐活动
　　　　—体育彩票
4. 体育传媒服务
　　图书出版
　　　　—体育图书出版服务
　　期刊出版
　　　　—体育类杂志出版服务
　　音像制作
　　　　—体育类录音制品制作服务
　　　　—体育类录像制品制作服务
　　音像制品出版
　　　　—体育录音制品出版服务
　　　　—体育录像制品出版服务
　　广播
　　　　—体育类广播节目制作服务
　　　　—体育类广播节目播出服务
　　电视
　　　　—体育类电视节目制作服务
　　　　—体育类电视节目播出服务
　　　　—体育类电视节目出口服务
　　　　—体育类电视节目进口服务
5. 体育展览服务
　　会议及展览服务
　　　　—体育用品展览服务
6. 体育市场管理服务
　　市场管理
　　　　—体育用品市场管理服务
7. 体育场馆设计服务

　　　　工程勘察设计
　　　　　　—体育馆房屋建筑工程设计服务
　　　　　　—健身用房屋建筑工程设计服务
　　　　　　—室外体育设施设计服务
　　8. 体育场所保洁服务
　　　　其他清洁服务
　　　　　　—体育场所保洁服务
　　9. 体育文物及文化保护服务
　　　　文物及文化保护
　　　　　　—民族体育运动保护服务
六、体育用品、服装、鞋帽及相关体育产品的制造
　　1. 体育用品制造
　　　　球类制造
　　　　体育器材及配件制造
　　　　训练健身器材制造
　　　　运动防护用具制造
　　　　其他体育用品制造
　　2. 体育服装及鞋帽制造
　　　　纺织服装制造
　　　　　　—运动类服装
　　　　制帽
　　　　　　—各种运动帽制造
　　　　皮鞋制造
　　　　　　—皮运动鞋靴
　　　　橡胶鞋制造
　　　　　　—布面运动胶鞋
　　　　塑料鞋制造
　　　　　　—塑料制运动鞋靴
　　3. 相关体育产品制造
　　　　游艺用品及室内游艺器材制造
　　　　　　—台球桌及其配套用品
　　　　　　—保龄球设备及器材
　　　　　　—投镖及投镖板

　　　　—沙壶球桌
　　绳、索、缆的制造
　　　　—体育项目用网(兜)
　　皮箱、包(袋)制造
　　　　—运动包
　　茶饮料及其他软饮料制造
　　　　—运动用饮料
　　武器弹药制造
　　　　—运动枪
　　机械化农业及园艺机具制造
　　　　—运动场地滚压机
　　　　—运动场机动割草机
　　汽车车身、挂车制造
　　　　—高尔夫球机动车
　　脚踏自行车及残疾人座车制造
　　　　—竞赛型自行车
　　车辆专用照明及电气信号设备装置制造
　　　　—足球场、体育场等用的显示器
七、体育用品、服装、鞋帽及相关体育产品的销售
　1.体育用品、服装、鞋帽及相关产品批发
　　体育用品批发
　　服装批发
　　　　—运动服装批发服务
　　鞋帽批发
　　　　—运动休闲鞋帽批发服务
　　图书批发
　　　　—体育类书籍批发服务
　　报刊批发
　　　　—体育类杂志批发服务
　　音像制品及电子出版物批发
　　　　—体育类激光视盘批发服务
　　　　—体育类录像带批发服务
　　　　—体育类电子出版物批发服务

其他文化用品批发

　　—台球器材批发服务

　　—飞镖器材批发服务

　　—沙壶球器材批发服务

2. 体育用品、服装、鞋帽及相关产品零售

体育用品零售

鞋帽零售

　　—运动鞋专门零售服务

服装零售

　　—运动服装专门零售服务

百货零售

　　—体育百货零售服务

超级市场零售 *

　　—体育类产品超级市场零售

3. 体育产品贸易与代理服务

贸易经纪与代理

　　—体育用品国际贸易代理服务

　　—体育用品国内贸易代理服务

八、体育场馆建筑活动

1. 体育馆房屋工程建筑

房屋工程建筑

　　—体育及休闲健身用房屋建筑

2. 体育场工程建筑

其他土木工程建筑

　　—体育场地设施工程

　　—室外体育用设施

注：类别前加横线"—"表示行业小类的延伸层。

第二章
体育市场营销环境

内容提要

- 体育市场营销环境的特点
- 分析体育市场营销环境的意义

体育市场营销环境是对企业营销活动构成影响的外部因素。在一定的动态环境中进行营销活动的企业,依赖其他企业、体育消费人群和社会公众的相互联结开展业务活动。因此,企业的营销活动不可能脱离环境,也不能没有环境。环境的变化,既可以给企业带来市场机会,也可以形成某种威胁。分析市场营销环境就是对影响企业生产经营的各种外界因素和作用予以确定、评价并作出反应,使企业能够正确制定营销战略、目标、计划和行动策略,以提高营销的水平。

第一节　体育市场营销环境的特点

"环境"的概念往往需要与特定的事物相联系才能够理解。市场营销环境是相对企业营销活动的中心客体而言,泛指一切影响制约企业营销活动最普遍的因素。这些因素涉及面既广泛又复杂,对其不同的看法和不同的划分方法,形成了在环境问题上具有不同特点的各种认识。体育市场营销环境是指其营销主体生存和发展中不可回避的,独立于其自身之外的,约束和影响营销主体行为的因素和各种力量。分析影响体育营销主体活动及其目标实现的各种因素和动向,对企业的生存与发展具有重要意义。体育市场营销环境的特点有以下五个方面。

一、体育市场营销环境存在的客观性

体育市场营销活动处于宏观和微观环境中,这是无法脱离的客观现实。任何一种体育市场营销活动都是在一定环境中进行的,没有环境的存在,营销活动就失去了存在的空间,失去了活动的基本保证条件,因此只要营销活动存在,就必须面对客观存在的环境。就体育本身而言,环境的存在是人们进行体育消费的基础条件,营销者的活动必须围绕体育消费者的活动进行。因此,外部环境对于体育市场营销活动的影响具有特殊意义。在我国改革开放后,体育市场逐步发展起来,其中重要原因是我国居民的收入水平不断提高,生活质量发生了质的变化,人们对健康的渴望带动了体育消费需求越来越旺盛。从某种意义上讲,体育市场营销主体正是依靠一些有利的环境因素使自己发展起来,或者说,通过适应无时无刻不在影响营销活动的环境,使企业逐步走向成熟。

二、体育市场营销环境影响的多重性

就营销主体而言,它的一切活动都处于大的宏观环境之中,其间接的环境是由政治、法律、经济、社会、文化、科技等因素组成,而直接环境,如营销的渠道以及市场、竞争对手和公众等。体育属于大的文化范畴,它离不开社会这一根本属性,是社会活动的一部分。因此,体育市场营销活动在社会的整体环境中,根据体育的地位变化而变化,根据人们生存的状态变化而变化,根据社会的变化而变化。2010 年 3 月 ,国务院办公厅发布了《关于加快发展体育产业的指导意见》,2014 年 10 月 20 日又发布了《关于加快发展体育产业促进体育消费的若干意见》。各地积极落实中央精神,出台了推动体育市场发展的积极政策,使我国体育产业得到快速发展。体育市场营销建立在体育消费的基础上,影响体育消费的各种因素都可能构成营销环境的相关因素。体育市场营销环境影响因素较多,这是因为与体育相关的活动所涉及的环境因素较多,因此,除正常营销活动所受到的环境影响外,体育市场营销环境受两方面因素的共同作用,使其环境因素相对复杂。各种环境因素和力量构成一个大的营销系统,不同程度地影响着体育市场营销活动。

三、体育市场营销环境的差异性

不同的体育市场营销主体,由于经营内容不同,所处的地域不同,自身情况不同, 由此面对的环境也截然不同。不仅如此,由于体育运动形式的差异,它所面对的环境有时差异较大,有时一些环境的变化也很大。我国有 56 个民族和 32 个省市自治区,地理、气候和民族习惯差异较大,如齐齐哈尔全年日照时间为 2 857 小时,而南宁为 1 852 小时,这些差异不可避免地影响体育市场营销环境。现阶段,我国发达地区的体育营销环境相对优于欠发达地区,体育用品市场的营销环境优于其他体育市场。不同经营性质的企业所面对的环境不同,营销的环境差别各异。环境是不断变化的,企业必须不断地调整自己,提高应变能力。营销活动没有一个固定的模式可以适应每一个企业。

四、体育市场营销环境的动态性

一般地说,市场营销环境是一种强制的、不可控制的因素,又是一种不确定的、难以预料的因素。基于市场营销环境是从企业的外部对企业营销活动的影响,企业无法控制客观存在的外部环境,如社会的变革、经济的发展速度、国民收入等,企业只能适应国家的宏观环境,却不能改变这些环境。然而,环境并非一成不变的,无论是宏观环境还是微观环境,都会不断地变化。体育市场营销的一些环境变化较慢,一些变化相对快些。日本学者 Jun Oge 在研究日本体育产业受经济变化的影响时指出,日本的高尔夫、滑雪过去曾相当普及,但当经济滑坡时,这些运动消费也开始滑坡,同时其他一些俱乐部的收入也出现下降。1990年前后,受到亚洲金融风暴的影响,日本的滑雪市场和高尔夫市场较早地感受到经济不景气带来的威胁,很多滑雪和高尔夫经营难以为继,甚至倒闭。人口是宏观环境的影响因素,体育人口从消费者的角度可视为微观环境的影响因素,它既受人口数量的影响,也受经济、文化等因素的影响。在我国现阶段,人口仍保持一定速度增长,而体育人口的增幅要远远高于人口的增长幅度。能否适应环境的变化,是衡量企业水平的重要标志。

五、体育市场营销环境的依赖性

体育市场营销环境与其他营销环境相比,它对周围环境因素的依赖性更强。体育的存在必须依赖一定的空间环境,没有环境的存在就没有体育运动的根基。像环境创造了体育并制约体育的目标、内容、方法和效果一样,体育市场营销同样依存环境得以生存和发展。体育的社会属性和自然属性决定了它的营销活动不可脱离社会和自然环境,缺乏这些环境的基础,体育市场营销就无法进行。调查表明,1996 年北京市居民的每天人均自由支配时间为 303 分钟,体育锻炼、其他娱乐、观看文体影视表演分别占自由支配时间的 0.83%、1.53% 和 0.28%,体育锻炼的平均时间为 12 分钟,其他娱乐为 22 分钟,即使在休息日,他们也不过是 14 分钟和 33 分钟。有限的时间,必然减少人们体育消费的能力。而近些年,随生活社会化程度提高,人们的休闲时间增加,特别是假日的黄金周,为人们提供了更多的休闲时间,健身市场的营销活动越来越受到大众的青睐。辽宁省滑雪场一年经营的时间一般只有 3 个月左右,而假日的滑雪者高于平时的 8—10倍,可见,自然环境和社会环境都直接地影响着营销活动。

第二节 分析体育市场营销环境的意义

市场营销环境是不可控的外在力量,企业是一个开放的组织系统,它与外部环境总是有千丝万缕的联系,因此,企业营销必然要受到外部环境的影响和制约,体育经营组织只能通过调整市场营销策略去适应不断变化的外界环境。分析市场营销环境对体育经营组织的生存和发展具有十分重要的意义,它是制定运作策略的前提,是科学决策的保证(图 2-1)。

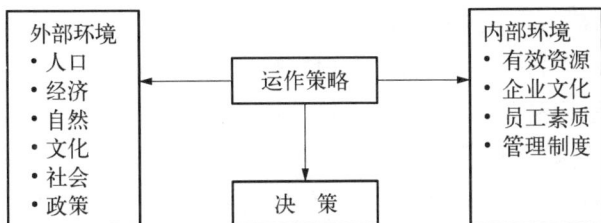

图 2 - 1　科学决策的环境因素

具体地说,分析外界环境具有以下三个方面意义。

一、有利于发现新的市场机会

外界环境变化有时候会给体育经营组织带来一些新的发展机会,通过分析外界环境,就能够寻找到并利用这些新的发展机会。例如,通过人们收入和支出的变化,分析或预测消费结构的发展趋势,就可以发现新的消费热点,从而为确立新的投资方向提供依据。随着我国人民生活水平的不断提高,国务院下发了《全民健身计划纲要》,这预示着我国大众健身活动将广泛兴起,各类以健康娱乐为主体的全民性的体育活动将成为人们生活的重要部分。社会环境的变化使很多企业纷纷把目光瞄准了体育市场,抓住各种商机,打大众健身的牌,由此使企业发展起来。

企业根据市场的环境确定自己的发展目标,瞬息万变的外部环境使企业不断地分析、寻找、研究和开发新的市场。同时,根据环境变化,企业也在经常调整结构和营销策略。在分析市场环境的过程中,企业首先要明确产品的消费主体,因为消费主体是生产的起点。因此,企业的市场调查就显得非常重要。只有将消费对象的情况排摸清楚,构架一套完整的环境信息反馈系统,才可能有效地保证企业决策的准确性。

二、有助于避开环境威胁

外界环境变化也可能给某些体育经营组织带来威胁,通过分析外界环境,就能够及时发现环境威胁,从而采取适当措施,避开环境威胁或减少环境威胁。企业外部环境对其本身的不利影响可以表现在很多方面。体育营销活动对社会和自然的环境依赖较强,因此也最容易受到这些环境变化的威胁。一般认为,体育消费属于高层次消费,是满足人们享受和发展需要的消费。因此,当经济下滑发生时,往往体育消费表现出下降趋势,相关企业必然根据经济形势的变化不断地调整自己的目标和生产结构。

对于营销环境的分析不仅要重视宏观环境,而且还应认真分析微观环境。无论企业的性质、规模、目标、营销的内容有何差距,都必须分析来自管理部门、供应商、中间商、竞争者、顾客及公众对企业造成的影响或构成的威胁。营销者面对不利的环境变故,应从积极的角度减少、化解或避开不利因素,以保证自身的根本利益不受损失或少受损失。足球在我国率先实行俱乐部制,曾经吸引了大量球迷和观众。但近几年走入低迷,其中不乏体制上、运行机制上和管理制度上的原因,然而,企业内部出现的问题,如裁判不公、踢假球等现象,加之表演质量不高、组织形式单一等问题,并没有引起体育管理部门和俱乐部的高度重视,最终导致 2004 年度产生的一场混乱和 2012 年度跌入到历史的最低谷。由于足球市场的环境没有有效的改变,致使一些企业放弃了经营,一些足球队伍几经易手,并经常性地面临对新股东的选择。

三、有助于扬长避短,发挥优势,从而在竞争中取胜

任何体育经营组织都有自己的优势和劣势,市场营销环境对不同的企业的影响程度不同,对其所带来的机会和威胁也不尽相同。外部环境向有利的方向发展,对一些企业可以带来发展的大好机会,对一些企业可以形成较大的威胁,可能在新的竞争中失去原有的地位,甚至被挤垮。所以,企业应根据市场环境的变化,通过对外界环境和自身资源状况的分析,发挥自身的优势,不断应对环境的变化,寻求自己的生存和发展空间,在生产经营活动中用其所长,避其所短,从而取得营销的成功。例如,安踏体育用品有限公司在起步阶段,正当我国鞋业纷纷看好为国外知名品牌做国际加工,该企业却瞄准巨大的国内消费人群,把目标定位在国内市场,利用自身产品的价格优势,打出自己的品牌,经过短短几年时间,一跃成为国内乃至世界知名运动鞋生产企业。

第三节　体育市场营销环境分析和评价方法

体育市场营销的环境对营销主体既提供机会又构成威胁。分析和评价营销环境的目的在于,一方面使企业把握住有利的营销机会,以便在复杂多变的市场竞争中占据有利地位,另一方面使企业在激烈的市场竞争中避免不利的环境威胁。客观、准确地分析和评价体育市场营销环境,就可以使营销主体面对市场,采取灵活而有效的应变策略。市场营销通常采用两种对环境的分析和评价方法。

一、威胁—机会矩阵法

分析和评价体育市场营销环境对企业或体育组织的影响作用,首先要了解它本身的环境处境。环境的变化基本上分为两大类:一类是环境威胁;另一类是环境机会(图2-2、图2-3)。任何企业都面临着威胁和机会。

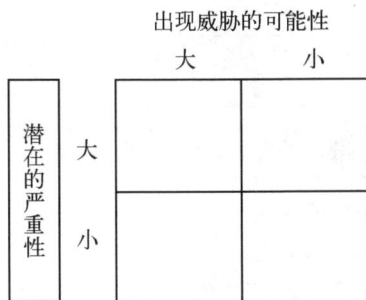

图2-2　环境威胁矩阵　　　　图2-3　环境机会矩阵

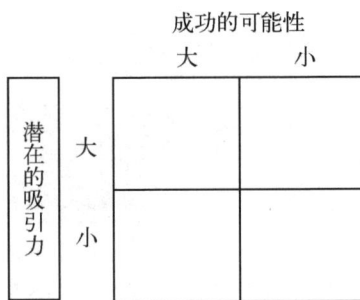

所谓环境威胁,是指环境在企业发展中的各种不利条件形成的挑战。不利的环境迫使企业必须采取措施,摆脱损害其市场地位甚至危及生存的局面。企业应及时地识别面临的威胁,并根据具体情况,按其中严重性和可能性进行分类,对严重性和可能性都大的威胁制定应变计划。

所谓环境机会,是指体育市场营销环境中对企业发展具有吸引力和推动力的条件。利用此机会,企业具有成功可能性的优势,或者是具有竞争的优势。企业可以按照机会可能获得的成功概率进行分类,根据自身的实力和条件,制定企业的应对策略。

企业面对威胁时,应尽快调整策略,出台应对措施。据中国消费者协会统计,1998年全国共受理消费者投诉信件66.7万件,商品质量问题高居榜首,占投诉量的29.6%,欺诈骗销1.7%,虚假广告1.5%。投诉的增加,一方面反映了消费者保护自我合法权益的意识增强,但同时反映了消费领域的确存在大量问题。体育消费的质量问题频频曝光,如培训劣质服务、假球、虚假广告等,极大挫伤了体育消费者的积极性,如果这一现象不尽快被遏制,必然会失去一批消费人群,影响体育市场的活跃,也会使体育企业和组织经营活动受到威胁。为此,营销活动主体应分析自身现状,树立质量意识和诚信意识,提高本身的公共形象,消除潜在的环境威胁。又如,随着我国经济的发展,体育人口不断扩大,大众健身的需求越来越大,很多企业把目光转向体育健身领域。潜在的吸引力成为众多企业的发展大好机会。能否取得成功,企业必须冷静分析自身的条件,正确判断加入健身行业并获得成功的可能性。

将上述图 2-2、图 2-3 合并考虑,威胁和机会对企业的影响会出现四种情况(图 2-4)。

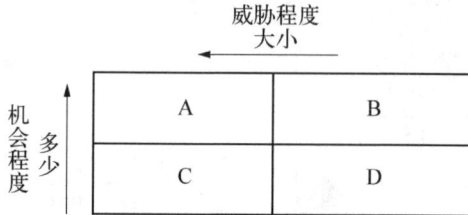

图 2-4　威胁—机会矩阵图

A. 风险型企业:机会多,威胁高　　B. 理想型企业:机会多,威胁低
C. 困难型企业:机会少,威胁高　　D. 成熟型企业:机会少,威胁低

二、SWOT 评估法

SWOT 评估法是分析和评价企业的市场环境方法,其中 S 代表企业优势(strengths),W 代表企业劣势(weaknesses),O 代表企业机会(opportunities),T 代表企业威胁(threats)。在分析企业状况时,先把对经营有影响的各种宏观因素和微观因素一一列出,评价这些因素是企业的优势还是劣势,是威胁还是机会,将那些对企业影响程度不同的因素赋予不同的加权值,计算该企业所处的环境状况。按此方法可以把企业分为四类(图 2-5)。

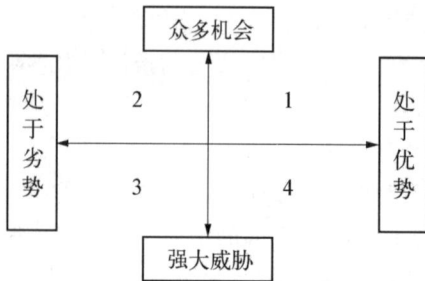

图 2-5　SWOT 评估法

图 2-5 中第 1 类企业面对的发展机会较多,同时企业具有明显优势。这类企业应抓住机会,积极开发市场,拓展发展空间。第 2 类企业具有众多的发展机会,而企业处于明显劣势。这类企业应充分认识自身的缺陷,扬长避短,弥补不足,以求得生存和发展。第 3 类企业既面对强大的市场威胁,又处于明显的竞争劣势。这类企业应及时作出产品调整,改变经营策略,在市场中寻求新的发展机会。第 4 类企业具有较大的竞争优势,但又同时面临强大的市场威胁。这类企业应充分分析威胁的根源,发挥自己的优势,审时度势,避免或减少市场威胁以求得发展。

任何一个企业都不可避免地遇到各种困难,无论是刚刚起步的企业还是老企业,随着社会发展,它都将面对各种不可预见的市场变化。优势和劣势、机会和威胁是相对的,它们无时不在考验企业的经营能力。化被动为主动,能够冷静面对市场的风云变幻,对处于不利条件的企业更显得重要。寻求适合企业发展的策略是企业立于不败之地的基本保证。

第四节　体育市场营销的宏观环境

体育市场营销宏观环境包括体育人口环境、经济环境、自然环境、社会与文化环境和政策环境等方面。

一、人口环境

人口是构成市场的基本要素之一,人口的规模、密度、地理位置、年龄构成、家庭数量等对体育市场营销有显著影响。我国人口众多,居民区别很大。收入、职业、年龄、文化程度、性别、民族、生活习惯等构成体育市场营销的差别。差异是扩大市场营销的源泉,因为各种差别形成体育相关消费的需求,能有效增加体育总需求量。

体育市场营销的对象是从事体育消费活动的人群,所以体育人口对营销计划的制定具有至关重要的作用。据全国调查,1997 年我国 16 岁以上的居民一年参加过 1 次或 1 次以上体育活动的人为 34.3%,2007 年每周参加体育活动 3 次、每次 30 分钟的 16 岁以上人群占 28.25%。而一些国家的体育参与率比例较大,如美国 2005 年为 49%(20 岁以上,30 分钟、5 次/周),日本 2002 年达 45.3%(30 分钟、2 次以上/周),芬兰 2006 年为 39%(3 次以上高强度/周或 5 次以上中强度/周)。体育人口是体育消费的基础,失去了这个基础,体育消费也难以保证。体育人口数量不足会直接减少市场的销量。我国城市居民进行体育消费的目的性很明确,调查中居民参加身体运动以强身健体为主要目的的有 80.25%,以提高自身素质为目的的有 66.35%,排在第三位的是休闲娱乐,为 62.08%,这应该同体育的基本功能吻合,说明居民参加体育消费活动能够以正常的行为动机为指导。另外,大众从事体育活动有其明显的自身特点。例如,我国参加体育消费性活动的男性高于女性,青少年学生是占较大比例的主要体育消费群体。此外,城市居民的消费高于农村,发达城市的居民的体育消费高于欠发达城市等。对我国城市居民在将来的闲暇时间里打算从事的活动内容调查结果显示,体育内容占有很重要位置。因此,随着我国体育人口和参加体育活动的人群的增加,体育营销会越来越活跃。

二、经济环境

购买力是构成市场的一个重要因素,购买力大小受到一系列经济因素的影响和制约。构成对体育营销影响较为明显的经济环境,不仅影响购买力,同时对整个市场的发育和发展都起到重要作用。

经济环境首先表现为人们的收入水平。人们收入的增加,使他们在满足生活必要的消费后,对其他需求有了支付能力,引起了消费结构的改变。消费结构的变化,突出反映在对生活内涵提出高标准的需求。自从美国经济学家加尔布雷斯于1958年提出了"生活质量"的概念以来,至今得到广泛的接受和应用,它反映了居民生活需要满足程度,包括物质生活需要,也包括精神生活需要。从某种意义上讲,体育消费属于满足大众较高层次需求的消费,即满足享受或发展需要的消费。只有人们生活水平达到一定水平时,他们才会成为体育市场中的购买者。根据联合国规定的标准,恩格尔系数与富裕程度关系如下:

60%以上为绝对贫困;

50%—60%为温饱水平;

40%—50%为小康水平;

20%—40%为富裕社会;

20%以下为非常富裕。

有专家指出,只有恩格尔系数在40%以下,体育消费才可能在消费需求中明显活跃起来。目前,我国已经全面进入小康社会,20世纪90年代以来,我国城镇居民人均可支配收入增加了10倍,农村居民人均纯收入增加了7倍多,2012年我国城市居民恩格尔系数达到37.9%,农村居民恩格尔系数首次降至40%以下(表2-1),为体育营销的活跃提供了前提条件。经济水平的提高带动了体育产业的快速发展,图2-6显示了1998—2008年我国体育产业发展变化。很明显,10年间体育产业与经济社会的发展、居民收入的增加同步。一个国家的GDP的总量是体育市场的发展的重要基础,同样还有研究表明,一个城市的人均GDP与该市的体育消费额呈明显的正相关。经济发达国家的体育消费高于一般国家,我国经济发达地区的体育消费明显高于经济欠发达地区。可见,经济环境对体育的营销活动影响非常明显。国民经济的发展将会促进国家对公共体育设施建设投入。世界各国的实践证明,随着经济的繁荣,政府对公共设施的投入力度加大,从而既丰富了人们体育活动的内容,满足了不同人体育的需求,同时也活跃了体育市场。

表 2-1　我国城乡居民年均收入、支出、生活质量变化

收入与支出	1990 年	2000 年	2007 年	2008 年	2013 年
城镇居民人均可支配收入(元)	1 510	6 280	13 786	15 781	26 955
农村居民人均纯收入(元)	686	2 253	4 140	4 761	8 896
城镇居民人均消费性支出(元)	1 279	4 998	9 997	11 243	—
农村居民人均生活消费支出(元)	585	1 670	3 224	3 661	6 609
人均储蓄存款余额(元)	623	5 076	13 058	16 407	—
生活质量					
居民家庭恩格尔系数(%)					
城镇	54.2	39.4	36.3	37.9	—
农村	58.8	49.1	43.1	43.7	—

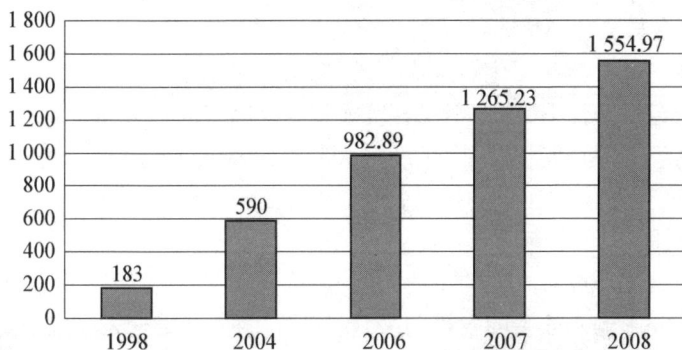

图 2-6　1998—2008 年我国体育产业增加值

　　任何企业在分析体育市场时都不可避开经济环境的变化,否则将会导致营销陷入困境。正确地判断和评价经济环境对体育市场营销的影响,会使企业的定位和决策更具有客观性与可行性。

三、自然环境

　　体育运动对自然环境的依赖性较强,因为很多体育活动是在自然界中进行,因此营销活动必然与自然环境息息相关。此外,自然提供的运动条件、生态环境、营销的地理位置、周边的空气状况等因素无不影响体育市场营销的效果。

　　近些年,很多体育爱好者开始推崇回归自然的体育活动方式和内容,一些体育项目,如滑雪、高尔夫球、登山、徒步、山地车、漂流等大量户外运动受到人们青睐。我国体育旅游的发展势头很高,越来越多的人利用假期外出享受在大自然

中运动的快乐。由于现代人的生活和工作条件越来越舒适,在室内的时间比较多,所以人们选择活动的场所更注重周边的自然状况、空气的清新程度等环境因素。空气污染已成为公害,全国各地春秋季节雾霾严重,人们对新鲜空气的渴望越来越强烈。在参与体育活动时,人体的肺内与外部气体交换的频率和数量大大增加,没有好的空气环境,随活动量的增加,有害气体被人体吸收的量也随之增加,会损害人的健康。作为体育营销者必然要考虑到在环境的选择上要符合人们的需求。此外,为大众提供活动场所的位置可以影响营销活动。据调查,我国城市居民普遍希望日常体育活动的地点靠近居住地,其原因是交通不便和路途时间长影响参加活动的效果。就大多数城市居民而言,他们的主要交通工具是公交车和自行车,如果体育活动地点不便捷,可能会极大地降低消费者的消费热情。

四、社会与文化环境

体育本身是社会和文化的组成部分,随社会和文化的变迁而发生和发展起来。在市场经济条件下,体育不仅要发挥其自身固有的社会和文化功能,同时也要发挥拉动经济的功能,从不同角度最大限度地满足人民的健身娱乐需求。因此,社会和文化对体育产生的推动,也极大地影响体育的营销,其环境因素必然起到重要作用。

社会与文化环境对人们的生活方式、消费与购买行为、价值观念及行为准则的形成有重要影响。社会的发展与变迁使人们的消费结构发生变化,其中体育消费所占有的比重在加大。现代人关注健康,注意体育活动对人生活方式正面影响,把体育运动作为生活中的重要组成部分。因此,社会的发展必然带来人们对体育活动热情的提升,对体育消费需求更加旺盛,体育市场会更加活跃。不同文化背景下的人对体育的态度和体育消费方式有较大差异,这是因为体育运动无不留下不同文化的痕迹,它必然对人的行为方式带来影响。

体育市场营销活动中的人是社会和文化的产物,他们所面对的环境既深刻地反映自身的社会和文化渊源,又无时无刻不在影响着每个人的行为。每个人具有自己的个性,人的个性依社会环境而存在。个性的人在社会中千差万别,经过社会按一定标准和共性整合,形成差别各异的群体,这些社会群体为营销者提供了着力点。文化是人类群体特有的,能够与群体相区别的活动方式,这种文化群体也为营销者提供了着力点。市场营销活动中的方方面面,无一不体现出与当地的社会文化背景相关联,否则营销活动就难以达到预期效果。作为营销者,把握住当地社会和文化的基本特点,显然对其营销的成败起到不可忽视的作用。

　　中国是一个地域辽阔的人口大国,不同地域、不同人群生活在不同的社会层面;中国又是一个多民族的国家,每个民族都具有自己的文化背景。体育市场营销活动离不开不同社会和文化环境,营销者必须充分了解和全面审视营销环境,才能对营销的产品、策略等利弊作出正确判断。

五、政策环境

　　进入市场经济后,政府通过制定和出台各种政策以引导、调控、促进、规范市场,其目的是促进经济的繁荣和发展。与其他市场一样,体育市场的发展变化与国家大的政策环境息息相关。

　　政策源于政府的明确态度和指定的方向。在国务院下发的《中华人民共和国国民经济和社会发展第十一个五年规划纲要》中,把体育事业和体育产业列入"丰富消费性服务业"的具体工作内容之一。2005 年的全国体育产业工作会议上,明确提出"体育不仅要为国争光,还要为国增利",表明国家体育行政部门的决心和态度。特别是 2010 年国务院办公厅下发了《关于加快发展体育产业的指导意见》后,各省区市对体育产业的发展更加重视,纷纷出台了一系列政策,以支持体育产业的发展和促进体育市场的活跃。如减免体育企业有关税费、为企业提供支持基金、为企业创造投资条件等,这些政策极大地提高了企业的积极性。

　　我国《体育法》提出体育是"具有产业性质的社会公益事业",因此体育市场存在着一些特殊性。由于各细分市场的关联度较高,主体市场没有国家政策的支持,其他相关市场就难以活跃。一些市场与国家体育战略密不可分,如竞赛表演市场、竞技人才市场,它们只有在保证国家"奥运争光"计划的前提下,依靠政策的扶持才能在给定的条件范围内实现市场活跃。在国家允许并鼓励多元化投资主体介入体育领域后,体育的市场化、社会化的步伐才能加快,才能出现体育市场的繁荣。另外一些地方政策会保护地方或局部的利益,同时也会限制市场的良性发展,甚至影响国家整体战略。所以,一项政策的颁布与实施,会给体育市场带来各种不同的结果。

　　政府制定政策通过两方面对体育产品价格形成影响:一是直接影响,二是间接影响。直接影响主要通过国家对体育产品价格直接管理,即直接定价来实现,抑制乱涨价,监督价格的执行。间接影响表现在政府对场馆维护兴建投入加大,提高服务范围,会有效增加供给,满足日益增长的体育消费需求,遏制因供给不足带来的价格上涨。然而,政府出资兴建大量大型比赛场馆也会带来负面效应,如经营不善,会给政府带来负担。

第五节   体育市场营销的微观环境

体育市场营销的微观环境是指与营销活动紧密联系,直接影响策划者为目标市场提供服务的各种因素,如体育企业内部、商品供应者、中介机构、竞争对手、市场以及公众,这些都会影响企业为其目标市场服务的功能。

一、体育企业内部环境

体育企业内部的营销部门不是孤立的,它在制定决策时,不仅要考虑企业外部环境,而且要考虑企业内部环境力量。营销部门要面对许多其他职能部门,如董事会、会计、研究与开发、采购和制造等部门。例如:高层管理者是最高领导核心,负责制定体育企业内部的任务、目标和政策,营销者只有在高层管理者规定的范围内作出各项决策,并得到上层的批准后才能付诸实施。营销部门计划的实施过程中资金的有效运用、资金在生产和营销之间的合理分配、可能实现的资金回收率、销售预测和营销计划的风险程度、成本与收益的核算等都同财务管理有关;新产品的设计和生产方法是研究与开发部门集中考虑的问题,营销部门要提供市场信息和用户反馈意见;采购部门负责生产所需的原材料能否得到充分的供应;生产部门负责生产指标的完成,营销部门要与这些部门经常沟通,掌握销售量和节奏。因此,营销部门在制定和实施营销计划时,必须处理好同其他部门的关系,要搞好内部的协调配合。

企业营销部门一般由企业最高层分管市场营销工作的副职领导负责,由销售经理、推销人员、广告经理、市场策划经理、定价专家等组成,各成员之间的沟通、配合、相互支持,为本部门有效工作创造良好的环境基础。

二、商品供应者

商品供应者是指为体育经营部门提供所需资源以生产其产品或服务的单位、公司或个人。体育市场上的各种商品来源渠道较复杂,提供一些劳务性商品的供给者的变数也较大。竞赛表演市场的不同赛事产品具有公共性、私人性和准公共性的不同属性,提供者可能是政府(如全运会等),可能是企业(如大奖赛等),也可能是由行业协会主办、由企业运作(如俱乐部联赛等),因此,有些赛事产品供应的时间相对固定,无法根据市场的需求决定。此外,提供直接赛事产品的"表演者"也只能根据赛事的安排和规则,不能由消费者或经销人员确定。然而,营销部门可以根据市场需求,利用相关资源,组织各种商业性比赛。

目前我国的大型体育场馆资源多在学校、体育部门和国有企业、事业单位,国家已明确公共体育场馆和体育设施对社会开放,以满足大众体育活动的需要,为体育营销部门营造了良好的环境。然而,体育场馆、设施不足的问题仍制约大众的健身娱乐消费需求,在一些地区这个问题还相当严重,大型赛事后的体育场馆如何开发、利用问题仍困扰着一些政府部门。因此,充分利用公共场馆对社会开放的同时,发挥社会的各种力量,调动企业参与的积极性,从政策上给予保证,这是解决场馆供给不足的有效措施。

体育市场营销的微观环境中的供应者对营销有相当大的影响。营销者必须密切注意供应来源的可靠性、各地市场的差异情况,注意各种经销商品的价格变化,以及与某种商品发生关联的其他价格或主要原材料的价格变化趋势,以免因供给涨价迫使产品跟着涨价,而使预测的销售量降低。

三、中介机构

中介机构在企业的营销活动中起着十分重要的作用,它协助体育企业推广、销售和分配产品给最终消费者的企业和个人,从而完成产品从生产者向顾客的转移。保持与中介机构的良好关系,把中间商的活动纳入企业整体营销活动体系中去,互相协调,形成中间商与企业和消费者密切联系的商业氛围,才能使市场更加活跃。目前,我国体育中介机构数量还不多,中介活动的范围还比较有限,对我国一些体育产品的营销有不利的影响。在由政府职能部门举办的体育赛事中,因为政府不能直接介入到经营活动中,因此赛事产品更多地依靠中介机构完成营销,中介机构发挥的作用更加重要。能否为中介机构创造良好的环境,从制度和政策上保证他们的合法地位和利益,是保证体育市场营销活动畅通的重要一环。

四、竞争对手

每个体育经营部门都会面临形形色色的竞争对手。对营销企业而言,若要成功,在满足消费者需要和欲望方面必须比它的竞争对手做得更好。因此,体育经营部门不仅要满足目标市场消费者的需求,还要考虑在同一目标市场内对竞争对手的策略。体育经营部门应当在消费者心目中确定其所提供产品的地位,要比竞争对手所能提供的更好更多,就必须找到能与竞争对手相抗衡的最佳营销战略,以获取战略优势。

市场占有率是反映竞争的一个指标。它是指在同一市场中,各个体育经营部门的销售量占全部市场销售量的比重。公式为

$$M_i = \frac{X_i}{\sum\limits_{i=1}^{n} X_i}$$

式中:M_i 为第 i 个体育经营部门的占有率;

　　X_i 为第 i 个体育经营部门的产品销售量;

　　$\sum\limits_{i=1}^{n} X_i$ 为 n 个同类产品体育经营部门的销售之和。

五、市场

与前面的体育市场分类不同,微观环境中的市场是根据购买者及其购买目的划分的市场,具体是指体育经营部门为之服务或提供产品的目标市场。主要有以下四种。

1. 消费者市场

消费者市场是指为满足个人和家庭消费需求而购买的商品和服务所构成的市场。消费者市场是涉及顾客最多、购买力最大的市场。体育消费者市场中包括了体育主体市场、保障市场和延伸市场,是消费者消费体育实物用品和服务的场所。

2. 生产者市场

生产者市场是指为生产、取得利润而购买产品或服务的个人和企业所构成的市场。无论是生产体育实物还是服务,生产者都要购买必要的原材料来保证产品的生产。能否保证供给渠道畅通,保证生产者不受供给不足影响,这将对市场的营销情况具有重要意义。

3. 政府市场

政府市场是指为了提供公共产品而购买产品或服务的政府和非营利性机构。体育作为一种公益事业,政府有责任为民众提供必要的公共体育场馆、设施和服务。随着我国公共事业的发展,政府用于满足大众健身娱乐需求的采购量也会不断加大。

4. 国外市场

国外市场是指国外的购买者,包括国外的消费者、生产者、中间商以及政府部门等。

六、公众

公众是指对一个企业完成目标的能力有着实际或潜在兴趣或影响的群体。一个体育经营企业不仅仅有竞争对手与之争夺目标市场，而且还有与其进行业务活动的方式发生兴趣的各类公众。公众可能有助于增强一个体育经营企业实现自己目标的能力，也可能妨碍这种能力。鉴于公众会对体育经营企业的命运产生巨大的影响，企业应采取具体的措施，去处理好与主要公众的关系。通常这些主要公众包括影响企业取得资金能力的金融部门、具有广泛影响的大众媒体、负责管理体育企业的政府行政部门、社会体育团体、一般市民等。

[本章讨论题]
1. 简述体育市场营销环境的含义与特点。
2. 简述体育市场营销的宏观环境因素。
3. 简述体育市场营销的微观环境因素。

[案例一]

重在沟通的耐克广告

耐克(Nike)正式命名于 1978 年，不过 20 余年，却后来居上，超过了曾雄霸市场的领导品牌阿迪达斯、彪马、锐步，被誉为"近 20 年世界新创建的最成功的消费品公司"。

品牌有许多值得我们挖掘的行销启示。"耐克"的行销奥秘是多方面的，其中一个很出色的方面是它的行销沟通(Nike's marketing communication)。着眼于沟通的耐克广告给消费者留下深刻的印象。虽然"耐克"的广告费投入与全球头号广告主 P&G 公司的广告费相比，并不算多，大约只是后者的 1/9 左右，但富有创意且极具魅力的耐克行销传播，为"耐克"赢得了消费者，使"耐克"成为市场的胜利女神(Nike 原意即为"古希腊的胜利女神")。

耐克公司还有一个"成长神话"：在 20 世纪 60 年代耐克公司创建之初，它只是一家规模甚小，随时都有可能倒闭的企业。公司的两个创始人布沃曼和耐特都要身兼数职，公司没有自己的办公楼和完整的经营机构。然而，这样一家简陋、举步维艰的新创公司，在二三十年中却令人惊奇地成长为行业巨头。耐克公司的飞速成长令精明自负的华尔街投资商和分析家们疑惑不解,甚至难堪,因为他们中的许多人在20世纪80年代以前一直不看好耐克公司,声称:"耐克没有多少发展的基础和前景。"而他们现在只好对自己的失误解嘲道:"上帝喜欢创造神话,所以他选择了我们意想不到的耐克。"

耐克神话是因为"上帝所赐"吗?耐克公司的总裁耐特回答说:"是的,是'消费者上帝'。我们拥有与'上帝'对话的神奇工具——耐克广告……"

1. 广告变法重在沟通

一语惊醒梦中人。耐克公司总裁的评论道出了耐克公司成功神话的真谛:耐克公司注重沟通效果的广告,使耐克品牌深受众爱,迅速成长。

耐克公司的早期广告作品主要侧重于宣传产品的技术优势,因为当时品牌定位在正式竞技体育选手市场上。当然一些休闲跑步者及体育锻炼的人也购买耐克鞋,一是穿着舒适,二是耐克广告宣传:谁拥有耐克,谁就懂得体育!这对消费者有一定的影响。但这段时期的耐克广告还称不上是真正意义上的沟通,耐克的沟通广告是在其"广告变法"中产生出来的。

真正的突破是1986年的一则宣传耐克充气鞋垫的广告。在广告片中耐克公司不是采用一味宣传产品技术性能和优势的惯常手法,而是采用一个崭新的创意:在象征嬉皮士的著名甲壳虫乐队演奏的乐曲中,一群穿戴耐克产品的美国人正如痴如醉地进行健身锻炼……这则广告准确地迎合了刚刚出现的健身运动的变革之风和时代新潮,给人以耳目一新的感觉。耐克公司原先一直采用杂志作为主要广告媒体,向竞技选手们传递产品的信息,但自此以后,电视广告成为耐克的主要"发言人",这一举措使得耐克广告更能适应其产品市场的新发展。

耐克公司的广告变法为其赢得了市场和消费者,但更重要的是耐克公司在变革中,逐步掌握了广告沟通的艺术,形成自己独特的广告思想和策略,那就是必须致力于沟通,而不是销售诉求。这一策略与大多数美国公司的广告策略是根本不同的,但正是这一独特的策略和做法,使得耐克公司在市场拓展中不断成功,迅速成长。

2. 崇拜与对话:共鸣沟通

耐克公司拓展市场的首要突破口是青少年市场,这一市场上的消费者有一些共同的特征:热爱运动,崇敬英雄人物,追星意识强烈,希望受人重视,思维活跃,想象力丰富而充满梦想。针对青少年消费者的这一特征,耐克公司运用"明星攻势",相继与一些大名鼎鼎、受人喜爱的体育明星签约,如乔丹、巴克利、阿加西、坎通纳等,他们成为耐克广告片中光彩照人的沟通"主角"。

20世纪90年代耐克公司还专门设计推广了一种电脑游戏,让参与者可在游戏中与球王乔丹一起打篮球。耐克掌握了十几岁少年厌恶说教、独立意识增强的特点,充分发挥和迎合他们的想象力与自我意识,从"乔丹"意识到"热爱运动的我",从"穿着耐克鞋的乔丹"联想到"穿着耐克鞋的我"……在一连串的消费者自我想象、对比中,耐克公司与其目标市场的沟通就自然而然地达成,耐克品牌形象在潜移默化中深植在消费者的心里。

后来宝·乔丹臀部受伤,不能上场竞技而不得不告别体坛。宝·乔丹失去了广告价值,一般情况下,被解除合约、一脚踢开是美国商业社会天经地义的做法。可耐克公司没有这样做,而是继续与他合作拍广告,这一举措与青少年消费者产生了强烈的共鸣:耐克与我们一样不会抛弃一个不幸的昔日英雄。

3. 自我与自尊:价值沟通

耐克公司的这一计划是它向定做运动鞋市场迈出的重要一步,其最终目的是能够让用户从网上设计自己喜欢的鞋。该公司的调查研究发现,怎样使鞋更合脚是制鞋企业要面对的大问题。因此,让用户自己设计选择是很好的解决方式。由于网上定做运动鞋刚刚起步,耐克公司计划每天出售400双鞋,并且每双鞋加收10美元。这些定做的运动鞋在中国和韩国的工厂生产,2—3周后送到用户手中。

[案例分析]

耐克公司能击败对手,成为最成功的公司之一,其主要的经验体现在以下三个方面。

1. 紧紧抓住市场需要

20世纪60年代末70年代初,跑鞋业呈现一派繁荣的景象,成千上万的美国人热衷于体育锻炼。在整个70年代的10年中参加散步的人数在不断地增加。为推销运动鞋,耐克公司及时地发展营销网络,采用经营许可证的方式,开设大量的专卖店。随着消费个性化时代的到来,耐克公司又开展网上自我设计和网上订货业务。正是紧随市场发展的需要,耐克公司才能立足于不败之地。

2. 强化广告的沟通效应

广告的目的不仅在于让人明白广而告之的内容,更为重要的是产生强烈的购买欲望。而耐克公司采用与众不同的广告策略——致力于沟通,而不是销售诉求。正是这一独特的策略和做法,才能使得耐克公司在市场中不断成功,迅速成长。

3. 全新的产品组合

耐克公司的成功并非仅仅简单地依赖有利的初始需求,而是通过充分发挥潜力,生产出比其他公司更多的产品,开创鞋品千姿百态的先河。由于生产范围太大会降低生产效率,从而提高生产成本,因而其他公司便缩小生产范围,而耐克公司并未采用这一战略,而是通过提供风格、价格、用途不同的产品,来吸引各种各样的消费者,使他们感到耐克公司是提供品种最全的跑鞋制造商。

(资料来源:曹刚、李桂陵、王德发,《国内外市场营销案例集》,武汉大学出版社,2002年第一版)

[案例二]

体育赛事铸就品牌城市——上海 F1 促进城市发展纪实

上海的发展是中国发展变化的缩影。随着经济的发展,人民生活水平的提高,中国的体育文化事业蓬勃发展。

上海 F1,主打平民牌。"F1 不应该是一项贵族运动。"上海国际汽车城建设领导小组办公室主任朱宁宁说。

2005 年,"走入凡间"成了上海 F1 的最大创举之一。

在上海,有越来越多的人为 F1 奔忙……

在全球,有越来越多的眼光因 F1 而投向上海……

"F1 游"风生水起,北京、上海的各大旅行社纷纷组团,先期目标瞄准马来西亚的雪邦赛场,并为将来的上海 F1 游积累经验;大量商家开始涌向上海 F1 赛场,投资建设与其相关的餐饮、服务、娱乐项目……F1 绝不仅仅是一场汽车比赛,其对经济的带动和辐射作用,可以延伸到多个产业,如同一次威力惊人的爆发式裂变。

根据上海市政府的指示,2005 年是"上赛场"系统开发、加强市场意识的阶段。成功打造以商业运作为主体的"上赛场"经营公司,必须有新的突破。

2004年F1结束后,上海观众对于路途的抱怨不断,"下车后走进'上赛场'耗时半个多小时,还要排长队,看完比赛回到市区几乎都是晚上8点多"。

尽管有较大的运营压力,"上赛场"仍然租用了3 300辆次巴士,将市区的观赛者免费运往嘉定的"上赛场"。每次的租金为1 600元,3天总计支付500多万元。不过这并非亏本买卖,以中档套票1 880元计,增加3 235个观众的门票收入,即可收回免费巴士的支出。如果加上每日每人餐饮支出约60元计,还可赚回19万元。

由于F1申办费是每年递增10%,但本着"F1是大众娱乐运动"这一宗旨,"上赛场"将原来的九档门票缩为六档,并进行了不同幅度的价格调整:主看台票价最少提高了7%,其中涨幅最大的为白银区,由2004年的2 800元涨至3 580元;副看台涨幅则明显小于主看台;草地席售价未涨,仍为370元。

"这是因为主看台的票多为机构购买,用于公关活动,因此并不会过于计较票价的高低。2004年练习赛、排位赛时,主看台就很少有人去观看。到正式赛时,主看台才被挤满,"相关人士介绍,"而草地席则不同,通常都是普通观众。"

因此,在商家眼里,自己掏钱买门票的草地席观众,才是真正的F1车迷。而这些商家,则是"上赛场"经营公司的下一个目标。上海希望稳扎稳打,将F1与嘉定区乃至上海的城市功能结合起来,将F1赛事办成一个如迪士尼一样的多功能综合娱乐乐园,这也是一个集体育、汽车、休闲为一体的新天地。

抓住"三赛两节"。"包括F1、网球大师赛、黄金联赛在内的'三赛',以及上海旅游节、上海国际艺术节的'两节',将成为在英国伦敦举行的国际旅游展示会上上海都市旅游展区的重中之重,'上赛场'还派出专人随上海旅游委促销团赴伦敦进行F1之旅的宣传促销"。向海外旅游市场宣传的重点有2006年上海F1之旅、2006年上海大师杯赛之旅、黄金联赛之旅等。

包括"三赛"在内的相关旅游产品已出现在上海国旅、上海青旅、春秋国旅面向海外市场重点推荐线路的宣传单上。

开发赛事旅游。"F1大赛除了带来1 800万票务收入外,还为我们的F1

之旅顶级旅游产品带来 1 000 多万的旅游收入"。春秋国旅有个 F1 推广部,据负责人周卫红透露,在春秋国旅所销售的 7 000 张 F1 门票中,近 3 000 张门票购买者同时购买了春秋的相关旅游产品,包括订房、订机票和相关旅游服务,近 3 000 人是随着春秋的 F1 之旅旅游团来到上海的,观看大赛之余,还游览了上海的旅游景点,甚至兴致勃勃地到阳澄湖吃蟹,游览江南古镇等。

　　F1 大赛为推动上海周边旅游景区的发展,带来了大量的旅游客源:据统计,2004 年上海各大旅行社销售的 F1 门票达到了 8 000 万元,2005 年由于受少部分海外旅游市场退团的影响,旅行社销售的 F1 门票有所下降,但也超过了 4 000 万,占到了 F1 门票总销售的相当份额。

　　F1 大赛的相关旅游衍生产品也得到迅速发展,市民可以预约在"上赛场"过把赛车瘾,国内外旅游团队可以直接进入"上赛场"参观、游览。上海 2006 年推出的工业旅游,也将"上赛场"与安亭汽车城进行组合,成为一条受游客欢迎的汽车工业之旅线路。

　　(资料来源:朱小明、张勇、沈华,《体育营销》,北京大学出版社,2007 年第一版)

第三章

体育消费行为分析

内容提要

- 分析体育消费购买行为
- 阐述影响体育消费者行为的因素
- 介绍体育消费决策过程

第一节 体育消费购买行为概述

一、体育消费购买行为及其内容

体育消费市场是体育组织市场营销的出发点和归宿点,决定着体育组织的市场需求水平。不同类型的体育组织需要充分满足体育消费者的需求,提高营销效益,实现体育组织发展战略,为此,体育组织必须深入分析和研究体育消费市场及其购买行为特点,将其进行市场细分、目标市场的选择和市场定位,并制定出合理有效的营销组合策略。

按照体育消费者购买的目的或用途,可以将体育消费者市场分为体育组织市场和体育消费者市场两大类。体育组织市场是指以组织为购买单位的购买者所构成的市场,如体育用品生产企业、媒体、赞助商等参与者。其区别于体育消费者市场,体育组织市场购买的体育产品或服务是为了再次生产经营或提供服务,而不是为了自身使用。体育消费者市场是指个人或家庭为个人需求而购买产品和服务的市场,如观众、个体体育用品购买者等。

体育消费购买行为是指体育消费者在购买体育商品或服务的活动和过程中所呈现出的各种行为,它包括以下七个方面的内容(图3-1)。

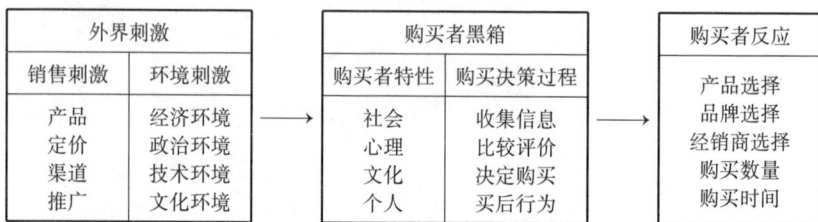

外界刺激		购买者黑箱		购买者反应
销售刺激	环境刺激	购买者特性	购买决策过程	产品选择
产品	经济环境	社会	收集信息	品牌选择
定价	政治环境	心理	比较评价	经销商选择
渠道	技术环境	文化	决定购买	购买数量
推广	文化环境	个人	买后行为	购买时间

图3-1　购买者行为模式

(1)谁购买——体育消费购买者是体育消费者还是体育组织者。

(2)买什么——购买的是体育的有形产品还是体育服务。

(3)为何买——购买的目的是满足体育消费需要还是转卖需要或是履行某种职能的需要。

(4)谁参与购买——一次购买活动参与的人有哪些身份,担任何种角色。一般来说,在一个典型的购买决策中有五种不同身份的人共同参与购买活动,即提出要购买某种商品的倡议者、对最终购买有直接或间接影响的影响者、掌握最终决定购买权的决定者、实际实施购买活动的购买者和直接使用或消费所购商品或服务的使用者。

（5）如何购买——购买行为类型是什么，如何支付货款等。

（6）何时购买——购买者在什么时间购买，是淡季还是旺季，是平时还是节假日，是白天还是晚上等。

（7）何地购买——购买者在什么地点购买，是到商场还是到生产厂家。

二、体育消费者的购买对象

体育消费者在购买不同体育产品或服务时，其购买行为并不都遵循同一个模式。根据体育消费者购买行为上的差异，通常将体育消费者购买的体育产品分为体育便利品、体育选购品和体育特殊品三类。

体育便利品是指体育消费者经常购买或即刻购买，并几乎不进行购买比较和作出购买努力的体育产品，如体育报纸杂志等。体育便利品可以进一步分为体育日用品、体育冲动品以及体育急救品。体育日用品是体育消费者经常购买的体育产品，如运动饮料。体育冲动品是指体育消费者未经计划或寻找而购买的体育产品。由于体育消费者一般不愿专门去选购，这些体育产品到处都可以买到，如体育杂志常常被放在结账台的旁边，这是因为顾客可能没有想到要购买它们。体育救急品是指体育消费者在十分紧迫时购买的产品，如旅游过程中运动鞋坏了需要购买运动鞋等。

体育选购品是指体育消费者在选购过程中，对体育产品的适用性、质量、价格和式样等基本方面进行有针对性比较的体育产品。这类体育产品包括运动服装、健身器械等。

体育特殊品是指具有独有特征或品牌标记的体育产品，对这些体育产品，大部分体育消费者一般都愿意为其作出特殊的购买努力。这类体育产品通常包括体育特殊品牌和体育特殊式样的花色体育产品，健身器材以及男士运动服等。

三、体育消费者购买行为类型

不同的体育消费者购买决策过程的复杂程度不同。体育消费者在购买过程中受到多种因素的影响，其中最主要的因素是体育消费者的参与程度和体育产品或服务的品牌差异大小。同类型的体育产品不同品牌之间的差异越大，体育产品的价格越高。若体育消费者对体育产品知识和购买经验缺乏时，购买决策过程就会变得复杂，增加了购买的风险，如购买高尔夫运动装备、运动服、球鞋、赛事纪念品之间的购买复杂程度显然是不一样的。为此，我们将采用阿莎尔

（Assael）提出来的根据购买者的参与程度和产品品牌差异程度划分出四种类型的购买行为,如表3-1所示。

表3-1　购买行为的四种类型

	购买参与程度高	购买参与程度低
产品品牌差异大	复杂性购买行为	需求多样化购买行为
产品品牌差异小	减少失调感的购买行为	习惯性购买行为

（一）复杂性的购买行为

复杂性购买行为是指体育消费者在购买决策过程中,要经历信息收集、体育产品评估、购买决策和购后评价等各个环节。即复杂性购买行为使体育消费者经历一个非常完整的购买决策过程。对于复杂性购买行为,体育营销者要制定详细的计划,通过各种宣传手段,让体育消费者充分了解并掌握体育产品知识,弄清体育产品的优缺点,使其减少购买风险,帮助其简化决策过程。一般来讲,体育消费者在购买较贵重的产品或服务时,如健身器械、高尔夫运动装备等,采用复杂性购买行为,体育消费者购买行为趋于理性购买。通常体育消费者需要考虑体育产品的质量、预计支付的费用、体育产品的可靠性或体育服务带来的最大效用和体育产品的使用寿命等方面的因素。

（二）减少失调感的购买行为

当体育消费者参与程度高,认为体育品牌之间的差异小的时候,则会产生减少失调感的购买行为。当体育产品价值高,不常购买,而当体育消费者认为不同体育品牌之间的差异小,通常体育消费者不会进行精心的比较和选择,迅速购买,如运动服装、健身器械等。如果当消费者购买后发现该体育产品的质量和功能等存在诸多问题或发现其他体育产品的优点(如价格、销售地点)时则会产生失调感的购买行为。对于这种情况,体育营销者应通过各种不同的销售渠道向体育消费者提供关于本企业和产品的各类信息及售后服务。

（三）寻求多样化的购买行为

当体育消费者参与程度低,了解各体育品牌和品种之间的差异,此时会产生寻求多样化的购买行为,如运动包、户外帐篷、运动水杯等。体育消费者在购买这类产品时,随意性很大,愿意尝试购买不同的品牌。体育消费者在采购前一般不进行大量信息的收集、整理和评估,但在使用这些体育产品时会加以评价和分析。但评价的结果并不影响其再次购买的行为。对于寻求多样化的购买行为,体育市场领导者和体育市场挑战者应制定不同的营销策略,采用不同的营销方式,如通过体育产品货架的不同区域摆放、价格调整广告等,鼓励体育消费者形成习惯型购买行为。

（四）习惯型购买

当体育消费者参与程度低、认为不同体育品牌之间的差异小时,就会产生习惯性购买行为。通常,习惯性购买的体育消费者不进行大量的关于体育产品或服务的信息收集和评估工作,只是习惯性地购买自己比较熟悉的品牌和产品,对购后的体育产品或服务也不进行评价。习惯型购买是指有的体育消费者,只习惯于选取自己熟知的品牌、偏爱一种或数种品牌。当然,消费者的习惯是可改变的,针对这一类型的消费者,可以通过提高产品质量,加强广告推销宣传,创名牌、保名牌,在消费者心中树立良好的产品形象,使其成为消费者偏爱、习惯购买的对象。

第二节　影响体育消费者行为的因素

影响体育消费者行为的因素主要是购买者特征,面对同样的市场营销刺激因素,不同的购买者之所以有不同的反应,主要是受不同购买者的特征所影响。影响购买者行为的特征分为文化、社会、个人及心理四大因素。

一、文化因素

文化因素对于体育消费者的影响重大,体育作为一种文化,其消费者中有着各种体育明星效应、体育集体荣誉感效应,集体荣誉感大到国家、城市,小到团体、组织,这些效应都是由不同文化背景产生的,并且文化在这其中占据着主导地位。文化因素主要有文化、亚文化与社会阶层三个方面。

（一）文化

文化是人类欲求与行为最基本的决定因素,包括语言、法律、宗教、风俗、习惯、音乐、艺术、工作方式及其他给社会带来独特情趣影响的人为现象;就其对消费者行为影响的角度而言,文化是后天学习来的,是对某一特定社会成员消费行为直接产生影响的信念、价值观和习俗的总和。文化水平较高的人群一般愿意选择一些高雅、朴实、精神消费性较强的体育消费品;文化水平较低的人群则愿意选择那些较为华丽、显目或实用性较强的体育产品或体育运动项目。同时,文化水平越高,选择体育消费的欲望越强,这是由于这类人群大多从事脑力劳动,参加体育锻炼的时间较少。为此,体育经营者应依据不同的文化水平来制定吸引这类群体的营销策略。

(二) 亚文化

任何文化都包含着一些较小的群体或所谓的亚文化,它们以特定的认同感和社会影响力将各成员联系在一起,使这一群体持有特定的价值观念、生活格调与行为方式。影响消费购买行为最显著的有民族亚文化群体、宗教亚文化群体、种族亚文化群体和地理亚文化群体。体育消费者对各种体育产品的兴趣,都受到民族、宗教种族和地理背景的影响。

(三) 社会阶层

每一种人类社会中都有不同的社会阶层。每一阶层的成员都具有类似的行为、兴趣和价值观念。具体来说,同一阶层的成员,行为大致相似;人们依据他们所处的社会阶层,可排列出其地位的高低;社会阶层由职业、收入、财富、教育、价值观等综合决定;个人可能晋升到更高阶层,也可能下降到较低的阶层。

不同社会阶层的人,无论在购买行为还是购买种类上都具有明显的差异性,体育市场营销人员可以借助这一因素的研究成果,采取相应的市场营销策略。

下面以社会阶层的两个维度主要是受教育程度和收入水平,来分析影响体育消费者对价格的敏感度和对消费品质的敏感度(表3-2)。

表3-2　受教育程度和收入水平对体育消费者的影响

	高 收 入 水 平	低 收 入 水 平
受高等教育程度	价格敏感度低,消费品质敏感度高	价格敏感度高,消费品质敏感度高
受低等教育程度	价格敏感度低,消费品质敏感度低	价格敏感度高,消费品质敏感度低

处于高教育程度、高收入水平的体育消费者生活较为自信,消费观念理性化,比较关注生活的品质,追求优越、舒适的物质条件,受价格变动的影响不大,如具有特色的高档健身俱乐部。高档健身俱乐部是集于健身、休闲、娱乐、社交为一体的高消费场所,通常具备完善的高品质的基础设施、多样化的健身娱乐项目、高门槛会员进入方式以及完善的客户关系管理体系。

处于低教育程度、高收入水平的体育消费者财力较为雄厚,注重物质消费,讲究奢华的生活条件,喜欢与他人攀比和炫耀,喜欢通过高价格的物资消费水平来显示自身的身份和地位,受价格变动的影响不大,如繁华区的高档次健身俱乐部。

处于高教育程度、低收入水平的体育消费者的消费观念比较理性化,在追求高品质的生活条件的同时关注价格的变化,希望参与性价比较高的体育休闲、娱乐和健身活动,如中低档价位的健身房。

处于低教育程度,低收入水平的体育消费者参与体育是为了降低生活压力,放松心情,喜欢参与社区等免费开放的体育公共设施场所活动。

二、社会因素

体育消费者行为不但受到广泛的文化因素的影响,同时也受到社会因素的影响,如相关群体、家庭、角色与地位的影响。

(一)相关群体

相关群体也称为参照群体或参考群体。它是指能够直接和间接影响他人看法、行为和价值观的群体。在西方国家,人至少要受到相关群体的三个方面的影响:迫使个人接受新的行为和生活形态;并影响个人的看法、态度和自我观念;使个人产生趋于一致的心理压力。按照不同的变量,相关群体可以分接触类型、组织类型、吸引力和成员资格四类。

(1)按照与体育消费者接触的密切程度,可以将参照群体分为主要群体和次要群体。主要群体是指直接对人产生影响的群体,就是那些密切的经常互相发生影响作用的群体,如家庭、朋友、邻居、同事等。这类群体对体育消费者的认识与行为影响重大。例如,父母喜欢体育运动,他们会催促孩子参与到体育运动中来,特别是父母非常喜欢的体育项目,如游泳、轮滑等,他们会在孩子很小的时候便让孩子尝试参与这些他们熟知的体育项目。同时,孩子也会反过来影响家庭成员参与他们喜爱的体育项目。次要相关群体是指与体育消费者较少发生直接接触的群体,如购物中遇到的行人等。这类群体对体育消费者的影响较小。

(2)按照正式组织关系划分,参照群体可以分为正式群体和非正式群体。正式群体是指那些以正式组织形态存在的群体,如球迷协会成员、企业同事、学校同学、专业协会成员等。例如,周围的同事或同学邀请我们参与网球、乒乓球等体育运动,长此以往,让我们喜欢上了这些体育运动。非正式群体是指那些非正式存在的组织群体,如家庭成员、各界名人、亲属朋友等。如泰格·伍兹影响了大量青少年参与高尔夫球运动,这就体现了名人效应的作用。

(3)按照群体吸引力,可以将参照群体分为正相关态度群体和负相关态度群体。正相关态度群体是指其行为被体育消费者认同和赞赏的群体,或者是人们乐意仿效的群体。负相关群体是指其行为不被接受或否定的群体。如传统认为是属于男性的运动项目,现在有越来越多的女性参与进来,并且这种行为得到体育界的广泛支持和赞同。

(4)按照体育消费者是否属于特定相关群体成员,分为成员群体和非成员群体。成员群体是指该体育消费者是该群体成员之一;非成员群体是指该体育消费者不是该群体的成员。如某人是中体倍力健身俱乐部成员,则该人便属于中体倍力健身俱乐部的正式成员群体。

总之,群体在其中扮演着对某一产品或服务提供看法、观念和信息的人,可以称其为信息主导者或领袖,影响着群体中的消费行为。体育营销人员都可以利用相关群体的影响作用,通过各种方式有效地营销自己的体育产品。

（二）家庭

家庭是市场最重要的消费与购买者,家庭成员是最有影响力的参照群体,在消费者中存在两种家庭类型:原生家庭和衍生家庭。

原生家庭的影响是来自父母,其对家庭购买者的行为影响最强烈。每个人都会由双亲直接教导和潜移默化获得许多心智倾向和知识,如宗教、政治、经济以及个人的抱负、爱憎、价值观等。在那些习惯于父母与子女不分居的国家,这种影响更具有决定性的意义。

衍生家庭的影响是来自自己的配偶和子女。通常夫妻和儿女在消费上的观点和侧重点是不一样的,如体育消费观,男性对体育新闻、体育赛事、体育运动技术等较为关注和感兴趣;而女性则对体育明星更为关注。在体育运动项目上也存在较大差异,男性喜欢对抗性较强的、频率快的、攻击性强的、团体类项目;而女性对优雅、对抗性较弱的项目较为喜欢;而未成年的学生群体则关注体育明星、体育赛事及周边延伸产品。

（三）角色和地位

每个人一生中都会参与许多群体,如家庭、社会、各种组织机构等,每个人在不同群体中的处境,角色和地位是不同的。一个人在各种群体中的各种角色,都会影响其购买行为,人们常常选购某些地位标志的体育商品来表明他们的社会地位。在各种健身会所、俱乐部中,个人在这些群体中的位置和角色将变成他们对同一类产品的消费程度、消费高度的主要考虑因素。为此,每个市场营销人员都必须弄清哪些产品有变成地位标志的可能性,以便采取相应的市场营销策略,更好地利用影响消费者购买行为的角色和地位这一因素。

三、个人因素

体育消费者的购买行为还受到个人许多外在特性的影响,其中比较明显的有购买者的年龄与生命周期阶段、职业、经济环境、生活方式以及性格、自我观念和知识资源等。

（一）年龄与生命周期阶段

通常,人们购买体育产品或服务的需求将随其年龄产生变化,如结婚、生子、职业发展的不同阶段等都将改变其对体育消费的类型。如不同年龄阶段的人群喜欢不同的体育运动项目和体育产品或服务。青少年人群喜欢健美、减肥类的体育产品、服务或运动项目;中老年人则喜欢强身健体、延年益寿的体育运动项目和体育产品或服务。为此,体育经营者需要根据体育消费者的不同年龄阶段来吸引满足其需要的产品、服务或运动项目。

具体来讲,体育消费者处于不同的家庭生命周期阶段,其购买行为也会不同。家庭生命周期是指消费者从年轻时离开父母家庭独立生活,到年老后并入子女家庭或独居进而死亡的家庭生活全过程。传统的家庭生命周期理论将家庭的发展大致分为单身、新婚、满巢、空巢和解体五个阶段。

第一阶段,单身阶段,主要表现特征为:年轻、追求个人生活。这一阶段的消费者多处于青壮年时期,要么在大学念书,要么刚刚工作。随着结婚年龄的推迟,这一群体的数量正在剧增。虽然收入不高,但没有其他方面的负担,可以自食其力,但还没有储蓄的计划。一般来讲,喜欢什么就买什么,跟风、攀比、追求时尚快乐的生活。同时,对于有经济收入的消费者,会支出一小部分用于孝敬父母。

第二阶段,新婚阶段,主要表现特征为:年轻、无子女。因为这一阶段的消费者刚刚组建家庭,没有孩子,负担不重,为了形成共同的生活方式,不仅需要双方共同的决策和分担家庭责任,而且还需要共同面对以前未曾遇到过的问题,如家庭保险和储蓄等问题,这也是对新婚夫妇的一种全新的体验。通常,这类群体占的比重不大。由于这类家庭通常夫妇双方都有工作,有的夫妇还可以得到父母物资和资金上的帮助,相对于其他群体他们显得较为富裕。这一阶段的消费者基本上是处于理性消费时期,购买产品或服务趋于自身的实际需要,不冲动,但偶尔会购买一些奢侈品。此后双方父母的年龄逐渐大了,开始依赖于子女,子女为父母的消费更多地倾向于生活必需品方面的支出。

第三阶段,满巢阶段,主要表现特征为:从第一个孩子出生到孩子长大成人并离开父母。这一阶段持续时间较长,一般超过 20 年,所以研究人员根据孩子的年龄将其分为满巢前期、满巢中期和满巢后期三个阶段。满巢前期阶段,通常是指年轻的夫妇和年幼(6 岁以下)的小孩组成的家庭。由于孩子的到来给家庭带了生活方式和消费方式的巨大变化。这一阶段的消费,主要倾向于孩子生活方面的支出。满巢中期阶段是指家中最小的孩子已经超过 6 岁,处于念小学或中学时期。这一阶段的消费主要倾向于孩子的教育支出。满巢后期阶段是指年龄较大的夫妇和尚未独立的孩子组成的家庭。这一阶段的家庭财务压力相对减轻,家中的小孩已经成年,开始工作,家庭的经济状况明显改善。这一阶段主要为孩子今后的工作及组建新的家庭做好物资和资金上的准备。

第四阶段,空巢阶段,主要表现特征为:家中孩子独立,与父母分开住,这一阶段延续的时间比较长。很多父母在经济和时间上拥有大量的时间。空巢的后期阶段,父母到了退休年龄,经济收入开始减少。这一阶段的消费主要用于健康类产品和服务。

第五阶段,解体阶段,主要表现特征为:夫妇一方过世,在世一方身体尚好,有工作或有一定的储蓄,有亲戚朋友的支持与关照,家庭生活调整得较快。但此阶段家庭收入来源减少,使在世的一方过上了更为节俭的生活,消费理念更为理性化。

经过上述家庭生命周期的分析,可以看出,消费者在家庭生命周期不同阶段上的欲望和购买行为有一定的差别,体育用品生产或服务企业可以制定专门的市场营销计划来满足某一或某些阶段的消费者的需求。

另外,随着社会经济的快速发展,各种新型的家庭形式大量出现,传统的家庭生命周期理论面临具体挑战。一种普遍的非家庭型住户开始受到关注,即由独身者或没有血缘或婚姻关系的个体组成的家庭越来越多,体育市场营销人员需要关注这一变化,研究其消费取向,以便更好地为其提供体育产品和服务。

(二) 职业

不同职业的人群,对体育产品、服务或运动项目的需求是不一样的。通常,白领阶层的体育消费者愿意从事休闲娱乐型的体育消费项目,他们往往追求时尚、个性、品位,对品牌的敏感度较高;而蓝领阶层的体育消费者则偏重于各种运动竞赛、表演以及大众化的体育运动项目或体育产品或服务。

一个人的职业也影响其对体育产品和服务的需求,如普通工人与农民的需求有很大不同,一般职员与高等学校教师的需求也有许多方面不同。

(三) 经济环境

经济环境,包括个人可开支的收入、存款与资产、借债能力以及对储蓄与花钱的态度,一个人的经济环境通常会大大影响其所考虑或打算购买的体育产品和服务。体育市场营销应经常注意消费者个人收入、储蓄及存款利率的变化,根据整个社会经济状况的变化可能涉及个人经济环境的趋势,采取适当的步骤来重新设计产品、重新定价、重新决定目标市场,以及采取其他相应的措施来维持或提高自己产品的销售量。

(四) 生活方式

生活方式是指人们的生活格局和格调,集中表现在他们的活动、兴趣和思想见解上。体育消费者对产品和品牌的选择,是一个人生活中具体所思、所为的重要表现。因此,在制定市场营销策略时,都应探明产品或品牌与生活方式之间的相互关系,并应对目标消费者的生活方式有一个清晰的把握,适应消费者各种不同生活方式的商品需求和服务需求,在整体市场营销活动中作出相应的决策,以便尽可能吸引相关生活方式下消费者的注意和购买。

（五）个性与自我观念

每个人的个性特征都一定会决定其消费行为,个性是指人的心理特质,对消费的反应模式和分辨能力,如刚强或懦弱、热情或孤僻、外向或内向、创意或保守、主动或被动、自恃或谦逊等。不同性质和个性的体育消费将会吸引不同个性特质的体育消费者。如对一切持怀疑态度的中青年会对攀岩、滑板和山地摩托运动等快速、惊险的活动项目感兴趣,而喜欢这类项目的人是喜欢刺激和冒险的;而从事高尔夫运动的人则是不愿冒险、具有责任感、善于合作的人。从另一个方面看,不同特质的体育消费者会造就其不同个性特质的体育消费者类型。如情绪较为冲动、激励、好斗的人常被吸引到足球、冰球和拳击等体育运动项目中去;而内向、害羞的个性类型则更喜欢参与网球和跑步等个人体育运动项目。为此,了解参与运动项目和个性之间的关系有利于帮助体育经营者建立营销战略规划,能够使相应个性的人群产生吸引力。同时,会有大量参与体育赛事的体育经营者用个性去吸引潜在的赞助商,这些赞助商也会吸引同样个性的人群。

自我观念是描述我们如何看待自己,或别人如何看待自己的一幅复杂心灵图画。每一个人都会自认为自己是属于什么类型的人,或认为别人会把自己看作是属于什么类型的人,因而在行为表现上应与自己的身份相符。体育市场营销人员所塑造的体育产品形象,必须与目标市场消费者的自我形象相符。

（六）知识资源

体育消费者具备的知识资源,如对体育品牌的知名度的了解、对体育品牌形象的认识以及对体育产品品牌的价格、购买和使用体育产品知识的了解,是影响体育消费者的主要因素。

体育消费者对企业生产的体育产品和品牌的熟知程度能够受很大程度上吸引体育消费者的关注,使体育消费者愿意更多地了解其产品或服务,影响其消费行为。一般来说,体育消费者愿意购买其熟知的品牌,当深入了解该品牌与自身的定位相一致时,便形成了较为忠实的顾客。

不同体育产品品牌形象是有差异的,一个体育品牌在体育消费者心理会联想为某些具体的物理和功能属性,还会形成某些精神层面的情感,有时还会涉及体育用品生产企业的用户群、广告语、品牌形象代言人、LOGO 等。如"耐克"的体育消费者会将"美国""NBA""品牌""高档次""乔丹"等联系起来;而提到"李宁",体育消费者会将"中国""高品质""优质"等联系起来。可见,这将在很大程度上影响体育消费者的消费行为。

体育消费者对于体育产品价格的感知程度,将会影响体育产品生产企业制定营销策略。如体育消费者对某体育用品品牌的价格非常了解,知道其定价的基本策略,当该品牌降价时,在某种程度上会引起体育消费者的购买愿望,特别是当该企业公开其降价的原因后,影响体育消费者购买意愿更大。相反,如果体育消费者缺乏对某体育品牌定价的了解时,会在某种程度上制约体育消费者的购买行为。

购买体育产品的知识主要是考虑在哪里购买和何时购买体育产品两个问题。同一种体育用品(如运动服装)可以从大卖场、专卖店、百货公司和便利店等不同类型的商店购买,至于体育消费者在哪里购买和选择何种类型的体育用品,取决于其对体育产品的购买知识的了解,特别是店铺形象方面的知识。一般而言,体育消费者在哪里购买体育用品的知识包括两个层面。第一,不同的体育用品商店销售何种类型、品牌和档次的产品,以及这些商店的风格和形象;第二,不同类型的体育用品摆放在专卖店或大卖场的大致区域和具体位置。实验表明,体育消费者对于体育用品摆放的确切位置越熟悉,越能产生好的感受。当体育消费者对商店不熟悉的时候,会按照意愿或店内指示确定体育用品陈列的位置,这时往往容易使体育消费者产生计划外的消费支出。

体育产品使用知识是指关于如何使用体育产品、在何种场合使用以及使用时有哪些具体注意事项及要求等方面的知识。当体育消费者缺乏对体育产品或服务的使用知识的了解,会抑制其对体育产品的购买意愿。相反,体育消费者了解体育产品的使用知识,会增加其购买动机。因此,目前越来越多的体育用品生产企业开始以各种不同的方式和手段介绍体育产品的使用知识,以增加体育消费者对产品的购买。

四、心理特征

一个人的购买行为还会受到四种主要心理因素的影响。这些因素是:动机、知觉、后天经验、信念与态度。

（一）动机

动机是指导人们的行为去实现其需求的内部力量。动机可以从两个方面来描述:动机的方向和动机的强度。动机的方向是指消费者向着某一目标积极地努力或以远离消极结果来减少压力的一种方式。对一个体育参与者来讲,一个人想获得良好的身体素质,需要通过跑步、骑车等来实现这一目标。动机的强度是指一个人选择去积极地追求其目标的程度。

心理学家曾提出许多人类行为动机理论,其中最著名的是马斯洛的动机理论,现就利用这一理论对体育消费者进行分析,以期对体育经营者具有一定的参考价值。马斯洛指出,人类的需求是按从较低需求到较高需求的先后顺序发展的。

在马斯洛的需求层次论中,第一个层次的需求是生理需求,即人的最基本的需求——吃饭、喝水和睡觉等。对于体育消费来讲,人们从事基本的训练和从事一定水平的活动即是一种基本的生理需求。当这种需求得到满足后,下一层需求——安全需求便出现了。

安全需求是指从事活动者身体的安全和保持健康的需求。体育装备制造商的工作就是负责参与者对身体安全上的需求。对于健康的需求,体育参与者是通过健身俱乐部来保证和提高他们的健康水平。

社会需求是指人们参与体育运动的主要原因和动机。人们参与体育运动是为了与其他人互动并成为群体中的一员的唯一途径,而成为团队的一部分并让队友尊重和关爱是他们希望实现的,即是自尊的需求。

自我实现是指人们希望实现目标的需求。人们通过参与攀岩等极限运动,使自身的身体和心理达到某个目标。如人们参与马拉松赛跑的意志考验。

为此,作为体育经营者需要识别体育消费者的需求,为其量身定制体育运动项目或提供体育产品或服务。在某些情况下,参与体育运动可以使不同的人实现其自身的需求。如一所健身俱乐部可以满足对不同层次的体育消费者需求:第一个层次是通过练习来实现会员对生理上的需求;第二个层次是通过不同体育装备来满足不同年龄段体育消费者的健康和安全需求;第三个层次是通过成为队员一部分或"第二个家"的概念来实现需求;第四个层次是通过得到团队成员的爱护与尊重来实现的;第五个层次是通过运动效果的实现来实现的,如身心愉悦、健美的体型等。

(二)感觉

感觉是消费者收集信息的过程和基于他们自己过去的经验来解释这些信息的。例如,你对足球、网球和高尔夫球的印象,你可能将足球与耐力和技术运动、网球与健身俱乐部、高尔夫球与社交联系在一起,但是如果你去问其他的人,可能得到的结果是不同的,这是因为每个人都有基于过去不同的经验、想法和需要。因此,感觉是影响个人购买行为的另一个重要心理因素。一个被动机驱使的人随时准备着行动,但具体如何行动则取决于他对情境的感觉如何,两个处于同样情境的人,由于对情境的感觉不同,其行为可能大不相同。

人们对相同的刺激会有不同的感觉,主要是由选择感觉、选择扭曲、选择记忆三种加工处理程序所引起。

1. 选择感觉

一个购买者每天都会接收数以千计的信息,影响体育购买者愿意接收信息的原因有:体育购买者的眼前需求,即体育购买者最近的需求使其易于接收那些有助于满足此种需求的信息;体育购买者所持的态度与看法,即一般情况下,体育购买者会选择那些符合或补充、加强其现持态度和看法的信息,而拒绝那些与其态度和看法相冲突的信息;体育购买者不确实知道或缺乏知识的领域,即体育购买者对于有关这些方面的信息一般也较关心和注意接收。

在市场营销领域中,包装、价格、广告、品牌等都是潜在消费者接受与否的信息。企业必须使这些消息与消费者的需求和看法协调一致,减少消费者的存疑,并能提供意味深长的信息。

2. 选择扭曲

有些信息虽为购买者注意和接收,但其影响作用不一定会与信息发布者原来所预期的相同。因为在购买者对其所接收信息进行加工处理的过程中,每个人都会按照自己的一套方法加以组织和解释,使其与自己的观点和以前接收的信息协调一致起来,因此就使接收到相同信息的购买者会有不同的感觉。

3. 选择记忆

人们对其接触、了解过的许多东西常常会遗忘,仅记得那些与其观点、意气相投的信息,即购买者往往会记住自己喜爱品牌的优点,而忘掉其他竞争品牌的优点。

正由于上述三种感觉加工处理程序,使得同样数量和内容的信息,对不同的购买者会产生不同的反应,在一定程度上阻碍购买者对信息的接收。这就要求市场营销人员必须采取相应的市场营销策略,如大力加强广告宣传,不断提高和改善商品的质量和外观造型、包装、装潢等,以打破各种感觉障碍,使信息更易为消费者所注意、了解和接收。

(三) 后天经验

后天经验就是指影响人们改变行为的经验。它既可表现为公开行动的改变,也可表现为语言上和思想上的改变。后天经验论者认为:人们的购买动机除了少数基于本能反应和暂时生理状态(如饥饿、疲乏)外,大多数是后天形成的。

后天经验理论对市场营销人员有多方面的意义:首先,它说明要发挥市场营销作用就要按一定的价格、在一定的地点和时间将商品提供给消费者以满足其需求;其次,既然购买是需求的反应,体育经营组织必须广泛运用信息通报手段,通过说明各种疑难问题的解决办法,促使体育购买者产生需求欲望,进一步作出购买反应。

（四）态度和信念

按照心理学家和社会学家通常的说法,态度是指人们对于某些刺激因素或刺激物以一定方式表现的行动倾向,信念则是态度的词语表述,即两者不过是同一物的表里关系。态度对任何人的生活都有影响,它影响个人对其他人、其他事物和事件的判断方式和反应方式。因此,人们生活的许多方面都受到自己所持态度的支配。

态度可看成是"认识—动情—追求"的三部曲,或者说,态度是由认识、动情、追求三部分组成的。

认识部分:包括与态度的特定目标相关的信念或知识。信念是建立在人们所获资料基础上的,人们各具不同的信念,至少有一部分原因是所获信息和知识的不同;态度是人们直接对已知其存在的现象的表态。对于一种客体的信念将会影响态度的变化,因此认识部分在整个态度的组成中很重要。

动情部分:包括有关人们情绪方面的内容,如对客体的喜欢和不喜欢、爱和憎等。这些情绪可能来自个人的特质和动机,也可能来自社会的规范。

追求部分:即态度的动作倾向,它涉及人们采取某种行动的意向。当一个人根据过去的体验或其他信息,已对某些体育产品、服务形成了肯定或否定的态度时,购买决策过程可大大加快。因此,各个体育经营组织应尽可能使其产品适应消费者的意向,激发起消费者持惠顾态度,从而赢得更多的顾客和市场。

第三节　体育消费决策过程

体育消费者的购买决策过程一般可分为确定需要、搜集信息、评估选择、购买决定、购后行为这五个阶段(图3-2)。

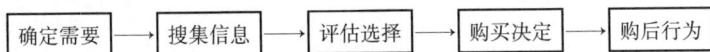

确定需要 → 搜集信息 → 评估选择 → 购买决定 → 购后行为

图 3-2　体育消费者购买决策过程的五个阶段

一、确定需要

确定需要是体育消费者购买过程的起点,当体育消费者感觉到一种需要并准备购买某种体育产品以满足这种需要时,购买决策过程就开始了。这种需要,一般来说是由现实状况与期望水平进行对比相差较大时,可能刺激内在因素引起需求。体育营销人员需要去识别引起体育消费者某种需要和兴趣的环境,以找出体育消费者会产生什么类型的需要或问题,这些需要或问题是怎么形成的,应如何引导到特定体育产品。体育营销人员要善于根据这些规律和特点采取相应措施,唤起和强化体育消费者的需要,并将其转化为购买行为。

二、搜集信息

体育消费者的需要并非马上就能得到满足,必须寻找或搜集某些信息。

体育消费者的信息来源一般可以分为四个方面:个人来源,包括家庭、亲友、邻居、同事等;商业来源,包括广告、经销商、包装品、展销会等;公共来源,包括体育报纸杂志等大众传媒;经验来源,包括操作、实验和使用产品的经验。以上这些信息来源的影响力随着产品的类别和购买者的特征而变化。

一般来说,体育消费者得到的商品信息,大部分出自商业来源,而影响力最大的是个人来源。各种来源的信息对购买决策都有相当大的影响。在正常情况下,商业来源主要起通知作用,而个人来源主要起评估作用。体育经营组织必须设计适当的营销组合策略,以使其品牌纳入消费者熟知的品牌组、可供考虑的品牌组、可以选择的品牌组。因此,体育营销人员对体育消费者使用的信息来源应该仔细分析识别,并评价其重要性,以便针对不同的商品和消费者,选择并使用有效的信息传播渠道,从而影响消费者的购买决策。

三、评估选择

体育消费者根据得来的信息便可以了解市场上出售的体育产品品牌,并对其进行比较、评估,最终决定购买某个品牌。体育消费者在评估选择过程中,以下一些因素应引起营销人员的重视:第一,产品属性,尤其是与消费者需要密切相关的产品属性;第二,消费者对产品的各种属性给予的重视程度,即重要性权数;第三,消费者对品牌的信念,即品牌形象;第四,消费者对产品每一属性的效用函数,即消费者所期望的产品满足感;第五,消费者经过某些评价程序产生的对各个可供选择的品牌的态度。因此,营销人员可采取如下对策,以提高消费者对其品牌的兴趣。

(1) 实际的重新定位:修正产品的某些属性,使之接近消费者理想的产品。

(2) 心理的重新定位:改变消费者心目中的品牌信念,通过广告和宣传报道努力消除其不符合实际的偏见。

（3）竞争性反定位：改变消费者对竞争品牌的信念。当消费者对竞争品牌的信念超过实际时,通过比较性广告宣传,改变消费者的信念。

（4）通过广告宣传,改变消费者对产品各种性能的重视程度,设法提高自己产品的优势性能及重要程度,引起消费者对被忽视的产品性能的注意。

（5）改变消费者心目中理想产品的标准。

四、购买决定

体育消费者在评估选择阶段对选择组的各种品牌进行比较和评估后,就会形成购买意向。但从购买意图到购买决策之间,受到以下两个因素的影响。

第一个因素是其他人的态度。如果消费者已准备购买某种品牌的产品,但他的家人或亲友持反对态度,就会影响其购买意图。

第二个因素是意外的情况。购买意图是在预期家庭收入、预期价格和预期从产品中得到效用等基础上形成的,如果发生了意外的情况,如失业、生病、涨价或亲友带来该产品、服务令人失望的信息等,则有可能改变购买意图。

体育消费者出现修正、延迟或取消某项购买决定,往往是由于深受可觉察风险的影响,许多体育购买活动都或多或少地要承担一些风险,体育消费者由于无法确定购买的后果,从而感到不安。因此,体育消费者发明了一些常用的方法,如避免盲目决策、向朋友收集信息、偏好全国性的品牌和各种有关保证。所以,营销商必须了解哪些因素会引起消费者感到有风险存在,并相应地提供能降低可觉察风险的信息和依据。

五、购后行为

体育消费者购买体育商品、服务后,往往会通过使用商品和他人对商品的评价,对其购买选择进行检验,把所觉察到的产品实际性能与其对产品的期望进行比较。体育消费者若发现产品性能与其期望大体相符,就会感到基本满意;若发现产品性能超出了期望,就会感到非常满意;若发现产品性能达不到期望,不能给他以预期的满足,就会感到失望和不满。消费者是否满意,会直接影响他购买后的行为。如果感到满意,他下次就很可能购买同一品牌的产品,并常对其他人称赞这种产品。这种称赞往往比广告宣传更有效。如果感到不满,他除了可能要求退货或寻找能证实产品优点的信息来减少心理不平衡以外,还常常采取公开或私下的行动来发泄不满,如向新闻媒介和消费者团体反映意见,向家人、亲友和熟人抱怨等。这势必会抵消企业为使顾客满意所做的工作。

因此,尽可能使顾客趋向于满意,其中在广告宣传时如实反映产品的实际性能或适当留有余地是举措之一。另外,还应经常征求顾客意见,加强售后服务,同购买者保持各种可能的联系,为他们发泄不满提供适当的渠道,以便迅速采取补救措施。

[本章讨论题]
1. 阐述体育消费者购买行为及其内容。
2. 体育消费者购买行为类型有哪些?
3. 影响体育消费者行为的因素有哪些?

[案例一]

体育明星效应

　　无论你是哪个民族,无论你身处何处,每当看到自己喜爱的体育明星,你都会情不自禁地振臂高呼、激情呐喊。多少人因为马拉多纳、罗纳尔多、梅西而热爱上足球;多少人又因为约翰逊、乔丹、科比而喜欢上篮球;费德勒、纳达尔的两雄争霸使得网球受到空前关注;而舒马赫、汉密尔顿的出色表现更是使他们成为全世界车迷的偶像。但体育又是地域性的,竞技体育有着鼓舞人心、凝聚民族情感的特殊功能。那些能力出众、竞技水平高超的明星,极大地满足了人们的情感寄托,成为人们膜拜模仿的对象。从当年容国团喊出"人生能有几次搏",夺得新中国第一个世界冠军到中国女排的五连冠,从刘翔雅典夺冠震惊世界到北京奥运会中国军团金牌第一,这一切都极大地鼓舞了国民的士气,激发了每一位中华儿女的拳拳爱国之心。在不同的历史时期,他们给予了我们无穷的精神力量,他们的拼搏进取、言谈举止无疑最具有感染力!邢慧娜在雅典夺冠时一句"妈妈,我赢了!"让多少人为之热泪盈眶。刘翔身披国旗绕场一周时,他代表的已经不仅仅是他自己,更是展示了积极进取、蒸蒸日上的中国形象。所以,体育明星的表现满足了人们审美情趣、英雄情结、爱国情感的心理需求。

　　网球作为一项在欧美十分流行的个人运动,拥有超过百年的历史和独特的个人魅力。近几年。中国网球虽然在奥运会和大满贯赛事中都取得过冠军,但那都是并不被十分重视的双打。现在一个黑头发、黄皮肤的中国人站上了菲利普·沙特里耶的最高领奖台,这是对网球世界的震动,也吸引了世界对中国体坛的关注。李娜捧杯后,WTA 主席兼 CEO 斯黛西·阿拉斯特认为李娜再次创造历史,堪称中国的"国家英雄",成为中国的形象大使,必将在中国掀起新的一轮网球热。WTA 官网甚至认为,李娜的这个大满贯冠军,影响深远,将为中国增加 3 亿网球人口。明星们的出色战绩和自身魅力不仅使其从事的项目备受瞩目,也使得他们的自身价值得到极大地体现,产生了极为广泛的社会影响。"铁榔头"郎平回归国内联赛执教全国女排 B 组联赛,也使以往冷冷清清的 B 组联赛受到外界的广泛关注。

姚明以其睿智多变的思维积极健康的形象,得到广告商的青睐,2002 年进入 NBA 至如今退役,姚明一直是中国体坛收入最高的体育明星,他不仅被认为是中美两国体育文化的"桥梁""大使",而且让 NBA 在中国变得更有影响力。"姚明对于推动篮球发展有着非凡的影响力,他让世界上人口最多的国家对 NBA 敞开了大门,他在这段时间里让中国对 NBA 的关注度急速增加,这一成就无法复制。"芝加哥当地的著名体育顾问马克·甘尼斯表示。由于姚明非凡的社会影响力,篮球一度被认为是中国的第一体育运动,姚明给自己和整个篮球产业所创造的经济价值难以计数。可见,体育明星利用自身的明星效应,在获得巨大利益的同时,也带动了本身项目的快速发展。

（资料来源：根据 2011 年人民网—体育频道资料整理）

[案例二]

功 能 性 饮 料

随着城市人们生活节奏的加快,职场压力的增大,环境质量的下降,特别是近些年来全国大范围的雾霾天气已经严重影响了人们的生活质量,导致处于亚健康状态的人群越来越多。为此,人们对食品饮料的营养性功能的关注度明显提高。同时,随着人们生活水平的提高,人们对于健康问题也越来越关注,食品功能性饮料已成为高消费群体的新宠。

在我国,功能性饮料主要包括营养素饮料、运动饮料、能量饮料和保健饮料四个主要品类。自 2000 年以来,我国功能性饮料从早期的红牛、脉动、娃哈哈启力,发展到佳得乐、日加满、真田、维他命水等多个品牌。据统计,我国功能性饮料的销售额从 2000 年的 8.4 亿元,激增到 2005 年的 30 亿元,实现了高速增长。2012 年我国功能性饮料占据整个饮料市场销售份额的 14%,但同发达国家相比较,我国功能性饮料的人均消费量每年仅为 0.5 公斤,距离全世界人均 7 公斤的消费量还有很大的空间。这就注定了 2014 年将会迎来新一轮的消费增长。

功能饮料市场竞争非常激烈,每个功能饮料品类中不仅有优势明显的龙头企业、与之竞争的中小品牌,还有源源不断的新进入者,如能量饮料领域中,红牛位于首位,而在维生素饮料领域中,激活曾追赶过脉动与尖叫。

脉动作为达能旗下的功能性饮料品牌,其功能诉求点是"提供所需养分",以提供人体所需维生素充分,赢得了消费者市场,成为国内维生素饮料的先锋。脉动的竞争对手,作为娃哈哈旗下的激活,由于产品定位不清,名字、包装与脉动雷同,卖点不突出等原因,很快在市场竞争中消失。

行业龙头红牛的营销之路也处于困境:一是,体育营销的操作思路使红牛与运动型饮料越来越相似;二是,2003 年红牛的产品诉求点——动感、挑战极限,与脉动和尖叫等同类品牌靠近;三是,1998—2003 年红牛产品的直接诉求——困了、累了喝红牛,使其面临与王老吉之类的饮料市场竞争。

可见,红牛虽然沿袭了欧洲体育营销的成功思路,强化产品的补充体力能量,表达了国际化价值,但却忽视了国内传统价值,即提神醒脑的功效。娃哈哈在推出启力后,将提神醒脑添加动力,使功力与红牛在产品的配方上明确差异,开始与红牛瓜分市场。由于借助娃哈哈强大的渠道能力和"中国好声音","喝启力添功力"的广告与已经家喻户晓。这使得红牛的生存更为艰难。

(资料来源:根据 2013 年糖酒快讯资料整理)

第四章

体育市场竞争策略

内容提要

- 体育市场竞争分析
- 企业竞争战略
- 市场品牌竞争

在今天的体育产业中,竞争不仅普遍存在而且逐年加剧,以运动鞋为例,据不完全统计,全国的运动鞋生产企业达到万家之多,这些企业努力通过为消费者提供更高的价值,寻求在市场上的优势地位。正是因为体育市场的竞争如此激烈,企业仅仅了解顾客是不够的,还必须十分注意培育自身的竞争力,分析其竞争对手并作出正确的反应。

第一节　体育市场竞争分析

一、识别竞争者

竞争者一般是指那些与本企业提供的产品或服务相类似,并且所服务的目标顾客也相似的其他企业。通常可从产业和市场两个方面来识别企业的竞争者。从产业方面来看,提供同一类产品或可相互替代产品的企业,构成一种竞争关系。而从市场方面来看,竞争者是那些满足相同市场需要或服务于同一目标市场的企业。

根据产品替代观念,企业可以区分出四种层次的竞争者。

（一）品牌竞争者

这是指向相同的顾客以相似的价格提供类似产品和服务的其他企业。按照目标市场概念,这些企业在同一目标市场或者相互交叉的目标市场,以相同或相近的市场定位进行经营活动,满足同一顾客群的相同或相近的需求。例如,"耐克"与"阿迪达斯"运动鞋,消费者可以在不同品牌之间自由选择。

（二）行业竞争者

这是指制造或经营同样或同类产品和服务的其他企业。与品牌竞争者不同,行业竞争者与本企业尽管提供的产品和服务是相同的或同类的,但由于市场定位不同,目标市场也不同,满足的是不同顾客群的相同或相近的需求。例如,国产"三星"与"阿迪达斯"足球运动鞋,前者是低档的运动鞋,而后者则是高档的运动鞋。产品的目标市场虽然是不同的,但消费者可能在特定的情况下选择替代产品,也不妨碍消费者在进行价值比较之后,进行新的选择。对于中超联赛来说,行业竞争者包括各国的顶级联赛、洲际赛事、世界杯等。它们以更多的品牌附加价值吸引了几乎所有中国球迷,如英超,以悠久的历史、完美的赛制、精彩绝伦的比赛、名声显赫的球星,吸引着世界球迷的关注。

（三）形式竞争者

这是指所有提供满足消费者同类需要的产品和服务的企业。例如,很多城市居民具有在闲暇时间参加体育锻炼的需求。但是,休闲体育种类繁多,在体育产业化条件下,人们的休闲体育需求只能在支付能力和闲暇时间约束下进行选择,况且,人们对休闲体育的需求往往不是单一的,而是多样化的,不同形式之间是可以相互替代的。所以,体育企业必须高度重视形式竞争者。对于赛事而言也是如此,中超联赛的形式竞争者是指那些向球迷提供不同竞技项目比赛来满足球迷观赏需求的赛事,如 F1 赛事、世界杯等其他运动项目的比赛,如果球员名气、比赛精彩程度、个人偏好上强过中超自然会有球迷投怀送抱。

（四）一般竞争者

这是指争夺消费者购买顺序的所有企业。这涉及不同行业之间的竞争。仍然以休闲体育为例,在必要的支付能力和闲暇时间条件下,消费者可以有诸多的选择,某行业成为多数消费者的首选,就意味着其在竞争中具有优势地位,都可能对其他行业构成威胁,如休闲体育与居民的观赏型旅游就可能构成竞争关系。值得注意的是,根据美国韦氏字典把运动定义为:以愉悦为目的而从事的一种消遣或一种身体活动,从这个意义来说,歌剧、演唱会也可以作为体育赛事的竞争对手。如果球迷先选择了这种消费就没有时间、金钱去观看足球比赛或其他体育比赛。我们可以借助表 4-1 来识别企业的竞争对手。

表 4-1　竞争对手分类

竞争者分类	目前的竞争者	一年后的竞争者	三年后的竞争者	五年后的竞争者
品牌竞争者				
行业竞争者				
形式竞争者				
一般竞争者				

二、对竞争者的分析

（一）竞争者的战略

当企业决定进入某一战略群体时,首先要明确是主要的竞争对手,然后决定自己的竞争战略。进入各个战略群体的难易程度不同。除了在某一战略群体内存在激烈竞争外,在不同战略群体之间也存在竞争。因为,某些战略群体可能具有相同的目标顾客;顾客可能分不清不同战略群体的产品的区别;属于某个战略群体的企业可能改变战略。

（二）竞争者的目标

竞争者的目标可分为单一目标和综合目标。单一目标一般是争取利润最大化;综合目标包括盈利水平、市场份额、现金流量、技术领先、服务领先等方面。企业应了解竞争者的综合目标,知道对方的状况,对各种类型的竞争攻势会作出什么反应。

（三）竞争者的策略

竞争行为的效果在一定程度上取决于竞争对手对这个行为直接或间接的反应。因此,需要识别竞争者的策略。竞争者之间可能采取各不相同的策略,也可能采取类似的策略。竞争企业采取的竞争策略越相似,市场的竞争程度就越是激烈。因此,企业应不断审视竞争者的策略,并相应调整自己的策略,以变应变。

（四）竞争者的优势和劣势

分析有关竞争者的优势和劣势,可通过将竞争企业与本企业的情况进行比较,以作出判断。竞争者的优势和劣势通常体现在以下几个方面:产品、价格、销售渠道、生产经营能力、研究与开发能力、资金实力、管理水平等。在了解竞争者的优势和劣势的基础上,企业可以制定有针对性的竞争策略,以求在竞争中取胜。

（五）竞争者的市场反应模式

企业必须关注市场竞争者的行为以及攻击与回应的次序对竞争优势的影响,才能进一步保持其竞争优势。面对市场竞争,通常可以看到的竞争者反应类型有四种。

（1）迟钝型竞争者:对市场竞争措施的反应不强烈,行动迟缓。

（2）选择型竞争者:对不同的市场竞争措施有不同的反应。

（3）强烈型竞争者:对市场竞争因素的变化十分敏感,受到来自竞争者的挑战会迅速作出强烈的反应。

（4）随机型竞争者:对市场竞争因素的变化所作出的反应通常是不规则的,难以预测。

（六）竞争者的定位

企业需要了解竞争者的定位,研究竞争者现有产品在市场上所处的地位和消费者或用户对产品某一特征或属性的重视程度。产品的特色或个性,可以从产品实体上反映出来,如豪华、朴素、时髦、典雅等;还可以表现为价格水平、质量水准等。企业在分析竞争者的市场定位时,一方面要了解竞争对手的产品具有何种特色,另一方面要研究目标顾客对该产品的各种属性的重视程度（包括对实物属性的要求和心理上的要求)。

　　竞争对手策略分析,如表4-2所示。

表4-2　竞争对手策略分析

竞争者分类	竞争者的战略	竞争者的目标	竞争者的策略	竞争者的优势与劣势	竞争者的反应模式	竞争者的定位
竞争者 A						
竞争者 B						
竞争者 C						

三、企业竞争的情报系统

　　企业竞争情报系统是指将反映企业自身、竞争对手和企业外部环境的时间状态和变化的数据、信息、情报(以下笼统称为情报)进行收集、存储、处理、分析,并以适当的方式发布给企业有关战略管理人员的计算机应用系统。它是基于计算机和网络环境的、由先进的信息技术支持的企业竞争情报辅助分析计算机系统。

　　企业竞争情报系统用户主要包括企业领导决策层、企业产品研发人员和企业营销人员等;另外,面向企业提供情报服务的研究机构、咨询机构和信息经纪中介机构也可采用企业竞争情报系统作为辅助工具。

　　(一)全面环境监测

　　通过对企业竞争环境的监测,发现政策、市场机遇和风险,了解竞争对手(及伙伴)动向,辨识竞争对手(及伙伴)策略,获取充足情报,提供战略决策依据,力求"知己知彼、百战不殆"。

　　(二)快速决策支持

　　通过高效的情报处理、分析和发布,提高决策效率和质量;最快、最准地作出市场反应,做到行动迅速、目标明确。

　　(三)市场风险预警

　　在进攻之前,要首先确保自身不受伤害;通过对竞争情报搜集和分析可以及早发现市场风险和竞争劣势,采取应对策略,规避失败风险。

　　(四)定点赶超

　　通过选择监测标杆企业具体市场、产品、销售的信息情报,与自身内部情况比较从而寻找差距和方向,达到企业绩效和效益的持续改善,提高企业竞争力。

第二节　企业竞争战略

一、市场领导者战略

所谓市场领导者,是指在相关产品的市场上占有率最高的企业。一般说来,大多数行业都有一家企业被公认为市场领导者,它在价格调整、新产品开发、配销覆盖和促销力量等方面处于主导地位。它是市场竞争的导向者,也是竞争者挑战、效仿或回避的对象。

这些市场领导者的地位是在竞争中自然形成的,但不是固定不变的。一般来说,市场领导者为了维护自己的优势,保持自己的领导地位,通常可采取三种策略:一是设法扩大整个市场需求;二是采取有效的防守措施和攻击战术,保护现有的市场占有率;三是在市场规模保持不变的情况下,进一步扩大市场占有率。

(一)扩大市场需求总量

一般来说,当一种产品的市场需求总量扩大时,受益最大的是处于市场领导地位的企业。因此,市场领导者努力从以下四个方面扩大市场需求量。

1. 发掘新的使用者

每一种产品都有吸引顾客的潜力,但是有些顾客或者不知道这种产品,或者因为其价格不合适或缺乏某些特点等而不想购买这种产品,这样,企业可以从三个方面发掘新的使用者。如滑雪板制造商可设法说服不喜爱滑雪的妇女滑雪,或者说服喜爱滑雪的男士拥有自己的专用滑雪板,或者向其他国家或地区推销滑雪板。

2. 开辟产品新用途

企业也可通过发现并推广产品的新用途来扩大市场。比如体育场馆主要为举办各种体育赛事而建设,但也可以作为各种演唱会、展览会的举办场地。每项新用途都使产品开始了一个新的生命周期。

3. 满足需求的多样性

企业也可通过市场细分发现消费者未被满足的需求,并研制、开发、生产、销售相应的产品。如运动鞋市场可以进一步细分为篮球专用鞋、跑步专用鞋、乒乓球专用鞋、网球专用鞋等。

4. 扩大产品的使用量或使用频率

促使使用者增加用量也是扩大需求的一种重要手段。例如,运用饮品可以通过瓶口、瓶身等包装的改变扩大产品的使用量,也可以通过广告宣传提示人们广泛参与体育运动,进而增加运动饮品的使用频率。

(二) 保护市场占有率

处于市场领导地位的企业,在努力扩大整个市场规模时,必须注意保护自己现有的业务,防备竞争者的攻击。在市场领导者受到攻击时,可以采取以下三种防御战略。

1. 降低攻击风险战略

这种战略是指把受到攻击的风险降到最低。一般来说,企业采取的办法主要有两种。

(1) 事先防备,降低风险。企业考虑到竞争对手可能采取的攻击手段,事先制定防御战略,防止受到其他企业的攻击。

(2) 多元经营,降低风险。企业可以选择多元化经营,增加产品种类,扩大产品市场,降低各种不可预计的经营风险。同时,多元化经营可以减少市场空隙,增加竞争对手攻击的难度;多元化经营可以为受攻击的产品提供强大的资金支持,为反击对手提供了条件。

2. 反击战略

在受到攻击时,采取反击、对攻的防御战略。主要有三种形式。

(1) 先发制人。在竞争对手攻击自己之前,先发制人抢先攻击。具体做法是,当竞争者的市场占有率达到某一危险的高度时,就对它发动攻击;或者是得知竞争对手要攻击自己时,先发布主动攻击竞争对手的消息,使对方有所顾忌,不敢发动攻击。

(2) 针锋相对。当遭到竞争对手攻击时,采取攻击对手的方法进行报复。如:竞争对手产品降价后,企业把产品价格降得更低,低于竞争对手。

(3) 围魏救赵。遭到竞争对手攻击时的一种反击方法。但不是攻击对手的同类产品,而是攻击对手的其他产品。这样更容易抓住对手的弱点,进行打击。

3. 收缩战略

在遭到攻击时,由于自己实力不足或者进攻者实力太强,企业可以选择放弃某些薄弱的市场,把力量集中在优势的市场阵地中。

(三) 提高市场占有率

市场领导者设法提高市场占有率,也是增加收益、保持领导地位的一个重要途径。市场占有率是影响投资收益率最重要的变数之一,市场占有率越高,投资收益率也越大,市场占有率高于40%的企业其平均投资收益率相当于市场占有率低于10%者的3倍。因此,许多企业以提高市场占有率为目标。

二、市场挑战者战略

在行业中名列第二、第三位的企业可能随时向市场领导者发起攻击，这些企业成为市场挑战者。市场挑战者如果要向市场领导者和其他竞争者挑战，首先必须确定自己的战略目标和挑战对象，然后再选择适当的进攻策略。

（一）明确战略目标和挑战对象

战略目标同进攻对象密切相关，针对不同的对象存在不同的目标。一般说来，挑战者可以选择以下三种公司作为攻击对象。

1. 攻击市场领导者

这一战略风险很大，但是潜在的收益可能很高。为取得进攻的成功，挑战者要认真调查研究市场领导者的弱点和失误，满足顾客潜在的和未被满足的需求；或者通过产品创新，以更好的产品夺取市场。

2. 攻击与自己规模相当者

挑战者对一些与自己势均力敌的企业，可选择其中经营不善或发生危机者作为攻击对象，以夺取它们的市场。

3. 攻击区域性小型企业

对一些地方性小企业中经营不善或发生财务危机者，可作为挑战者的攻击对象。

（二）选择进攻策略

1. 正面攻击

正面攻击就是集中兵力向对手的主要市场发动攻击，胜负取决于谁的实力更强，谁的耐力更持久，进攻者必须在产品、广告、价格等主要方面大大领先对手，方有可能成功。

2. 侧面攻击

侧面攻击就是集中优势力量攻击对手的弱点，"以己之长克彼之短"。也可以采取"声东击西"的策略，正面佯攻，牵制其防守兵力，侧面或背面猛攻。侧面进攻主要目的是发现对手的市场弱点及未被满足的需求，通过满足需求实现企业盈利。侧面进攻也是一种最有效和最经济的策略，较正面进攻有更多的成功机会。

3. 全面攻击

全面攻击是一种全方位、大规模的进攻策略，它在几个战线发动全面攻击，迫使对手进行全面防御。市场挑战者能够向市场提供比竞争者更多的产品和服务，与竞争者展开激烈的竞争。当挑战者在人、财、物、技术等各方面都具有优势时,这种策略才能获得极大成功。

4. 游击进攻

游击进攻是通过向对方不同地区发动小规模的、间断性的攻击来骚扰对方,争取对方的顾客。游击进攻可采取多种方法,包括有选择地降价,强烈的、突袭式的促销行动等。这些策略常常是小企业采取的灵活方式。

三、市场跟随者战略

在多数情况下,为了避免正面持续竞争造成两败俱伤,多数企业常常避免与市场领导者正面竞争,而采取跟随战略,自己开创发展途径。这些行业中,产品差异化很小,价格敏感度很高,容易爆发价格竞争,最终导致两败俱伤。因此,这些行业中的企业通常形成一种默契,彼此自觉地不互相争夺客户,不以短期市场占有率为目标,以免引起对手的报复。这种效仿领导者为市场提供类似产品的市场跟随战略,使得行业市场占有率相对稳定。

市场跟随者不能单纯模仿领导者,必须寻找一条既不招致竞争者报复又能使企业快速发展的途径。一般来讲,跟随战略可分为以下三类。

（一）紧密跟随型

这是指跟随者在各个细分市场以及营销策略上效仿领导者。这种跟随者有时好像是挑战者,但只要它不从根本上危及领导者的地位,就不会发生直接冲突。有些跟随者表现为较强的寄生性,它们很少刺激市场,总是依赖市场领导者的市场努力而生存。

（二）保持距离型

这是指跟随者在目标市场、产品创新、价格水平和分销渠道等方面都追随领导者,但仍与领导者保持若干差异。这种跟随者易被领导者接受,同时它也可以通过兼并同行业中弱小企业而使自己发展壮大。

（三）选择跟随型

这是指跟随者在某些方面紧随领导者,而在另一些方面又自行其是。也就是说,它不是盲目追随,而是择优跟随,在跟随的同时还要发展自己的独创性,但同时避免直接竞争。这类跟随者之中有些可能发展成为挑战者。

四、市场补缺者战略

在现代市场经济条件下,每个行业几乎都有些小企业,它们专心关注市场上被大企业忽略的某些细小部分,在这些小市场上通过专业化经营来获取最大限度的收益,也就是在大企业的夹缝中求得生存和发展。

（一）补缺基点的特征

一个最好的"补缺基点"应具有以下特征：有足够的市场潜量和购买力；利润有增长的潜力；对主要竞争者不具有吸引力；企业具备占有此补缺基点所必要的能力；企业已有的信誉足以对抗竞争者。

（二）市场补缺者战略

那么，一个企业如何取得补缺基点呢？进取补缺基点的主要战略是专业化市场营销。作为市场补缺者要完成三个任务：创造补缺市场、扩大补缺市场、保护补缺市场。可供选择的方案有以下 10 种。

按最终用户专业化：专门致力于为某类最终用户服务进行市场营销。

按垂直层面专业化：专门致力于分销渠道中的某些层面。

按顾客规模专业化：专门为某一种规模（大、中、小）的客户服务。

按特定顾客专业化：只对一个或几个主要客户服务。

按地理区域专业化：专为国内外某一地区或地点服务。

按产品或产品线专业化：只生产一大类产品。

按客户订单专业化：专门按客户订单生产预订的产品。

按质量和价格专业化：专门生产经营某种质量和价格的产品。

按服务项目专业化：专门提供某一种或几种其他企业没有的服务项目。

按分销渠道专业化：专门服务于某一类分销渠道。

第三节　品　牌　竞　争

一、品牌界定

广告专家约翰·菲利普·琼斯对品牌的界定是：品牌是指能为顾客提供其认为值得购买的功能利益及附加价值的产品。哈金森和柯金从下述六大方面阐述了品牌的定义：视觉印象和效果、可感知性、市场定位、附加价值、形象、个性化。美国市场营销学会对品牌的定义是：品牌是一种名称、术语、标记、符号或设计，或是它们的组合运用，其目的是借以辨认某个销售者，或某群销售者的产品及服务，并使之与竞争对手的产品和服务区别开来。这些创造品牌的名称、术语、标记、符号或设计，或它们的组合称为品牌元素。

品牌的整体含义可分为六个层次。

属性。品牌首先使人们想到某种属性。例如"阿迪达斯"意味着没有不可能。

利益。顾客不是买属性,他们买的是利益。属性需要转化成功能性或情感性的利益。耐久的属性可转化成功能性的利益:"多年内我不需要买一双鞋。"

价值。品牌能提供一定的价值。

文化。品牌可能附加和象征了一种文化。

个性。体现了品牌所特有的人格特征,可以用一些形容个性特征的词来描述,如友善的、摩登的、传统的、年轻的。

用户。品牌暗示着购买或使用产品的消费者类型。

所以,品牌是个复杂的符号。一个品牌不单单是一种名称、术语、标记、符号或设计,或它们的组合运用,更重要的是品牌所传递的价值、文化和个性,它们确定了品牌的基础。我们对自己的产品、品牌有了明确的认识后,便可采取SWOT方法来挖掘品牌潜力,确认生存或发展机会(表4-3)。

表4-3 SWOT分析图

Strength 优势	Weakness 劣势	Opportunity 机会	Threat 威胁
这个品牌为什么会成功?消费者为什么认同它?	它欠缺什么?它是否符合真正的消费者需要?	它适合那种产品类别趋势?它有哪些尚待开发的正面属性?	竞争对手的优势?市场需求的变化?法律法规政策的要求?

二、品牌资产

(一) 品牌资产的含义

品牌资产最初是作为一种测定品牌价值的财务工具,目前是成为20世纪90年代以后,特别是艾克的著作《*Managing Brand Equity: Capitalizing on the Value of a Brand Name*》于1991年出版之后,品牌资产就成为营销研究的热点问题。品牌资产(brand equity)也有学者翻译成商标资产,或是品牌权益,国内大多数学者翻译为品牌资产。

品牌资产顾名思义,是指产品在有品牌时与无品牌时的市场效益之差,品牌的名字与象征相联系的资产(或负债)的集合,它能够使通过产品或服务所提供给顾客(用户)的价值增大(或减少)。艾克认为品牌资产是连接品牌、品名和符号的一种资产和负债的集合,可以增加或减少该产品或服务对公司和消费者的价值。还强调品牌资产必须和品牌名称及符号相连接,假设品牌名称或符号改变,其所连接的资产和负债也可能受到影响甚至消失。至今学者们也没有得出一个权威的、统一的品牌资产的定义。从现有的研究文献来看,学者们对品牌资产的概念主要从基于企业和基于消费者两个方面进行研究。企业层面,分析品牌带来的溢价、超额市场份额和销售收入、超额股东价值等;消费者层面,分析消费者对品牌的认知、态度、形象和知识等。

(二) 品牌资产的维度

1. 品牌认知

品牌认知在各种不同的品牌资产模型中处于核心位置。科勒认为品牌认知是消费者用或不用联想线索提取目标品牌的能力,也就是消费者对品牌识别和品牌回忆的能力。品牌识别是指消费者能够在一系列的品牌中辨认特定品牌;而品牌回忆是指在相应的产品目录或需求暗示下,消费者能够正确地回忆该品牌。品牌认知在消费者的消费决策过程中起到非常重要的作用,是品牌进入消费者的考虑组合的第一步,在实际购买行为发生时,消费者往往会选择熟悉且具知晓度的品牌,因此品牌认知可协助消费者简化产品信息,是购买决策的一项有力工具。品牌认知对品牌资产的建立非常重要,是一切品牌塑造的前提和基础,只有建立在知晓的情况下,消费者才会对品牌有进一步确认和感觉,才有可能去喜欢甚至购买这个品牌的产品,也就是说,当消费者对品牌有高度的认知和熟悉度,并且在记忆中形成了强有力的、偏好的、独特的品牌信息时,品牌资产(基于消费者层面)才会产生。

2. 品牌形象

品牌形象是任何与品牌记忆相联结的事物,是人们对品牌的想法、感受及期望等一连串的集合,可以反映出品牌的人格或产品的认知。品牌联想和感知质量是品牌形象的主要内容。品牌联想是指消费者由品牌而产生的印象,其联想内容因品牌不同而各异。品牌会使人们联想到产品品质、无形特征、消费者利益、相对的价格、使用/应用、使用者/消费者、社会名流/普通人、生活方式/个性、产品类别、竞争对手以及国家/地理区域十一种类型。促销中各种策略主要的目的就是促进消费者产生有关品牌的联想,进一步产生差别化认知和好感,以期最终能够产生购买欲望。品牌联想不但能提供消费者选购的理由,还可以作为品牌延伸的依据,能够创造品牌为消费者所接受的正面态度与感觉。品牌的感知质量不同于满意度和态度,它是顾客对品牌无形的、全面的感知程度,是指消费者对某一品牌的总体质量感受或在品质上的整体印象。品牌的感知质量是建立在与品牌相联系的产品特征等基础因素之上的,其影响因素主要是产品质量和服务质量。品牌感知质量并非必然与产品的实际质量不可分割,实际生活中往往会出现这样的现状,同一质量的产品使用不同的品牌,是可以造成同一群体的消费者感受到差异很大的产品品质。这主要是由于消费者对不同品牌感知的品质形象不同所引起的。因此,消费者可以在脱离具体产品属性的条件下,单独对品牌的整体品质作出评价。

3. 品牌忠诚

品牌忠诚是指品牌能够获得一种持久的偏好状态,可用于影响防御。从定义中可看出,品牌忠诚包含两个方面:一是持久的偏好,即消费者重复购买该品牌的产品;二是抵御影响,即消费者能够抵御竞争者的营销手段。品牌忠诚是品牌资产的核心,消费者的品牌忠诚度使得厂商能够降低营销成本,可以使公司与渠道间的关系增加,且降低了竞争者的攻击能力,品牌忠诚度是利润的源流,所以注意品牌忠诚度是管理品牌权益的有效方法之一。当顾客具有品牌忠诚时,愿花费较多的代价来购买特定的品牌产品,以获得其他品牌无法提供的独特价值。消费者的品牌忠诚可以降低企业本身的营销成本、减少竞争者的攻击影响,随着竞争日益加剧,可供消费者选择的品牌越来越多,只有那些品牌忠诚者才会正的为组织带来收益,真正给品牌带来价值。研究结果显示在顾客中平均有12%为高品牌忠诚度顾客,且这些顾客贡献了69%的营业额。

品牌忠诚度参照金字塔层级分为五个层级:第一层为见异思迁型无忠诚度者,即无品牌忠诚度者,此类消费者对价格因素特别敏感,只在意某产品品牌是否有打折或促销活动;第二层为习惯型忠诚者,此类消费者对某品牌并不存在不满意,而是习惯性地购买某品牌,若是转换某品牌,消费者会觉得相当花费力气;第三层为满意型品牌忠诚者,此类消费者对他们所购买的品牌相当满意,所以如果使这类消费者转换品牌则需要花费相当大的成本;第四层为情感型忠诚者,此类消费者是真正喜好他们所购买的品牌,并且对他们所喜欢的品牌已经发展出相当正面的情感与态度;第五层为承诺型忠诚者,此类消费者除了相当满意他们所购买的品牌之外,还会对此品牌给予心理上的承诺,以此品牌为荣并且会对此品牌作出贡献,甚至影响他人,此类型的忠诚者对组织而言是最有价值的顾客。

三、品牌策略

(一) 品牌化决策

企业决定是否给产品起名字、设计标志的活动就是企业的品牌化决策。历史上,许多产品不用品牌。生产者和中间商把产品直接从桶、箱子和容器内取出来销售,无须供应商的任何辨认凭证。中世纪的行会经过努力,要求手工业者把商标标在他们的产品上,以保护他们自己并使消费者不受劣质产品的损害。在美术领域内,艺术家在他们的作品上附上了标记,这就是最早的品牌标记的诞生。今天,品牌的商业作用为企业特别看重,品牌化迅猛发展,已经很少有产品不使用品牌了。

使用品牌对企业有如下好处：有利于订单处理和对产品的跟踪；避免产品的某些独特特征被竞争者模仿；为吸引忠诚顾客提供了机会；有助于市场细分；有助于树立产品和企业形象。

尽管品牌化是商品市场发展的大趋向，但对于单个企业而言，是否要使用品牌还必须考虑产品的实际情况，因为在获得品牌带来的上述好处的同时，建立、维持、保护品牌也要付出巨大成本，如包装费、广告费、标签费和法律保护费等。

一般来说，对于那些在加工过程中无法形成一定特色的产品，由于产品同质性很高，消费者在购买时不会过多地注意品牌。此外，品牌与产品的包装、产地、价格和生产厂家等一样，都是消费者选择和评价商品的一种外在线索，对于那些消费者只看重产品的式样和价格而忽视品牌的产品，品牌化的意义也就很小。如果企业一旦决定建立新的品牌，那不仅仅只是为产品设计一个图案或取一个名称，而必须通过各种手段来使消费者达到品牌识别的层次，否则这个品牌的存在也是没有意义的。

（二）品牌使用者决策

企业决定使用本企业（制造商）的品牌，还是使用其他企业的品牌，或两种品牌同时兼用，叫做品牌使用者决策。

一般情况下，品牌是制造商的产品标记，制造商决定产品的设计、质量、特色等。享有盛誉的制造商还将其商标租借给其他中小制造商，收取一定的特许使用费。当前，体育产业中如运动鞋的生产与销售出现了相分离的现象，如耐克公司只是集中公司的资源，专攻附加值最高的设计和销售，然后，把设计好的样品和图纸交给劳动力成本较低国家的企业，最后验收产品，贴上耐克的商标，销售到每个喜爱耐克的人手中。

体育俱乐部的经营可以使用自己的品牌，如皇家马德里俱乐部、曼联俱乐部；也可使用赞助商的品牌名称作为自己的品牌，如沈阳金德俱乐部。

体育赛事中的冠名赞助，其实就是使用其他企业的品牌，如健力宝足球赛，但有些赛事由于管理或历史原因，并无冠名赞助，赛事永久使用自己的品牌名称，如 F1 赛事，这方面的内容参见第十二章体育赞助市场营销。

（三）品牌名称决策

企业决定所有的产品使用一个或几个品牌，还是不同产品分别使用不同的品牌，这就是品牌名称决策。在这个问题上，可以大致有以下四种决策模式。

1. 个别品牌名称

个别品牌名称即企业决定每个产品使用不同的品牌。采用个别品牌名称，为每种产品寻求不同的市场定位,有利于增加销售额和对抗竞争对手,还可以分散风险,使企业的整个声誉不致因某种产品表现不佳而受到影响。

2. 统一品牌名称

统一品牌名称即企业的所有产品都使用同一种品牌。对于那些享有高声誉的著名企业,全部产品采用统一品牌名称策略可以充分利用其名牌效应,使企业所有产品畅销。同时企业宣传介绍新产品的费用开支也相对较低,有利于新产品进入市场。

3. 分类品牌

各大类产品使用不同的统一品牌名称。企业使用这种策略,一般是为了区分不同大类的产品,一个产品大类下的产品再使用共同的品牌,以便在不同大类产品领域中树立各自的品牌形象。

4. 个别品牌名称与企业名称并用

这是企业决定其不同类别的产品分别采取不同的品牌名称,且在品牌名称之前都加上企业的名称。企业多把此种策略用于新产品的开发。在新产品的品牌名称上加上企业名称,可以使新产品享受企业的声誉,而采用不同的品牌名称,又可使各种新产品显示出不同的特色。

(四) 品牌战略决策

品牌战略决策有五种,即产品线扩展策略、多品牌策略、新品牌策略、合作品牌策略、品牌再定位策略、品牌延伸策略。

1. 产品线扩展策略

产品线扩展指企业现有的产品线使用同一品牌,当增加该产品线的产品时,仍沿用原有的品牌。这种新产品往往都是现有产品的局部改进,如增加新的功能、包装、式样和风格等。通常厂家会在这些商品的包装上标明不同的规格,不同的功能特色或不同的使用者。产品线扩展的原因是多方面的,如可以充分利用过剩的生产能力;满足新的消费者的需要;率先成为产品线全满的公司以填补市场的空隙,与竞争者推出的新产品竞争或为了得到更多的货架位置。产品线扩展的利益有:扩展产品的存活率高于新产品,而通常新产品的失败率在80%到90%之间;满足不同细分市场的需求;完整的产品线可以防御竞争者的袭击。产品线扩展的不利有:它可能使品牌名称丧失它特定的意义。随着产品线的不断加长,会淡化品牌原有的个性和形象,增加消费者认识和选择的难度;有时因为原来的品牌过于强大,致使产品线扩展造成混乱,加上销售数量不足,难以冲抵它们的开发和促销成本;如果消费者未能在心目中区别出各种产品时,会造成同一种产品线中新老产品"自相残杀"的局面。

2. 多品牌策略

在相同产品类别中引进多个品牌的策略称为多品牌策略。证券投资者往往同时投资多种股票,一个投资者所持有的所有股票集合就是所谓证券组合,为了减少风险增加盈利机会,投资者必须不断优化股票组合。同样,一个企业建立品牌组合,实施多品牌战略,往往也是基于同样的考虑,并且这种品牌组合的各个品牌形象相互之间是既有差别又有联系的,组合的概念蕴含着整体大于个别的意义。

(1) 开展多品牌策略的原因。

培植市场的需要。没有哪一个品牌单独可以培植一个市场。尽管某一品牌起初一枝独秀,但一旦等它辛辛苦苦开垦出一片肥沃的市场,其他人就会蜂拥而至。众多市场竞争者共同开垦一个市场,有助于该市场的快速发育与成熟。当市场分化开始出现时,众多市场贡献者的广告战往往不可避免,其效果却进一步强化了该产品门类的共同优势。有的市场开始时生气勃勃,最后却没有形成气候,其原因之一在于参与者寥寥。一个批发市场如果只有两三间小店,冷冷清清,该市场就不是什么市场了。多个品牌一同出现是支持一个整体性市场所绝对必需的。

最大限度地覆盖市场的需要。没有哪一个品牌能单枪匹马地占领一个市场。随着市场的成熟,消费者的需要逐渐细分化,一个品牌不可能保持其基本意义不变而同时满足几个目标。这就是为什么有的企业要创造数个品牌以对应不同的市场细分的初衷。多品牌提供了一种灵活性,有助于限制竞争者的扩展机会,使得竞争者感到在每一个细分市场的现有品牌都是进入的障碍。在价格大战中捍卫主要品牌时,多品牌是不可或缺的。把那些次要品牌作为小股部队,给发动价格战的竞争者以迅速的侧翼打击,有助于使挑衅者首尾难顾。与此同时,核心品牌的领导地位则可毫发无损。领先品牌肩负着保证整个产品门类的盈利能力的重任,其地位必须得到捍卫;否则,一旦它的魅力下降,产品的单位利润就难以复升,最后该品牌将遭到零售商的拒绝。

(2) 开展多品牌策略的局限性。

随着新品牌的引入,其净市场贡献率将成一种边际递减的趋势。经济学中的边际效用理论告诉我们,随着消费者对一种商品消费的增加,该商品的边际效用呈递减的趋势。同样,对于一个企业来说,随着品牌的增加,新品牌对企业的边际市场贡献率也将呈递减的趋势。这一方面是由于企业的内部资源有限,支持一个新的品牌有时需要缩减原有品牌的预算费用;另一方面,企业在市场上创立新品牌会由于竞争者的反抗而达不到理想的效果,他们会针对企业的新品牌推出类似的竞争品牌,或加大对现有品牌的营销力度。此外,另一个重要的原因是,随着企业在同一产品线上品牌的增多,各品牌之间不可避免地会侵蚀对方的市场。在总市场难以骤然扩张时,很难想象新品牌所吸引的消费者全部都是竞争对手的顾客,或是从未使用过该产品的人,特别是当产品差异化较小,或是同一产品线上不同品牌定位差别不甚显著时,这种品牌间相互蚕食的现象尤为显著。

品牌推广成本较大。企业实施多品牌策略,就意味着不能将有限的资源分配给获利能力强的少数品牌,各个品牌都需要一个长期、巨额的宣传预算。对有些企业来说,这是可望而不可即的。

3. 新品牌策略

为新产品设计新品牌的策略称为新品牌策略。当企业在新产品类别中推出一个产品时,它可能发现原有的品牌名称并不适合于该产品,或是对新产品来说有更好、更合适的品牌名称,因此企业需要设计新品牌。

4. 合作品牌策略

合作品牌(也称为双重品牌)是两个或更多的品牌在一个产品上联合起来。每个品牌都期望另一个品牌能强化整体的形象或购买意愿。合作品牌的形式有多种,如中间产品合作品牌、同一企业合作品牌,合资合作品牌。

5. 品牌再定位策略

一种品牌在市场上最初的定位是适宜的、成功的,但是到后来企业可能不得不对之重新定位。原因是多方面的,如竞争者可能继企业品牌之后推出了他的品牌,并削减企业的市场份额;顾客偏好发生转移转移,使对企业品牌的需求减少;或者公司决定进入新的细分市场。如李宁的品牌定位一直在变,从"中国新一代的希望""把精彩留给自己""我运动我存在""运动之美世界共享"到"出色,源自本色"等,但变化太多,定位模糊却始终是唯一的评价。直到2002年使用新的口号"一切皆有可能",公司才找到了持续的推广方向。从2004年李宁牌做了这些以篮球为主流运动的推广,品牌得到有效提升,也因此更坚定了其抓住篮球这个主要核心品类的决心。而如今的"90后"的品牌再定位策略也备受争议。

品牌再定位决策的制定,首先应考虑将品牌转移到另一个细分市场所需要的成本,包括产品品质改变费、包装费和广告费。一般来说,再定位的跨度越大,所需成本越高。其次要考虑品牌定位于新位置后可能产生的收益。收益大小是由以下因素决定的:某一目标市场的消费者人数;消费者的平均购买率;在同一细分市场竞争者的数量和实力,以及在该细分市场中为品牌再定位要付出的代价。

6. 品牌延伸策略

(1)品牌延伸的概念。品牌延伸是指一个现有的品牌名称使用到一个新类别的产品上。即品牌延伸策略是将现有成功的品牌,用于新产品或修正过的产品上的一种策略。品牌延伸并非只借用表面上的品牌名称,而是对整个品牌资产的策略性使用。随着全球经济一体化进程的加速,市场竞争愈加激烈,制造商之间的同类产品在性能、质量、价格等方面强调差异化变得越来越困难。制造商的有形营销威力大大减弱,品牌资源的独占性使得品牌成为厂商之间竞争力较量的一个重要筹码。于是,使用新品牌或延伸旧品牌成了企业推出新产品时必须面对的品牌决策。品牌延伸是实现品牌无形资产转移、发展的有效途径。品牌也受生命周期的约束,存在导入期、成长期、成熟期和衰退期。品牌作为无形资产是企业的战略性资源,如何充分发挥企业的品牌资源潜能并延续其生命周期便成为企业的一项重大的战略决策。品牌延伸一方面在新产品上实现了品牌资产的转移,另一方面又以新产品形象延续了品牌寿命,因而成为企业的现实选择。

(2) 品牌延伸的优缺点。品牌延伸可以加快新产品的定位,保证新产品投资决策的快捷准确;品牌延伸有助于减少新产品的市场风险,使新产品一问世就已经取得了品牌化,甚至获得了知名品牌化,就可以大大缩短被消费者认知、认同、接受、信任的过程,极为有效地防范了新产品的市场风险,并且可以节省数以千万计的巨额开支,有效地降低了新产品的成本费用;品牌延伸有助于强化品牌效应,增加品牌这一无形资产的经济价值;品牌延伸能够增强核心品牌的形象,能够提高整体品牌组合的投资效益。

但是,品牌延伸策略应用不当,也可给企业带来损失。比如损害原有品牌形象,当某一类产品在市场上取得领导地位后,这一品牌就成为强势品牌,它在消费者心目中就有了特殊的形象定位,甚至成为该类产品的代名词。将这一强势品牌进行延伸后,就有可能对强势品牌的形象起到巩固或减弱的作用。还有,一个品牌取得成功的过程,就是消费者对企业所塑造的这一品牌的特定功用、质量等特性产生特定的心理定位的过程。企业把强势品牌延伸到和原市场不相容或者毫不相干的产品上时,就有悖消费者的心理定位;或者淡化原有品牌特性,即当一个品牌在市场上取得成功后,在消费者心目中就有了特殊的形象定位,消费者的注意力也集中到该产品的功用、质量等特性上,如果企业用同一品牌推出功用、质量相差无几的同类产品,使消费者晕头转向,该品牌特性就会被淡化。最坏的结果是产生株连效应,将强势品牌名冠于别的产品上,如果不同产品在质量、档次上相差悬殊,这就使原强势品牌产品和延伸品牌产品产生冲击,不仅损害了延伸品牌产品,还会株连原强势品牌。

(3) 品牌延伸的决策步骤。品牌延伸决策步骤是结合品牌延伸决策原则的考虑,着重于对已有品牌资产的调查、新产品合适性作系统分析的过程。

品牌资产调查阶段。这个阶段的任务是探测存在于公众头脑中与品牌有关的所有联想。这个阶段推测哪些产品能够符合品牌意义。我们要得到的认识包括品牌的属性、个性、意图、内心、承诺和隐藏的潜力分别是什么。可借助于定量(确定品牌和品牌形象的普及程度)和定性的方法进行研究。定性研究是建设性的,在脑海中推测品牌改变了产品的类别,并寻求期望的产品能适合这个品牌的条件。一旦这个结论得出,那么就可以把目光转向市场。接着进入第二个阶段。

测试新产品的构想。测试新产品的构想不但要识别适合品牌延伸的相关产品,确定延伸是否与品牌保持一致,而且也要确定产品是否被认为是超越它的竞争对手,即延伸是否创造了一种市场欲望。

[本章讨论题]
1. 结合实例说明品牌的特征。
2. 试分析我国体育运动服装企业的竞争者战略。
3. 结合企业竞争战略理论分析李宁品牌更新问题。
4. 结合实例分析市场跟随者策略的应用。

[案例一]

李宁:招惹"90后"

图4-1　李宁旧标识

旧标瓶颈:旧的标识和广告语一直被质疑模仿耐克,缺乏独特的品牌基因,消费群体老化。

图4-2　李宁新标识

新标主张:为"90后"大胆变革,塑造更时尚、更国际化的新李宁形象。

第三方观察：李宁的新标是否完美不重要，关键是能否借助换标为李宁注入新的品牌基因。做了太久耐克、阿迪达斯的追随者，李宁突然想"招安""90后"，必然会对旧有客户群体形成冲击。

一边是面对"90后"，以年轻群体的全新面目出发，一边是对创造于1982年的李宁交叉动作的回归演绎，用更陌生的概念去俘获更年轻的群体，李宁的换标从一开始就注定将引来无数话题。

不仅仅是换标

2010年7月29日晚，走在北京奥林匹克公园附近的人们突然发现，水立方晶莹剔透的蓝色"泡泡"上，突然出现了一些巨大的红色"泡泡"，细看之下，这些红色泡泡拼成的图案正是李宁的新Logo。

在西单、三里屯、后海等京城各大潮流汇集之地，李宁的"快闪"运动也同样吸引人们的眼球，一群年轻人一起脱去身上的外套，露出"攻无不克"的统一T恤，大喊："'90后'李宁，我们的力量可以改变世界！"尔后迅速四散开去。

尽管用上了最时尚的传播方式，可李宁的新Logo一亮相还是遭到潮水般的批评。关于新Logo"二流"、新广告"立意有问题"的诟病不绝于耳。在大多数消费者眼里，新Logo没有旧Logo好看，这对李宁公司来说是个令人不太愉快的反馈。

在设计专家眼中，并不是李宁原来的Logo很完美，只是新标识真的没特色，从美学的角度看，整个标志失去了原来的飘逸、圆润，视觉冲击力也远远不及，而且致命的是，新Logo的L分成了两部分，这在整体性和终端运用上都不是很理想，国际化感觉不是强了而是弱了。

没有超越的新Logo引来大量的反对声，如果单纯从标识设计的角度看，李宁的换标算不上成功。但李宁的这次换标是在2010年销售额超过阿迪达斯，重夺国内销售亚军前提下实施的，这有一定意义。不过，这是一个看上去很美好的开始，但却是一场更大危机来临的前夜，耐克仍在快速增长，Kappa后劲十足，一大群来势汹汹的国际国内品牌在身后拼命奔跑。前有猛虎挡道，后有群狼追赶。

李宁的核心消费者为30—40岁人群，主要核心区域市场为二三线城市，一线市场已经是耐克、阿迪达斯的天下，二三线市场中低端产品上安踏、匹克等晋江品牌则更具竞争力。随着现在耐克、阿斯达斯的价格下降，安踏、匹克等晋江系品牌不断拉升,留给李宁的生存空间越来越小。因此,为国际化蓄力,切入一线市场争夺年轻消费者赢取未来,成为李宁换标的根本意义。

此外,在刚刚换标之后的今年1月,李宁2011年第二季度的订单金额下降了6%,股价更是暴跌近16%,依赖密集分销和渠道增长的模式已经难以为继。新标识对订货量下降有多大影响难下判断,但通过换标实现品牌价值提升,获得更高的利润率,这既是应对竞争对手,也是对股东要求的合理选择。

尽管新的标识存在种种不足,但以李宁的传播实力,这个饱受诟病的Logo最终还是会被人接受的。因此,能不能换标其实并不重要,新标识是否完美也不重要,标识更改背后的战略调整才是李宁换标能否成功的关键。

拯救探险

虽然在2008年奥运会上出尽了风头,但国内体育市场的格局并没有发生大的变化,一二线市场被耐克、阿迪达斯占据,三四线市场是各种国内品牌的重要战场,夹在其中的滋味并不好受。更关键的是,与品牌影响更大的耐克、阿迪达斯拼价格,与性价比更高的安踏等谈品牌价值的比较优势正在消失,如果李宁再不采取点措施,可能一二线城市还没打下来,把三四线城市也丢了。

换标能拯救李宁吗?先不说更换标识带来的认知风险和库存难题,Logo的好坏显然没有这么大的能量,但专注于"90后"的战略调整能如愿吗?

不是只有李宁在为"90后"而改变,耐克、阿迪达斯也在,安踏、匹克也没有落下,李宁还是面对着同样的竞争对手和竞争格局。专注于"90后"既不能换回正在消失的比较优势,也不能让李宁脱颖而出,反而要承担舍弃非"90后"群体的风险。

更关键的是,李宁真的成了"90后"品牌吗?李宁在为目标群"change"没错,但为"90后"改变后最终的东西是什么呢?至少现在并不明显,因为告诉"90后""我这东西是专门为你做的"并不能吸引消费者,而要说"我这东西做成什么样子,是专门为你做的"。从这个角度来说,Kappa反而更像一个"90后"品牌。

李宁换标就像一次暴风雪中的探险,不仅困难重重,更难以判断方向。为"90后"而改变透露出李宁更新品牌基因的强烈企图,新的品牌基因能否成功注入,决定了李宁能否从耐克、阿迪达斯的跟随者一跃与之并驾齐驱,是李宁能否在风雪中走向终点的关键。

耐克贩卖的是"Just Do It"的运动和自由信仰,阿迪达斯的三叶草代表了奥运精神,而李宁呢? 过去的李宁就是中国版的耐克、阿迪达斯,而现在再提"李宁"时,似乎已没有对应的形象。未来的李宁呢? "90后品牌"? 如果有一天"90后"也老去,李宁是不是继续移情别恋"00后"的小年轻,那么李宁这个品牌的基因是喜新厌旧?

虽然新Logo注入了李宁本人的光荣与拼搏,但随着体操王子逐渐成为历史,李宁的体育哲学又是什么呢?

危险追逐

中国的营销史就是人群的特质变迁史,当你正刚刚摸透"80后"的消费习惯时,新的消费主流"90后"又隆重登场了。

基于"独特性"的需要,人们总是不希望穿的衣服跟别人的一样,甚至一个牌子,"撞衫"是这个产品过剩时代最敏感的词。

当穿李维斯的那些曾经"叛逆"的年轻人逐渐老去,当他们谢顶且大腹便便地挺着啤酒肚穿着李维斯的时候,年轻人的市场已成了迪赛的天下。李维斯虽然赶走了中年胖子,但年轻人并不愿意与自己的父辈穿一条裤子。当一个服装品牌成为社会主流时,通常意味着它已经开始衰亡了,新品牌会踩着旧品牌的尸体上阵。

李宁同样面临着李维斯似的困境,2006—2007年,李宁品牌实际消费人群与目标消费人群相比,有了一定偏移,整体偏大,近35—40岁的人群超过50%。国际化也好,品牌提升也罢,防止品牌老龄化,以时尚的姿态抢夺新一代年轻群体是李宁最迫切的需求。

但对时尚的追逐同样艰难,因为时尚本身就意味着不断变化,聪明的品牌都与时尚保持着若有若无的距离,你能说耐克不时尚吗? 时尚对于耐克来说只是一种装扮,其本质仍然是体育、篮球,因为耐克非常清楚,不管时尚怎么变化,体育、篮球、雄性这些最本质的东西永远不会变。

时尚只是一个耐克的"框",而不是"框"内的艺术品,一个品牌要的是"框"内的艺术品,而不是镶着金边的框。耐克抓到了这个"艺术品",而在不同的时代耐克只需要换不同的"框"就行了。

李宁对"90后"的专注,对时尚的追逐,无异于把自己逼到风口浪尖,必须不停地颠覆自己才能保鲜。聚焦目标人群固然没错,但将自己定位为"90后"的品牌,不仅舍弃了老一代消费者,更意味着在未来被更年轻的消费者所鄙夷。届时是再为"00后"设计新的标识,还是成为更年轻消费者人眼中"上一代人的服装"?

我们总喜欢用销售额来评判一个品牌的经营是否成功,80多亿的销售额让李宁得以稳坐国内体育用品头把交椅。可是李宁公司必须要面对现实的难题,在品牌定位上,李宁始终是耐克、阿迪达斯的跟随者;在渠道体系中,李宁又夹在耐克、阿迪达斯与晋江系的夹心层中。现在接连更换新标、启动销售渠道改革,虽然都是着眼于未来,但短期内,李宁却不得不担心既丢掉了消费者,又丧失了经销商的最坏结果。

(资料来源:《商界评论》,2011年第4期)

[案例二]

李宁去年亏损20亿　运动品牌进入寒冬

新京报讯(记者李媛)曾报道,知名运动品牌李宁公司发布了2012年年度业绩报告,报告显示,公司2011年巨亏,亏损额近20亿元,这也是李宁上市8年来的首份业绩亏损年报。

目前,包括李宁在内的六大国产运动品牌——安踏、匹克、中国动向、特步、361度已经都公布了2012年业绩,除中国动向微有盈利外,其他品牌业绩均不同程度下滑,全行业进入"寒冬"。

李宁关店1 821家

财报显示,李宁集团2012年收入为67.39亿元,同比减少24.5%,公司2012年亏损额达到19.79亿元,这也是李宁2004年上市以来首次亏损。

李宁公司表示,业绩下滑的部分原因在于减少批发销售、应收账款及库存的拨备、推行变革计划及渠道复兴计划的相关成本以及其他重组性成本。

李宁公司所谓的"变革与复兴",是指其于2012年7月,宣布了一项全面变革计划,又在2012年12月,推出了变革计划中关键部分的渠道复兴计划,旨在多个方面帮助经销商,包括清理及回购库存、减少批发销售、合理化销售网络、调整渠道政策以及制定计划重整应收账款等。

在渠道复兴计划下,李宁去年关店 1 821 家,截至 2012 年年底,公司常规店、旗舰店、工厂店及折扣店的总数,由 8 255 家大幅减少至 6 434 家。

李宁集团主席李宁 2013 年 3 月 26 日在业绩发布会上表示,"公司最困难的环境已过去"。但对于公司何时能扭亏为盈,李宁并未表态。

李宁说,"2012 的财报,的确是公司的一道苦药。"他预计,未来 2—3 年仍为行业调整期,鉴于目前市场及行业情况的不确定性,预期短期经营仍富挑战,短期内有不少压力。

2012 年全行业下滑

在李宁亏损的同时,国产几大品牌纷纷出现业绩下滑,中国体育用品行业正经历行业最严重的下调周期。

目前,李宁、安踏、匹克、中国动向、特步、361 度六大国产运动品牌都已公布了 2012 年业绩,除了中国动向净利微有上升以外,其他五家同现下滑。

其中,安踏 2012 年营收和净利双降,净利润 13.59 亿元人民币,同比下跌 21.5%,营业额 76.23 亿元,同比下跌 14.4%,这也是安踏上市五年来,年度利润首次下滑。

匹克体育财报显示,2012 年一年匹克营业额减少近四成至 29 亿元人民币,净利润大幅下降逾六成至 3.1 亿元。

361 度 2012 年营业额为 49.5 亿元,同比下跌逾一成,净利润 7.07 亿元,同比下跌接近四成。而特步 2012 年在营收上险胜,55.5 亿元的数字比上一年微增 0.19%,但净利润下滑 16.18%,仅为 8.1 亿元。

六家上市公司中,仅有中国动向去年录得净利上升超 7 成至 1.77 亿元,但销售额呈现下滑,下滑 35.4% 至 17.72 亿元。有分析称,2013 年中国体育品牌将面临严峻考验。

新京报讯(记者李蕾)李宁公司业绩大幅下滑引发公司股价大跌。

李宁公司 2013 年 3 月 26 日发布年报显示,2012 年公司亏损 19.79 亿元。此消息致使李宁公司截至 26 日收盘下跌 4.09%,报收 4.46 港元。该股价较 1 月 21 日 7.07 港元的近期高点已下跌 2.61 港元,跌幅达 37%,按照总股本 10.56 亿股计算,李宁公司总市值在两个月中蒸发 27.56 亿港元。

2013 年 1 月 25 日李宁公司就已经遭遇一波暴跌。

迫于财务压力,李宁于是日披露了融资计划,将以公开发售可换股证券的方式,筹集约18.5亿港元至18.7亿港元,用于包括落实整体变革计划在内的公司发展,充实一般营运资金及优化资本结构。而由于换股证券大幅折价,未认购证券的投资者股份将被摊薄。

受此消息影响,李宁公司当日股价出现暴跌,截至收盘下跌14.65%,报收5.3港元,而此前三天李宁刚刚创出7.07港元的高点。

信达国际认为,李宁由2013年首季开始,不再向外公布订货会订单情况,此举将进一步削弱集团未来的收入及盈利增速的可见性。

另外,集团加大了向分销商提供的货品折扣,可能影响公司2013年上半年的盈利能力。在内地体育用品行业的前景未有改善的情况下,行业估值短期内难获得重新上调。

背景

"奥运年全行业狂飙突进"

各大品牌开店圈地模式在2011年达到顶峰

"从2004年到2008年的北京奥运会,这4年是中国运动品牌狂飙突进的阶段。"崔明曾在李宁市场部工作,负责东北区市场和品牌维护。据他介绍,当时各大品牌的策略是在全国扩张圈地,疯狂开店,数目最多时达到近万家,而负责开拓市场的销售部则成为公司的主导,其他部门全部以销售为中心。

开店圈地模式在2011年达到顶峰。2011年报数据显示,当年,李宁常规店、旗舰店、工厂店及折扣店一共8 255家,安踏店加上运动生活系列店与儿童体育用品店共计9 297家。361度、匹克和特步的店铺数都在7 000家以上,中国动向店铺数为3 119家。加上耐克、阿迪等品牌,全国范围内分布着几万个运动品牌店。

据崔明称,在这种模式下,品牌商将货批发给经销商,就算销售完毕,而经销商是否能卖出则不是重点,这种模式导致经销商大量压货。崔明表示,疯狂扩张和压货的高速增长模式具有不可持续性。体育品牌扩张速度过快,管理水平却没有得到相应提高。曾经高速扩张的体育品牌如今面临着产能过剩的问题,再遇上中国20世纪90年代以来新生人口大幅下降,便导致体育品牌雪上加霜。

(资料来源:《新京报》,2013年3月27日)

第五章

体育市场营销调研与市场预测

体育市场营销调研是体育市场营销的起点,体育组织为更好地满足消费者的需求,获得持续地市场竞争优势,需要不断地调查和研究市场,预测当前和未来的市场需求情况。在深入调查并掌握信息的基础上,作出各种科学合理的决策。

本章阐述体育市场营销调研与体育市场预测的基本原理和方法。

第一节　体育市场营销调研综述

由于市场需求的不断变化,体育组织为最大限度地满足消费者的多样化需求,需要不断地获取各种信息资料,而在信息资料的收集过程中组织必须进行大量的市场调研和预测,以调整并制订出组织自身的中长期营销战略。

一、体育市场营销调研的定义

体育市场营销调研是指在市场营销观念的指导下,以满足消费者需求为中心,运用科学的方法系统、客观地搜集、记录、整理与分析有关体育市场营销的信息资料,提出解决问题的建议,为体育经营者制订正确的营销决策提供依据。

二、体育市场营销调研的内容

为制订正确的体育市场营销决策,市场营销调研人员必须广泛、全面、完整地收集各种信息。一般来讲,体育市场调研主要包括体育市场特点,体育市场需求的衡量,体育市场份额分析,体育产品销售和服务现状分析,商业趋势研究,竞争产品研究,长、中和短期市场预测,新产品和新服务的市场接受情况及体育市场预测。但从总体上讲,体育市场调研可分为体育市场环境调查和体育专题调查两大类。

（一）体育市场环境调查

体育市场环境调查是属于宏观环境调查的范畴,对体育组织的影响较为直接。主要是对体育市场所处的政治、经济、自然、文化、人口、社会、法律等环境的调查。

政治环境调查是指对一定时期内直接或间接影响组织经营的国家政治形势和各级政府制定的有关方针政策、法律法规、条例及规章制度的调查。

经济环境调查是指对组织运营所辐射地区的国民经济形势、科技发展水平、国民收入水平及体育消费水平、体育人口构成、数量、分布等信息的调查。

社会文化环境调查是指对体育组织所辐射的区域从事体育运动人口的职业构成、体育与同类消费水平项目的人口占有比例、群众参与体育和文化娱乐的意识、文化素养等信息的调查。

地理环境调查是指对组织所在地的气候条件、交通运输条件、通信条件等信息的调查。

（二）体育市场专题调查

体育市场专题调查又称为微观体育市场调查,主要指体育市场需求情况、体育产品销售和服务状况、竞争对手动态等调查。

体育市场需求调查指在一定的地理区域和时间了解体育市场的实际需求和潜在需求情况。它包括市场对体育产品和服务的需求及影响体育市场需求量两方面的因素。市场需求量调查主要是对体育消费的特点进行调查,不同的体育消费者其需求的特点是差异化的。影响体育市场需求量的因素很多,体育市场调查的重点是体育产品和服务的需求力、需求动机和潜在需求三个因素。

体育产品销售调查主要是指体育消费者对组织产品的评价、对新产品开发和服务改进的信息反馈等。如国内外知名体育用品公司不断地调查和了解客户对产品的反馈信息旨在调整和完善其产品功能和提高服务质量。

体育服务状况的调查主要是指体育消费者对组织提供的服务的满意程度、改进建议和反馈信息的调查。

竞争对手的调查是指通过市场调研使组织了解自己在市场竞争中所处的地位,组织竞争对手的总体情况。这里主要包括竞争对手的产品和服务质量、经济实力、竞争者市场占有率、竞争者经营策略和手段等优、劣势内容。针对竞争对手的实际情况调查,可以及时有效地对组织战略作出调整。如国内知名一线体育运动品牌为使其在市场竞争中保持其竞争优势,不仅需要了解国内一线的其他品牌对手情况,还要了解国内二线市场及其潜在竞争对手的情况。

三、体育市场营销调研的类型

根据调研的性质、方法和目的等,体育市场营销调研的类型一般可以分为以下四种。

（一）按市场信息收集的途径,分为直接调研和间接调研

直接调研是指体育市场调研人员在制定周密的调研方案的基础上,进行实地观察或直接访问、实验等途径所获得信息资料的调研方式。直接调研法的特点是获取信息资料直接、及时、有针对性,有利于发现问题、规避风险、发挥优势。

直接调研方法较为专业,调查程序制定严密,涉及的范围与调查成本成正比,对参与人员的专业素质要求很高。通常需要对参与调研的人员进行专业化的培训。

间接调研是体育市场调研人员通过收集组织内、外部的各种资料,如组织内部的财务、运营、营销资料等,组织外部的相关资料,如政府公示的统计数据、新闻媒体相关消息、网络信息等,对获得的资料进行分类、归纳、分析和演绎,提出体育市场调研的结论和建议。间接调研有利于信息收集、渠道广、成本低、速度快,但间接调研的信息质量不同,时效性有限。

(二)按市场信息收集的时间,分为经常性调研和一次性调研

经常性调研可以获得不同时期内体育市场发展过程的信息资料,有利于掌握体育市场规律。

一次性市场调研是指在一定的时间范围内就某一目标进行有针对性的调查,以反映体育市场所调查项目的发展变化情况。

(三)按市场信息收集的范围,分为全面调研、重点调研、典型调研和抽样调研

全面调研是对体育市场调研的项目中有关体育市场范畴的全部因素进行调查的一种方式。虽然这种调查方式可以取得全面的原始资料和可靠数据,但要花费较多的人力、物力、财力和时间。

重点调研是对体育市场调研中起决定性因素的项目进行调查。这种调查方式可靠性高,可以避免决策失误,较快地掌握被调查对象的基本情况。

典型调研是在体育市场调研中只选择具有代表性的因素进行专门调查,目的是以代表性的样本的指标来推断总体指标。这种调查方式可以获得详尽的资料,便于组织决策。

抽样调研是指在体育市场调查中抽取一定数量的样本进行调查的一种方式。这种调查方式是用样本调查的结果来推算总体情况,目前应用范围较广。

(四)按市场调研的目的,分为探索性调研、描述性调研性调研和因果性调研

1. 探索性调研

探索性调研是指收集初步的数据,借此启示某问题的真正性质,并可能提出的若干假设或新的构思。探索性调研的目标是发现新的想法和观点。当管理者感觉到市场营销中存在问题,但对问题的性质或范围不甚明确时,委托市场营销人员进行的调研,通常属于探索性调研。探索性调研主要是发现问题和提出问

题,以便确定调研的重点。如调研的目的——我们的服务怎样才能得到改进?调研的问题——导致顾客不满的本质是什么?

2. 描述性调研

描述性调研是做定量性的描述。如有多少人愿意花 200 元购买一件运动 T恤。描述性调研的目标是描述市场的特征。描述性调研以说明被调研内容"是什么"或"怎么样"为特征,而不要求研究其原因与结果的关系。如调查某种体育产品的市场占有率。与探索性调研相比,描述性调研的目的更加明确,研究的问题更加具体。如调研目的是新体育产品如何进行分销? 调研的问题是现有顾客在哪里可以购买到同类体育产品?

3. 因果性调研

因果性调研是测试因果关系。因果性调研着眼于弄清出问题的原因与结果之间的有关变数关系,即回答"为什么"的问题。如市场占有率变化的原因是什么,哪些变量和绩效变量有关。如调研目的是增加体育服务人员的数量能否带来利润;调研的问题是体育服务人员的人数与营业收入之间的关系。

4. 预测性调研

预测性调研的特点是在收集、整理数据的基础上,运用科学的预测方法,分析市场在未来一定时期内体育产品供需的变化情况,制定有效的市场营销计划。

四、体育市场营销调研应注意的问题

(一)调研方式不能过于简单化

体育市场营销调研是一项专业性很强工作,它涉及调研方法的选择、抽样办法的决定、问卷的设计、执行的技巧、资料的分析与整理等。如果有一个环节出现问题,就会导致决策的失败。

(二)不能过于依赖统计的数据资料

由于组织所处环境较为复杂,目前一些统计数据存在一定的限制性,组织需要将定性与定量预测分析法结合使用,避免作出错误的决策。

(三)追求体育市场营销调研的系统性

组织管理者应将体育市场营销调研作为一个系统进行长期的调研,这样才能获得真实的数据资料,避免调查结果的片面性和失真。体育市场营销调研需要制定出严谨的调研计划和方案,便于组织运行和实施。

(四)避免调研信息过多

市场调研信息并不是越多越好,而应分清调研信息重要程度,将重要的信息作为组织决策的依据。

第二节　体育市场营销调研的方法

据调研的目的、内容和调研的对象不同,在具体的调研过程中可以选择不同的调研方法。通常市场调研有现场观察法、实验法、询问调研法、问卷调研法和文献调研法。

一、现场观察法

现场观察法是指调研人员通过在市场活动现场对调研对象观察、记录取得相关信息的一种方法。在具体实施现场观察法进行市场调研时,调研人员通常不直接与被调查对象接触,而是通过亲身观察和用相关设备对调查对象的活动或现场事实作出的真实记录。

现场观察法的优点是简单灵活,成本费用较低,受外界的干扰因素较小,被观察者处于自然状态,获得的资料更为真实、可靠。但是这种方法的缺点是容易受表面因素的影响,对内在的因素了解不深,如体育消费者的心理变化情况和市场变化的原因和动机等。

（一）直接观察法

直接观察法是指调研人员到现场观察被调查者的行动来收集资料的方法。如通过体育产品展销会、订货会、博览会,或通过体育用品生产企业、体育专卖店等一些调研对象较为集中的场所。直接观察法简单易行、方便灵活,在市场调研中应用比较广泛。

（二）现场计数法

现场计数法是指通过在市场的现场活动一定时间,通过观察计数得到的信息。通常采用现场计数法进行调研,计数的工作量比较大,工作内容较为单调、枯燥,需要工作态度认真,责任心强的调研人员承担此种工作。

（三）反馈信息资料观察法

痕迹观察法是指调查人员通过观察市场上的特定活动后的反馈信息获取的。有时通过对被观察者活动后获得的信息比观察活动本身获取的信息更为准确、可信。如通过客户意见簿、客户使用体育产品回执单和优惠卡等。

二、实验法

实验法是指在给定的条件下,对市场经济现象中某些变量之间的因果关系及其发展变化的过程加以分析,从而获得第一手资料的方法。实验法主要用于新产品的试销和新方案的实施前的调研。实验法的优点是取得的数据相对较为客观、可靠性较强、可信度高,避免主观判断的偏差,较为科学合理,提高了工作的预见性。但这种方法的缺点是只能获得当前市场变量的信息,对于过去和未来的变化信息不能准确把握,并且采用实验法的费用较高。

三、询问调研法

询问调研法是指调查人员通过询问的方式了解市场情况的方法。一般来讲,询问调研法可以分为面谈询问调研、电话调查、信函调查、留置调查等。

四、问卷调查法

问卷调查法有很多优点,主要表现在有利于扩大调查区域,增加调查对象的数量,可以不受地域限制;此外,问卷通常是由被调查者自由填写的,信息更客观、真实;采用问卷调查可以节省大量的费用,而且还可以省去很大的人力。问卷调查法的缺点是调查问卷花费的时间比较长,若不能进行有效的控制,容易使资料失去时效性;问卷的回收率较低;容易产生差错和误解。根据不同的分类标准,可将问卷调查分成不同的类型。

五、文献调研法

文献调研法又称为二手资料调研法,是指通过查询和阅读有关资料从中掌握相关信息的过程。文献调研法的优点是通过此法获得的信息资料较多,获取资料较为容易,花费的时间较少,费用不高,但此法的缺点是有一定的局限性。

第三节　体育市场营销调研的技术

体育市场调研不仅需要制定完备的市场调研方案,选择合适的调研方法,还要善于运用各种市场调研技术,才能获得完整、准确的信息资料。体育市场调研的技术主要有调研问卷的设计、调查对象的样本选择和调查资料的获取方式三个方面。

一、调研问卷的设计

调研问卷的设计要求:主题明确,通俗易懂;长度适宜,易于回答;结构合理,合乎逻辑;便于统计。

（一）调查问卷的设计原则

调查问卷设计的好坏很大程度上与设计原则密切有关,调查问卷设计的原则有以下五种,即合理性原则、一般性原则、逻辑性原则、明确性原则、非诱导性原则。

1. 合理性原则

它是指问卷必须与调查主题紧密相关,否则再漂亮或精美的问卷都是无益的。例如,"调查某体育用品(网球拍)的客户消费感受",可以从问题出发,结合一定的行业经验与商业知识,确定要素:一是使用者(可认定为购买者)。包括客户的基本情况(自然状况:如性别、年龄等);使用体育用品的情况(是否使用过、使用周期、使用习惯等)。二是购买力和购买欲。包括客户的社会状况(社会收入水平、受教育程度、职业等);体育用品的消费特点(品牌、包装、价位、产品外观等);使用体育用品后的效果(评价。限制在某个范围内,如价格、使用效果、心理满足等)。三是体育用品本身。包括对包装与商标的评价、广告等促销手段的影响力、与市场上同类产品的横向比较等。

2. 一般性原则

它是指问卷设计具有普遍意义的问题。这是问卷设计的一个基本要求,但我们经常会在问卷中发现这类带有一定常识性的错误。假设对"某地区体育消费者获得广告信息来源"的调查。

例如:你通常选择哪一种广告媒体?

A. 报纸　　　　　B. 电视　　　　　C. 杂志　　　　　D. 广播

E. 其他

若答案设置为:A. 报纸;B. 车票;C. 电视;D. 霓虹灯广告;E. 街边广告牌;F. 公交车;G. 服装。便可以看出,如果我们的统计指标没有那么细(或根本没必要),那我们就犯了一个"特殊性"的错误,从而导致某些问题的回答实际上是对调查无意义的。

3. 逻辑性原则

它是指问卷的设计要有整体感,这种整体感即是问题与问题之间要具有逻辑性,独立的问题本身也不能出现逻辑上的谬误,从而使问卷成为一个相对完善的小系统。

例如:你通常收听或看体育新闻用多长时间?

A. 10 分钟以内　　B. 半小时左右　　C. 1 小时　　　　D. 1 小时以上

4. 明确性原则

它是指问卷设计的问题要规范,即提问是否清晰明确、便于回答,被访问者是否能够对问题作出明确的回答。如上文问题中"10分钟""半小时""1小时"等设计即是十分明确的。统计结果会了解到收听或看体育新闻的时间是极短、一般、还是较长的概率；如果答案设置为"10—60分"，或"1小时以内"等，则不明确、不具体，被访问者难以回答。

5. 非诱导性原则

它是指问卷设计的问题要中性，不能提示或主观臆断，让被访问者独立回答。

例如：你认为某品牌体育用品在哪方面对你产生吸引力？

A. 图案　　　　B. 气味　　　　C. 使用效果　　　D. 包装

E. 价格

这种答案选项的设置是客观的。如若换答案为：A. 个性化的图案；B. 环保材质；C. 满意的效果；D. 精美的包装。便可以看出，这种答案有一定的诱导性和提示性，掩盖了事物的真实性，产生错误结果。总的来讲，问卷的设计要便于整理、分析。

可见，成功的问卷设计不仅要考虑紧密结合调查主题与方便信息收集外，还要考虑到调查结果容易得出的和调查结果的说服力，便于整理与分析工作。

（二）调查问卷设计的方法

通常问卷设计的方法主要是有以下十三种。

1. 单项选择式

单项选择式又称是非题，它的答案只有两项（一般为两个相反的答案），要求被调查者选择其中一项来回答。

例如：在观看比赛期间，您打算购买赛事纪念品吗？

A. 购买　　　　B. 不购买

2. 多项选择式

多元选择题与两项选择题的结构基本相同，只是答案多于两种。为方便资料的统计整理，必须对多个答案事先编号，答案应包括所有可能的情况，但不能重复；被选择的答案不宜过多，一般不应超过10个。

例如：您通常与谁一起去购买运动服装？

A. 独自　　　　B. 与同事　　　　C. 与家人　　　　D. 与朋友

这一个问题通过提出三个或更多的答案让被调查者进行选择。

3. 排序量表

排序式是对某些属性从"劣质"到"优质"进行等级排序。通常，调查人员为一个问题准备若干个答案，让被调查者根据自己的偏好程度定出先后顺序。

例如：请将下列体育运动品牌依您的喜好按降序进行排列。

A. 阿迪达斯　B. 耐克　C. 彪马　D. 锐步　E. 斐乐　F. 美津浓　G. 茵宝　H. 迪亚多纳　I. 背靠背　J. 乐途

4. 利克特量表

利克特量表是属评分加总式量表最常用的一种,属同一构念的这些项目是用加总方式来计分,单独或个别项目是无意义的。它是由美国社会心理学家利克特于1932年在原有的总加量表基础上改进而成的。该量表由一组陈述组成,每一陈述有"非常同意""同意""不一定""不同意""非常不同意"五种回答,分别记为1,2,3,4,5,每个被调查者的态度总分就是他对各道题的回答所得的分数的加总,这一总分可说明他的态度强弱或她在这一量表上的不同状态。利克量表既能用于邮寄调查,也能用于电话访问。

例如：您认为大的运动品牌公司一定比小运动品牌公司服务好。

A. 完全不赞同　　　　　　　　B. 不赞同

C. 不赞同也不反对　　　　　　D. 很赞同

E. 完全赞同

被调查者可以在同意和不同意量度之间进行选择。

5. 语义差异量表

语义差异量表是用两极修饰词来评价某一事物,在两极修饰词之间共有七个等级,分别表示被调查者的态度程度,被调查者可以选择代表其意愿的某一点。如：大——小;有经验——无经验。

6. 重要性量表

重要性量表是对某些属性从"根本不重要"到"极为重要"进行重要性等级划分,被调查者可以选择符合其意愿的答案。

例如：运动鞋售后服务对您的重要性如何?

A. 极为重要　　B. 很重要　　　　C. 比较重要　　　D. 很不重要

E. 根本不重要

7. 购买意图量表

购买意图量表是测量购买意图的量表,被调查者可以选择其意愿的答案。

例如：在您观看体育赛事期间场馆将提供指定饮用水,您是否会购买?

A. 肯定购买　　B. 可能购买　　　C. 不知道　　　　D. 可能不买

E. 肯定不买

8. 自由格式

自由格式是指被调查者可以不受任何限制的方法回答问题。

例如：请谈谈您对李宁体育运动品牌有何意见。

---

9. 词汇联想法

词汇联想法是列出一些词汇，每次一个，让被调查者提出他们脑海中浮现的每一个词。

例如：当你听到下列文字时，您脑海中浮现的一个词是：耐克＿＿＿＿＿＿；阿迪达斯＿＿＿＿＿＿。

10. 语句完成法

语句完成法是指提出一些不完整的语句，每次一个，由被调查者完成该语句。

例如：当你选择一个体育运动品牌后，在你进行决策中最重要的考虑因素是：＿＿＿＿＿＿＿＿＿＿＿＿＿＿＿＿＿＿＿＿＿＿。

11. 故事完成法

故事完成法是指出一个未完成的故事，由被调查者来完成它。

例如：在我观看球赛过程中，我注意到该球馆大量使用了场内广告，这使我产生了下列联想和感慨。

现在完成该故事：＿＿＿＿＿＿＿＿＿＿＿＿＿＿＿＿＿＿＿＿。

12. 图画完成法

图画完成法是提出一幅有两个人的图画，一个人正在发表意见，要求被调查者也发表自己的意见和看法，并写入图中的空框中。

13. 主题联想测试

主题联想测试是给出一幅图画，要求被调查者构想出一个图中正在进行或可能发生的事情。

二、抽样设计

抽样调查是在体育市场调查对象的总体中抽取一部分有代表意义的对象进行调查，并根据调查对象来推断总体的方法。抽样调查首先要确定调查总体，其次要设计和抽取样本，再次是收集样本调查资料，最后是统计样本资料，推断调查总体。样本是从总体中抽取出来的，作为调查单位的全部个体，样本的选择对调研的结果影响很大。

（一）样本数量的确定

在随机抽样中，用数学方法准确计算出样本的数量，以达到所要求的准确性是完全可能的。

　　这里首先要确定可信度要求,可信度是表明特定样本的估计量被视为对总体参数的真实估计的准确与可靠程度的概念。可信度对称的是误差的显著性水平。例如,95% 置信水平(表示样本估计量落入可信区间的概率为 0.95)对应有 5% 的误差显著水平;99% 的置信水平对应有 1% 的误差显著水平。

　　对每个样本进行调查取得的某项数据被称为样本值。抽样调查取得的该类数据的全部样本值可被用于计算样本平均值以及方差。样本平均值反映全部样本的某种数据的均等水平,记为 X;方差则反映各个样本值的离散程度,记为 S^2。不论样本数量多大,在将样本平均值视为总体均值时,总存在一定的误差,可用样本平均值的标准误差(SE_X)来求得这个误差值,如果这个统计数据大,则该样本估计值与总体参数的真实值偏差也大;如果这个数值较小,就可相信样本估计值是一个较好的总体参数的代表。

　　统计学理论证明,样本平均值的标准误差(SE_X)与样本数量的平方根成反比,数学公式为

$$SE_X = \frac{\delta}{\sqrt{n}}$$

其中:δ 为总体的标准差;
　　n 为样本数量。
　　不难推导

$$n = \frac{\delta^2}{SE_X^2}$$

　　这就是计算样本数量的数学公式。运用该公式要求已知总体的标准方差 δ 和可接受的标准误差值,总体的标准差 δ 可由 k 个个体构成的样本组的标准方差做合理的估计,用下式计算

$$\hat{\delta} = \sqrt{\frac{\sum (X_i - \bar{X})^2}{k - 1}}$$

　　另一个可用于计算简单随机抽样的样本数量的数学公式是

$$\delta = \left(\frac{Z\delta}{E}\right)^2$$

其中:Z 是对应于希望达到的置信水平的统计量;

E 是可接受的最大误差。

例如:以 95% 的可信度对一支体育产品销售队伍的平均销售能力进行随机抽样调查,如果要求样本平均值与总体真实平均值之间的最大误差为 2.0,假定 $\delta = 12$,样本数量为多大?

对应于 95% 的置信水平,$Z = 1.96$,则

$$n = \left(\frac{1.96 \times 12}{2.0}\right)^2 = 138$$

另外,调研费用也是影响样本数量的因素之一。选择的样本数量越大,所投入的资金和人力、物力也就越多。

(二) 样本选择

抽取调查对象样本是指从体育市场调查对象的总体中,抽取一部分有代表性的对象样本进行调查,并根据样本调查后的结果来推断总体的方法。一般来讲,科学合理地确定样本,可以使调查结果公正、客观。抽样的方法主要有随机抽样和非随机抽样两种。

1. 随机抽样

随机抽样是指按照随机的原则抽取样本。抽样样本对象的机会均等,完全排除人们主观有意的选择。随机抽样主要有简单随机抽样、等距随机抽样、分层随机抽样和分群随机抽样四种方式。

简单随机抽样是指对抽样的对象不进行任何人为组合,按照随机原则直接抽取样本。如果被调查的总体不十分庞大,总体中个体的差异性不大,可以采用简单随机抽样法,一般通过抽签或查乱数表的方式。

等距随机抽样是根据一定的抽样距离从总体中抽取样本。抽样距离的大小等于总体数量(N)除以样本数量(n)。具体做法是:

第一,将被调查总体中的各个体单位排列、连续编号。

第二,据总体数和确定的样本数,计算抽样距离$\left(\frac{N}{n}\right)$,小数则四舍五入。

第三,在第一段距离内,用随机的方法抽取一个号码,作为第一个调查样本单位。

第四,降低一个样本单位的号码加上抽样距离,得到第二个样本单位,以此类推,直到满足样本容量。

这种抽样方法样本分布较均匀,具有较高的代表性,抽样误差小于简单随机抽样。

例如：对 1 000 名体育消费者进行调查，采用等距随机抽样 50 个样本，抽样距离为 1 000 ÷ 50 = 20，若从 0001—0020 通过随机抽样的方法抽取的样本号为0011，则样本单位的号码分别为 0011，0031，0051，0071，…，直到抽足 50 人为止。

分层随机抽样是指先将抽样对象分成各种层次或类型，并对每一层按照一定的比例进行简单随机抽取样本。分层时，要尽量使各层之间具有明显不同的特性，而同一层内的对象单位则具有共性。如调查体育消费者结构，可按性别、职业、收入、文化程度、年龄等因素分层。分层抽样可避免样本过于集中某些特性，而缺少对另一些特性的关注，可以提高样本的代表性。

例如：某体育产品公司对 200 家消费者用户进行抽样调查，按照用户的规模可分为教育、家庭、企业用户三个层次，其中教育用户 60 家，家庭用户 40 家，企业用户 100 家。若确定抽取 40 家进行调查，则各层应抽取的样本数量分别为

教育用户抽取样本数 = 40 × 60 ÷ 200 = 12

家庭户抽取样本数 = 40 × 40 ÷ 200 = 8

企业户抽取样本数 = 40 × 100 ÷ 200 = 20

分层最佳抽样依据各层次样本标准差大小，调整各层次抽样的数量。这种方法在对总体分层和确定抽样样本数之后，还要计算各层的标准差，再计算各层抽取的样本数。公式为

$$各层抽取样本数 = 抽样总数 \times \frac{各层总体数 \times 各层标准差}{各层总体数 \times 各层标准差之和}$$

分群随机抽样是指集体抽样，是先将抽样的对象按照一定的标准分成若干群体，然后按照随机原则从这些群体中抽取一定比例的群体样本，再对群体内的每一个对象进行逐个调查。

例如，某体育用品公司想调查沈阳市居民购买力情况，便通过沈阳市在行政区划分基础上将其分若干个群体：皇姑区、东陵区、铁西区、沈河区、大东区、和平区等。若各区间居民的特征基本相同的，但在各区内部存在较大的差异，总体上来讲，这些地区代表了沈阳市居民的特征。营销调研人员从中随机抽取一个或几个区作为样本进行调查。假定抽取东陵区和铁西区为调查群体，但这两个群体中的家庭数量还是太多，不易调查展开，便将这两个群体进一步按居委会分群调查，然后在两个区的若干居委会中随机各抽取 5 个居委会，对这 10 个居委会中的家庭进行调查。

2. 非随机抽样

非随机抽样是指根据调查的目的和要求，主观选择抽取样本的方法。非随

机抽样有任意抽样、判断抽样和配额抽样三种常用方式。

任意抽样是指随意抽取样本的方法。它是按照调查的便利性采取任意抽取样本。如调查人员在街道、商场、码头、车站等公共场所调查体育企业的知名度、形象,了解人们对体育运动的兴趣等,这些都是任意抽样调查。任意抽样的优点是便捷、成本低。缺点是样本的代表性差、偶然性大。

判断抽样是指依据主观判断,如通过印象和经验来选择样本。判断抽样的准确性和代表性,很大程度上取决于调查人员对被调查对象的了解程度和调查人员的判断能力。

配额随机抽样就是把一定"控制特征"的样本数量分配给调研人员,由调研人员按照规定的"控制特征"自由选择调查样本。配额抽样可以分为两类:独立控制和交叉控制。

独立控制是指对具有某种控制特性的样本数量给以规定(表5－1)。

表5－1　配额随机抽样——独立控制

收　　入	年　　龄
高 30	20—29 岁　30
中 30	30—44 岁　40
低 40	45—64 岁　10
	65 岁以上　20
合计 100	合计　100

交叉控制是指不仅规定各种控制特征的样本数量,而且还规定各种控制特性之间的相互交叉关系(表5－2)。

表5－2　配额随机抽样——交叉控制

收入	男	女	合计
高	16	14	30
中	20	10	30
低	15	25	40
合计	51	49	100

不同的抽样方法各有利弊,调研人员应根据具体目标,因地制宜,权衡利弊,作出抉择。

三、调查资料的获取方式

体育市场调研资料的获取方式分为第一手资料获取和第二手资料获取方式。第一手资料获取是指通过在市场调查活动中直接获取的原始资料;第二手资料是通过其他媒介组织而获取的资料数据。

1. 第一手资料的收集

第一手资料收集的方法主要有观察法、实验法和调查法。

观察法是指调研人员直接到调查现场进行实际观察,从而获得有关信息的一种方法,其最大的特点是通过侧面观察被调查者的言行和反映,使被调查者感觉不到自己在被调查,因而收集到的资料数据客观真实、准确性高。如调查人员有意进入体育俱乐部会员行列,通过闲聊,注意到会员对俱乐部在服务水准、会员价格、产品构成上的议论,从而得到准确的第一手资料。

实验法是指被调查对象置于一定的条件之下,通过一定的实验来检验产品的质量或服务水平等的一种方法。如在体育产品质量上,可以组合成各种不同标准的方式,供顾客进行实验性消费,以比较哪种方式最适合消费者的需求。

调查法是指以不同的方式向被调查对象提问,并以答复为调查结果,从而获得第一手资料的方法。调查法有多种方式,如问卷调查、入户调查、访问、小组座谈、电话访谈、邮寄调查等。

2. 第二手资料的收集

第二手资料通常不需要直接对被调查个体进行登记,而是从有关媒介或政府部门公开发表的资讯中获得;也可以通过专业的市场调查机构定期或不定期发表的资料数据中获得;第二手资料获取的费用要大大低于企业专门组织的市场调查费用,通过对第二手资料的获取,可以方便快捷地取得所需要的市场信息。经常性地收集第二手资料可以帮助体育企业建立起自己的市场资源数据库,为营销决策提供必要的信息资料。

四、体育市场营销调研资料的评估

通过体育市场营销调研获取了大量资料信息,但资料本身并不能解决问题,而是要对调研所取得的资料进行整理和分析,才能得到有用的信息。体育市场营销调研资料的评估包括调研方案的评估、调研方法的评估、调研模型的评估以及调研精确度的评估四个方面。

（一）调研方案的评估

调研方案的评估主要是对方案设计的科学合理性、方案可信度、方案的执行过程及对调查结论的重要程度进行评估。

（二）调研方法的评估

调研方法的评估只要是对调查方法的选择进行评估,因为不同的调查方法直接关系到调查资料的获取途径,影响到调查结论的准确程度,所以体育组织有必要对其进行分析和评价。

（三）调研模型评估

由于不同的测量模型有着不同的理论基础,对最终数据的解释也是完全不同的。因此,体育组织调研模型的确定必须要有科学的理论支撑。

（四）调研精确度的评估

由于市场调研资料大多是通过非全面调查所获得的,所以调研结果的精确度也是相对的。对调研结论精确度的评估只要能够满足调研需要即可。

第四节　体育市场营销调研的程序

体育市场营销调研是一项复杂的系统工程,必须依据科学的程序,有计划、有组织、有步骤地实施。一般来讲,根据市场营销调研活动中各项工作流程及个项任务之间的逻辑关系,可以将体育市场营销调研分为准备阶段、设计阶段、实地调研和资料整理与报告四个阶段。

一、准备阶段

在执行调研之前,应确定需要解决的问题和调研目的,界定研究主体,选择研究目标,并确定需要获得的信息内容。

二、设计阶段

设计阶段就是要拟定调研计划,主要内容包括以下四个方面。

（一）内容设计

内容设计是根据调研的目的确定调研的范围(信息资料的内容和数量)以及信息资料的来源。

（二）方法设计

方法设计是依据调研的目的、性质以及研究经费确定采用询问法、观察法还是实验法。

（三）抽样设计

抽样设计是根据调研的目的确定抽样单位、样本数量以及抽样的方法。

（四）方案设计

方案设计是调研活动各个阶段主要工作的概述,内容包括课题背景、研究目的、研究方法、经费预算及时间进度安排。

三、实际调研阶段

实际调研阶段就是把调研计划付诸实施的过程,包括实地调查和资料处理过程。

（一）实地调查

实地调查是调研人员根据调研计划规定的途径与方式,实地获取各种信息资料的过程。在实地调查过程中应做好调查人员的选择、培训和管理工作,保证获得信息资料的真实性。

（二）资料处理阶段

搜集的信息资料和回收的调查问卷作为未经处理的原始资料是杂乱无章的,必须进行系统的整理、分类、列表、统计、计算等分析过程,才能更好地发挥信息资料的作用。

四、调研报告

营销调研的最后一步是撰写和提交调研报告。调研报告是对调研成果的总结和调研结论的说明,其基本要求是：简明扼要重点突出,主要阐述调研中的发现和结论;对象明确,讲究使用,符合读者的理解水平;说明调研结果的局限性和误差范围。

调研报告的主要内容包括：调研的目的与方法;调研结果的分析;得出的结论;对策建议和图表、附录等附件。

第五节　体育市场需求预测的一般原理

体育经营者制定的体育市场营销计划是否具有可行性和有效性,在很大程度上取决于即将面临的未来的市场环境和市场需求。在通过市场调研获取了大量的市场信息的情况下,企业一定要进行市场需求预测,为正确制定市场营销计划提供依据。

一、体育市场需求预测的概念

体育市场需求预测就是对未来潜在体育市场的需求量进行推断和估计。

其基础是充分掌握和利用市场调研所获得的系统、准确的信息资料,运用科学的逻辑推断和数学计量方法,对影响市场需求的各种因素进行认真的分析和估计。

体育市场调查、体育市场需求预测和体育市场营销决策分析是体育市场营销管理信息系统的三个重要组成部分。从市场营销管理信息流程的角度看,体育市场需求预测是市场调研的继续,是为体育市场营销管理者制定计划和决策提供依据的重要环节。

二、体育市场需求预测的作用

（一）市场需求预测为体育经营者的经营决策科学化提供依据

科学的市场预测可以把握未来市场的动态,为未来的经营活动制定周密、细致、科学的战略与决策,使企业的经营决策符合市场需求。

（二）市场需求预测是体育经营者提高竞争能力和应变能力的有力手段

高效率的市场营销信息系统和市场预测系统能使体育经营者在开放的、复杂多变的市场经济系统中抓住机遇,赢得主动,积极地适应环境,从而提高竞争能力和应变能力。

（三）市场需求预测是提高体育经营者经济效益的基本途径之一

市场需求制约着体育产品的销售,销售是否畅通又决定着经营效益的实现,做好市场需求预测可以使体育经营者在新产品开发、上市时间、价格定位等方面掌握主动,组织符合市场需求产品的生产,实现利润的最大化。

三、体育市场需求预测的分类

体育市场预测的分类方法很多,根据不同的分类标准,依据一定的特征,体育市场预测可以划分为以下五类。

（一）按预测的范围划分

按预测的范围,分为宏观市场预测和微观市场预测。

宏观市场预测也称广义市场预测,指在一定时期内整个国民经济的发展对体育市场的影响和体育产业总体发展方向的预测。其特点是从宏观经济出发,对影响体育市场的诸多因素进行预测。其范围广、对象多,是对体育市场总量活动的综合性预测。

微观市场预测也称狭义市场预测,指体育企业在一定时期内对具体市场或具体经营项目的供需变化,影响企业经营的市场环境以及市场占有率等方面的预测。其特点是预测的涉及面较窄,属于专题性预测。

（二）按预测的期限划分

按预测的期限,分为长期预测、中期预测、短期预测和一次性预测。

长期预测是指 5 年以上的市场变化及其发展趋势的预测。长期预测主要是为了企业的长期战略发展或为企业扩大规模、增加投入等重大经营决策提供依据。

中期预测是指 1 年以上、5 年以下的市场变化预测。中期预测主要是为企业在市场竞争中,如何取得有利的市场份额而提供市场发展和变化的依据。

短期预测是指 1 个季度以上、1 年以下的市场变化预测。短期预测主要为企业制定年度营销计划和方案,调整产品结构以适应市场变化而提供依据。

一次性预测指企业根据市场营销促销方案,进行促销行为策划,而对策划内容的特点、目标和需求进行的预测。

（三）按预测的对象划分

按预测的对象,分为单项产品预测、相关产品预测和产品需求总量的预测。

单项产品预测是对体育某一具体产品(如新开发的产品)的市场供求变化所进行的预测;相关产品预测指对体育同类型产品(如体育企业开发的练习场产品)的市场需求进行的预测;产品的需求总量预测,指对球会或俱乐部所提供的各种产品消费需求总量进行的预测。

（四）按预测的具体内容划分

按预测的具体内容,分为潜在市场需求预测、市场占有率预测、市场销售量预测、产品生命周期预测等。一般来说,企业对市场内容预测以销售预测为重点。

（五）按预测的方法划分

按预测方法,可分为定性与定量预测。

定性预测是对未来市场的需求变动趋势在性质上或程度上所进行的预测。由于缺乏数据的分析和计算,预测值的准确度不够高。定量预测是根据已知的各种数据资料,利用预测模型,对未来一定时期市场需求的发展趋势进行预测。只要拥有充分的数据和选用符合市场需求变化规律的预测模型,定量预测的结果就能具有相当高的准确度。

四、体育市场需求预测的步骤

体育市场需求预测是一项非常严谨的系统工程,因此体育组织在进行市场需求预测时,应遵循以下七个步骤。

第一个步骤是确定预测目标。进行体育市场需求预测时,要确定预测目标,明确预测对象所要解决的问题,预期达到的目的和要求。预测的目标不同,所需的资料和采取的方法也不同。

第二个步骤是制定计划。制定计划主要包括预测工作的组织领导,参加人员的选定,具体预测业务的内容,资料收集方案,各个阶段的完成日期,在预测过程中发现新问题时的应急措施等。制定的计划要尽可能地使预测过程能够有序进行,使预测工作能够反映客观要求。

第三个步骤是收集资料。资料来源主要有两类:一类是内部资料,如本组织的年度报表,财务状况、人力资源情况、业务水平和各种相关资料;另一类是外部资料,如竞争者相关资料、国家相关统计数据、有关研究机构的研究成果、各种与预测有关的调查报告等。收集资料时,既要注意与预测目标直接有关的信息因素,也要注意可能对预测目标未来发展变化造成较大影响的间接有关信息因素。

第四个步骤是选择预测的方法。预测的方法有很多,每种方法都有其优、缺点及适用范围。选择什么样的预测方法,应根据预测目标和要求、现有资料的掌握以及预测过程的实际条件来确定。

第五个步骤是建立模型。预测模型是对被预测的事物过去和现在发展规律性的模拟和演示,只有当模型有效时才能用于实际的预测。

第六个步骤是实际需求预测。预测模型选定后,需要对预测期内的具体条件进行详细分析和确定,并实施需求预测计划。

第七个步骤是撰写需求预测报告。在撰写预测报告前,应对预测结论进行分析判断,其预测结论误差应在允许的范围之内。报告的内容一般包括预测方法、预测过程叙述、预测结果以及对未来工作的建议等。

第六节　市场需求的定性预测方法

定性预测方法是指依靠熟悉业务知识,具有丰富经验和综合分析能力的人员,根据已经掌握的历史资料和直观材料,运用人的知识、经验和分析判断能力,对事物的未来发展趋势作出性质和程度上的判断,然后再通过一定的形式综合各方面的判断,得出统一的预测结论。定性预测通常与一定的定量预测技术配合使用。定性预测法主要有类推预测法、判断预测法、德尔菲法、体育消费者反馈信息预测法。

一、类推预测法

类推预测法是指根据人们过去的实践经验或历史的研究成果,来研究与之相类似或对预测对象的发展有一定参考价值的事物实际发展过程,并认识他们的变化规律,从而对未来市场变化趋势作出合乎逻辑的推理和判断。

用类推预测法进行预测时,首先应找到可以用于本预测类推的类似参照对象,研究它们的发展过程和条件。如体育健身俱乐部的运营管理模式是从国外引进的,有着丰富的运营管理经验,并已形成了相对固定的运营管理模式。国内体育健身俱乐部可以通过对国外俱乐部的发展过程、经营环境及相关条件进行分析和研究,有选择地借鉴其运营管理方法。

二、判断预测法

判断预测法又称意见判断法或经验判断法,以依据企业领导层和专业人员及预测人员的经验和判断能力为基础,经过分析综合,来判断未来的市场情况。判断预测法可分为个人判断法和综合判断法两种。

(一) 个人判断法

个人判断法就是体育组织的高层经理和基层业务人员根据对客观情况的分析和自己的经验,对体育市场需求作出主观判断来预测市场未来情况的预测方法。个人判断法要求预测者一般具备丰富的经营经验和敏锐的直觉、具备丰富的专业知识,才能弥补统计资料的不足,节约预测成本。但由于此法预测的精确性取决于经验的判断,在某种程度上缺乏足够的科学依据,每个人的能力、判断力和直觉均不同,可能会影响到预测的准确性。

(二) 综合判断法

综合判断法就是对经营主管人员、基层专业人员和其他有关方面的判断结果进行判断分析,广泛交换意见,然后将这些不同人员的预测结果进行综合,列出推定平均值的计算方法,得出最后预测结果。

其公式为

$$Y = \frac{a + 4b + c}{6}$$

其中:Y 为预测值,即推定平均值;

　　　a 为最乐观估计值,即为推定最大值;

　　　b 为最可能估计值,即为推定中间值;

　　　c 为最悲观估计值,即为推定最小值。

三、德尔菲预测法

德尔菲预测法又称专家意见预测法,是一种集中多人智慧,以专家的经验和判断进行预测的方法。德尔菲法是向一组专家分别征询意见,专家之间互不见面,只与调查单位联系。

德尔菲法操作步骤如下。

第一步,拟定调查课题,列出调查表,并提供有关背景资料。

第二步,选择具有与预测项目和专业知识、工作经验有关的,有一定社会声望的专家,以便取得较为全面的信息。

第三步,进行第一轮调查,专家们根据要求对预测事物提出个人判断和分析,并说明依据与理由。

第四步,将第一轮结果集中整理后,分送给专家,进行第二轮调查,要求专家补充,修改各自预测,并加以说明或评论。

第五步,经过反复征询意见,得出一致意见,形成最后的统一预测结果。

四、体育消费者反馈信息预测法

体育消费者反馈信息预测法是指通过多种方式进行调查询问体育消费者消费后的意见的一种方法。调查询问消费者意见的方法很多。采用何种方法,应根据预测事物的实际情况来确定。但调查面应具有广泛性、代表性和真实性,否则,预测的误差就会很大。西方国家一些企业还利用购买概率表调查表法对耐用品的潜在购买者定期进行购买一项调查。例如,调查今后 6 个月内消费者对体育用品的潜在需求(表 5-3)。

表 5-3　消费者意向概率调查表

0.00	0.20	0.40	0.60	0.80	1.00
肯定不买	不大可能	有点可能	可能性大	很有可能	肯定购买

假定利用消费者意向概率调查表对 500 名潜在消费者进行调查,结果如表 5-4 所示。

表 5-4　消费者意向概率调查表

意向性质	肯定不买	不大可能	有点可能	可能性大	很有可能	肯定购买
购买概率	0.00	0.20	0.40	0.60	0.80	1.00
样本分布	130	100	100	90	50	30

全部样本的平均购买率是

$$平均购买率 = (0 \times 130 + 0.2 \times 100 + 0.4 \times 100 + 0.6 \times 90 +$$
$$0.8 \times 50 + 1.0 \times 30) \div 500 = 0.37$$

就是说,如果整体市场上有 10 000 个这样的潜在顾客的话,在今后 6 个月内将有 37 000 位会购买体育用品。

消费者意向预测法一般是用于潜在购买者相对减少的产品或企业,对与潜在购买者不愿配合的预测项目,需要采用其他预测方法。

第七节　市场需求的定量预测方法

在很多场合,体育经营者要求作出具有准确性相当高的预测值,这就要采用定量预测的方法。定量预测方法,是利用已经掌握的比较完备的历史统计数据,凭借一定的数理统计方法和数学模型,寻求有关变量之间的规律性联系,用来预计和推测市场未来发展变化趋势的一种预测方法。

一、常用简易预测方法

(一) 市场潜力预测方法

市场潜力是指一定时期内,在一定的环境条件下,某一行业所有企业可能达到的最大销售量。计算公式为

$$Q = n \times q \times p$$

其中: Q 是市场潜力;

n 是在既定条件下,特定产品的购买者数量;

q 是每个购买者的购买数量;

p 是单位产品市场价格。

(二) 平均发展速度法

经济事物发展变化的规律,可以用速度进行数量化的描述,如需求增长率、销售增长率、成本降低率等,在一定时期内,经济事物处在比较稳定的运动状态之中,可通过统计分析,掌握其发展变化一般趋势的速度,并借以预测未来发展趋势的量化指标。平均发展速度法常用的预测法之一,步骤如下。

1. 求总的发展速度

$$V_{总} = \frac{Y_t}{Y_1}$$

其中：$V_{总}$ 为观察期总的发展速度；

　　　Y_t 为观察期最近一期的实际统计值；

　　　Y_1 为观察期第一期的实际统计值。

2. 求平均发展速度

$$V_{平} = \sqrt[t-1]{V_{总}}$$

其中：$V_{平}$ 为观察期各期实际总发展速度统计值的几何平均值；

　　　t 为观察的时间点，即数据的个数。

3. 利用平均发展速度进行预测

$$V_{总} = Y_t \times Y_{t+T} = Y_t \times V_{平}^T$$

其中：Y_{t+T} 为第 T 期预测值；

　　　T 为从第 t 期之后开始计算的预测点的时间间隔。

二、时间序列预测法

时间序列预测法是最常见的定量预测法。时间序列预测法是通过收集和整理预测事物过去的资料，从中找出过去该事物随时间变化而演变的趋势，将其不同时期的数值按照时间序列排成一个数列进行分析，从而作出预测结果的一种方法。时间序列预测法的特点是简便、容易掌握，一般适用于短期市场预测。时间序列预测法有下列常见的六种。

（一）简单平均预测法

简单平均预测法是指以过去一个时期实际销售量的平均值作为下一期预测值的预测方法，也称"算术平均法"。

令 $X_1, X_2, X_3, \cdots, X_n$ 为 n 期的资料，依据预测法定义，$\bar{X}$ 可以按下式求之

$$\bar{X} = \frac{X_1 + X_2 + X_3 + \cdots + X_n}{n} = \sum_{i=1}^{n} \frac{X_i}{n}$$

其中：$\bar{X}$ 为预测值；

　　　n 为时期数，为选取的观察值个数；

　　　X_i 为各期销售量。

例如：某体育用品生产企业 1—6 月份销售额分别为 12 万元，11 万元，14 万元，12 万元，13 万元，12 万元，请采用简单平均预测法预测出 7 月份销售额。

解：　$\overline{X} = (12 + 11 + 14 + 12 + 13 + 12)/6 = 12.33(万元)$

解得：采用简单平均预测法预测出某体育用品企业 7 月份的销售额为 12.33 万元。

（二）增量简单算术平均预测法

增量简单算术平均预测法是指以过去时期的实际销售量的平均变动值加上最末一期的实际销售量作为预测值的一种预测方法。

令 $X_1, X_2, X_3, \cdots, X_n$ 为 n 期的资料，则 X_{n+1} 可以按下式求之

$$X_{n+1} = X_n + \frac{\sum_{i=1}^{n-1} \Delta i}{n - 1}$$

$$= X_n + \frac{(X_2 - X_1) + (X_3 - X_2) + \cdots + (X_n - X_{n-1})}{n - 1}$$

其中：X_{n+1} 为预测值；

　　　n 为时期数；

　　　$\Delta_i = X_{i+1} - X_i$ 为各期变动值。

对于各期变化趋向呈规律性（如逐渐上升或逐渐下降，且升降幅度基本一致）的情况，比较适合于增量简单平均法进行预测。

例如：某体育用品专卖店 2009—2013 年的销售额分别为 350 万元，360 万元，365 万元，375 万元，378 万元，用增量简单算术平均预测法来预测 2014 年度的销售额。

解：$X_{2014} = 378 + [(360 - 350) + (365 - 360) + (375 - 365) + (378 - 375)]/4$

　　　　$= 385(万元)$

解得：采用增量简单算术平均预测法来预测某体育用品专卖店 2014 年度的销售额预测为 385 万元。

（三）算术移动平均预测法

算术移动平均预测法是指把过去若干时期销售实际数据相加，求算术平均值，并随时间向后移动，根据最近期销售的新数据来不断修正平均值。作为预测期的销售数据的一种定量预测方法。其公式为

$$X_{n+1} = \frac{X_n + X_{n-1} + X_{n-2} + \cdots + X_{n-k+1}}{K}$$

其中：X_{n+1} 为预测值；

　　n 为实际期数；

　　K 为计算期数。

此方法所选择的期数主要根据历史资料来具体决定的,既要包括足够的期数,以抵消随机波动的影响,但期数又不能过多,要除去早期作用不大的数据。

例如：某体育用品专卖 1—6 月份销售额分别为 300 万元,310 万元,320 万元,330 万元,320 万元,310 万元,请利用算术移动平均预测法预测出 7 月份销售额。

解：　　　　$X_7 = (310 + 320 + 330 + 320 + 310)/5$
　　　　　　　　$= 318(万元)$

解得：利用算术移动平均预测法预测出某体育用品专卖 7 月份销售额为 318 万元。

（四）加权算术平均预测法

加权算术平均预测法是指在计算过程中逐步加大近期实际销售量在平均值中的权数,然后予以平均,以确定预测值的预测方法。权数的确定是根据以前各期销售额实际对预测期的影响程度来确定的,各期权数之和应等于 1。其公式为

$$X_{n+1} = \frac{\sum_{i=1}^{n} f_i X_i}{\sum_{i=1}^{n} f_i}$$

其中：f_i 为各期权数。

例如：某体育用品公司 1—4 月份会籍营销额分别为 300 万元,310 万元,320 万元,330 万元,并设 1—4 月份权数分别为 0.1,0.2,0.3,0.4,利用加权算术平均预测法预测 5 月份销售额。

解：　　$X_5 = (300 \times 0.1 + 310 \times 0.2 + 320 \times 0.3 + 330 \times 0.4)/$
　　　　　　$(0.1 + 0.2 + 0.3 + 0.4)$
　　　　　　$= 320(万元)$

解得：利用加权算术平均预测法预测某体育用品公司 5 月份销售额为 320 万元。

（五）加权移动平均预测法

加权移动平均预测法,就是根据观察各期资料数据的时间数列,分别给予不同权数后,再算出加权数移动平均数的方法。一般给近期的数据以较大权数,给远期的数据以较小的权数。其公式为

$$X_{n+1} = \frac{X_n \times f_n + X_{n-1} \times f_{n-1} + \cdots + X_{n-k+1} \times f_{n-k+1}}{f_n + f_{n-1} + \cdots + f_{n-k+1}}$$

其中: K 为计算期数。

同样,权数值的确定,一般也是根据各资料数据的时间数列对预测期的影响程度和预测人员的经验来判定的,各权数值之和须等于1。

例如:某健身俱乐部1—5月份会籍销售额分别为310万元,340万元,320万元,310万元,320万元,6—8月份加权数分别为0.2,0.3,0.5,请采用加权移动平均预测法预测出9月份销售额。

解: $X_9 = (340 \times 0.2 + 320 \times 0.3 + 310 \times 0.5)/(0.2 + 0.3 + 0.5)$
　　　 $= 319(万元)$

解得:采用加权移动平均预测法预测出某健身俱乐部9月份销售额为319万元。

（六）指数平滑预测法

指数平滑法是移动平均法的改进,由于越近期的数据信息越新,预测中应更加重视,指数平滑法按时间的近远对数据的重要程度(权数),按指数规律逐渐下降。

1. 一次指数平滑法

一次指数平滑法,是指以预测目标的本期实际值和本期预测值为基数,分别给两者以不同的权数,求出指数平滑值,作为确实的预测值。它适用于预测目标时间序列波动无明显增加、减少的近期预测。一次指数平滑法计算公式为

$$S_t^1 = \alpha Y_t + (1 - \alpha) S_{t-1}^1$$

其中: S_t^1 代表第 t 期的一次平滑指数值;

Y_t 代表第 t 期实际值;

t 代表周期序号;

α 代表平滑系数($0 \leqslant \alpha \leqslant 1$)。

预测公式为

$$Y_{t+1} = S_t^1$$

2. 二次指数平滑法

二次指数平滑法,是指在处理有线性趋势的时间序列时,可能产生滞后误差,为弥补此缺陷,需要在一次平滑的基础上,再作一次指数平滑,然后确定预测值。

二次指数平滑值公式为

$$S_t^2 = \alpha S_t^1 + (1 - \alpha)S_{t-1}^2$$

其中:S_t^1 代表第 t 期的一次指数平滑值;

S_t^2 代表第 t 期的二次指数平滑值;

S_{t-1}^1 代表第 t 期的二次指数平滑值;

t 代表周期序号;

α 代表平滑系数($0 \leq \alpha \leq 1$)。

例如:某体育用品公司 1—5 月份销售额依次为 30 万元,31 万元,32 万元,33 万元,35 万元,平滑系数采用 0.2,利用指数平滑预测法来预测 6 月份的销售额。如表 5‑5 所示。

表 5‑5   某体育用品公司 1—5 月份销售额预测表

月　份	实际销售额	预　测　值
1	30	29
2	31	29
3	32	29.8
4	33	30
5	35	31

解: $F_6 = 0.2 \times 35 + (1 - 0.2) \times 31$

$= 31.8(万元)$

解得:利用指数平滑预测法来预测某体育用品 6 月份的销售额为 31.8 万元。

三、回归预测方法

回归分析是以相关原理为基础的预测方法,通过分析市场需求与有关影响因素之间的作用—反应关系,建立市场需求预测函数,预测未来市场需求水平。

回归预测方法的步骤如下。

第一,确定预测任务和影响因素。

第二,进行相关分析。

第三,根据观察值建立回归模型。

第四,回归预测模型的检验,估计可信区间。所谓可信区间是指在显著水平 α 下,存在一个正数 δ,使得被预测变量的真实值 y 以 $1 - \alpha$ 的概率落在区间 $(y - \delta, y + \delta)$ 内。

第五,进行实际预测。

（一）一元线性回归预测

一元线性回归预测模型的数学表达式是一元线性方程。其特点是,市场需求值 Y 与影响因素 X 之间呈线性相关关系。预测公式为

$$Y = a + bX$$

其中: a, b 为回归系数;

　　X 为自变量;

　　Y 为因变量。

回归系数 a, b 可根据 X, Y 的历史数据来确定,为减小预测值与实际值的误差,通常采用最小二乘法,其公式为

$$b = \frac{\sum_{i=1}^{n} X_i Y_i - n \bar{X} \bar{Y}}{\sum_{i=1}^{n} X_i^2 - n \bar{X}^2}$$

$$a = \bar{Y} - b \bar{X}$$

（二）多元线性回归预测

在复杂多变的动态经济环境中,多种因素共同对需求产生影响,需要运用多元线性回归预测的方法,进行多因素分析。多元线性回归是一元线性回归理论的推广,其基本公式为

$$Y = a + b_1 X_1 + b_2 X_2 + \cdots + b_n X_n$$

其中: $a, b_1, b_2, \cdots, b_n$ 为回归系数;

　　$X_1, X_2, \cdots, X_n$ 为自变量;

　　Y 为因变量。

（三）非线性回归预测

在现实经济环境中,各因素对产品需求量或销售量的影响,不一定呈线性关系,有时需要采取非线性回归预测方法。

常用的非线性回归预测方法有：

指数模型　　　　　　　　　$Y = ab^X$

幂函数模型　　　　　　　　$Y = aX^b$

对数模型　　　　　　　　　$Y = a + \ln X$

倒数模型　　　　　　　　　$Y = a + \dfrac{b}{X}$

（四）灰色预测法

灰色预测法是一种对含有不确定因素的系统进行预测的方法。灰色系统是介于白色系统和黑色系统之间的一种过渡系统。白色系统是指一个系统的内部特征是完全已知的，系统的信息是完全充分的。黑色系统是指对一个系统的内部信息一无所知，只能通过其与外界的联系来加以观测研究。灰色系统是指对一个系统内部的一部分信息是了解的，而另一部分信息是未知的，即是指含有已知信息和含有未知信息的或非确定信息的系统。预测是根据已有的现实及过去的信息，建立一个从过去引申到未来的模型。尽管过去的数据所显现的是一些随机的、杂乱无章的，但毕竟是有序的、是有整体功能的，因而对变化的过程可作科学预测。在灰色理论中，用来发掘这些规律的适当方式是数据的生成，将杂乱的原始数据整理成规律性较强的生成数列，再通过一系列运算，就可以建立灰色理论中一阶单变量微分方程的模型——GM(1,1)模型，即是利用连续的灰色微分模型，对系统的发展变化进行全面的观察分析，并作出长期预测。灰色预测的特点是对实验观测数据及其分布没有特殊要求和限制，是一种十分简便的新理论，具有十分宽广的应用领域。

在建立灰色预测模型之前，需要先对原始时间序列进行数据处理，经过数据处理后的时间序列即称为生成列。灰色系统常用的数据处理方式有累加和累减两种。具体操作分为三个步骤。

1. 确定关联度

（1）关联系数。

设 $\hat{X}^{(0)}(k) = \{\hat{X}^{(0)}(1), \hat{X}^{(0)}(2), \cdots, \hat{X}^{(0)}(n)\}$，$X^{(0)}(k) = \{X^0(1), X^{(0)}(2), \cdots, X^{(0)}(n)\}$

则关联系数定义为

$$\eta(k) = \frac{\min \min | \hat{X}^{(0)}(k) - X^{(0)}(k) | + \rho\max \max | \hat{X}^{(0)}(k) - X^{(0)}(k) |}{| \hat{X}^{(0)}(k) - X^{(0)}(k) | + \rho\max \max | \hat{X}^{(0)}(k) - X^{(0)}(k) |}$$

式中：① $| \hat{X}^{(0)}(k) - X^{(0)}(k) |$ 为第 k 个点 $X^{(0)}$ 与 $\hat{X}^{(0)}$ 的绝对误差；

② $\min \min | \hat{X}^{(0)}(k) - X^{(0)}(k) |$ 为两级最小差;

③ $\max \max | \hat{X}^{(0)}(k) - X^{(0)}(k) |$ 为两级最大差;

④ p 称为分辨率, $0 < p < 1$, 一般取 $p = 0.5$;

⑤ 对单位不一,初值不同的序列,在计算相关系数前应首先进行初始化,即将该序列所有数据分别除以第一个数据。

（2）关联度。

$$r = \frac{1}{n} \sum_{k=1}^{n} \eta(k) \text{ 称为 } X^0(k) \text{ 与 } \hat{X}^{(0)}(k) \text{ 的关联度。}$$

2. 建立 GM(1,1)模型

（1）设时间序列 $X^{(0)}$ 有 n 个观察值, $X^{(0)} = \{ X^{(0)}(1), X^{(0)}(2), \cdots, X^{(0)}(n) \}$, 通过累加生成新序列 $X^{(1)} = \{ X^{(1)}(1), X^{(1)}(2), \cdots, X^{(1)}(n) \}$, 则 GM(1,1)模型相应的微分方程为

$$\frac{dX^{(1)}}{dt} + aX^{(1)} = \mu$$

其中: a 称为发展灰数;

μ 称为内生控制灰数。

（2）设 $\hat{\alpha}$ 为待估参数向量, $\hat{\alpha} = \left(\begin{array}{c} a \\ \mu \end{array} \right)$, 可利用最小二乘法求解。解得

$$\hat{\alpha} = (B^T B)^{-1} B^T Y_n$$

求解微分方程,即可得预测模型

$$\hat{X}^{(1)}(k+1) = \left[X^{(0)}(1) - \frac{\mu}{a} \right] e^{-ak} + \frac{\mu}{a}, k = 0,1,2,\cdots,n$$

（3）模型检验。灰色预测检验一般有残差检验、关联度检验和后验差检验。

3. 建立 GM(n,h)模型

（1）残差模型:若用原始经济时间序列 $X^{(0)}$ 建立的 GM(1,1)模型检验不合格或精度不理想时,要对建立的 GM(1,1)模型进行残差修正或提高模型的预测精度。修正的方法是建立 GM(1,1)的残差模型。

（2）GM(n,h)模型是微分方程模型,可用于对描述对象作长期、连续、动态的反映。从原则上讲,某一灰色系统无论内部机制如何,只要能将该系统原始表征量表示为时间序列 $\{ X^{(0)}(t) \}$, 并有 $\{ X^{(0)}(t) \}$, $t \in \mathbf{N}, X^{(0)}(t) \geqslant 0$, ($\mathbf{N}$ 表示自然数集),即可用 GM 模型对系统进行描述。

[本章讨论题]
1. 常用的定性预测方法有哪些?
2. 常用的定量预测方法有哪些?
3. 体育市场营销调研的常用方法有哪些?

[案例一]

德尔菲预测法预测新产品市场销售量

一、相关背景与数据

某体育用品公司新研制一种产品,由于目前市场上还没有相似的产品出现,因此该公司没有历史数据可以获得。该公司对目前市场上可能的销售量要做出预测,以决定新产品的产量。该公司成立专家小组,聘请市场专家、业务经理和销售人员等8位专家,预测全年的销售量(万元)。8位专家提出个人判断,并经过修正预测值得到结果如表5-6所示。

表5-6　专家意见汇总表

专家编号	第一轮预测			第二轮预测			第三轮预测		
	最低销售量	最可能销售量	最高销售量	最低销售量	最可能销售量	最高销售量	最低销售量	最可能销售量	最高销售量
1	200	800	950	650	790	960	590	790	960
2	250	500	650	350	540	690	460	560	700
3	450	650	850	550	740	860	550	750	1 310
4	800	950	1 550	650	800	1 560	550	660	660
5	150	250	400	270	460	560	360	650	800
6	350	550	800	360	560	790	360	560	660
7	300	350	450	300	460	560	460	460	670
8	310	350	550	360	450	860	400	580	810
平均数	351	550	775	436	600	855	466	626	821

二、分析过程和预测结果

(1) 为了保证预测结果的准确性,需要进行三轮预测,分别求出不同期望销售量。

　　第一轮预测的平均值分别为最低销售量 351 万元,最可能销售量 550 万元和最高销售量 775 万元。

　　第二轮预测结果为最低销售量 436 万元,最可能销售量 600 万元和最高销售量 825 万元。

　　第三轮预测结果为最低销售量 466 万元,最可能销售量 626 万元和最高销售量 821 万元。

　　由于最终一次预测是综合前几次的反馈作出的,因此在预测一般是以最后一次判断为主,若按照 8 位专家第三轮判断的平均值计算,则预测这个新产品的评价销售量为 637 万元:$(466+626+821)/3=637$(万元)。

　　(2)为使预测结果更为科学合理,将最低销售量、最可能的销售量和最高销售量分别按 0.4,0.3 和 0.2 的概率加权平均,求出预测平均销售量为 527 万元:$466\times0.4+626\times0.3+821\times0.2=186+187+164=537$(万元)。

　　(3)如果数据分布的偏态较大,一般使用中位数,以免受个别偏大或偏小的判断值的影响;如果数据分布的偏态比较小,一般使用平均数,以便考虑到每个判断值的影响。

　　中位数预测:用中位数计算,可以将第三轮判断按照预测值由低至高进行排序(相同的数值取一个)如表 5-7 所示。

表 5-7　不同期望值与第三轮预测销售量

不同期望值	第三轮预测销售量由低至高排序						
最低销售量	360	400	460	550	590		
最可能销售量	460	560	580	650	660	750	790
最高销售量	660	670	700	800	810	960	1 310

中间项的计算公式为　　$(N+1)/2$(N=项数)

　　最低销售量的中位数为第三项的数字,即 460。

　　最可能销售量的中位数为第四项的数字,即 650。

　　最高销售量的中位数为第四项的数字,即 800。

　　将最低销售量、最可能的销售量和最高销售量分别按照 0.5,0.3 和 0.2 的概率加权平均,则预测平均销售量为 585 万元:$460\times0.5+650\times0.3+800\times0.2=230+195+160=585$(万元)。

[案例二]

体育成绩预测

　　成绩预测是竞技体育发展战略研究的重要内容之一,通过科学的成绩预测,可以更好地指导教练员训练,并制定科学的训练计划。灰色预测的特点是对试验观测的数据及其分布没有特殊的要求和限制,是一种十分简便的新理论,具有十分宽广的应用领域。现以 2006、2007、2008 年和 2009 年四届击剑大赛成绩为依据进行分析,金牌为 4 分,银牌为 2 分,铜牌为 1 分进行转换,合并计入总分(表 5-8)。

表5-8　近四届击剑大赛奖牌及相应得分情况

大 赛 名 称	金牌(分)	银牌(分)	铜牌(分)	总计(分)
2006 年世锦赛	2(8)	0(0)	1(1)	3(9)
2007 年世锦赛	0(0)	2(4)	1(1)	3(5)
2008 年奥运会	1(4)	1(2)	0(0)	2(6)
2009 年世锦赛	0(0)	1(2)	1(1)	2(3)
总计(分)	3(12)	4(8)	3(3)	10(23)

　　由于奖牌及奖牌得分属于时间序列数据,其间隔时间固定,原始数据序列较少,其分布难以看出规律,因此采用累加生成则可以建立 GM(1,1)模型并预测表 5-9。

表5-9　GM 模型

奖牌/总分	变量	1(2006 年)	2(2007 年)	3(2008 年)	4(2009 年)
奖牌总数	$x^{(0)}(k)$	3	3	2	2
	$x^{(1)}(k)$	3	6	8	10
奖牌总分	$x^{(0)}(k)$	9	5	6	3
	$x^{(1)}(k)$	9	14	20	23
金牌数	$x^{(0)}(k)$	2	0	1	0
	$x^{(1)}(k)$	2	2	3	3
银牌数	$x^{(0)}(k)$	0	2	1	1
	$x^{(1)}(k)$	0	2	3	4
铜牌数	$x^{(0)}(k)$	1	1	0	1
	$x^{(1)}(k)$	1	2	2	3

注:$x^{(0)}(k)$代表奖牌数和总分,$x^{(1)}(k)$为数列 $x^{(0)}(k)$ 累加生成值,$\tilde{x}^{(1)}(k)$为建模后计算值。

计算以奖牌的总数为例。

GM(1,1)建模序列 $x^{(0)}$

$$x^{(0)} = (x^{(0)}(1), x^{(0)}(2), \cdots, x^{(0)}(4)) = (3, 3, 2, 2)$$

$x^{(0)}$ 的 AGO 序列 $x^{(1)}$

$$x^{(1)}(k) = \sum_{m=1}^{k} x^{(0)}(m)$$
$$= (x^{(1)}(1), x^{(1)}(2), x^{(1)}(3), x^{(1)}(4))$$
$$= (3, 6, 8, 10)$$

$x^{(1)}$ 的均值序列 $z^{(1)}$

$$z^{(1)}(k) = 0.5(x^{(1)}(k) + x^{(1)}(k-1))$$
$$z^{(1)}(2) = 0.5(x^{(1)}(2) + x^{(1)}(1)) = 4.5$$
$$z^{(1)}(3) = 0.5(x^{(1)}(3) + x^{(1)}(2)) = 7$$
$$z^{(1)}(4) = 0.5(x^{(1)}(4) + x^{(1)}(3)) = 9$$

接下去求中间参数

$$C = \sum_{k=2}^{n} z^{(1)}(k)$$
$$= 4.5 + 7 + 9$$
$$= 20.5$$

$$D = \sum_{k=2}^{n} x^{(0)}(k) = x^{(1)}(4) - x^{(1)}(1) = 10 - 3 = 7$$

$$E = \sum_{k=2}^{n} z^{(1)}(k)x^{(0)}(k) = 4.5 \times 3 + 7 \times 2 + 9 \times 2 = 45.5$$

$$F = \sum_{k=2}^{n} (z^{(1)}(k))^2 = 4.5^2 + 7^2 + 9^2 = 150.25$$

接下去计算 GM(1,1)参数 a, b

$$a = \Delta a/\Delta, b = \Delta b/\Delta$$
$$\Delta a = CD - (n-1)E = 143.5 - 137.5 = 6$$
$$\Delta = (n-1)F - C^2 = 450.75 - 420.25 = 30.5$$

$$\Delta b = DF - CE = 1\,051.\,75 - 932.\,75 = 119$$
$$a = \Delta a/\Delta = 0.\,196\,721\,31$$
$$b = \Delta b/\Delta = 3.\,901\,639\,34$$
$$b/a = 19.\,833\,333\,5$$

因为 GM(1,1) 的白色响应式为

$$\bar{x}^{(1)}(k+1) = (x^{(0)}(1) - b/a)e^{-ak} + b/a$$
$$= (-16.\,833\,3)e^{-0.\,196\,7k} + 19.\,833\,3$$
$$\bar{x}^{(0)}(k+1) = \bar{x}^{(1)}(k+1) - \bar{x}^{(1)}(k)$$

则求得

$$\bar{x}^{(1)}(1) = x^{(0)}(1) = 3$$
$$\bar{x}^{(1)}(2) = -13.\,800\,6 + 19.\,833\,3 = 5.\,977\,3$$
$$\bar{x}^{(1)}(3) = 8.\,474\,9$$
$$\bar{x}^{(1)}(4) = 10.\,503\,1$$
$$\bar{x}^{(1)}(5) = 12.\,169\,1$$

则
$$\bar{x}^{(0)}(2) = 2.\,977\,3$$
$$\bar{x}^{(0)}(3) = 2.\,497\,6$$
$$\bar{x}^{(0)}(4) = 2.\,028\,2$$
$$\bar{x}^{(0)}(5) = 1.\,666\,0$$

残差检验(表 5 - 10)

$$\varepsilon(k) = (x^{(0)}(k) - \bar{x}^{(0)}(k)/x^{(0)}(k))\%$$

则 $\varepsilon(2) = 0.\,756\,7\%$, $\varepsilon(3) = -24.\,88\%$, $\varepsilon(4) = -1.\,41\%$

平均残差

$$\varepsilon(avg) = \frac{1}{n-1}\sum_{k=2}^{n} \mid \varepsilon(k) \mid 100\%, \, n = 4$$

计算得

$$\varepsilon(avg) = 9.\,011\,5\%$$

则平均精度

$$\rho^0 = 90.984\,5\% \Rightarrow 0.80 < = P < 0.95\,(合格)$$

表 5-10　精度检验等级参照

模型精度等级	小误差概率 P
1 级(好)	$0.95 \leqslant P$
2 级(合格)	$0.80 \leqslant P < 0.95$
3 级(勉强)	$0.70 \leqslant P < 0.80$
4 级(不合格)	$P < 0.70$

在数据相对较少,大量不确定因素存在的情况下,预测的结果相对来说还是合理的,预测奖牌累积总数为 12.169 1,即伦敦奥运会为 2—3 块。用同样的方法得出其他的结果如表 5-11 所示。

表 5-11　预测结果

奖牌、总分	变量	1 (2006 年)	2 (2007 年)	3 (2008 年)	4 (2009 年)	5 (2012 年)	平均残差(%)	平均精度
奖牌总数	$\bar{x}^{(1)}(k)$	3	5.977 1	8.474 9	10.503 1	12.169 1		
	$\bar{x}^{(0)}(k)$		2.977 1	2.497 6	2.028 2	1.666 0		
	$\varepsilon(k)$		0.756 7	-24.88	-1.41		9.011 5	0.909 8
奖牌总分	$\bar{x}^{(1)}(k)$		15.324 3	19.626 0	22.551 9	24.542 0		
	$\bar{x}^{(0)}(k)$		6.324 3	4.301 7	2.925 9	1.990 1		
	$\varepsilon(k)$		-26.486	28.305	2.47		19.087	0.809 1

由于金牌、银牌和铜牌的数值大小,采用回归等别的方法计算会误差较大,因此比较下来灰色预测的偏差是最小的,所以,本文预测出的较为合理的结果为奖牌总数(2—3 块)和奖牌总分(2—6.68 分)。

(资料来源:吴恒,《2012 年伦敦奥运会我国击剑项目成绩预测及对策分析》,上海体育学院,2010)

第六章
体育市场营销策划

内容提要

- 体育市场营销过程
- 体育市场营销计划与定位
- 体育市场营销策略选择
- 体育市场营销组织
- 体育市场营销活动管理
- 体育市场营销控制

第一节　体育市场营销过程

体育企业是经济社会中一种独立的经济实体,同其他行业的企业一样,需要用一定量的经济投入换取一定量的经济报酬,如果经济报酬大于经济投入,企业就能够生存和发展,如果经济报酬小于经济投入,企业就无法生存,就会破产。在市场经济中,企业的报酬来自商品或服务的销售收入,而销售收入的获得以及销售收入的多少,取决于企业的商品是否为市场需要,每种商品能卖多少价格,则取决于市场。

在市场上,企业在面对产品供过于求的情况下,每一个企业希望既能把企业的产品推销出去,又能卖一个好价钱。但问题是,一个最好的商品不仅需要质优价廉,还必须最能满足消费者的需求。商品能够满足消费者需求的功效越大,它的市场竞争力也就越强,所以任何企业都面临着需求的问题。

在市场上,除了生产同类产品的企业之间存在激烈竞争的问题外,还有很多其他综合因素影响企业能否把自己的商品推销出去。这些影响因素从宏观上看来自政治、社会、经济、文化的各个方面,从微观上看则来自市场需求的转换、供求关系的调整、商品价格的相互影响,以及企业本身的经营能力。这些宏观的或微观的影响因素都通过市场传导给企业。为此,体育企业在整个商品或服务的销售过程中就必须开展诸如市场调研、产品开发、促销、策划、售后服务等一系列市场营销活动,我们把对体育市场营销机会的分析,研究和选择目标市场,设计营销方案,制定计划方案、实施、控制营销工作,来实现体育企业的目标和满足消费者需要的过程,称之为体育市场营销过程。

体育市场营销过程所有的步骤都遵循一定的秩序,并且是系统的,有组织的。

一、分析营销机会

体育市场的营销过程,是在研究体育企业的外部环境和企业的内部条件的基础上,综合分析和把握信息来源,根据目标消费者的需求及其变化趋势,针对现实的竞争者经营战略和潜在的竞争因素,作出的对体育产品开发和打入目标市场的管理过程。

体育市场营销过程的第一个环节是分析市场的各种变化,从中寻找自己的营销机会。发现、分析及评价市场机会,是企业营销管理人员的主要任务,也是企业营销管理过程的首要步骤。所谓市场机会,就是市场上存在的尚未满足的需求,或未能很好地满足的需求。

市场机会很多,但并不是每个市场机会都能够对体育企业有利,都能被企业识别出来。体育企业只有认真分析自己的资源特点和市场上尚未满足的需求后,才会把环境变化提供的机会变成企业自己的机会。一个有作为的体育企业不仅应善于抓住那些显性的市场机会,即明显表现出来的尚待满足的需求,还要争取抓住那些潜在的市场机会,即隐藏在现有的某种需求后面的未被满足的需求;体育企业不仅要识别属于自己领域内的行业市场机会,还要寻求出现在不同领域的交叉点、结合部的边缘市场机会;当存在市场机会时,体育企业还要深入研究,把握市场机会的范围,注意区别目前市场机会与未来市场机会的界限,并善于把未来市场机会早日变为目前市场机会。

市场机会很重要,但并非每个体育企业都能及时地识别它。那么,一个聪明的营销人员如何有效地寻求市场机会呢? 一般有以下三种方法。

(一) 通过市场细分寻求市场机会

细分市场不仅是企业选择目标市场的常用方法,同样也是找寻市场机会的重要工具。采用细分市场的方法,可以在那些市场需求大、进入的企业少、满足程度较低的市场上,发现大量的市场机会。

(二) 通过产品/市场发展矩阵图来寻找市场机会

体育企业营销管理人员通过分析产品/市场发展矩阵图,可以选择"市场渗透"方式在现有市场上扩大现有产品的销售;或选择"市场开发"方式,即到新的市场领域中销售现有产品;或选择"产品开发"方式,发展新产品以扩大在现有市场上的销售量;还可以选择"多角化经营"方式在市场上经营多种多样的业务。实践证明,这是企业有效寻求市场机会的好方式。

(三) 通过大范围搜集意见和建议的方式寻求市场机会

体育企业的营销管理人员可以广泛地向企业内部各部门、企业外部的中间商、消费者、专业咨询机构、科研部门、政府机构和新闻媒体等了解和征询意见及建议,通过认真归纳分析后,从中识别出市场上尚未满足的需要和新的市场机会。所以,企业的营销管理人员要善于从各个方面捕捉对己有用的市场信息。

从理论上说,市场机会对所有企业似乎是平等的,但在实践中由于每个企业的资源优势不同,对同一市场机会的重视和利用程度不一样。因此,企业寻求到市场机会后,还要认真对其加以评价,站在本企业的角度确定市场机会的性质和质量。

二、研究和选择目标市场

通过分析体育市场机会,可以掌握总体生产需求。但是,就同一种体育商品而言,不同的人群中会有不同的市场需求特征,单一的产品是无法满足所有人的需求的。因此,体育营销人员还必须研究不同人群的需求特征,从中确定自己的销售目标人群,从而使自己的产品特征与某一目标市场人群的需求特征相适应。根据共同的需要给消费者分组是指市场细分(market segmentation),体育市场经营者经常根据下面特点中的一个或组合来细分市场。

(1) 年龄、性别、婚姻状况、职业、教育和人种背景的人口设计。

(2) 地理位置,即人们生活的地方。

(3) 人口地理,即人口统计学定义人们生活在某个地域。

(4) 利益(消费者在产品和服务中渴望的需求满足)。

(5) 消费和使用类型等具体行动。

(6) 性格和生活方式等心理方面因素。

人口是细分体育消费者最为普遍的方法,因为容易获得人口设计的数据。通过这些人口信息,体育组织能够选择到所渴望的目标市场及体育赛事运动。

把总体生产区分为若干不同需求特征人群的过程叫市场细分,在所有细分市场中选定若干人群作为企业营销目标的做法叫确定目标市场。

为选择成功的市场细分,体育市场经营者要牢记目标市场必须满足以下要求。

(1) 大小适当的消费者人数。

(2) 市场的特点易于确认的可获得的信息,例如性别或地理区域。

(3) 可达到的与消费者交流的方法。

(4) 示范行为的变化(在市场范围内的消费者必须分享共同的需要,而在目标市场之外的消费者可有不同的行为)。

三、设计营销方案

在确定目标市场之后,营销人员就要为进入这一市场设计营销方案,体育经营企业的营销方案主要包括以下三点。

(一) 进行市场定位

所谓市场定位就是在这一市场的所有竞争者对手中间确定本企业的独特地位,树立企业的特殊形象。

(二) 产品定位

产品定位(positioning)是指在目标市场心目中确定体育产品的特色,换句话说,目标市场是如何感知你的产品或服务的? 市场营销过程必须了解消费者的消费定位。

（三）营销费用、营销组合和营销资源的分配

营销费用的高低与营销目标相适应,还要参考竞争对手的费用投入额。营销组合就是综合地、动态地把各种营销策略有机地配合运用,在营销方案中,应使各种营销策略具体化。在营销方案中还应明确企业的人、财、物配置,包括一个营销行动的组织结构和领导体系。

四、组织、执行和控制

一项好的市场营销必须转化为行动,否则就毫无意义。因此在策划好营销方案之后应该具体地组织实施,并对实施过程进行有效的控制,从而最终实现目标。

（一）组织

组织是执行相关营销的第一个功能活动。在营销意义上,组织是任务的安排、将任务分组落实到基本的组织单位,并将资源配置到基本的组织单位去。在执行上主要思考的问题之一是应如何构建体育组织,以便更好地执行战略性营销过程。

一个传统的组织机构是功能组织,通过专门部门来执行营销活动,如广告、市场研究、新产品开发等。其他体育组织发现更有效的方式是通过产品类型、消费者类型、地理区域或使用将所有的特点结合起来的混合组织进行组织。

像前面所讨论的那样,体育组织是在特别混乱的,以频繁和不可预见的变化为特点的环境中营运。例如,职业体育组织在管理部门和比赛现场经历巨大转向的事是常见的,提供灵活性的组织机构能够增强组织的效率。

（二）执行

整个组织对营销方案的修改和调整从而获得理想结果的过程被称作控制阶段。在体育营销过程时,组织必须尝试了解计划是否取得了预期的结果。如果计划符合或超过了预想的市场目标,就不必修改。

可是当目标没有达到时,企业就要对营销方案做出其他类型的调整。一般来说,营销过程应该有有效的领导,营销组织通常有企业最高领导层的副职领导,负责协调全体营销人员的工作,对各类营销人员进行选择、培训、指导、激励和评价。

（三）控制

市场营销控制则主要指年度计划控制、盈利能力控制,战略控制。

所谓年度计划控制是指在保证体育企业在年度计划中所制订的销售、盈利

和其他目标的实现。

盈利能力控制是对产品、顾客群、销售渠道和订货量大小的实际盈利率进行测量。

战略控制是对评估体育企业的营销战略是否还适合市场条件。只有对营销努力进行有效的控制,营销策略才会确切地得到实施,营销目标才会最大限度地得到实现。

在体育营销过程中的控制阶段,销售分析通常是以检测与预期销售相关的已设定的目标为基础。通过简单分析技术的应用,销售额能用许多方式评价出来。例如,销售能以销售单位数量为基础。销售也能以销售金额来评估。此外,销售能根据与行业中竞争对手的关系,或是市场份额来测量。市场份额是一个组织的总销售在一个特定市场中所占的比例。

第二节　体育市场营销计划与定位

体育营销计划是体育营销工作的重要内容。体育营销计划是体育经营单位在一定时期内从事营销活动预期达到的目标以及达到目标的方法、步骤和措施,是体育经营单位营销战略的落实和体现,是其预定进行的营销活动的书面表达。从时间上说,它是以年度计划为主,同时它还包括中长期计划、年度计划、季度计划、月度计划等,形成的一种计划体系。从包括的范围来说,它是有多种计划构成的计划体系,每种计划又有各自的内容。

一、制订体育营销计划应考虑的因素

(一) 体育营销计划的前提

体育营销计划的两个基本前提是营销现状和营销目标。营销现状是指企业所处的营销环境,它是企业进行营销计划的依据和基础;营销目标是指企业希望达到的经营目标,它是营销的目的和结果。企业的营销计划从某种意义上说就是寻找一种方法,使企业完成由营销现状和营销目标之间的过渡,或者说是消除营销现状与营销目标之间的一切差距。在一般情况下,每个营销现状与营销目标之间的距离越大,达到营销目标的难度越大,从而使营销计划所花费的时间、费用、精力也越大。

(二) 营销计划的结构

一项营销计划一般涉及两个组成部分,即现有的营销环境分析和营销策略

的设计。营销环境的分析是为设定企业营销策略所做的基础分析,只有对营销计划进行准确而深入的分析后,企业才有可能了解其营销现状的机遇和挑战,了解为什么采取某项营销策略来实现营销目标。营销策略是营销计划中的主体,也是一项营销计划所应提供的营销方案中主要部分,它包括商品或服务从创意、制造、分销到售后服务的各个环节,也涉及营销活动的产品策略、定价策略、分销策略和促销策略。营销计划中的这两部分是相辅相成,缺一不可。

（三）营销计划的时间

每项营销计划除了要投入人力、物力和财力之外,还要耗用一定的时间。营销计划所用的时间没有一定的标准,应视计划的本身的需要、条件以及复杂程序而定。但是,一项计划的时间耗用过长,企业的营销环境就可能发生很大的变化,计划的前提就可能随之而改变,同时,计划时间过长,也使营销活动无法按期实施。如果营销计划的时间过短,就不能保证计划的质量,特别是计划人员对企业营销现状的把握和营销环境数据收集肯定需要时间,没有对这些经常材料的充分理解,是不会有好的营销计划的。

（四）营销计划的资料

一项营销计划取得成功,其前提条件是计划人员是否能取得充分而正确的资料,这些资料一般包括:市场供求状况;市场竞争状况;相关政策法规;顾客需求特征;其他。

这些数据可以通过现有的统计报告及公开的传媒物来获得,也可以组织专门的调查直接收集。在一般情况下,历史资料和较宏观的市场信息—间接资料为主,而市场现状和顾客需求资料需通过直接调查获得。

营销计划的数据资料也不是越多越好,而是要根据计划的需要加以确定。数据太多,一是造成高额收集成本,二是信息的互相干扰,反而影响计划人员进行正确的判断。

（五）营销计划的承担者

一项营销计划由谁来承担是一个重要问题,在一般情况下有三种选择:一是由体育企业自己的营销人员进行策划;二是委托专业的营销策划公司担任策划;三是聘请营销顾问与企业的营销部门一起进行策划。具体采取哪一种方法应视计划的性质、大小以及体育企业自身的策划能力而定。一般而言,属于程序性的策划、局部的策划和企业自身以内供销部门完全有能力担任的策划可以由企业人员自己担任。而综合性策划项目,大型策划项目和企业自己缺少策划能力的营销项目可以委托专业策划公司或聘请营销专家进行策划。

（六）营销计划方案

一项营销计划有时仅提供一套方案,有时须提供两至三套方案。到底应提供几套方案,没有明确的规定。一套方案的优点是比较确定,不需要再进行选择,策划成本也低。但如果在实施时环境发生变化,营销的应变性和修正性就比较差。多项选择正好相反,它们可以提供企业在不确定的环境条件下时进行选择,但策划成本较高,对不同方案的决策同样又成为新的问题。

总之,一项营销计划应提供单一方案还是多项方案,首先要看决策的前提条件是否确定,看市场变化趋势的方向是否明确;其次看营销项目的大小,如综合性赛事策划,方案可以多一些,单一性的赛事的方案可以少一些;此外可供策划的经费不足则只能提供单一方案。

（七）营销计划报告

体育营销计划的表现形式一般为一份营销计划书或计划报告。大的营销计划可以分成总报告、分报告和附件。总报告主要对该项计划的总体环境和总体目标进行设计,有时在报告中还包括设定营销活动的总体原则及步骤。在分报告中,主要就一些重要的分类营销策略作出具体设计。附件是指与营销计划有关的调研记录、规章及其他必需的资料。小型策划项目则可以把总报告和分报告合在一起。由于现代文字储备技术的发展,营销计划报告可以使用书面形式,也可以采用电脑光盘的形式。当然,越来越多的计划报告既提供书面报告,又制作成光盘。

二、体育市场营销计划

（一）体育产品营销计划

体育产品营销计划是新型市场营销计划的有机组成部分及核心计划,主要包括以下八种计划。

（1）体育产品销售计划。这是以生产有形产品为主要对象,包括主产品、副产品、多种经营产品、劳务等,并有数量、金额等方面的计划。

（2）新产品上市计划。新产品试制后投入市场试销,以保证新产品按时上市,实现新老交替。

（3）老产品更新换代和老产品淘汰计划。

（4）产品结构调整及产品最佳组合计划。

（5）产品市场寿命周期分析及其不同阶段的策略计划。

（6）产品管理及重点产品管理计划;出口产品销售计划。

（7）产品商标及包装计划。

（二）体育市场信息、调研、预测计划

1. 市场信息计划

市场信息计划包括：市场信息收集、处理、存贮、传输计划；企业市场营销信息系统建立规划；市场信息网络及与外部信息联系计划。

2. 市场调研计划

市场信息调研计划包括：用户调研、产品调研、竞争对手调研、销售渠道调研、技术服务调研及未来领域分析研究等方面计划。

3. 市场预测计划

市场预测计划包括：市场预测内容、市场预测方法以及监控系统计划等。

（三）体育市场开拓计划

1. 市场开拓计划

市场开拓计划主要包括：体育产品的国内市场开拓计划；港澳等地区市场开拓计划；国际市场开拓计划和边境贸易拓展计划；进出口贸易计划等。

2. 市场开拓计划的主要目标

市场开拓计划的主要目标有：目标市场开拓、建立与巩固数；市场覆盖率；市场占有率；创汇率；出口产品增长率等。

（四）体育促销计划

1. 人员促销计划

人员促销计划包括：推销人员选拔、培训计划；推销人员分派计划；推销人员考核、奖惩计划；推销人员营业促进计划。

2. 广告宣传计划

广告宣传计划包括：广告媒体选择计划；广告预算计划；产品样本、目录等设计、制作、分发、反馈计划。

3. 营业推广计划

营业推广计划包括：营业推广总体计划及单项计划。

4. 公共关系计划

公共关系计划包括：公共关系目标、对象、活动方式及发展方面的计划。

5. 促销策略组合计划

促销计划涉及的指标主要有：发展新用户，巩固老用户；广告收益率、广告宣传费控制数；展销、展览收益率；产品知名率及产品形象，企业知名度及企业声誉。

（五）体育销售渠道计划

1. 中间商建立计划

中间商建立计划包括：批发商、零售商的建立与发展、巩固计划。

2. 销售网络建立与发展计划

销售网络建立与发展计划包括进入贸易中心或商业中心等计划。

3. 销售渠道完善计划

销售渠道完善计划包括：仓库、运输、银行、保险、广告、商检、咨询等机构建立起来的横向经济联系的计划等。

4. 经济联系计划

建立或参加企业集团、企业群体、科技生产联合体以及发展横向经济联系计划等。

销售渠道计划涉及的指标除了包括与促销相关的指标如市场占有率外，还有销售渠道建立数、巩固数、效益指标等。

另外，体育企业销售计划还包括技术服务计划、销售费用预算计划、综合营销计划等。这些计划共同构成体育企业营销计划体系。

三、体育市场营销定位

（一）品牌定位

体育品牌定位是消费者对体育品牌认知、品牌形象、品牌资产和品牌忠诚策略的概括。品牌定位的目的是在消费者心目中树立一个个性化的品牌品质。

（二）市场定位

市场定位是指体育企业根据市场竞争状况和自身资源条件，建立和发展差异化竞争优势，以使自己的产品在消费者中形成区别并优于竞争者产品的独特形象，这种独特形象可以是有形的也可以是无形的。企业在分析了市场环境后，就应该突出自身的市场优势，确立市场地位，即企业需要了解在某一细分市场上，消费者心目中所期望的最好的体育产品是什么，竞争对手所能提供同类产品的能力如何，假如消费者的期望尚未被满足，企业应考虑采取何种措施给予满足等。

（三）市场供给定位

体育市场供给是指体育产品、项目、服务对消费者价值观、知识、态度、信仰、实践历程和心理需求的影响。提供市场所需要的产品、项目和服务是一个市场项目成功的基本条件。因此，对产品、项目和服务的准确定位也就成为推广市场项目的一个基本要求。

体育产品的定位需要通过品牌、设计和质量这三个最主要的特色体现出来，同时还要在表现力、有效性、产品生命周期的使用方便性上下功夫。在一个成熟的体育市场中，产品的分类方法不仅包括产品类型、产品级别、核心产品和延伸产品的分类,而且还包括产品家族、产品线、品牌产品和产品整合的分类。

（四）价格定位

价格定位是对价格内容、折扣政策、升降价措施、促销刺激、价格弹性与惰性,以及对需求刺激等因素的界定。价格定位对于培养消费者的忠诚度与消费者建立长期固定的服务关系有着重大意义。因此,所有的价格策略都应有利于与客户保持不断的交流,有利于继续向消费者提供更新的产品等。

在实践中,价格定位可以通过价格差异、新产品价格、时间价格、基本消费者群价格、心理价格、产品整合价格、价格调整和价格折扣等多种方法体现出来的。其中价格差异策略是指对同样产品、不同顾客所制定的不同价格。新产品价格策略是指采用低价位对市场进行先低后高的渗透或采取高价位对市场进行先高后低的牵拉。时间价格是根据赛季或非赛季制定时间差价格,通常是时间越接近,价格越高昂。基本消费群众价格在于最大限度地争取到学生等基本群众。心理价格是根据人们从众、阶层认可、数字运气、抢占先机、名人效应等心理状态,在名望、专坐、包厢、参考价格、奇偶数和亲和公关上下功夫。产品整合价格是根据总体优于部分总和的原则,对产品进行分拆、整合和捆绑。价格定位是找出最佳差价临界点,找出价格落差和找出价格递增规律的做法。价格折扣则是在量上和季节上对价格进行折扣和让利的方法。

（五）销售渠道定位

销售渠道是保证体育产品和服务顺利到位的通道。无论是直销(包括网络直销、到户直销、会议直销、俱乐部直销等),还是渠道推销(包括推挤策略、牵拉策略、垄断策略、多渠道联合策略等),都要有一个多层面、多纬度的定位。既不能"把所有的鸡蛋全都放在一个篮子里",最后弄得鸡飞蛋打,又不能欺行霸市,树敌太多,最后弄得一个朋友都没有。尤其在中国,除了"商业对商业""商业对客户"的典型商业模式外,体育生产中一个特别的特色是"商业对政府"模式。这个模式所呈现出的有效性和风险性恐怕不是一般的商人,尤其不是外国商人所能理解的。然而一旦熟谙此道的市场运作人打通政府渠道,他们就可以得心应手地运用项目促销、文件促销和新闻促销等促销手段,促成其在学校、部队、机关、厂矿、医院、社团等公共团体的销售。

第三节　体育市场营销策略选择

体育市场营销策略的选择不但要以市场需求为导向,以目标顾客为中心去制定营销策略,而且还要去了解竞争者。在现代激烈竞争的买方市场上,企业仅仅了解顾客是不够的,还必须了解竞争者。了解竞争者与了解顾客同样重要。企业只有做到"知彼知己,百战不殆",才能取得竞争优势。

体育市场营销策略主要有市场营销组合策略、市场竞争策略、市场发展策略。

一、市场营销组合策略——7P

市场营销组合是指体育经营单位为满足实施市场营销战略的需要,综合运用各种可能的营销策略和手段,组合成一个系统化的整体策略,以达到企业市场经营战略目标。传统的市场营销组合要素归纳起来有 4 个方面:产品(product)、价格、(price)渠道(place)、促销(promotion)。由于上述 4 个单词其开头第一个英文字母都是"P",所以又被简称为"4P"理论。

但是随着市场营销实践发展的需要,仅仅靠传统的市场营销"4P"已很难奏效,必须同时施用经济的、政治的、心理的以及公共关系手段,以取得一个地区各方面的支持和合作,从而打开大门进入市场。一般来说,体育有形产品市场营销组合与一般产品市场的营销组合相比较,体育无形产品的营销组合要素较为复杂,它体现了产品多样性的特征,如竞赛表演、技术咨询、技术培训、健身辅导等。体育的这些无形产品,其市场营销组合在"4P"的基础上,增加了人(people)、有形展示(physical evidence)、过程(process),即所谓"7P"。"7P"理论对同业无形产品的营销组合具有现实指导意义。

按照"7P"理论,在制定体育无形产品的市场营销组合时,决策者应注意如下问题。

(一) 产品策略

体育无形产品应重点考虑其劳务产品的特点、性质、水平、范围及相应的售后服务等。体育劳务产品中这些要素的组合通常变化较大,要根据企业状况和市场需求,优化产品要素组合。

导入期的市场营销策略应是:快速掠取策略,即采取高价和高促销方式推出新产品;缓慢掠取策略,即以高价格和低促销方式推出新产品;快速渗透策略,即以低价格、高促销方式推出新产品;缓慢渗透策略,即以低价格和低促销方式推出新产品。

成长期的销售策略应是:改进和完善体育产品和服务;寻找新的细分市场;加强广告宣传;适时降价。

对于成熟期的产品,企业宜采取主动出击的策略,尽量延长成熟期。为此,有以下三种市场营销策略可供选择：市场改良，即发现产品的新用途和寻找新的顾客群，以扩大产品销售；产品改良，即以产品自身的改变来满足顾客的不同需要，以扩大产品的销售量；市场营销组合改良，即通过改进营销组合的一个或几个因素来刺激销售，延长产品的市场成长期和成熟期。

衰退期的市场营销策略应是：维持策略；集中策略；收缩策略；放弃策略。

（二）价格策略

一般而言，体育服务的生产和消费是在同一时间、同一地点进行的，因此制定体育服务市场的价格不像体育用品价格那样简单。体育的服务除了自身成为产品的一部分外，还有交易场所、组织工作等，它们的成本计算都较为困难。从目前我国这类体育市场的价格行情看，基本上是成本、供需平衡关系、竞争状况、期待的利润值、总体经济环境和技术状况，以及观念、经济承受能力和赞助商的利益等因素所决定的。

价格策略是体育企业营销组合的重要因素之一，它直接地决定着企业市场份额的大小和盈利率的高低。随着营销环境的日益复杂，制定价格策略的难度越来越大，不仅要考虑成本补偿问题，还要考虑消费者接受能力和竞争状况。一般说来，企业的价格策略应包括三部分。

1. 定价目标

定价目标是指体育企业通过制定一定水平的价格，所要达到的预期目的。定价目标一般分为利润目标、销售额目标、市场占有率目标和稳定价格目标。

2. 定价策略

（1）新产品定价策略。新产品定价策略，经常采取的有以下六种：撇脂定价策略、渗透定价策略、温和定价策略、反向定价策略、需求习惯定价策略、随行就市定价策略。

（2）统一定价策略。统一定价是指企业不分市场差异，统一产品均按统一价格销售。这种策略既可用于提货制条件下的产品定价，也可用于送货制条件下的产品定价。这种定价策略有助于企业树立童叟无欺、远近一价的企业形象，也有助于企业对产品价格的管理。

（3）折让定价策略。折让定价策略就是降低产品价格，给购买者一定的价格折扣或馈赠部分产品，以争取用户，扩大销售。常见的折让定价策略有以下七种：现金折扣策略、数量折扣策略、季节性折扣策略、交易折扣策略、组合折扣策略、推广让价策略、运费让价策略。

（4）差价策略。差价策略，即企业根据不同情况，对同一商品采取不同定价策略。常见的差价策略有以下四种：地区差价策略、分级差价策略、用途差价策略、品牌差价策略。

（5）心理差价策略。心理差价策略,即根据顾客的不同心理,采取不同定价技巧的策略。常见的有以下五种:尾数定价策略、方便定价策略、如意定价策略、声望定价策略、招徕定价策略。

3. 随着市场状况的变化而相应的采取价格调整策略

体育企业定价的稳定性是相对的。根据需求和市场竞争的不断变化,需要随时进行调整,以吸引顾客,扩大销售,提高企业的经济效益。企业调整产品的价格主要有两种情况:一种是由于客观条件发生变化,企业感到需要调高或降低自己产品的价格,这是主动调整;另一种是由于竞争者调整价格,自己不得不跟着调整,是被动调整。两种调整各有不同的技巧。

（三）分销策略

分销渠道是指体育产品由生产者到达消费者所经过的途径和方式,不仅包括现场的同时生产和同时消费,如一场精彩的足球赛,生产者和消费者都在同一时间、同一地点、同一空间完成。此外,还包括采用其他媒体传播消费,如电视、报纸、广播等新闻媒体的传播。

概括起来说,在目前情况下经常介入和参加到体育产品销售体系中的组织和群体,大致包括以下六种。

体育产品制造商（包括行业和企业的工厂和企业、体育协会和组织,以及运动队和俱乐部等）。

体育产品经销商（包括各类中介机构、负责信息传递、关系接洽、市场策划和业务咨询等）。

体育产品批发商（涉及体育用品、体育彩票、运动竞赛和活动等的批发业务）。

体育市场推广机构（包括市场推广公司、市场调查公司、体育媒体制作公司、广告公司、市场代理公司等）。

体育产品零售商（包括街面店铺、运动场馆店面、专营店、百货公司销售柜台、社区和委托代理票务点、俱乐部站点等）

体育产品消费人群（包括不同年龄、不同性别、不同教育程度、不同收入、不同职业、不同文化、不同兴趣爱好、不同风俗习惯的消费者等）。

（四）促销策略

促销即促进销售,是指体育企业通过人员和非人员的方式把体育企业的产品及提供的服务信息传递给顾客,激发顾客的购买欲望、形成和促成顾客购买行为的全部活动的总称。促销活动的实质是一种沟通、激发活动。它的主要任务是将商品和服务的信息传递给顾客,以达到扩大销售、增加效益的目的。

体育产品的促销方式有人员促销、广告促销、销售促进和其他宣传形式,如新闻发布会、讲座等各种方式,以及公关等间接的沟通形式。

二、体育市场竞争营销策略

竞争性营销策略需要采取两个步骤:一是准确地分析竞争者,了解竞争者;二是制定适当的竞争策略。

（一）竞争者分析

分析和了解竞争者,是体育企业制定竞争战略和策略的基础。体育企业对竞争者的分析要明确以下五个问题:谁是自己的竞争者;他们执行什么战略和策略;他们的营销目标是什么;他们的优势和弱点何在;他们对竞争的反映模式如何。通过市场营销调研,在掌握这些信息的基础上,企业就可决定自己的对策——进攻或回避。

（二）市场竞争策略

体育企业分析了竞争者之后,还需要制定多方面的竞争性营销策略,以取得竞争优势。每一个企业都要根据自己的目标、资源和环境,以及在目标市场上的地位,来制定战略和策略,即使在同一企业中,不同的业务、不同的产品也有不同要求,不可强求一律。因此,企业应当先确定自己的目标市场上的竞争地位,然后根据定位选择适当的营销策略。

通常情况下,体育企业的竞争策略在总体上有低成本策略、密集性渗透策略和产品差异化策略。

1. 低成本策略

低成本策略是指在保证体育产品和服务质量的前提下,努力降低产品生产和销售成本,从而使本企业的产品价格低于竞争者的价格,以迅速扩大销售量提高市场占有率。

2. 密集性渗透策略

密集性渗透策略是指在采用低价格的同时作出巨大的促销努力,使体育商品和服务迅速进入市场,更好地满足一定顾客特殊需要,有效限制竞争对手的出现,从而取得局部竞争优势,为企业带来巨大的市场占有率。例如,专门以大、中、小学生为对象生产的运动装校服,由于目标及力量集中,从而实现了产品的高度差别化和低成本,获得较高的利润。

3. 产品差异化策略

产品差异化策略是指创建本企业产品的独特性,以争取在产品和服务等方面比竞争者更具有独到之处,从而形成差异优势。如美国耐克公司的"NIKE"牌运动鞋,由于其独具特色的创新之处,虽然价格高得惊人,但仍然为中国消费者所喜爱。

以上三种竞争策略,既可针对体育企业,也可以针对体育企业的某种产品或某条生产线。但是同一企业的不同产品在市场中有可能处于不同的竞争地位,可采取不同的营销策略。

4. 市场主导者策略

市场主导者是指体育企业的产品在价格变动、新产品开发、销售渠道的宽度和促销力量等方面处于主导地位和产品的市场占有率最高的体育企业。它是市场竞争的导向者,也是其他企业的挑战、效法或回避的对象。市场主导者为了维护自己的竞争优势和主导地位,必须保持高度的警惕并采取适当的策略,否则就很可能丧失主导地位而降到第二位或第三位。市场主导者为了维护自己的优势,保持自己的主导地位,通常可采取三种策略:一是扩大市场需求总量;二是保护现有市场占有率;三是提高市场占有率。总之,策略核心是守住阵地,以防守为主。

5. 市场挑战者策略

市场挑战者是指那些在市场上处于次要地位的体育企业。市场挑战者选择要向市场主导者和其他竞争者挑战,首先必须确定自己的战略目标和挑战对象,对不同的对象有不同的目标和策略。一般说来,挑战者可以攻击市场的主导者、攻击与自己实力相当者或攻击地方性小企业。战略目标决定于战略对象,如果以主导者为进攻对象,其目标可能是夺取某些市场份额,或者是夺取市场主导地位;如果一小企业为对象,其目标可能是将它们逐出市场。

在确定了目标和进攻对象之后,挑战者采取的进攻策略有正面进攻、侧翼进攻、围堵进攻、迂回进攻和游击进攻等策略。

6. 市场跟随者策略

市场跟随者策略是指处于次要地位,在"市场共处"的状态下求得尽可能多的效益的体育企业。市场跟随者因不需要大量资金、风险小,也可获得很高的利润,因此许多体育企业采用这种方法。但是,这不等于说市场跟随者就无所谓策略。每个跟随者必须保持现有的顾客,并争取一定数量的新顾客;必须设法给自己的目标市场带来某些特有的利益。市场跟随者必须找到一条不至于引起引领者对其进行竞争性报复的成长途径。市场跟随者竞争策略一般有紧密跟随、有距离跟随和有选择跟随三种策略。

三、市场发展策略

（一）密集性发展

当某种体育产品的市场具有进一步的潜力时，可选择市场渗透、产品发展和市场发展三种密集性发展形式。无论是体育的有形产品的销售额，还是无形产品市场都普遍存在和适用。

1. 市场渗透

这是在已有市场规模的基础上，增加现有产品的销售额。可采用多种办法，巩固老用户、增加新用户。

2. 产品发展

这是通过发展和改进现有产品，使其具有某些新的性能和用途，满足更多的社会需求。

3. 市场发展。是指开辟新的企业产品销售市场，以增加销售量。

（二）分散性发展

分散性也称多样性发展，主要有同心性分散、水平性分散和整体性分散三种发展形式。

1. 同心性分散发展

这是体育经营单位利用原有的技术和特点，以其为核心，发展用途不同却结构相似的产品。例如，生产运动系列服装的一个体育公司（集团），以自己的生产技术优质和特点，生产系列的休闲服装。又如，某职业篮球俱乐部利用某技术优势，开展"篮球夏令营"培养和辅导青少年篮球爱好者，提高他们的篮球技能。

2. 水平性分散发展

这是利用原有的市场优势，在已占领的市场上发展技术、性质及用途完全不同的产品。例如，体育俱乐部的决策者，可以通过运动员转会的渠道，出售球员，从中获利。还有些体育俱乐部利用自身或球员的社会知名度去参与商品的推销宣传活动，以获得丰厚的利润。

3. 整体性分散发展

这是指体育企业将业务扩展到与其原来业务、技术、市场和产品毫无联系的行业中去。如由体育部门建设和开办的从事餐饮和服务的宾馆、酒店、娱乐城、收费停车场等，就是整体性分散发展的形式。实行分散性的发展，可以提高体育经营单位适应环境的能力，减少单一经营的风险，同时，有可能更充分地利用企业内部的各种资源，使其获得更大可能的发展机会。但是，分散性的发展往往会带来经营管理复杂化，经营单位资源分散等一些问题。

第四节　体育市场营销组织

一、体育市场营销的组织

(一) 体育市场营销的组织含义

体育市场营销组织是体育企业为了实现经营目标、发挥市场营销职能,由有关人员有机协作配合的、协调的科学系统。

体育市场营销组织是贯彻企业营销观念与方针,有效地执行营销战略与策略,完成企业整体经营目标的保证,是体育市场营销工作的重要组成部分。

(二) 体育营销组织的演变轨迹

体育营销组织经历了一系列的演变过程:20世纪30年代的单纯的推销部门、30年代"大萧条"的兼管其他营销职能的推销部门、作为独立职能部门出现的独立营销部门、现代市场营销部门和现代营销企业。

二、体育市场营销的组织模式

现代体育市场营销部门表现为多种不同的组织形式,但不论选取哪种组织形式,都要体现以消费者为中心的营销指导思想。

(一) 职能式组织模式

职能式组织模式是指在营销组织的传统模式,它是按照不同的市场营销职能来设立不同的部门,由市场营销副总经理统一管理和协调它们的活动。

职能式组织模式的主要优点是管理层次少、分工明确、便于协调组织。但是,随着企业经营范围和市场的日益扩大,这一组织模式的弊端越来越多地暴露出来。首先,由于没有一个对任何一种产品或市场完全负责的人,就有可能造成有些产品或地区被忽视,得不到发展。其次,各部门相互争夺预算费用,各自强调本部门的职能作用,使市场营销副总经理面临一些难以协调的工作。

(二) 产品式组织模式

为适应产品生产经营多样化,克服职能式模式的弊端,企业可采用产品式组织模式,即在职能式的基础上,增设产品管理经理,下设产品群组经理和品牌经理,负责各种产品的策略规划与修正,搜集有关销售、顾客和中间商反映的情况,改进产品,以适应市场需要等。

产品式组织模式的主要优点是:能够全面考虑市场营销组合中的各种因

素,使之达到最佳组合;由于各类产品都由专人负责,所以能对市场情况作出综合的灵敏反映;能统一协调各种营销职能,集中对各种产品进行管理。其缺点是:产品管理经理为得到广告、销售、生产部门的合作与支持,往往陷入日常的协调工作而不能分身,而忽略了产品规划工作;产品经理往往是某一项产品的技术专家,但却不熟悉其他市场营销业务;当产品品种不能增多时,可能引起管理人员相应增多而导致营销费用的增多。

（三）地区式组织模式

有些体育经营企业销售地区广泛,通常按地区设置市场营销组织。这种企业除了设置职能部门经理外,还按照地区的范围大小和重要程度分层次地设置地区性经理。有些企业还进一步在某地设置本地市场营销专家,负责研究本地市场情况,便于市场渗透。这样,整个营销组织形成了一个空间网络,层层有人负责,保证企业营销战略的贯彻落实。

（四）市场式组织模式

市场式组织模式是市场细分化理论的具体应用。有些体育企业的目标市场广泛,市场需求的差异性很大,这样企业可以通过对顾客的分类来设置营销组织。企业除了设置职能部门经理外,还设有市场经理,下设多个市场群组经理,分管各市场。这种组织模式的最大优点是可以更好地贯彻市场营销观念,有针对性进行营销活动;其缺点与产品式组织模式大体相同。

（五）产品/市场式组织模式

当体育经营企业生产多种分别向各种不同的市场出售时,常常会遇到一个难题,即:采取产品式组织模式,产品经理很难熟悉高度分散、差异性很大的不同市场状况;采取市场式组织模式,市场经理又不容易熟悉主管市场的各种产品特点。为解决这个矛盾,就产生了把两者有机结合起来的新的组织模式,即产品/市场组织模式。

产品/市场式组织模式是一种矩阵式组织:产品经理负责产品的销售利润和计划,为产品寻找广泛的用途;市场经理则负责开发现有的和潜在市场。这种组织模式适用于多角化经营的公司。其缺点是产品经理和市场经理的责权范围难以划分清楚。

三、影响体育市场营销组织建立的因素

在现实的市场营销活动中,体育市场营销组织的建立一方面需依据市场营销任务的需求来进行,另一方面还要受到其他多种因素的影响。以保证市场营销组织能更好地发挥作用。这些影响因素主要包括以下四个。

（一）企业的规模

设置市场营销组织的目的是为了实现体育企业的营销目标。不同体育企业的营销目标虽然有共同之处，但不同规模的企业由于物质基础不同，其目标也有很大的差别。因此，体育企业的市场营销组织首先需要与企业的规模相适应。一般说来，企业规模大，拥有雄厚的人力、物力和财力用于市场调研，以保持现有的市场和开拓新市场，这样企业的市场营销组织就会比较复杂；企业规模小，所拥有的人力、物力和财力资源不足，不能对市场进行周密的调查，市场营销组织也就比较简单，不用像大公司一样需要设置各类市场营销专职人员、专职部门以及较多的管理层次。

（二）市场状况

市场状况是指体育企业目标市场的范围、销售渠道的多少、市场占有率的大小以及市场的竞争状况和市场环境的复杂程度等。一般说来，市场状况是决定市场营销组织和人员多寡的基本依据。例如：在目标市场的范围上，有的体育企业面向国际市场，有的体育企业面向国市场，有的体育企业面向某一地区，还有的体育企业只面向某一地区的某个地方。这种范围上的差别，就会影响到企业市场营销组织机构和人员的设置。目标市场范围大的，企业就要设立区域性的营销机构，以分管不同区域的营销活动。此外，销售量较大的市场，或者市场占有率较高的市场以及竞争较激烈的市场，一般都要求设置较大的市场营销组织。

（三）产品特点

在市场上，不同的体育企业生产和经营的产品性质不同，有的是有形产品，有的是无形产品，营销组织的建立上必然体现出不同的特色。另外，企业生产和经营的产品花色品种、规格少，其市场营销组织就比较简单；生产和经营的产品花色品种、规格多就需要相应地设置产品经理，其市场营销组织就复杂得多。

（四）人员素质

营销人员的素质主要包括营销管理者的理论知识、思想觉悟、业务水平、工作能力、营销经验等。人员的素质越高，营销组织的层次和人员可能就越少，否则就增多。

第五节 体育市场营销活动管理

一、体育市场营销计划的评价

体育企业的整体战略规划确定了企业的任务和目标，市场营销战略在其中起着关键的作用。为了使企业的营销努力能够有效地为整体战略规划服务,应该制定更为具体的有效计划,使企业目标、资源和它的各种环境机会之间能够建立与保持一种可行的适应性机制,从而实现企业的市场战略目标。一般来说,市场营销计划的内容包括以下六个方面。

（一）当前营销状况

当前营销状况是指体育企业的产品在当前营销中的市场情况、产品情况、竞争情况和分销渠道等,如市场的范围有多大,顾客的需求状况,产品的价格、利润,竞争对手的策略、市场份额及主要的分销渠道。

（二）营销环境中的有利和不利因素

营销环境中的有利和不利因素。这些因素为体育企业市场营销带来了机遇和威胁,一个最成功的体育企业所经营的业务应当是能扬长避短,发挥优势,对竞争者享有差别,并且能得到消费者的偏爱。

（三）营销目标

营销目标是指在本计划内要达到的目标,营销目标不仅是销售产品获得资金和利润的过程,也包括培育市场,创立体育企业或产品形象的内容。营销目标是营销计划的核心部分,是在分析营销现状并预测未来的威胁和机会的基础上制定的。营销目标是营销的指针,必须确立得当,一经确立就要付诸实施。

（四）营销策略

营销策略是指实现和达到体育企业营销目标所采用的手段和途径,包括目标市场的选择和市场定位策略、营销组合策略、营销消费策略等是否恰当。

（五）活动程序

活动程序是指将策略转化成具体的活动程序,一般包括:要做些什么? 何时开始,何时完成? 由谁负责? 需要多少成本? 将这些问题和每项活动都列出详细的程序表,以便于招待和检查。

（六）预算与控制

营销计划中还要列出各项收支预算,预算一经批准,便成为购买原材料、安排生产、人事及营销活动的依据。此外,还必须对营销计划执行过程进行控制,督促未完成任务的部门改进工作,以确保营销计划的完成。

二、体育市场营销实施

体育市场营销实施是指体育企业为实现其战略目标而致力于将营销战略和计划转变成具体的营销方案的过程。也就是说,要有效地把企业的全部资源投入到日常业务活动中去。体育市场营销的实施包括以下五个方面内容。

（一）制定行动方案

为了有效地实施营销战略,所制定的营销方案就应该明确营销战略实施的关键决策和任务,并将执行这些决策和任务的责任落实到个人或小组。此外,行动方案还包括具体的时间安排。

（二）建立组织结构

此举在企业营销战略的实施过程中具有决定性的作用。通常讲,组织结构具有两大职能:首先是提供明确的分工,将全部工作分解成便于管理的几个部分,再将它们分配给各有关部门和人员;其次是发挥协调作用,通过正式的组织联系和信息沟通网络,协调部门和人员行动。具有不同战略的企业,需要建立不同的组织结构。也就是说,组织结构必须同企业战略相一致必须同企业本身的特点和环境相适应。

（三）设计报酬制度

以此举直接关系到营销战略实施的成败。以企业对管理人员工作的评估和报酬制度为例,如果它是以短期的经营利润为标准的话,管理人员的行为必定趋于短期化,他们就不会为长期战略目标而努力的积极性。

（四）人力资源开发战略

开发人力资源营销战略最终是企业内部的工作人员来实施的,所以人力资源的开发至关重要。开发人力资源,涉及人员的考核、选拔、培训和激励等问题。在安置人员时,要注意做到人尽其才;为了激励员工的积极性必须建立完善的工资、福利和奖惩制度。

（五）塑造企业文化和管理风格

企业文化是指一个企业内部全体人员共同持有和遵循的价值标准、基本信念和行为准则。企业文化对体育企业经营思想和领导风格,对职工的工作态度和作风,均起着决定性的作用。

三、市场营销组织

体育市场营销组织通常是指企业的管理组织,是落实营销目标或营销计划的保证,其实质是对从事体育市场营销活动及其他活动的人所作的人事安排。它将有关任务分配给具体的部门和人,并规定明确职权界限和信息沟通渠道,协调企业内部的各项决策和行动。美国学者托马斯·彼得斯和小罗伯特·沃特曼合作写的《成功之路》一书中,分析研究了美国43家卓越企业成功的共同经验,总结出了有效实施企业战略的组织结构的特点。

（一）高度的非正式沟通

卓越企业本身就是一个巨大的、不拘形式的、开放型的信息沟通和交流系统，它允许并鼓励员工进行各种非正式的沟通与交流。

（二）组织的分权化管理

为鼓励创新，卓越企业往往由许多小型的具有自主权的分支机构组成，必要时还可成立如专题工作组和项目中心等临时性组织。

（三）精兵简政

大部分成功的美国公司不采用复杂的"矩阵式"组织结构，而采用简单的按新产品、地理分布或职能等一维变量设立组织结构。它具有高度的灵活性，能更好地适应不断变化的环境。

体育市场营销组织是营销管理的重要保证。关于市场营销人员组织结构的演变和几种代表性市场营销组织形式。

四、市场营销控制

体育市场营销就是对企业市场营销业绩的检查分析与评估。其具体程序是：制定评估原则，评估业绩，实绩并同标准对比，分析出现差距的原因，制定改进措施和修订标准等。体育市场营销控制的主要目的在于通过信息交流与反馈，对企业体育市场营销活动进行调节，以适应企业内外环境变化对体育市场营销的要求。

体育市场营销控制主要包括年度计划控制、盈利控制和战略控制三种类型。

（一）年度计划控制

年度计划控制的目的是确保年度计划中所确定的销售、利润和其他目标的实现。其主要内容是对销售额、市场占有率、费用率等进行控制。

（二）盈利控制

这是企业分析各类体育新产品、地区、消费渠道和订单规模等方面的获得能力。盈利能力分析是通过对财务报表和数据的一系列化处理，把所获得利润分摊到诸如新产品、地区、渠道、消费者等方面，从而衡量出每一因素对企业最终获利的贡献大小、获得能力如何。其目的在于找出妨碍获利的因素，以便采取相应措施排除或削弱这些不利因素的影响。因此，营销管理者必须依据新产品、地区、消费者、渠道等方面的特点和类别，利用财务部门提供的报表，重新编制出各种营销损益表，并对各表进行分析。由于体育有形新产品和体育无形新产品的形式、成本预算、收益途径、消费方式、新产品销售渠道和销售方式都有本质区别，决定了盈利渠道的多样性。

（三）战略控制

战略控制的目的是确保企业目标、政策、战略和措施与市场营销环境相适应，因为在复杂多变的市场环境中，预定的目标和战略往往发生变化，这时企业就应该利用一种被称为"营销审计"的工具，批判性地定期重新评估企业的营销战略和实施情况。营销审计是对企业或战略业务单位的营销环境、目标、战略和营销活动诸方面独立的、系统的、综合的定期审查，以发现营销机会，找出问题所在，提出改善营销工作的行动计划和建议供决策时参考。

体育既可以作为商品，也可以作为商品推销的媒介或载体，对其进行战略控制也就包括了更为丰富的市场环境内容。当它被作为商品时，其战略控制的重点是要分析体育商品生产与营销目标的成本和体育市场需求的环境综合关系，而当体育活动作为其他工业品推销的机会、媒体或载体时，它便会获得可观的经济效益。其实，企业看中的并不是体育本身，而是体育这种具有广泛深刻影响的社会文化活动会给企业带来的巨大的社会效益和经济效益。企业往往会将重大体育比赛作为自己企业实施战略控制的一个契机或对象，以优化企业对体育的赞助计划，确保企业实现自己利益最优化战略。

第六节　体育市场营销控制

市场营销控制是指体育企业为了保证营销活动达到预定的目标而对营销计划情况的检查、监督和控制。

一、市场营销控制的基本步骤

（一）确定控制对象

确定控制对象是对市场营销控制的关键。如果这一步骤的工作做得不好，以下几个步骤的工作将会失去意义。在这一阶段，营销管理者的主要任务是确定营销控制的范围、额度，即明确对市场营销计划的哪些方面进行控制，并将确定的每一范围层次化、具体化。

（二）制定控制标准

控制标准是指以某种衡量尺度来表示控制对象的预期活动范围或可接受的活动范围，即对衡量标准加以定量化。与上述第一步骤相适应，所制定的评价控制应该有控制某一范围整体的总标准和控制该范围不同层次的一系列具体标准。这些标准不是互不相干的，而应是互相约束的一级标准体系。

制定控制标准的主要依据一般有以下五个方面。

1. 体育营销组织的本期计划

营销管理者可以本期相应的各种计划指标直接作为控制标准。例如：规定每个推销人员全年应增加 30 个新客户；某项新产品在投入市场 6 个月之后应使市场占有率达到 3%；还可以本期的各项计划指标为基础，根据计划执行中的实际情况，对各种计划指标进行调整，作为控制标准。

2. 体育营销组织的基期营销绩效

营销管理者可以基期的各种实际营销绩效作为基础，考虑本期主客观条件的变化，对基期营销绩效进修行，然后作为本期控制标准。例如：基期的营销额是 600 万元，本期营销额要提高 5% 等。

3. 营销组织的同期营销绩效

对一个计划周期不同阶段的市场营销进行控制，可以用一周期相应期间的实际营销效率为基础，制定控制标准。例如：本年度第二季度的市场营销可以上年度第二季度的市场营销实绩为基础来制定控制标准。

4. 主要竞争者的营销绩效或计划

主要竞争者的营销活动与本企业有密切的关系。因此，对竞争者的相应营销绩效或计划，排除不可比因素，可作为本企业的控制标准。

5. 全行业的营销绩效

全行业的平均营销绩效能够反映整个行业的一般水平。企业可以全行业的平均营销绩效为基础，同时联合全行业中最高水平和最低水平，考虑本企业的特殊情况，制定控制标准。

在制定控制标准时，企业可以同时运用上述全部标准，也可以其中一个方面或几个方面作为依据，这要看进行市场营销控制的直接目的是什么。如果一个企业想与竞争者进行绩效比较，则要竞争者的营销绩效作为控制本企业营销的标准。

（三）对比检查

当明确了市场营销的控制范围、制定了相应的控制标准以后，体育营销管理者就应该用控制标准对比检查实际营销绩效。在这一过程中，营销管理者应进行深入细致的调查研究，取得反映本企业实际营销的准确资料，利用科学的方法，进行对比分析，以便真正发现本企业实际营销绩效与标准之间的差距。

（四）分析偏差原因

市场营销绩效与企业营销目标的偏差有两种情形：一种是营销绩效远远没有达到企业营销目标；另一种是超过企业营销目标。尽管后一种情形通常是人们所期望和欢迎的,但是这两种情形归根到底都是市场营销的不正常现象,反映了市场营销组织和管理的弱点。

在市场营销组织和管理中,之所以会出现上述两种较大的偏差,主要是由三个方面的原因造成:一是企业对本身资源及外部环境与目标市场估计不足,导致企业营销计划不符合客观实际;二是市场营销系统的外部环境发生了重大变化;三是市场营销系统的内部要素发生了质的变化。企业应根据这三种情况对原有计划进行科学的修订和调整。

（五）提出改进措施,校正偏差

当营销绩效与标准不符合时,就要采取纠正措施。校正偏差是营销控制的重要一环。如果是计划指标问题,就要进行一系列相关调整,牵涉面较大;如果是环境变化的原因,就应对照计划进行调整;如果是某计划执行中的问题,就必须根据情况,迅速制定补救措施加以改进。

二、体育营销控制的基本形式及内容

体育市场营销控制的形式多种多样,主要有年度计划控制、效率控制、盈利率控制和战略控制。在这里我们主要分析年度计划控制和效率控制两种类型。

（一）年度计划控制

年度计划控制的目的是保证体育企业实现它在年度计划中新制定的销售、利润及其他目标。年度计划控制的中心是目标管理。为此,体育营销管理者要把年度目标分解成季度和月度目标,每月和每季检查销售实绩,及时发现问题和采取必要措施,或者增加力量,或者修改实施方案,或者变更计划目标。年度计划控制主要包括以下两方面内容。

1. 销售分析

销售分析是将销售目标和实际销售情况放在一起进行衡量、评价。这一分析可以通过销售差异、微观销售分析这两个层次来完成。

（1）销售差异分析。销售差异分析是衡量实际销售额和计划销售额的差异及原因。假设年度计划要求在第一季度销售产品 4 000 万元,但在第一季度结束时却实际实现销售额 2 000 万元,销售绩效缺口为 2 000 万元,即为预期销售额的 50%。销售差异分析就是要详细评价在这季度未完成额中有多少是由于价格降低等所造成的。

（2）微观销售分析。为了准确回答销售差异分析的原因,微观销售分析将分别从产品、销售地区以及其他有关方面考察其未能完成预定销售份额的具体原因及作用程度,具体包括:是产品质量下降? 是竞争者的排挤? 还是企业销售预算减少？它们作用的程度分别是多大？如此等等。

2. 营销经济效益分析

营销经济效益是指体育企业在市场营销活动中劳动占用、劳动耗费与所新实现的效果之间的比较。它通过市场占有率、销售增长率和利润等指标表现出来。通过对营销经济效益的分析，可以确定营销工作是否理想以及如何改进。

（1）市场占有率分析。市场占有率是指本企业某种产品销售在市场同种商品销售总量中所占的比例。用公式表示为

$$市场占有率 = \frac{本企业某种产品销售量}{整个市场该种产品销售量} \times 100\%$$

市场占用率反映企业在整个市场的同种商品中的经营比重状况，它是微观经济与宏观经济的对比量。分析市场占用率，可以衡量企业现在条件的利用状况，和潜在能力，衡量企业的产品质量和经营管理水平。更重要的是，通过分析，预测本企业市场占用率的发展趋势及其影响因素，可以明确本企业的产品在市场上的地位，充分估计竞争对手的变化，从而能够使企业主动地对各种影响本企业市场占用率的因素采取适当的措施加以控制，保持竞争优势。

体育企业要提高市场占有率，首先要了解其影响因素，以便对症下药、有的放矢。影响企业市场占有率高低的主要因素有产品是否适销对路、质量和价格的高低、规格品种是否齐全、销售方式是否方便购买、销售服务是否周到等。根据这些因素，体育企业要随时分析企业市场占有率的变化，找出差距；选择正确的营销策略和适当的竞争市场；增加营销力量，提高企业和产品的声誉。

（2）销售增长率分析。销售增长率是企业本期销售量或销售额的增长量与上期销售量或销售额的比率。用公式表示为

$$销售增长率 = \frac{本期销售量 - 上期销售量}{上期销售量} \times 100\%$$

销售增长率是考核企业营销经济效益增长情况的重要指标。在劳动占用和劳动消耗不变的情况下，销售增长率越大，企业的营销经济效益越好；即使劳动占用的劳动消耗增加，只要销售增长率高于其增加的比率，其营销经济效益仍然是好的。

销售增长率的大小直接决定着企业营销经济效益的提高幅度。企业要提高营销经济效益，就必须提高销售增长率。影响销售增长率提高的因素很多，凡是影响商品销售量或销售额的因素都是影响销售增长率的因素。这些因素主要包括：增加产品的花色品种，扩大高档、高价商品的投放量；创名牌；选择正确的价

格策略,扩大销售;搞好促销活动,提高企业和产品的知名度。

(3)利润率分析。利润率是衡量企业营销经济效益的最重要的指标,指企业的利润总额与资金占用、劳动耗费、销售收入等指标的比率。由于对比指标的不同,从而形成了不同的利润率,如资金利润率、成本利润率、销售利润率等。用公式表示分别为

$$资金利润率 = \frac{利润总额}{固定资金 + 流动资金} \times 100\%$$

$$成本利润率 = \frac{利润总额}{生产成本 + 销售费用} \times 100\%$$

$$销售利润率 = \frac{利润总额}{销售收入} \times 100\%$$

从上述公式可以看出,决定利润率大小的因素有两个:一是利润额,在其他因素不变时,只要利润额增大,利润率就会相应增大。二是与利润额比较的各种指标,在利润额不变时,其他指标的变化也会引起利润的提高或降低。例如,企业通过提高资金的利用效率而减少资金占用,或者通过降低生产成本、节约销售费用和增加销售收入,都可以提高企业的利润率。

资金利润率、成本利润率和销售利润率各从不同的角度衡量企业的营销经济效益。资金利润率反映的是企业资金占用的利用效率,成本利润率反映的是企业耗费成本的效果,销售利润率反映的是销售额中包含利润的程度。在这三个评价企业利润率高低的指标中,资金利润率是最主要的,因为资金利润率能够全面反映企业营销经济效益的状况,体现着企业整体营销水平。

(二)效率控制

效率控制就是企业采用有效的方法对营销队伍、广告、销售渠道活动进行控制,从而实现综合效率的最大化。

1. 销售队伍效率控制

销售队伍控制要求各级销售经理都应该掌握自己地区销售队伍效率高低的几个关键性指标。这些指标如下。

(1)每个推销员平均每天推销访问的天数。

(2)每次推销访问平均所需的时间。

(3)每次推销访问的平均收入。

(4)每次推销访问的平均成本。

(5)每次推销访问的招待费。

（6）每 100 次推销访问的订货单百分比。

（7）每一期新的顾客数。

（8）销售队伍成本与总成本的百分比。

2. 广告促销效率控制

衡量企业从广告支出中获得多大收益,主要应掌握以下统计资料。

（1）每一种媒体类型、每一个媒介工具触及 1 000 人的广告成本。

（2）每一个媒介工具能够注意、看到、联想该广告的人与该媒介观众的百分比。

（3）消费者对广告内容和广告吸引力的意见。

（4）对于产品态度的事前、事后衡量。

（5）由广告所激发的询问次数。

（6）每次调查的成本。

管理者可以采取一些措施改进广告效率,包括做好产品定位、明确广告目标、预测广告信息、选择较好的广告媒体等。

3. 营业推广效率控制

营业推广包括几十种激发顾客和用户的兴趣及试用该产品的方法。为了提高营业推广效率,营销管理者应该坚持记录每一次促销活动及其活动成本对销售的影响,以便寻找最有效的促销措施。

三、体育市场营销控制的方法

体育市场营销控制是对体育企业营销绩效的控制,其方法多种多样。根据取得资料和内容的要求,常用的方法有以下五种。

（一）简单控制法

简单控制法是根据各部门提供的各种报表和其他数据资料进行的简单分析来对营销结果进行控制。这种方法适用于多种情况的控制。例如,了解某一地区的销售情况、某种产品的销售情况、销售任务的完成情况、销售费用的支出情况、利润的实现情况等。

（二）对比控制法

对比控制法是通过对企业营销活动及其成果与不同的指标的对比,分析期间的差异及发生差异的原因,来控制企业的营销计划、营销决策的实施。进行对比控制的指标很多,有实际指标与计划指标对比、本期指标与上期指标对比、本期指标与历史最好水平指标对比、本企业指标与同行业先进水平对比等。

（三）因素控制法

因素控制法是通过计算几个相互联系的因素对某一综合营销目标的影响程度来控制重点因素的一种方法。例如,体育企业的销售利润下降是受销售量、单价、销售费用、管理费用等多种因素影响的,通过因素分析,可以找出其中的关键因素,然后集中力量解决该因素中存在的问题。

（四）比率控制法

比率控制法是通过计算几个营销数据的相对比率,评估体育企业营销计划的执行情况,来控制企业变动速度。根据评估内容和要求的不同,可分为相关比率、组合比率、动态比率等。

1. 相关比率

相关比率是指企业营销活动中性质不同但相互联系的两个指标的比率。例如,许多指标可与销售额形成相关比率,广告费用与销售额的比率为广告费用率,仓储费用与销售额的比率为仓储费用率,退货数额—销售额的比率为退货率等。运用相关比率可以了解各个企业营销中存在的某些问题。

2. 组合比率

组合比率是将两种以上的比率组合在一起,通过分析和评估某些项目的特点和变动趋势,来控制该项目的营销效果。例如,运用销售费用和销售收入两项指标各自完成计划的百分比的组合,来分析各地区的销售状况,以控制各地乃至全部市场的销售效果。通过运用组合比率的分析,可以有效地控制不同销售效果的地区分布,以便有针对性地解决不同地区市场中存在的问题。

3. 动态比率

动态比率是将企业不同时期的同类指标数值进行对比,通过观察评估指标的发展方向和增减速度来分析其变动趋势。运用动态比率控制,可以找出营销变动的趋势,为分析原因提供条件。

（五）幅度控制

幅度控制是把计划执行的情况规定在一定的范围内,只要不超过规定的幅度就算正常,如果超过幅度就要采取相应的措施。

[本章讨论题]

1. 什么是体育营销过程? 体育营销过程应包括哪些内容?

2. 制订市场营销计划应考虑哪些因素? 体育企业如何编制市场营销计划?

3. 体育企业如何根据实际情况选择市场营销策略?

4. 什么是体育营销组织? 体育市场营销的组织模式有哪几种?

5. 什么是体育市场营销控制？体育企业怎样进行市场营销控制？

[案例一]

香港(广州)柏溢进军武汉的策划过程

香港(广州)柏溢是一家以经营国外先进康体设备为主的公司,生产体育界大部分的设备设施。它的产品不仅在竞技体育界屡屡为大型运动会或锦标赛选用,在休闲、健身、娱乐方面也领导国际潮流。在它稳稳地将南方市场握在手中的时候,也看到了内地膨胀的市场前景,他们决定进军内陆市场,第一站为武汉。

武汉作为华中地区最大的经济枢纽城市,有着内陆大城市中得天独厚的地理条件: 长江连接东西,京九贯穿南北。

广州柏溢公司决策层的选择可以说是深谋远虑,因为他们知道一旦武汉市场打开,它的辐射范围之大,绝不是其他内陆城市能比的,而武汉又搭乘了国家开发中西部的高速列车,更证明了该公司决策层的高瞻远瞩。

目标已经选好,就要迈出第一步,他们决定一步一个脚印,循序渐进。

首先他们靠在沿海一带已获得的极高知名度,与省、市、区各级体委领导们取得了联系,也对一些相对需求多的单位如学校、酒店、房地产等一一拜访,这种撒网式的宣传手段也让该行业内的人士都知道,广州柏缢公司已经来到了武汉。

网虽然已经撒开,但实质性的接触并不多。就在公司思索该怎样展示下一步自己实力的时候,机会出现了。

从收集的信息中得知,硚口区体委已获得了一笔政府批的资金,准备用于第三产业的开发和搞一标准的足球训练场。他们计划在硚口区六角亭盖一个两层高的,面积近 3 万平方米的灯饰市场,然后直接在楼顶建一个足球场。

正因为他们决定将足球场建于楼顶平台,广州柏溢公司觉得体现他们优势的机会来了。因为足球运动是在草坪上进行的,而种草又需要土壤,如果在楼顶的水泥平台上移植土壤和草坪,不仅工艺十分复杂,而且工程会非常浩大。就在区体委为此大费脑筋的时候,该公司的总经理亲自登门拜访,并向他们推荐了一种使他们问题迎刃而解的产品——由荷兰引进的"特素"

人造草皮。

　　该种草皮的草是由优质的聚丙稀纤维编制而成的,并在草中注入适当的石英,以使球场的真实感更强。草体呈卷曲状,柔软舒适,可以有效保护运动员的关节和韧带,并且它还具备防晒、防水、防潮,可以全天候使用的特点。

　　在了解以上种种优势之后,区体委领导的眉头逐渐舒展,并且马上与对方进入实质性的谈判阶段。

　　经过双方的几轮谈判之后,除了最重要的价格问题之外,已基本达成共识。

　　在该公司看来,本来产品成本较高,又是进口产品,而且在广州那边都基本上在所报的价位上成交,但他们忽视了内陆同沿海在经济实力上的差距。该公司在认识到这一点之后,同时也考虑到想在武汉先竖起一个样本,公司决定即使不赚钱也要把这个项目搞好。

　　在所有问题达成一致以后,双方签订了购货合同。这次合作也在武汉各媒体上广泛报道,因为这个足球场可能是全国第一个建于楼顶并且是用人造草皮建设而成的足球场。

　　由于媒体的报道,该公司预料中的情况出现了:武汉市各区的体委领导蜂拥而至,纷纷想与该公司合作或了解该公司的详细情况,其中江汉区的合作意向最为强烈也最具吸引力,该公司决定趁热打铁,与江汉区在合作上演一部“三部曲”,以尽快竖起该公司在武汉市的品牌效应。

　　第一步:双方合作建设一个万人体育场。这个球场不但拥有万人看台,更有国际标准的足球场和400米的塑胶田径跑道。

　　第二步:建设一个大型体育休闲会馆。其中拥有网球、壁球、模拟高尔夫、健身等国际流行的休闲运动项目,更有网吧、餐饮、桑拿等全方位的配套设施。

　　第三步:建一座19层,名为五环大厦的体育用品中心,该楼建成后也将成为华中地区最大的体育用品市场。

　　根据双方的意愿,这“三部曲”中每一步都有一个目标:第一步是为了尽快提高武汉的体育竞技体育;第二步是配合市政府加快武汉市全民健身运动的普及;第三步则是为了完善武汉的体育用品市场,解决武汉到目前为止还没有一个大规模的体育用品销售中心的问题。

据该公司上层预计,在硚口足球场的落成以及把上述的"三步曲"一步步地唱完后,武汉市场就会认同该公司,以后的业务进展定顺水行舟,水到渠成了。但他们在进行过程中还是按照当初公司制定的策略,即一步一个脚印,循序渐进地发展。

（资料来源：刘勇,《体育市场营销学》,第236—238页 ,北京,高等教育出版社,2001年）

[案例二]

12秒88:"刘翔速度"——伊利的体育营销

一、伊利之速度篇

2006年7月12日凌晨3点,瑞士洛桑,国际田联超级大奖赛即将进行男子110米栏决赛,刘翔站在第二跑道上,表情并不轻松。"砰"的一声枪响,刘翔迅速发力,超过所有竞争对手,率先冲过终点。12秒88的成绩在瞬间被定格,沉睡了13年的世界纪录被刘翔刷新。刘翔,这个黄皮肤的亚洲人当之无愧地成为世界男子110米栏第一人。

刘翔打破世界纪录是任何人都没有预料到的,尽管此前大家对刘翔取得好成绩都很有信心,但是刘翔本人很难预料自己是否能够打破世界纪录,更无法预料自己能在哪一场比赛中打破世界纪录。

机会突然从天而降,另一场速度比赛也悄无声息地展开了。

刘翔的签约赞助商共有8个,其中一级代言分别是伊利、耐克、可口可乐和VISA等。伊利是一级代言商中唯一的一家中国企业,2006年2月,刚刚花费巨资签下刘翔作为其品牌形象代言人。签约刘翔对于伊利品牌是一件极其重要的事情,是伊利集团董事长潘刚亲自作出的决策。在刘翔打破世界纪录事件之后,潘刚在第一时间对品牌管理部做了部署。

这样的机会突然出现,大家都无法用现有的模式去判断、策划和决策,必须站在更高的高度,敢于创新,敢于冒险。伊利是快速消费品生产企业,平时也是强调以快取胜。但是面对突如其来的这样一件事情,原有的评估、决策体系就显得冗长、缓慢,所以,伊利一定要有一个专案小组来确保速度,专案小组由公司充分授权,并且可以直接向公司最高层汇报。

伊利品牌管理部接到指示后,立刻成立了专案小组,召集全部合作伙伴,包括广告创意公司、公关公司、体育咨询公司、广告购买公司以及公司内部的公共事务部、产品事业部等,大家聚在一起出谋划策。

伊利将刘翔打破世界纪录的新闻事件用到了极致,3天内就将所有的媒介广告、公关文章和销售终端的海报及主题陈列覆盖到了全国。伊利将刘翔夺冠与伊利产品的冠军品质相关联,很好地提升了伊利的美誉度,拉动了产品销售。伊利通过协调公司内外部的资源,通力合作,特事特办,在极短的时间内打了一场漂亮的营销战。

二、伊利之谋略篇

伊利这次之所以能够抓住"刘翔速度"这一突然降临的营销机会,主要是依靠整个团队打破常规、高效合作,更重要的是公司对这个团队非常信任,因此整个事情才能决策得非常迅速。

2006年7月12日上午8点半,伊利召开营销策划会议,完成"庆祝伊利代言人刘翔打破世界纪录"策划方案。中午,第一篇有关刘翔夺冠的新闻稿完成。下午2点,伊利在多个网站专栏发布庆贺广告——这也是第一家发布网络庆贺广告的企业。而耐克在下午5点才更换了门户网站广告。下午4点,伊利完成了第二天报纸广告的设计工作,并于次日发布。与此同时,一个以刘翔12秒88打破男子110米栏世界纪录为主题的电视广告片在20个小时内制作完成,13日晚上在央视一套A特段第一条播出。14日,伊利在部分城市卖场悬挂庆祝刘翔夺冠的海报,伊利成为第一家在零售终端有所表现的刘翔赞助商。3天内,伊利在全国所有城市都张贴悬挂出庆祝刘翔夺冠的海报。

三、伊利之突破篇

跨国巨头间的竞争,除了速度,还要有特色化的营销方式。7月13日中午,刘翔乘班机抵达首都机场,身上穿着的带有耐克标志的纪念衫十分打眼。而伊利选择的是中国特色的欢迎仪式,地点则选在了刘翔回到北京的第一站——体育总局训练局。刘翔返京当天,正好是他23岁的生日。这天下午,疲惫的他从首都机场回到国家体育总局训练局宿舍,推门一看,生日蛋糕摆在桌上,蜡烛已经点燃,千里迢迢赶到北京的伊利集团董事长潘刚和伊利的不少员工站在一旁,一齐对他露出真诚的笑脸:"生日快乐!"跟耐克、可口可乐一样,伊利同样在第一时间换上了全新的网络广告。伊利最新研发的高档牛奶也借机第一次隆重而正式地出现在媒体的视线里。

在这次与国际巨头的竞争中,伊利充分展示了"刘翔速度",即以高效的反应和策略制胜。

这个案例可谓企业竞争中体育营销的经典。从中我们可以得到以下启示。

(1)长远的战略目标与品牌价值和资源管理实现了价值、效益的最大化。伊利是与刘翔签约的4家一级赞助商中唯一一家中国企业。伊利这样大手笔的投入,是其他中国企业不能企及的,由此也可以看出伊利集团的企业整体实力特别是资金实力非常雄厚。这样的投入也与伊利集团目前在中国乳制品市场中的地位和今后的发展战略目标相一致。

(2)超前的战略思想和观念。体育是一种公益事业,受众庞大,体育营销激发的又是人们内心的情感共鸣。相比一般的广告,体育营销一旦成功,品牌回报更大,效果也更加深入持久。现代体育产业发展快速,体育营销带来的是一种全球性的品牌推广效应,赞助体育运动因此成为品牌营销支出增长最迅速的一部分。体育营销绝不是一次性的促销机会或炒作机会,而是一种长期的品牌投入。体育营销被誉为营销中的顶尖手段,但只有具备战略眼光的营销人,才能真正把握它的精髓。如何在无边无际的体育新闻人物里去选择品牌代言人,要与企业自身的品牌核心相一致。这就要求企业必须保持最高度的嗅觉灵敏,能尽早慧眼识珠,随时掌控运动员的动向,为企业所用。伊利恰恰就做到了这一点。

(3)高效快速的反应机制和策略。伊利第一时间起跑这场营销"跨栏赛",体现了其策划能力、执行能力和资源能力方面的优势,这得益于集团对品牌管理部门的充分授权。伊利在整件事情的策划上,已经摆脱了层层上报批复的旧体制:品牌管理部只对总经理负责,而部门又直接归集团管理。从集团内部职工到各地经销商、代理商,甚至供应商,整个集团在全国范围的参与,是此次营销得以成功的关键。

(4)创新与独特的营销方式。在与耐克、可口可乐两大国际品牌的这次营销对决中,精明的伊利却避开锋芒,寻求另外的突破口。伊利部分员工在刘翔生日当天为其献上的生日蛋糕和"生日快乐"的温情祝福,更具人情味,同时也取得了更好的效果。

(资料来源:百度 MBA 智库百科)

第七章

体育目标市场定位

内容提要

- 体育市场细分
- 目标市场选择
- 市场定位

目前,全球体育产业总值约 4 000 亿美元,并且以每年 20% 的速度递增。在中国,体育市场年交易额在 500 亿元人民币左右,成为尚待开发的六大产业之一。在如此广阔的市场上经营,企业往往无法为整个市场提供最佳的服务,因此,体育企业必须进行市场细分,从而能够准确地了解和把握各类细分市场上顾客的需求。另外,由于各个细分市场的吸引力大不相同,每家企业所具有的资源以及经营目标都有其具体情况,必须按照确定的标准,选择一定数量的细分市场作为其目标市场。最后,体育企业为了在目标市场上取得竞争优势,必须为目标市场上的顾客提供优越于竞争对手的产品和服务,即企业必须为自己的产品进行市场定位。

总而言之,体育企业与其在较大的体育市场中获得较小的利润,不如做到在较小的市场中取得较大的利润。其具体 STP 营销过程包括:细分市场(segmenting)、选择目标市场(targeting)以及市场定位(positioning)。如图 7－1 所示。

6. 选择、发展和传播市场定位	市场定位
5. 为每个目标市场确定市场定位	
4. 选择细分市场作为目标市场	目标市场选择
3. 评估每个细分市场的吸引力	
2. 描述细分市场的特征	体育市场细分
1. 确定市场细分的依据和细分市场	

图 7－1   STP 营销过程

第一节   体育市场细分

一、体育市场细分的含义

体育市场细分,是指企业按照一系列的标准,将体育市场划分为若干个消费者群的行为,并且任何一个消费者群内的所有顾客都有相似的需求或营销反应;而各个消费者群之间在需求或营销反应上却存在着明显的差别。因此,分属于同一细分市场的消费者,他们的需要和欲望极为相似;分属于不同细分市场的顾客对同一产品的需要和欲望存在着明显的差别。例如,有的消费者喜欢具有缓震技术的专业运动鞋,使穿着者在运动中变得更轻松灵活,也有的消费者需要耐用、款式新颖且价格适中的运动鞋,使穿着者在运动中充满活力时尚。必须强调的是,细分市场不是根据产品品种、产品系列来进行的,而是从消费者(指最终消费者和工业生产者)的角度进行划分的,是根据市场细分的理论基础,即消费者的需求、动机、购买行为的多元性和差异性来划分的。通过市场细分对企业的生产、营销起着极其重要的作用。

消费者的需求和营销反应是由顾客所具有的社会、政治、经济以及文化的背景所决定的。一方面,对于一个市场中任意两个顾客而言,即使差别再小,他们在上述的背景方面也会存在一定的区别。因此,他们在需求或营销反应上一定存在着差异性。另一方面,某些消费者在上述背景方面,在一定的程度或一定的范围内一定会有相似之处。因此,他们在需求或营销反应上也一定存在着相似性。正是依据这个差异性和相似性,我们才可以将一个市场上具不同需求或营销反应的消费者相互区分开来;同时还可以将一个市场上具有相似需求或营销反应的消费者归类在一起。这正是市场细分所要求的。消费者的需求和营销反应具有的差异性,同时又具有一定的相似性,这两种特性是市场细分的理论依据。

二、体育市场细分的作用

企业面对着成千上万的消费者,他们的需求和欲望是千差万别的并且分散于不同的地区,而又随着环境因素的变化而变化。对于这样复杂多变的大市场,任何一个规模巨大的企业、资金实力雄厚的大公司,都不可能满足该市场上全部顾客的所有需求。又由于生产企业其资源、设备、技术等方面的限制,也不可能满足全部顾客的不同需要。企业只能根据自身的优势条件,从事某方面的生产、营销活动,选择力所能及的、适合自己经营的目标市场,因此有必要细分市场。

(一) 有利于选择目标市场和制定市场营销策略

市场细分后的子市场比较具体,比较容易了解消费者的需求,企业可以根据自己经营思想、方针、生产技术和营销力量,确定自己的服务对象,即目标市场。针对较小的目标市场,便于制定特殊的营销策略。同时,在细分的市场上,信息容易了解和反馈,一旦消费者的需求发生变化,企业可迅速改变营销策略,制定相应的对策,以适应市场需求的变化,提高企业的应变能力和竞争力。

（二）有利于发掘市场机会，开拓新市场。

通过市场细分，企业可以对每一个细分市场的购买潜力、满足程度、竞争情况等进行分析对比，探索出有利于本企业的市场机会，使企业及时作出销售决策、或根据本企业的生产技术条件编制新产品开拓计划，进行必要的产品技术储备，掌握产品更新换代的主动权，开拓新市场，以更好适应市场的需要。

（三）有利于集中人力、物力投入目标市场

任何一个企业的资源、人力、物力、资金都是有限的。通过细分市场，选择了适合自己的目标市场，企业可以集中人、财、物及资源，去争取局部市场上的优势，然后再占领自己的目标市场。

（四）有利于企业提高经济效益

通过市场细分后，企业可以面对自己的目标市场，生产出适销对路的产品，既能满足市场需要，又可增加企业的收入；产品适销对路可以加速商品流转，加大生产批量，降低企业的生产销售成本，提高生产工人的劳动熟练程度，提高产品质量，全面提高企业的经济效益。

需要指出的是，细分市场是有一定客观条件的。只有商品经济发展到一定阶段，市场上的商品供过于求，消费者需求多种多样，企业无法用大批量生产产品的方式或差异化产品策略来有效地满足所有消费者需要的时候，细分市场的客观条件才能具备。

可以说，社会经济的进步，人们生活水平的提高，顾客需求呈现出较大差异时，细分市场才成为企业在营销管理活动中急需解决的问题。细分市场客观上是按一定的依据把整体市场分解为诸多同质性的子市场。但是，细分市场不仅是一个分解的过程，也是一个聚集的过程。所谓聚集的过程，就是把对某种产品特点最易作出反应的消费者集合成群。这种聚集过程可以依据多种标准连续进行，直到识别出其规模足以实现企业利润目标的某一个消费者群。

三、市场细分依据

（一）消费者市场细分依据

体育市场是一个庞大的社会经济系统，为了进一步研究体育市场，有必要先对体育市场进行简单的分类。既然市场是由为满足某种需求的购买者所构成，我们就可以根据体育市场上购买者的不同，将体育市场划分为体育个人消费者市场和体育组织市场。

体育个人消费者市场是指由那些为满足自身及其家庭成员的特定需要而购买体育商品和服务的人们组成。在该市场中的特定需要是指消费者有锻炼身体、发泄情感、娱乐、社交等一系列的需求,这些需求通过购买、使用体育产品来得以充分满足。这些体育用品可以是有形的产品,如体育营养食品、运动服装、运动器材等;也可以是无形的产品,如健身指导、康复咨询、健美培训以及参与或观赏体育赛事等。

但是,以上的简单分类对于复杂的、存在巨大差异性的消费者或用户的需求是远远不够的。实际中,企业一般是组合运用有关变量来细分市场,而不是单一采用某一变量。概括起来,细分消费者市场的变量主要有四类,即地理变量、人口变量、心理变量、行为变量。以这些变量为依据来细分市场就产生出地理细分、人口细分、心理细分和行为细分四种市场细分的基本形式。

1. 按地理变量细分市场

按照消费者所处的地理位置、自然环境来细分市场,比如,根据国家、地区、城市规模、气候、人口密度、地形地貌等方面的差异将整体市场划分为不同的小市场。地理变数之所以作为市场细分的依据,是因为处在不同地理环境下的消费者对于同一类产品往往有不同的需求与偏好,他们对企业采取的营销策略与措施会有不同的反应。例如,对于体育服装而言,东北地区冬季的气候寒冷干燥,所以东北的顾客更趋向于购买保暖的服装。而华东地区冬季的气候温和湿润,这个区域的顾客更关注服装的样式。

地理变量易于识别,是细分市场应予考虑的重要因素,但处于同一地理位置的消费者需求仍会有很大差异。比如,在我国的一些大城市,如北京、上海等,流动人口逾百万,这些流动人口本身就构成了一个很大的市场。很显然,这一市场有许多不同于常住人口市场的需求特点,所以,简单地以某一静态地理特征区分市场,不一定能够真实地反映消费者的需求共性与差异。因此企业在选择目标市场时,还需要结合顾客的需求、购买习惯及其他细分变量予以综合考虑。

2. 按人口变量细分市场

人口变量细分就是指按照人口统计变量对市场进行细分。人口统计变量通常包括年龄、性别、家庭人口、家庭类型、家庭生命周期、收入、职业、受教育程度、宗教、种族和国籍等变量。人口变量是区分顾客群体最常用的变量。其中最为主要的因素就是消费者的欲望、偏好和使用率,这些都与人口变量有着密切的联系;另一个因素就是人口的变量比其他类型的变量更容易衡量。下列一些具体的人口变量经常被用来细分消费者市场。

(1) 年龄。不同年龄段的消费者在需求和能力上存在着很大的差别。如对于休闲体育的服务产品而言,12—18 岁的孩子对游戏会很感兴趣,他们关注的是游戏性的体育活动。但是,当他们到了 18 岁以后,开始对专业的体育活动更为感兴趣,于是他们开始关注体育场所所提供的体育产品。也就是说,消费者的需求随着年龄的改变会发生明显的变化。

(2)性别。男性与女性在需求和偏好上有着明显的区别。体育用品的营销中,通常可以用性别来区分市场。例如,男性更注重体育的健康功能,而女性则更注重美容美体和对年轻的追求。

(3)家庭生命周期。家庭生命周期指的是在人的不同生活时期,其家庭的各种结构模式。一个家庭,按年龄、婚姻和子女状况,可划分为七个阶段。在不同阶段,家庭购买力、家庭人员对商品的兴趣与偏好会有较大差别。

单身阶段:年轻,单身,几乎没有经济负担,新消费观念的带头人,娱乐导向型购买。

新婚阶段:年轻夫妻,无子女,经济条件比将来要好。购买力强,对耐用品、大件商品的欲望、要求强烈。

满巢阶段1:年轻夫妻,有6岁以下子女,家庭用品购买的高峰期。不满足现有的经济状况,注意储蓄,购买较多的儿童用品。

满巢阶段2:年轻夫妻,有6岁以上未成年子女。经济状况较好,购买趋向理智型,受广告及其他市场营销刺激的影响相对减少。注重档次较高的商品及子女的教育投资。

满巢阶段3:年长的夫妇与尚未独立的成年子女同住。经济状况仍然较好,妻子或子女皆有工作。注重储蓄,购买行为冷静、理智。

空巢阶段:年长夫妇,子女离家自立。前期收入较高,购买力达到高峰期,较多购买老年人用品,如医疗保健品;娱乐及服务性消费支出增加;后期退休收入减少。

孤独阶段:单身老人独居,收入锐减。特别注重情感、关注等需要及安全保障。

处在不同家庭生命周期的消费者,其体育需求的差异很大。例如,在与父母同住的家庭中,购买健身器材往往要考虑老人的需求,更希望兼顾。而在"二人世界"的家庭中,购买这些产品往往会追求新颖时尚。

(4)收入。很明显,收入影响着顾客的需求,所以收入细分是另一种经常使用的市场细分方法。体育消费属于人们发展或享受型消费,满足的是人们自我发展和自我完善的需求,而不是满足人们的基本生存需求,需要依靠人们可自由支配的收入加以满足。因此,通常来说,人们可自由支配的收入与人们的体育消费是成正比变化的,在人们的收入达到一定程度,导致其生活方式发生变化的时期,人们用于休闲体育的消费往往呈现急剧上涨的局面。

（5）职业与教育。指按消费者职业的不同,所受教育的不同以及由此引起的需求差别细分市场。比如,农民喜欢观看农运会,而学生、教师则是喜欢大运会、各种专业赛事;又如,由于消费者所受教育水平的差异所产生的审美观具有很大的差异,诸如不同消费者对运动服式的品种、颜色等都会有不同的偏好。

3. 按心理变量细分市场

心理细分是指根据购买者所处的社会阶层、生活方式、个性特点等心理因素对市场进行细分。

（1）社会阶层。社会阶层是指在某一社会中具有相对同质性和持久性的群体。处于同一阶层的成员具有类似的价值观、兴趣爱好和行为方式,不同阶层的成员则在上述方面存在较大的差异。很显然,识别不同社会阶层的消费者所具有的不同特点,将对于很多产品的市场细分将提供重要的依据。

（2）生活方式。生活方式指的是一个人对生活的态度和看法,以及基于这些态度和看法所表现出的具体活动模式。通俗地讲,生活方式是指一个人怎样生活。人们追求的生活方式各不相同,如有的追求新潮时髦,有的追求恬静、简朴;有的追求刺激、冒险,有的追求稳定、安怡。事实上,消费者消费的商品常常反映出他们的生活方式。例如,对于享受生活的群体来说,他们更舍得把钱用在休闲体育活动上,像郊游、滑雪等,对于追求刺激、冒险的群体来说,登山等极限运动才是其最爱。

（3）个性。个性是指一个人比较稳定的心理倾向与心理特征,它会导致一个人对其所处环境作出相对一致和持续不断的反应。俗语说:“人心不同,各如其面”,每个人的个性都会有所不同。通常,个性会通过自信、自主、支配、顺从、保守、适应等性格特征表现出来。因此,个性可以按这些性格特征进行分类,从而为企业细分市场提供依据。营销人员通过赋予自己产品的品牌个性与消费者个性相符,并以此来吸引顾客,常常可以获得巨大成功。例如,蹦极运动的推广者就极力地强调,此项运动是自信的人、敢于冒险的人参与的运动。通过这样的宣传,吸引了大批的具有相似个性的人参与此项运动。

4. 按行为变量细分市场

行为细分是指根据购买者对产品的了解程度、态度、使用情况及反应等行为因素对市场进行细分。行为变数能更直接地反映消费者的需求差异,因而成为市场细分的最佳起点。按行为变量细分市场主要包括以下六个方面。

（1）购买时机。根据消费者提出需要、购买和使用产品的不同时机,将他们划分成不同的群体。例如,体育健身企业可根据一年四季消费者的需求特点划分不同的细分市场,对于春秋旺季、冬夏淡季并制定不同的营销策略。

（2）追求利益。消费者购买某种产品总是为了解决某类问题,满足某种需要。然而,产品提供的利益往往并不是单一的,而是多方面的。消费者对这些利益的追求各有侧重,如购买运动服饰,有的追求经济实惠、价格低廉,有的追求耐用可靠,还有的则偏向于显示其社会地位等。

（3）使用者状况。根据顾客是否使用和使用程度细分市场。通常可分为:未曾使用者、潜在使用者、首次使用者、曾经使用者和正常使用者。大企业往往注重将潜在使用者变为实际使用者,较小的企业则注重于保持现有使用者,并设法吸引使用竞争产品的顾客转而使用本企业产品。

（4）使用数量。根据消费者使用某一产品的数量大小细分市场。通常可分为大量使用者、中度使用者和轻度使用者。大量使用者所占的人数比例虽小,但其消费量所占的比重很大。

（5）品牌忠诚程度。企业还可根据消费者对产品的忠诚程度细分市场。有些消费者经常变换品牌,另外一些消费者则在较长时期内专注于某一或少数几个品牌。消费者的忠诚对象是品牌、商店和其他实体。根据购买者对品牌的忠诚程度,可将他们分成四类:绝对忠诚者、不坚定的忠诚者、转移型忠诚者、易变者。任何市场都是由不同数目的上述四种购买者组成。企业必须认真分析对自己品牌绝对忠诚的顾客的特征,确认哪种品牌是自己的最大竞争对手。通过对放弃自己品牌的顾客进行分析,企业可以了解自己的营销弱点,从而加以改正。如果易变型顾客的数目在市场上正不断增加,企业可通过提高促销频率来吸引他们。企业要认识到品牌忠诚度的购买模式可能会反映出一定的购买习惯、产品的无差异性、价格低、转变成本高、其他品牌暂时脱销等情况。

（6）购买的准备阶段。消费者对各种产品了解程度往往因人而异。有的消费者可能对某一产品确有需要,但并不知道该产品的存在;还有的消费者虽已知道产品的存在,但对产品的价值、稳定性等还存在疑虑;另外一些消费者则可能正在考虑购买。针对处于不同购买阶段的消费群体,企业进行市场细分并采用不同的营销策略。例如,在我国的儿童轮滑鞋市场上,市场正处于成长期,存在大量潜在顾客,而且他们大多对此类产品处在"知道一点"准备购买阶段。企业通过市场细分后,可以针对这个细分市场加强品牌知名度的宣传,来提高自己的市场份额。

（二）体育组织市场细分的依据

体育组织市场是由所有非个人消费者的团体组织构成,根据经营目的的不同又可划分为营利组织和非营利组织。营利组织包括体育产业市场、体育中间商市场。体育产业市场主要包括两种:一是购买体育产品和服务用于制造产品、向社会提供其他服务的企业,二是将自身产品与体育结合,即把体育文化与品牌文化相融合以形成特有企业文化的系统工程,来营销其产品实现盈利目的的企业,如体育媒介、赞助商等。体育中间商市场由各种批发商和零售商组成,他们购买体育产品是为了将其再转卖出去获取利润,或是促进买卖的达成获得销售佣金,如体育经纪企业或广告企业。非营利组织市场包括各级政府机构、事业团体,如学校、各种学会等,他们主要购买体育产品来实现其服务社会的目的。

许多用来细分体育消费者市场的标准,同样可用于细分组织市场。不过,由于组织市场与消费者在购买动机与行为上存在差别,所以除了运用前述消费者市场细分标准外,还可用一些新的标准来细分组织市场。以体育产业市场为例,其中顾客购买决策阶段和顾客采购标准这两个变量,可以划分出两组比较典型的细分市场。

1. 依据顾客购买决策阶段划分的细分市场。

顾客购买决策阶段指的是顾客对供应商及其产品的了解的程度和是否购买过的经历。一般分为三种情况:不了解但准备购买;了解且曾经购买过;熟悉且经常购买。根据顾客在购买决策中所处阶段,可以将体育产业市场划分以下三个细分市场。

(1)潜在的购买者。这类顾客未曾购买过产品。他们期望选择一个对本行业很内行、善于澄清问题、信誉好的销售商或供应商。

(2)新手购买者。这类顾客已经购买过产品,但对业内的各种情况并不是非常了解。他们需要的是通俗易懂的说明书、认真的培训和内行的销售代表。

(3)老到的购买者。这类顾客曾经多次购买过产品,对行业内的供应商及产品非常了解,对采购业务十分精通。他们需求的是快速的维修服务、产品定制服务和高技术支持。

2. 依据顾客的采购标准划分的细分市场。

顾客的采购标准指的是顾客在采购过程中,对质量、服务以及价格的要求程度。如果以顾客的采购标准作为市场细分变量,就可以得到以下四个细分市场。

(1)程序购买者。这类顾客认为,产品对自己的经营没有多大影响,他们将购买产品视为常规购买项目。它们愿意以全价购买,接受低于一般水平的服务。很显然,对于供应商而言,这种细分市场利润很高。

(2)关系购买者。这类顾客认为,产品的重要程度一般,并且对其他供应商的产品非常了解。它们可以获得较低的价格折扣和中等水平的服务。只要供应商的质量、价格以及服务都没有很大的变化,他们就会有很好的忠诚度。这种细分市场是第二类有利可图的市场。

（3）交易型购买者。这类顾客认为，产品对自己的经营有十分重要的影响，从而对价格和服务非常敏感。它们可以得到较高的价格折扣和高于一般水平的服务。它们对所有供应商的销售条件都非常熟悉，有时会放弃一部分服务来换取更高的价格折扣。

（4）讨价还价型购买者。这类顾客认为，产品对自己的经营有着极其重要的影响，并要求供应商给予最高的价格折扣和最高标准的服务。它们十分熟悉竞争厂商的销售条件，从而坚持讨价还价，稍有不满就会转向其他供应商。这种细分市场利润显然不会很高。

四、市场细分的原则、程序与方法

（一）市场细分的原则

企业可根据单一因素，亦可根据多个因素对市场进行细分。选用的细分标准越多，相应的子市场也就越多，每一子市场的容量相应就越小。相反，选用的细分标准越少，子市场就越少，每一子市场的容量则相对较大。如何寻找合适的细分标准，对市场进行有效细分，在营销实践中并非易事。一般而言，成功、有效的市场细分应遵循以下四条基本原则。

1. 可衡量性

这是指细分的市场是可以识别和衡量的，亦即细分出来的市场不仅范围明确，而且对其容量大小也能大致做出判断。有些细分变量，如具有"依赖心理"的青年人，在实际中是很难测量的，以此为依据细分市场就不一定有意义。

2. 可进入性

这是指细分出来的市场应是企业营销活动能够抵达的，亦即是企业通过努力能够使产品进入并对顾客施加影响的市场。一方面，有关产品的信息能够通过一定媒体顺利传递给该市场的大多数消费者；另一方面，企业在一定时期内有可能将产品通过一定的分销渠道运送到该市场。否则，该细分市场的价值就不大。比如，经营高档健身俱乐部的企业，如果将我国中西部农村作为一个细分市场，恐怕在一个较长时期内都难以进入。

3. 有效性

细分出来的市场，其容量或规模要大到足以使企业获利。进行市场细分时，企业必须考虑细分市场上顾客的数量，以及他们的购买能力和购买产品的频率。如果细分市场的规模过小，市场容量太小，细分工作烦琐，成本耗费大，获利小，就不值得去细分。

4. 对营销策略反应的差异性

这是指各细分市场的消费者对同一市场营销组合方案会有差异性反应,或者说对营销组合方案的变动,不同细分市场会有不同的反应。如果不同细分市场顾客对产品需求差异不大,行为上的同质性远大于其异质性,此时,企业就不必费力对市场进行细分。同时,对于细分出来的市场,企业应当分别制定出独立的营销方案。如果无法制定出这样的方案,或其中某几个细分市场对是否采用不同的营销方案不会有大的差异性反应,便不必进行市场细分。

(二) 市场细分的程序

美国市场学家麦卡锡提出细分市场的一整套程序,包括七个步骤。

(1) 选定产品市场范围,即确定进入什么行业,生产什么产品。产品市场范围应以顾客的需求,而不是产品本身特性来确定。

(2) 列举潜在顾客的基本需求。

(3) 了解不同潜在用户的不同要求。对于列举出来的基本需求,不同顾客强调的侧重点可能会存在差异。

(4) 抽掉潜在顾客的共同要求,而以特殊需求作为细分标准。

(5) 根据潜在顾客基本需求上的差异方面,将其划分为不同的群体或子市场,并赋予每一子市场一定的名称。

(6) 进一步分析每一细分市场需求与购买行为特点,并分析其原因,以便在此基础上决定是否可以对这些细分出来的市场进行合并,或作进一步细分。

(7) 估计每一细分市场的规模,即在调查基础上,估计每一细分市场的顾客数量、购买频率、平均每次的购买数量等,并对细分市场上产品竞争状况及发展趋势作出分析。

(三) 市场细分的方法

企业在运用细分标准进行市场细分时必须注意以下问题:第一,市场细分的标准是动态的。市场细分的各项标准不是一成不变的,而是随着社会生产力及市场状况的变化而不断变化。如年龄、收入、城镇规模、购买动机等都是可变的。第二,不同的企业在市场细分时应采用不同标准。因为各企业的生产技术条件、资源、财力和营销的产品不同,所采用的标准也应有区别。第三,企业在进行市场细分时,可采用一项标准,即单一变量因素细分,也可采用多个变量因素组合或系列变量因素进行市场细分。下面介绍几种市场细分的方法。

1. 单一变量因素法

就是根据影响消费者需求的某一个重要因素进行市场细分。如运动服装企业,按年龄细分市场,可分为童装、少年装、青年装、中年装、中老年装、老年装;或按气候的不同,可分为春装、夏装、秋装、冬装。

2. 多个变量因素组合法

就是根据影响消费者需求的两种或两种以上的因素进行市场细分。如生产专业运动器材企业,主要根据企业规模的大小、用户的地理位置、产品的最终用途及潜在市场规模来细分市场。

3. 系列变量因素法

根据企业经营的特点并按照影响消费者需求的诸因素,由粗到细地进行市场细分。这种方法可使目标市场更加明确而具体,有利于企业更好地制定相应的市场营销策略。如专业自行车市场,可按地理位置(城市、郊区、农村、山区)、性别(男、女)、年龄(儿童、青年、中年、中老年)、收入(高、中、低)、职业(工人、农民、学生、职员)、购买动机(求新、求美、求价廉物美、求坚实耐用)等变量因素细分市场。

第二节　目标市场选择

一、目标市场选择标准

体育目标市场就是企业决定要进入的市场。企业在对整体体育市场进行细分之后,要对各细分市场进行评估,然后根据细分市场的市场潜力、竞争状况、本企业资源条件等多种因素决定把哪一个或哪几个细分市场作为目标市场。一般而言,企业考虑进入的目标市场,应符合以下标准或条件。

(一)有一定的规模和发展潜力

进入某一市场是期望能够有利可图,如果市场规模狭小或者趋于萎缩状态,企业进入后难以获得发展,此时,应审慎考虑,不宜轻易进入。当然, 企业也不宜以市场吸引力作为唯一取舍,特别是应力求避免"多数谬误",即与竞争企业遵循同一思维逻辑,将规模最大、吸引力最大的市场作为目标市场。大家共同争夺同一个顾客群的结果是,造成过度竞争和社会资源的无端浪费,同时使消费者的一些本应得到满足的需求遭受冷落和忽视。

(二)细分市场结构的吸引力

细分市场可能具备理想的规模和发展特征,然而从盈利的观点来看,它未必有吸引力。波特认为有五种力量决定整个市场或其中任何一个细分市场的长期的内在吸引力。这五个群体是: 同行业竞争者、潜在的新参加的竞争者、替代产品、购买者和供应商。他们具有如下五种威胁性。

1. 细分市场内激烈竞争的威胁

如果某个细分市场已经有了众多的、强大的或者竞争意识强烈的竞争者,那么该细分市场就会失去吸引力。如果出现该细分市场处于不稳定或者衰退状况,生产能力仍不断大幅度地扩大,固定成本过高,撤出市场的壁垒过高,竞争者投资很大,那么情况就会更糟。这些情况常常会导致价格战、广告争夺战,新产品推出,并使企业要参与竞争就必须付出高昂的代价。

2. 新竞争者的威胁

如果某个细分市场可能吸引会增加新的生产能力和大量资源并争夺市场份额的新的竞争者,那么该细分市场就会没有吸引力。问题的关键是新的竞争者能否轻易地进入这个细分市场。如果新的竞争者进入这个细分市场时遇到森严的壁垒,并且遭受到细分市场内原来的企业的强烈报复,他们便很难进入。保护细分市场的壁垒越低,原来占领细分市场的企业的报复心理越弱,这个细分市场就越缺乏吸引力。某个细分市场的吸引力随其进退难易的程度而有所区别。根据行业利润的观点,最有吸引力的细分市场应该是进入的壁垒高、退出的壁垒低。在这样的细分市场里,新的企业很难打入,但经营不善的企业可以安然撤退。如果细分市场进入和退出的壁垒都高,那里的利润潜量就大,但也往往伴随较大的风险,因为经营不善的企业难以撤退,必须坚持到底。如果细分市场进入和退出的壁垒都较低,企业便可以进退自如,然而获得的报酬虽然稳定,但不高。最坏的情况是进入细分市场的壁垒较低,而退出的壁垒却很高。于是在经济良好时,大家蜂拥而入,但在经济萧条时,却很难退出。其结果是大家都生产能力过剩,收入下降。

3. 替代产品的威胁

如果某个细分市场存在着替代产品或者有潜在替代产品,那么该细分市场就失去吸引力。替代产品会限制细分市场内价格和利润的增长。企业应密切注意替代产品的价格趋向。如果在这些替代产品行业中技术有所发展,或者竞争日趋激烈,这个细分市场的价格和利润就可能会下降。

4. 购买者讨价还价能力加强的威胁

如果某个细分市场中购买者的讨价还价能力很强或正在加强,该细分市场就没有吸引力。购买者便会设法压低价格,对产品质量和服务提出更高的要求,并且使竞争者互相斗争,所有这些都会使销售商的利润受到损失。如果购买者比较集中或者有组织,或者该产品在购买者的成本中占较大比重,或者产品无法实行差别化,或者顾客的转换成本较低,或者由于购买者的利益较低而对价格敏感,或者顾客能够向后实行联合,购买者的讨价还价能力就会加强。销售商为了保护自己,可选择议价能力最弱或者转换销售商能力最弱的购买者。较好的防卫方法是提供顾客无法拒绝的优质产品供应市场。

5. 供应商讨价还价能力加强的威胁

如果企业的供应商——原材料和设备供应商、公用事业、银行、公会等,能够提价或者降低产品和服务的质量,或减少供应数量,那么该企业所在的细分市场就会没有吸引力。如果供应商集中或有组织,或者替代产品少,或者供应的产品是重要的投入要素,或转换成本高,或者供应商可以向前实行联合,那么供应商的讨价还价能力就会较强大。因此,与供应商建立良好关系和开拓多种供应渠道才是防御上策。

(三) 符合企业目标和能力

某些细分市场虽然有较大吸引力,但不能推动企业实现发展目标,甚至分散企业的精力,使之无法完成其主要目标,这样的市场应考虑放弃。同时,还应考虑企业的资源条件是否适合在某一细分市场经营。只有选择那些企业有条件进入、能充分发挥其资源优势的市场作为目标市场,企业才会立于不败之地。

二、目标市场选择模式

企业通过评估细分市场,确定出了一组具有较高营销价值的细分市场。这时,企业就要考虑进入哪几个细分市场并为其提供服务,即选择细分市场作为目标市场,选择细分市场作为目标市场也被称为目标市场选择。企业在选择细分市场作为目标市场时,可考虑五种模式选择目标市场。如图 7-2 所示。

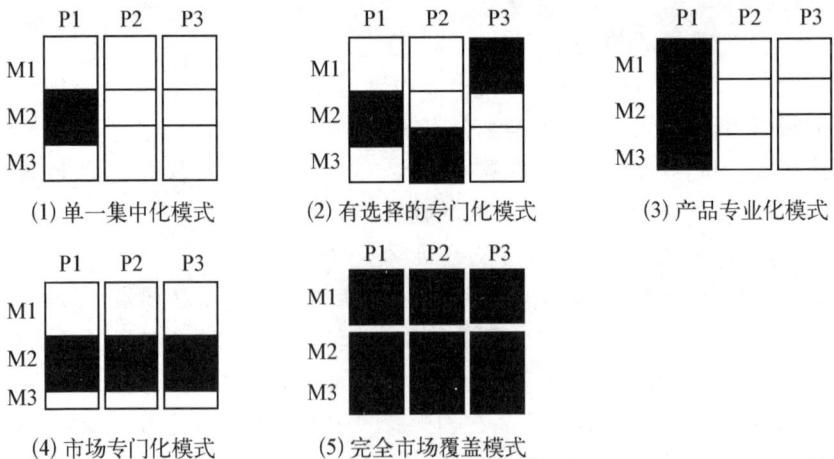

图 7-2　目标市场选择的五种模式

（一）单一市场集中化模式

最简单的方式是企业只选择一个细分市场作为目标市场,这种选择目标市场的模式称为单一市场集中化模式。如果企业采用这种模式,就能够更加了解细分市场的需求,并通过树立良好的信誉,从而在该细分市场建立巩固的市场地位。同时,企业通过生产、销售和促销的专业化分工,也可以提高经济效益。

但是,如果企业采用这种模式,也要承担较高的风险。一旦这个细分市场出现不景气的情况或者有新的更为强大的竞争者的进入等,企业的业务就会全面受阻,甚至面临倒闭的风险。由于这个原因,许多企业宁愿选择若干个细分市场作为目标市场来分散营销。

（二）有选择的专门化模式

企业有时会有选择地挑选若干个细分市场作为目标市场,这种目标市场选择模式称为有选择的专门化模式。其中,每个细分市场结构都具有吸引力,并且符合企业的目标和资源条件。这些细分市场之间很少有或者根本没有任何联系,然而在每个细分市场上企业都可以盈利。

这种多细分市场目标优于单细分市场目标,因为这样可以分散企业的风险。即使某个细分市场失去吸引力,企业仍可继续在其他细分市场获取利润。例如,有些出客运企业不但经营客运市场,同时经营货物运输市场。

（三）产品专业化模式

如果企业选择一组细分市场作为目标市场,并且这一组细分市场对某一种产品都有一定的需求,这种目标市场选择模式称为产品专业化模式。这时企业会向这一组细分市场销售同一类产品。例如,日本的一家自行车生产企业专门生产运动自行车,其产品不但销售给专业运动员,同时也销售给普通自行车运动爱好者。这种模式是企业向不同的顾客群体销售同一种类产品,而不是向同一个市场销售其他类别的产品。

通过这种战略,企业可能在某个产品领域树立起很好的声誉。但如果由于新技术的产生而导致更为优秀的产品,那么企业将面临经营滑坡的危险。

（四）市场专门化模式

如果企业选择某一个细分市场作为目标市场,并且满足这个细分市场内顾客对几种产品的需求,这种目标市场选择模式称为市场专业化模式。这时企业会向这一个细分市场销售同几类产品。例如,有些球迷组织不但经营订购比赛门票,同时经营球迷用品、餐饮服务、旅游服务等项目。

通过这种战略,企业可能在某个细分市场树立起很好的声誉。同时,企业还可以利用已经形成的市场渠道作为新产品的销售渠道,并向这个细分市场销售新产品。但如果这个细分市场的规模缩小时，那么企业就将面临效益下跌的危险。

（五）完全市场覆盖模式

如果企业想为所有的细分市场提供他们所需要的所有品种产品，那么这种目标市场选择模式称为完全市场覆盖模式。只有大企业才能采用这种模式。例如，像阿迪达斯、耐克公司等。它们可通过两种营销策略来达到覆盖整个市场的目的，一个是无差异性市场营销策略；另一个是差异营销策略。

1. 无差异性市场营销策略

无差异性营销策略是指企业只推出一种产品，并且只设计一套营销方案，来吸引尽可能多的购买者的市场营销方法。无差异营销策略只考虑消费者或用户在需求上的共同点，而不关心他们在需求上的差异性。所以，采用无差异营销策略的企业，将产品的整个市场视为一个目标市场，用单一的营销策略开拓市场。

无差异营销的理论基础是成本的经济性。生产单一产品，可以减少生产与储运成本；无差异的广告宣传和其他促销活动可以节省促销费用；不搞市场细分，可以减少企业在市场调研、产品开发、制定各种营销组合方案等方面的营销投入。这种策略对于需求广泛、市场同质性高且能大量生产、大量销售的产品比较合适。

对于大多数产品而言，无差异市场营销策略并不合适。首先，消费者的需求在客观上是千差万别并且是不断变化的，希望一种产品长期为所有的顾客所接受，几乎是不可能的。其次，如果几家企业同时都采用这一策略，就会在最大的细分市场上出现异常激烈的市场竞争。同时，在一些众多较小的细分市场上，消费者的需求却得不到满足。更为重要的是，采用无差异市场营销策略的企业，非常容易受到竞争对手的攻击。当其他企业针对不同细分市场提供更有特色的产品和服务时，采用无差异策略的企业可能会发现自己的市场正在遭到蚕蚀，但又无法有效地予以反击。

2. 差异性市场营销策略

差异性市场营销策略是指企业同时在几个细分市场上经营业务，并分别为每一细分市场制定一套独立的营销计划。例如，耐克公司针对篮球顾客推出乔丹系列产品，并采用不同的广告主题来宣传这些产品，就是采用的差异性营销策略。

由于差异性营销须经多渠道销售多样化的产品，所以很明显会比无差异性营销获得更高的销售额。但是，企业的经营成本也会明显的上升。由于产品种类多，管理和存货成本将增加；由于企业必须针对不同的细分市场发展独立的营销计划,会增加企业在市场调研、促销和渠道管理等方面的营销成本。所以,很难确定差异性市场营销策略的效益如何。

三、评价、选择细分市场的其他问题

在评价和选择细分市场时,企业还应该考虑另外几个问题:选择目标市场的道德标准;细分市场之间的相互关系;超级细分市场的进入;逐个细分市场的顺序进入计划;利用大营销进入封闭市场以及内部细分合作等问题。

（一）选择细分市场的道德问题

企业在选择目标市场时要考虑社会责任问题,即要遵守商业道德。如果企业针对弱势群体采取不正当的或不公平的营销者手段,或者营销有潜在危害性产品。对社会责任负责的营销,在市场细分和选择目标市场时,不仅要考虑企业利益,同时还要整个社会的利益。

（二）细分市场之间的相互关系与超级细分营销

企业应该关注各个细分市场之间的内部关系,寻找出范围经济和超级细分营销的潜力。

如果企业已经选择了几个细分市场作为目标市场,就应该密切关注各个细分市场在成本、经营管理或技术方面存在着的某些联系。已经拥有一定固定成本的企业(如销售队伍、销售渠道等),可以通过增加经营产品的种类和数量,来分摊其固定成本的一部分。这样经营的结果,往往会导致与规模经济同样重要的范围经济。

企业在选择细分市场时,应设法辨别并进入超级细分市场。所谓超级细分市场是指一组具有相同开发价值的细分市场,例如,各个细分市场具有同样的原材料市场、生产设备或者可以利用同样的销售队伍、销售渠道等。企业进入超级细分市场所进行的超级细分营销,不但可以获得范围经济,同时还可以在超级细分市场中的主要细分市场上获得竞争优势。所以,企业应尽量避免只在一个孤立的细分市场中经营。

（三）超级细分市场的进入计划

当企业计划要进入某个超级细分市场,明智的做法应该是首先进入一个细分市场,并将全盘计划保密。由于企业能否顺利实施超级细分市场进入计划,很大程度上要受到其他企业在细分市场上的行动的影响。所以,企业一定不能让竞争者知道本企业下一步将要进入哪个细分市场。

（四）细分市场业务的内部合作

管理细分市场的最好方法是任命细分市场经理,并且让他们拥有足够的权

力并对各细分业务负责。同时,细分市场经理还要与其他企业的人事进行合作,以提高整个企业的绩效。

第三节　市场定位

一、市场定位的含义

企业需要为它所追求的每个细分市场(目标市场)制定和传达一种定位战略。科特勒认为,定位是为了适应消费者心目中的某一特定地位而设计企业产品和营销组合的行为。定位这个词是里斯和屈劳特于 1972 年在《广告时代》发表的一系列名为"定位时代"的文章中提出来的。他们认为,"定位始于一件产品。一种商品,一次服务,一家企业,一个机构,或者甚至一个人……。然而,定位并不是你对一件产品本身做些什么,而是你在有可能成为顾客的人的心目中做些什么。这也就是说,你得给产品在有可能成为顾客的人的心目中确定一个适当的位置。"

与一般实物性质的体育产品一样,一项体育运动项目、一项体育赛事的成功商业化也必然有其独特的市场定位,但是由于一项体育项目运动往往经历由玩耍(play)到游戏(game)再到竞技体育(sport)的这样一个由低级向高级的发展过程,因此本身的竞技规则及运动特点所形成的赛事文化或是宗旨必然会影响其定位的内容。首先,运动项目本身的竞赛特点影响项目形象,其中的技术性、科技性、暴力性会使人们对赛事产生固有的形象,如赛车的刺激、拳击的暴力、花样滑冰的优雅等。其次,运动项目的正规比赛其级别、规模以及参与地区也影响人们对于赛事品牌的认识,如 F1 方程式赛车带有典型的欧洲贵族奢华特质,而美国本土的纳斯卡赛车充满了平民娱乐色彩。再次,不同的赛事往往吸引不同性格的人群,如足球爱好者比较疯狂和张扬热烈,而喜欢乒乓球的人则比较内敛细致。总之,这些元素使得消费者感知一个活生生的、具体的赛事项目,对于赞助商而言,定位清晰、个性鲜明、文化丰富的赛事与企业产品的形象相契合,才能使赞助商的信息潜移默化地嵌入目标消费者的心中,从而提高产品品牌的知名度,如万宝路一直积极赞助各项国际体育赛事,尤以 F1 车赛最为出名,这是因为在大众心目中,F1 赛车被视为自由奔放、激烈如火的运动,F1 车手的形象符合万宝路品牌诉求的"男子汉形象",F1 赛车所体现的精神正是万宝路牛仔具有的精神。

为了准确地理解和把握定位的概念,应该注意以下两个问题。

（一）市场定位是设计产品差异化

要使企业的产品和形象在顾客心目中形成"独特的、有价值的地位"，唯一的途径就是设计出比竞争者更为优越的，区别于竞争对手的产品、形象特征。因此，市场定位实际上就是有效地设计产品差异化。

（二）市场定位的对象是顾客的心理

虽然市场定位是以产品为出发点，但市场定位的对象并不是产品，而是针对潜在顾客的思想。在经过市场研究之后，企业通过产品差异化战略，创建了优越于竞争者的产品差异化特征。然后，企业通过制定并实施市场定位战略，将这一优越的产品差异化特征传递给目标顾客。当目标市场了解并认识到这个优势时，它就成了目标市场购买的一个重要的理由。实际上，有效的定位是在成功地创立一个以市场为重点的价值建议书，它简单地陈述了为什么目标市场要购买本企业的产品。与此同时，更为重要的是企业必须将市场定位准确地传递给目标市场，从而能够让顾客明显感觉和认识到企业的市场定位。

二、制定目标市场定位战略的方法

企业要制定有效的定位战略，应该按照以下三个步骤进行。

（一）识别优越产品差异化特征

企业要制定有效的定位战略，首先要识别那些优越于竞争者的产品差异化特征。识别产品差异化优势就是辨认出企业已经具备的和通过努力后可能具备的产品差异化优势。而这些产品差异化优势则有可能来自有形产品、服务、人员以及形象方面的差异化。

（二）选择合适产品差异化特征

当企业正确地识别出了几项产品差异化优势后，并且已经按照优势的大小程度排出了顺序，这时企业就要决定选择几个产品差异化特征，并依据这些选定的特征确定市场定位战略。

企业可以选择一个具有很强竞争优势的产品差异化特征作为自己市场定位的依据。这样企业就会更有机会向顾客展示自己是某种利益的最佳提供者。企业也可以选择几种产品差异化特征作为自己市场定位的依据。这样做可能会让顾客相信企业能够提供更多的利益。但是，这种策略也承担了不被顾客相信的风险，出现了市场定位不清的错误。

（三）传播企业的市场定位

企业一旦确定了市场定位战略，就必须采取切实可行的方法把市场定位传递给目标顾客，并使顾客对市场定位感到认同。有效的市场定位传播，完全依赖于企业所有的市场营销组合来支持。也就是说,在设计市场营销组合策略时,必须包括支持市场定位的策略性细节,从而达到有效地向目标顾客传播企业的市场定位。

　　(四) 调整市场定位

　　企业必须紧密地监视市场环境的变化,适时地调整市场定位。企业通过关注顾客需求的变化以及审视竞争者的策略,并经过系统的研究之后,调整自己的市场定位策略。但同时,企业仍然要注意避免突发性的市场定位改变,否则会使顾客感到困惑,出现了市场定位混淆的错误。

三、主要的市场定位错误

　　企业在进行市场定位时可能会出现一些错误。这些错误一般包括:市场定位过低、市场定位过高、市场定位混乱、市场定位可疑。企业应避免上述四种主要的定位错误,以获得定位战略的成功。

　　定位过低。市场定位过低指的是企业推销的产品差异化特征并没有多少意义。这样的市场定位,使得企业的产品在顾客的心目中只有一个模糊的概念,而且使顾客没有能够意识到品牌的独特之处。

　　定位过高。市场定位过高指的是企业推销的产品差异化特征过于突出,以至于市场定位没有能够反映出企业产品真实的、完整的差异性特征。这样的市场定位,使得顾客对企业产品的认识和了解的程度过于狭窄。

　　定位混乱。市场定位混乱指的是企业推销数目过多的产品差异化特征或者过于频繁地变化市场定位内容。这样的市场定位,使得顾客对企业产品印象模糊不清,无所适从。

　　定位可疑。市场定位可疑指的是企业推销的产品差异化特征过于脱离实际或者内容虚假。这样的市场定位,使得顾客难以相信企业的产品特征。

四、可选择的市场定位战略

　　事实上,企业可以在诸多的方面进行市场定位。例如,在产品、服务、人员、企业形象、特征方面进行定位。在营销实践中,企业在进行特定的定位时可以选择以下六种战略。

　　利益定位。企业把市场定位于提供某一特定利益的领先者。例如,红牛饮料宣称其产品可以补充体力并有提神的特殊运动饮料。它的市场定位就是能够向顾客提供特别的产品利益。

　　特色定位。企业把市场定位于自己的特色,如它的规模、它的历史。例如,毕尔巴鄂的足球在西班牙独树一帜,既不同于皇家马德里的贵族血统,也没有巴塞罗那的叛逆气质,也不像拉科鲁尼亚、瓦伦西亚的技术细腻,也不像特内里费那样的保级大师,也不像赛维利亚那样,是马拉多纳初次登陆欧洲的发祥地,有一段可以自夸的历史。毕尔巴鄂市足球队——毕尔巴鄂竞技队的特点就两个字:"粗野"。曾经是20世纪80年代西班牙足坛的著名恶汉、绰号"屠夫"的戈耶切亚,就是当时毕尔巴鄂竞技队的英雄。毕尔巴鄂的球迷至今仍然津津乐道,当年马拉多纳第一次受重伤,就是被戈耶切亚铲断了腿。

用途定位。企业把市场定位于是使用中的最佳者。耐克公司把它的一个运动鞋系列定位与最佳跑鞋,甚至还可以提高使用者的运动成绩。耐克还在许多其产品系列中应用这种市场定位策略,并在顾客心中形成了强烈的印象。

用户定位。企业把市场定位于最适合某类的使用者。李宁公司在广告中强调,其产品的使用者可以是那些不是体育明星的运动员,而且使用其产品可以提高他们的士气,甚至有朝一日还可以成为运动成绩优秀的人。

种类定位。企业把市场定位成在某类产品品目上是领先者。许多名牌运动服装厂商赞助体育明星,其中一个重要的原因就是在实施产品种类定位策略,即强调其运动服装也是品味超群的休闲服装。这种市场定位的竞争对象并不是本行业内的竞争对手,而是休闲服业内的竞争者。

价格定位。企业把市场定位为具有一定的质量及一定价格的产品。例如,某旅游用品公司生产销售一种价格很便宜的羽毛球拍,虽然质量较差,但仍然销路很好。其市场定位就是比较低的质量、特别低的价格。这个市场定位,很好地满足了非专业运动员并且不是经常参加羽毛球运动的顾客需求。

五、市场定位的类型

市场定位是一种竞争性定位,它反映的是市场竞争各方面的关系,是为企业有效参与市场竞争服务的。

（一）避强定位

这是一种避开强有力的竞争对手进行市场定位的模式。企业不与对手直接对抗,将自己置定于某个市场"空隙",发展目前市场上没有的特色产品,可拓新的市场领域。这种定位的优点是:能够迅速地在市场上站稳脚跟,并在消费者心中尽快树立起一定形象。由于这种定位方式市场风险较小,成功率较高,常常为多数企业所采用。

（二）迎头定位

这是一种与在市场上居支配地位的竞争对手"对着干"的定位方式,即企业选择与竞争对手重合的市场位置,争取同样的目标顾客,彼此在产品、价格、分销、供给等方面少有差别。实行迎头定位,企业必须做到知己知彼,了解市场上是否可以容纳两个或两个以上的竞争者,自己是否拥有比竞争者更多的资源和能力,是不是可以比竞争对手做得更好。否则,迎头定位可能会成为一种非常危险的战术,将企业引入歧途。当然,也有些企业认为这是一种更能激发自己奋发向上的定位尝试,一旦成功就能取得巨大的市场份额。

(三) 重新定位

重新定位通常是指对那些销路少、市场反应差的产品进行二次定位。初次定位后,随着时间的推移,新的竞争者进入市场,选择与本企业相近的市场位置,致使本企业原来的市场占有率下降;或者,由于顾客需求偏好发生转移,原来喜欢本企业产品的人转而喜欢其他企业的产品,因而市场对本企业产品的需求减少。在这些情况下,企业就需要对其产品进行重新定位。所以,一般来讲,重新定位是企业为了摆脱经营困境,寻求重新获得竞争力和增长的手段。不过,重新定位也可以作为一种战术策略,并不一定是因为企业经营陷入了困境,相反,可能是由于发现新的产品市场范围引起的。例如,某些专门为青年人设计的产品在中老年人中也开始流行后,这种产品就需要重新定位。

[本章讨论题]

1. 请结合案例分析市场细分的划分方法。
2. 请结合案例分析目标市场的选择策略。
3. 请您为我国体育赛事目标市场定位。

[案例一]

NBA"季前戏"中国预热 斯特恩运筹帷幄成竹在胸

"小皇帝"詹姆斯来了,"魔兽中锋"霍华德来了,他们共同的目的,是赴一场 NBA 常规赛前在中国的"前戏"。

NBA 季前赛在整个 NBA 链条中算不上是十分重要的一环,季前赛的分数不带入常规赛,就连技术统计也不算。它主要有三大功能:第一,磨合阵容、丰富打法以及检验新老球员的竞技状态,尤其是替补球员,这是他们展现自己的机会。第二,为 NBA 常规赛预热。第三,宣传 NBA,扩大海外影响。NBA 已经先后派出多支球队赴海外打季前赛,日本、墨西哥、西班牙、法国等国家都曾承办过此类比赛。2004 年,NBA 第一次把季前赛放在了上海和北京两地,那是 NBA 在中国市场的初次试水;时隔三年,又将骑士同魔术的比赛放在上海,大卫·斯特恩显然已经运筹帷幄,成竹在胸。

虽然只是一场 NBA 的季前赛,但其影响力和关注程度,足以令 CBA 相形失色。一场季前赛,让本来已经势如破竹的 NBA 又掳获了 N 多中国球迷的心。毕竟虽然只是一个字母的差异,CBA 与 NBA 的竞技水平、球星号召力、可观赏程度、运营水准,完全不在同一水平线上。

大卫·斯特恩给 NBA 的定义绝不仅仅是一种体育运动,而是一种生活方式:积极、健康、精彩、品位……几乎囊括了先进生活方式的共性。斯特恩没有说的是:NBA 不仅是一种生活方式,还是一种赚钱方式。用更准确和书面的语言是:竞技体育成功的盈利模式。所以 NBA 进军中国市场,绝非是心血来潮,而是虎视眈眈,"蓄谋已久"。

在斯特恩的数据统计中,中国有 4.65 亿年轻人,这就是 NBA 未来发展的目标人群。一直以来 NBA 最重要的市场理所当然的是美国,但中国人口众多,是 NBA 的第一大市场。以现在趋势发展下去,中国市场的重要性甚至有可能超过美国。

从商业角度,NBA 进军中国市场对于 CBA 并不是什么好消息,由于双方的水平差距,CBA 肯定会被 NBA 抢去很大风头。但斯特恩也知道要进军中国市场,必须要得到官方的准入和支持,因此他们采取主动示好 CBA,摆出一副"与 CBA 共舞"的架势,尽可能地消除这种敌对情绪。斯特恩这次来华有一项比季前赛更重要的任务,就是对国家体育总局、CBA 进行公关,建立所谓的"合作伙伴关系"。NBA 将帮助 CBA 在中国的大小社区竖起数以千计的篮架以普及篮球运动,还将 NBA 的训练模式、营养学和医学理论、教学理念带到中国,甚至还要帮助发展电视、网络等新媒体,让球迷收看到最高水平的比赛——当然其中最重要的赛事还是 NBA。

应当感谢 NBA 所做和将要做的这些有公益性质的事情,但 NBA 不是慈善机构,一副热心公益事业面孔的斯特恩终极身份也不是慈善家。他们看中的,是中国市场巨大的潜力的超值的回报。NBA 去年在中国的收入约为 5 000 万美元,虽然与 NBA 去年全年总收入 40 亿美元相比看似无足轻重,但这是 NBA 联盟来自海外的最大一笔收入——更重要的是这笔收入在未来的时间里很可能翻倍增长,这样巨大、良好的成长性市场,NBA怎么会错过?

自从1990年菲尼克斯太阳和犹他爵士在东京进行了常规赛的揭幕战,到2003—2004赛季超音速和火箭在横滨进行两场NBA常规赛,NBA一共六次将联盟的球队安排到日本去打常规赛,从而日本也成为美国本土以外打常规赛最多的国家。虽然对NBA何时在中国举办常规赛斯特恩还闪烁其词,大吊胃口,但有充分的理由可以相信:这一天一定不会远,2008在中国看到NBA常规赛绝不是一个奢望。

NBA将"前戏"演到了中国,这绝不仅仅是NBA新赛季的一场"前戏",更是NBA进军中国市场的一场重要的"前戏"。NBA已经准备好了,CBA准备好如何回应了吗——他们将会"与狼共舞",还是被动地被征服?

(资料来源:《济南时报》,2007年)

[案例二]

解开F1商业链

在F1商业链条中居于最上游位置的无疑就是伯尼·埃克莱斯通,他不仅控制着F1赛车,而且占有这项体育运动的大部分商业利益。有人把他叫作"F1沙皇",有的称他为"马戏团领班",还有的人管他叫作"F1老大"。

埃克莱斯通的权力和金钱来源于四个方面:第一,他拥有FIA颁发的,谈判出售F1全球电视转播权的许可证;第二,作为F1车队创办人协会主席,他拥有处理各车队的利益、组织和安排车手们巡回比赛和与赛车负责人谈判的权利(进行这种谈判是要收费的);第三,作为FIA的副主席,他成为了这个权力组织的核心力量;第四,除了F1赛车的经营外,他还在其他赛车比赛和摩托车比赛中开发了一系列商业性经营。

埃克莱斯通对他的财富总是讳莫如深。当涉及这个问题时,他经常用这样的话圆滑地回避:"只有我和税收人才知道我的银行户头上有多少钱。"而实际上,要想精确地计算出埃克莱斯通的财富究竟有多少是件非常困难的事。

目前,他个人在一种移动式数字转播室的研发中已经投入了5 000万英镑。埃克莱斯通的富有还体现在他拥有一架Lear喷气式飞机,十几辆作为收藏品的汽车,科西嘉岛和瑞士等地的房产。如果他的F1股份能够实现上市流通,那么能够为他和他的家庭带来7 500万英镑的财富,同时使他跻身于英国最富有的前十名之列。

赛车场经营者: 看重F1的"聚金效应"

在F1赛车运动刚起步时,各项赛事都是分别举行的,彼此互不相干。参加比赛的车队独自与车场业主洽谈出场费,很多事情显得杂乱无章,有时车场业主也搞不清究竟有多少车队最终会出现在赛道上。为了使F1比赛更加职业化,埃克莱斯通功不可没。他的过人之处在于:他向车场业主保证,所有的车队都会到齐。各车队也必须作出参加整个赛季各站比赛的承诺。为此埃克莱斯通还向车场业主收取举办费。

在20世纪70年代末期和80年代初期,车场业主大约向埃克莱斯通领导下的FOCA(F1车队创办人协会)缴纳500 000英镑的举办费。现在,大奖赛各站的平均举办费被认为是每年约1 000万美元。另外,埃克莱斯通还要求车场业主放弃对赛场内广告和招待享有的专有权。由于埃克莱斯通的"层层盘剥",在欧洲地区的私人投资对赛车场的经营兴趣已日渐式微。但是在亚洲地区,申办F1赛场却越来越热。除了原有的日本铃鹿赛道,马来西亚雪邦赛道,今年还将加上中国的上海赛道以及巴林的马纳马赛道。

亚洲国家的政府为何如此青睐F1?因为在政府的眼中,承办F1赛事意义远远超过这项比赛自身所具有的意义。首先,承办一个分站赛象征着技术进步,产生的轰动效应不亚于建造起一座世界最高的摩天大楼。据保守估计,国际标准的F1赛车场,每年仅车赛就可吸引数以万计的人从世界各地汇聚当地,每场比赛现场观众可达到20万—30万人,而每张入场券的价格通常在100—2 000美元。其次,F1大赛向全球200多个国家和地区电视转播,世界各大报刊都报道每场比赛赛况,吸引观众、读者达60亿人次。可想而知,承办F1对提高一座城市的知名度起到多么巨大的作用。另外,兴建F1赛场还可以增加城市的就业机会,除了赛道建设之外,它还涉及水、电、交通、通讯、修理等行业。据专家分析,兴建F1赛场的投资效果与最终消费对经济增长的贡献率非常可观。

车队老板：工作就是不断寻找赞助

乔丹车队的老板埃迪·乔丹对于那些想创办或者运作一个F1车队的人建议是：先拿出2 500万英镑，然后把这些钱撕得粉碎，再扔到空中让他们随风而去。只有用这种办法，他们才能知道F1赛车是怎么一回事。

作为烧钱机器，一支F1车队的年预算最多可超过4亿美元，最少也不会低于3 000万美元，那么这些钱从哪里来？众所周知，F1比赛从电视转播、赛场广告和门票等方面可以赚到很多钱，但是根据车队与埃克莱斯通签署的协定，埃克莱斯通要拿走F1比赛总收入的51%，10支车队分配剩下的49%。分配这笔收入是根据车队的成绩，但是冠军车队法拉利也只能拿到1 000多万美元，与他们4.438亿美元的预算相比，显然是杯水车薪。

对于一个普通的车队创办人来说，车队约70%—90%的资金主要来自赞助商提供的商业赞助。因此，各个车队不惜力量、时间和金钱拼命地追逐、争夺和拉拢这些为F1提供资金动力的赞助商的行为也就不足为奇了。

麦克拉伦车队负责人罗恩·丹尼斯对此总结说："F1赛车这项'体育运动'只不过就是在星期天下午进行那么一两个小时的运动。除此之外，它纯粹是一项商业经营。我们将用最良好的形象和最美好的氛围为各个企业提供一个优良的平台，以便让他们获取投资的最大受益。"

但是赞助商已愈来愈不容易觅得，经营车队的成本却在不断提高。两年来，包括欧洲移动电话业的企业、万事达国际组织以及德国邮政企业在内的赞助商，已陆续退出F1赛车场。而每年高达2.44亿美元的烟草商，也会因欧盟将禁止烟草广告而很快从F1赛场退出。

这些消息对车队老板们来说，简直就是噩耗，尤其是那些底子薄的私人车队。对乔丹和米纳尔迪车队而言，如何找到足够跑完一个赛季的资金是他们最主要的课题。为了生存，他们不得不把讨好赞助商看得比发展车队还重要，选择车手时首先考虑的也是这个车手能带来多少赞助金。

赞助商：借力F1，向全球推销自己

赞助是一项相互捧场的活动，而F1赛车已经把它演化成一门精巧的艺术。在整个20世纪，赞助F1的汽车制造商基本上都信奉同一个理念：星期日赢得比赛，星期一好卖车。

1968年，掌管F1赛车运动的主管机构对商业赞助进行了改革，允许在赛车上做除了汽车产品之外的一般性产品的广告。从此，各种企业把F1当成了一个巨大的广告牌,所做的广告从避孕套、航空到房地产,五花八门,应有尽有。

为什么这些企业乐于向 F1 赛车投入巨额资金? 营销专家们认为,正是 F1 赛车为企业提供了一个独一无二的媒体工具来向全球推荐自己,或是使自己产品的品牌传遍全球。

F1 赛车与每 4 年举行一届的世界杯和奥运会不同,虽然世界杯和奥运会这两项全球性大赛也同样吸引大量的观众,但是他们的赞助商只能在运动中心的有限边缘上宣传自己。而在 F1 赛车中,赞助商没有这种限制,他们可以把品牌的标志放在体育活动中心位置上,就是消费者全身心关注的赛车上。

就 F1 赛车而言,企业赞助的不是一站比赛。F1 大奖赛每年的赛程长达 8 个月,平均每两周要进行一站的比赛,因此对于赞助商来说,会有更多的露脸机会。事实上,F1 赛车系列大奖赛已不再是持续 8 个月的赛事了,围绕车手的广告更换以及新款赛车的推出仪式意味着 F1 赛车已经成为一个全年 52 周的促销工具,这就可以使赞助商制定和规划一套永远的营销方案。正如 F1 赞助经纪人爱德华兹指出的那样:"正是 F1 赛车为赞助商提供了获取巨额投资回报的机会,这种回报是远非在其他体育项目中可以得到的。"

(资料来源:《成功营销》2004 年第 4 期,作者:彭强)

第八章

体育营销组合策略

内容提要

- 体育营销产品策略
- 体育营销价格策略
- 体育营销促销策略
- 体育营销渠道策略

第一节　体育营销产品策略

产品是指那些对消费者具有价值的,用于满足某种欲望和需要的实物、服务、理念、创意及观点等,包括有形物品、无形的服务及创意、观点等附加利益。营销学是以满足消费者的需求来研究产品的,但是由于体育产品是围绕体育活动展开的一种特殊物品,它关系到消费者的长远利益,甚至是国家的长远利益。因此它的设计、开发、推广不仅仅要满足普通消费者的需要,同时要考虑到政府、体育团体、协会等因素。例如国际排联出台新的比赛规则,将原来的白球换成蓝、黄、白三色球,女队比赛也将穿着新赛服,这些都将直接影响排球用品的设计、开发。又如教育部大力推广软式排球,2000 年 12 月出版的 9 年义务教育全日制初级小学和中学《体育与健康教学大纲》,将软式排球首次列入"限制性选修"内容,选修软式排球的学生要接受"评定成绩",成绩的评定有优良、良好、及格和不及格 4 个等级。根据中国排球运动管理中心软式排球推广领导小组制定的计划,从 1999 年年底到 2002 年年底的 3 年间,软式排球的人口要达到 1 亿以上。面对如此庞大的排球用品市场,北京东方永林公司与中国排球管理中心合作,3 年共注入资金 500 万元,用于软式排球的启蒙、推广和竞赛组织。

一、体育产品整体概念

在现代市场经济条件下,体育市场不仅仅是一个体育专业市场[指以体育服务为宗旨,体育经营为手段,以体育产品(体育有形与无形产品)交换为内容的专门交易活动场所],而是指具有对体育或由体育产生的需要或欲望的全部现实或潜在的顾客。企业的一切生产经营活动都是围绕着满足消费者体育需求进行的,即通过及时、有效地提供消费者所需要的体育产品而实现企业的发展目标。从市场营销的观点来看,体育产品是指能满足体育市场某种利益和欲望的物质产品、非物质形态的服务或两者的结合体。产品整体概念有三个基本层次组成:体育核心产品、体育形式产品、体育延伸产品。

体育核心产品是指体育产品最基本的核心利益,是体育产品的第一个层次,即满足消费者对体育有直接需要或欲望,也就是说,企业向消费者提供的体育产品基本效用和利益,也是消费者真正要购买的体育利益和体育服务。对体育的直接需要是指消费者有锻炼身体、发泄情感、娱乐等一系列需要,这些需要在体育中可以得到的充分满足。这种需要往往形成各种体育项目活动这类产品,如足球、排球、篮球、攀岩、游泳、武术、健美等,消费者可以通过观看、欣赏得到满足,也可以通过亲自参加活动来得到满足。体育产品核心功能需要依附一定的实体来实现,体育产品实体称体育形式产品,即体育产品的基本形式,如一名消费者选择篮球来满足锻炼身体的需求,进而产生购买篮球、球鞋等有形产品。体育延伸产品是体育产品的第三个层次,即体育产品包含的附加服务和利益,主要包括产品的运送、安装、调试、维修、产品保证、零配件供应、技术人员培训等。体育延伸产品来源于对消费者需求的综合性和多层次性的深入研究,要求营销人员必须正视消费者的整体消费体系,但同时必须注意因附加产品的增加而增加的成本消费者是否愿意承担的问题。

二、体育产品组合概念

体育产品组合是指体育企业生产或经营的全部一组产品,它包括所有产品项目和产品线。产品项目,即产品大类中各种不同品种、规格、质量的特定产品,企业产品目录中列出的每一个具体的品种就是一个产品项目。产品线,是许多产品项目的集合,这些产品项目之所以组成一条产品线,是因为这些产品项目具有功能相似、用户相同、分销渠道同一、消费上相连带等特点。

产品组合具体便是企业生产经营的全部产品线、产品项目的组合方式,即产品组合的宽度、深度、长度和关联度。产品组合的宽度是企业生产经营的产品线的多少。如体育赛事中可以有门票、场地广告、冠名、特许销售、赛事转播,表明产品组合的宽度为5;产品组合的长度是企业所有产品线中产品项目的总和,表8-1表明产品长度为17;产品组合的深度是指产品线中每一产品有多少品种,如开幕式门票可分为200元、400元、800元、2 000元,即深度为4;产品的关联度是各产品线在最终用途、生产条件、分销渠道和其他方面相互关联的程度。产品组合的四个维度为企业制定产品战略提供了依据。

表8-1　体育产品组合

门票(元)	场地广告	冠　名	特许销售	赛事转播
开幕式			饮品	电视转播
初赛	初赛场地广告牌底价	赛事冠名	服装	网络
决赛	决赛场地广告牌底价	运动队冠名	纪念品	报纸
闭幕式		志愿者服装冠名	食品	电台

三、体育产品生命周期

体育产品从投入市场到最终退出市场的全过程称为产品的生命周期,该过程一般经历产品的导入期、成长期、成熟期和衰退期四个阶段。在产品生命周期的不同阶段,产品的市场占有率、销售额、利润额是不一样的。导入期产品销售量增长较慢,利润额多为负数。当销售量迅速增长,利润由负变正并迅速上升时,产品进入了成长期。经过快速增长的销售量逐渐趋于稳定,利润增长处于停滞,说明产品成熟期来临。在成熟期的后一阶段,产品销售量缓慢下降利润开始下滑。当销售量加速递减,利润也较快下降时,产品便步入了衰退期。

产品生命周期形态可分为典型和非典型。典型的产品生命周期要经过导入期、成长期、成熟期和衰退期,呈 S 形曲线。非典型形态有"循环—再循环型""扇型""非循环型"等。研究产品生命周期对企业营销活动具有十分重要的启发意义。

导入期是新产品首次正式上市的最初销售时期,只有少数创新者和早期采用者购买产品,销售量小,促销费用和制造成本都很高,竞争也不太激烈。这一阶段企业营销策略的指导思想是,把销售力量直接投向最有可能的购买者,即新产品的创新者和早期采用者,让这两类具有领袖作用的消费者加快新产品的扩散速度,缩短导入期的时间。具体可选择的营销策略有:快速撇脂策略,即高价高强度促销;缓慢撇脂策略,即高价低强度促销;快速渗透策略,即低价高强度促销;缓慢渗透策略,即低价低强度促销。成长期的产品,其性能基本稳定,大部分消费者对产品已熟悉,销售量快速增长,竞争者不断进入,市场竞争加剧。企业为维持其市场增长率,可采取以下策略:改进和完善产品;寻求新的细分市场;改变广告宣传的重点;适时降价等。成熟期的营销策略应该是主动出击,以便尽量延长产品的成熟期,具体策略有:市场改良,即通过开发产品的新用途和寻找新用户来扩大产品的销售量;产品改良,即通过提高产品的质量,增加产品的使用功能、改进产品的款式、包装,提供新的服务等来吸引消费者。衰退期的产品,企业可选择以下几种营销策略:维持策略;转移策略;收缩策略;放弃策略。

四、体育无形资产概念及基本特征

（一）体育无形资产的概念

从资产作为经济学概念的角度看,体育无形资产是在体育领域内中,为特定主体所独有的、无实物形态而以知识形态存在的、在市场运营中能够产生经济效益的经济资源。其基本内容如下。

（1）体育竞赛表演活动的举办权和经营权：包括冠名权、冠杯权、广告发布权和广播电视转播权,体育竞赛表演活动的名称、会徽、吉祥物等标志的特许使用权和经营权等。

（2）体育经营组织、体育团队的名称、标志的专有权、特许使用权和经营权，如"北京奥申委"的文字及其商用标志、各俱乐部的名称及专用标志等。

（3）体育专利申请权和实施权。

（4）体育专有技术的发明权、使用权、转让权和其他体育科技成果权。

（5）体育组织、体育团队和体育名人的商誉。

（6）体育场馆、设施的租赁权，土地使用权。

（7）体育彩票的发行权、专营权和销售权。

（8）体育组织、体育团队和体育名人的广告权和代理权。

（9）法律、法规规定的或国际惯例承认的其他体育无形资产。

（二）体育无形资产的特征

体育无形资产作为无形资产在体育领域的延伸，主要具有无形性、资源性、不确定性、垄断性、时效性和高效性的特征。

1. 体育无形资产的无形性

体育无形资产最明显的特征表现为没有独立实体、不占用或少占用空间，而要依托于一定载体，如专利、专有技术、工艺设计、影视媒体等有形资产得以体现，并使其运营更有效率。

2. 体育无形资产的资源性

体育无形资产是发展经济，特别是知识经济的一种生产资源。在体育企业经营活动过程中，作为必备的条件作用于其他自然资源，驱动经济的发展并获得收益。

3. 体育无形资产的不确定性

体育无形资产在确认和计量方面难以全面、准确地确定。表现在：体育无形资产的价值存在较大的不确定性，无形资产的转移或出让的价值难以确定；无形资产的取得成本、投资的回报与未来的收益不易全面、准确地确定；无形资产的使用期限，除了法律规定的寿命期限外，难以准确计算。

4. 体育无形资产的垄断性

体育无形资产为特定主体所占有，无形资产所有人依法享有所有权，受到法律、法规、制度的保护，排他专有，不容他人侵犯，禁止非所有权人无偿获得；通过自身的保密、反对不正当竞争法和契约得到保护，维护应有的利益。

5. 体育无形资产的时效性

体育无形资产中相当一部分是直接依存于体育竞赛，因而具有较强的时效性，超出一定时限，其商业价值将很小或微乎其微。体育竞赛表演的举办权、冠名权、电视转播权、各类标志的特许使用、体育彩票的发行和经销权，以及体育场馆、设施的租赁权等一般都有合同规定的使用期限。

6. 体育无形资产的高效性

体育无形资产在一定条件下能够实现巨大的经济效益。体育无形资产以知识产权为主体内容,知识的不断创新使无形资产具有巨大的潜在效益。体育无形资产的运用不只在于为企业取得一般的收益能力,更在于为体育经营组织带来未来超额收益的能力,使巨大的潜在效益变为现实。

（三）体育无形资产的经营

1. 体育无形资产经营概念、特点及内容

体育无形资产经营是指体育无形资产的所有者、经营者和使用者,合理配置、充分利用稀缺的体育无形资产资源,实现其利润最大化所进行的筹划和管理活动。具有如下四个特点。

（1）经济性。体育无形资产是人类的劳动成果和智慧的结晶,它既是商品又是以知识形态存在的经济资源,具有一定的使用价值,在市场经济的条件下,无形资产的经营可以加速使用价值的实现,创造较高的经济效益。

（2）专有性。体育无形资产具有唯一性、排他性,其所有者或权利人在法律上拥有独占权和禁止权,体育无形资产的经营必须考虑其专有性的特点,依法经营的同时,利用法律保护自身的权益不受侵犯。

（3）市场依赖性。体育无形资产的经营要利用其独特的无形资产优势,开发培育国内市场,积极参与国际体育市场竞争,拓展国外市场,加强国际化经营。

（4）智能性。体育无形资产具有较强的专业性、知识性和技术性,高素质的体育无形资产经营者要求具备体育专业知识、市场营销知识和相应法律知识,以保证无形资产经营利润最大化的实现。

2. 体育无形资产经营内容

体育无形资产经营内容分为以下两种。

（1）体育无形资产所有权经营。体育无形资产所有权经营,又称体育无形资产所有权转让,其特点是转让后,原所有者不再拥有所有权。

（2）体育无形资产使用权经营。体育无形资产的使用权转让实际上只是有偿许可使用,通过许可合同实现,在国际贸易中又称为许可证贸易。体育竞赛、体育组织及体育名人各类相关的特许使用权以及体育专利技术、专有技术和特殊标志等体育无形资产的经营主要通过许可证贸易这种形式。

许可证贸易的范围涉及专利、专有技术、商标等体育无形资产,是指引进方根据与供应方许可其使用某项无形资产的协议生产、销售产品,并向供应方支付一定报酬的经营方式,在许可贸易中,引进方往往得到的是对该项资产实施的使用权,而所有权仍在供应方手中。

专利许可证贸易是最早、最基础、最典型的许可证贸易。一般可分为普通许可证、排他许可证、独占许可证、交换许可证、可分售许可证。

① 普通许可证。普通许可证是被许可人在规定的区域、时间内使用该项体育无形资产,但该项无形资产所有人仍有权在该地区内使用、转让该项专利技术。

② 排他许可证。排他许可证是在一定区域内、一定的时间内,独家使用该项体育无形资产生产经营,第三方不得使用该项体育无形资产,但无形资产所有人仍保留在该地区行使权力。

③ 独占许可证。独占许可证是在一定区域内、一定的时间内,无形资产所有人授予被许可人对该项体育无形资产拥有独占的使用权。体育无形资产所有人和第三方均不可在该地区使用该项体育无形资产来生产经营。

④ 交换许可证。交换许可证是指双方以价值相当的体育无形资产互惠交换使用。

⑤ 可分售许可证。可分售许可证是指被许可人在指定的地域、时间内,有权再将无形资产许可他人使用。

3. 咨询和服务

随着体育无形资产地位日益重要,并被人们广泛重视,咨询和服务在第二次世界大战之后开始兴起,咨询和服务的主要形式有:体育技术传授、体育技能交流、体育技术培训、体育赛事规划等,咨询和服务作为实现体育无形资产的一种劳务,主要可分为:决策咨询、工程技术咨询和管理咨询。

(1)决策咨询。也称综合咨询,由集中了众多专家的咨询机构向咨询方提供咨询服务的一种经营活动。具体内容有:体育经济政策的制定、体育调研预测、编制规划、可行性研究和论证、体育赛事策划咨询、体育项目管理咨询等。

(2)工程技术咨询。工程技术咨询可分为体育工程项目咨询和一般的技术咨询。工程项目咨询的内容可以有:可行性研究、编制设计任务书、招标文件、代理签约、现场监督、人员培训等。技术咨询主要有:技术协作、技术攻关、技术引进、技术转让、试验服务等。

(3)管理咨询。主要是与体育组织经营管理有关的咨询。管理人员经过咨询,提高管理水平,改进管理工作,管理咨询的职责是分析和建议,发现体育组织经营管理中的不合理因素,提出切实可行的改进措施。

(四)体育无形资产交易价格

1. 体育无形资产的交易价格及其影响因素

体育无形资产交易价格的确定不能完全交给体育无形资产的所有者,必须让利一部分给接受者,这样接受者才有交易的积极性;在交易价格中应考虑到未来的不确定性会带来的风险分担问题。

体育无形资产的交易价格主要受以下因素的影响。

(1)体育无形资产的转让次数。转让次数越多,每次转让的价格就越低。

(2)体育无形资产的供求关系。无形资产以创新为特点,往往具有超前性,与市场供求有关,供大于求价格下降,供不应求价格上涨。

(3)体育无形资产的生命周期。一般技术类体育无形资产生命周期比较短,而且越来越短,其生命周期的长短对价格的影响较大。一项新开始的专利价格比即将到期的专利价格会高很多;相反,信息类的体育无形资产如体育商标、商誉等生命周期很长,年代越久价格越高。

(4)体育无形资产交易的支付方式。一次性支付的价格较低,多次支付的价格较高。

2. 体育无形资产交易价格的制定

(1)资源型体育无形资产的定价。资源型体育无形资产如体育场馆、体育设施的租赁权、土地使用权,其所有权多为国家所有,此类国有体育无形资产产权的经营,有一定的时间限制,为非永久性的产权转移,其价格形式多为租赁费和占用费。在确定租赁费和占用费金额时,主要考虑以下两个方面:一是国有体育无形资产的客体的状况。包括客体的国家垄断性,由此构成费用的基础部分,即绝对性租占费(绝对地租);资源品质及丰饶程度,构成费用的一个追加部分,即级差性费用之一(级差地租Ⅰ);追加劳动对资源品质即丰饶程度的改进,它构成另一个追加部分,即级差性费用之二(级差地租Ⅱ)。二是国内外的需求状况,在有国际或国内比较标准的前提下,根据需求状况由双方共同协商,确定一个高于或低于标准的费用。

(2)知识型体育无形资产的定价。知识型体育无形资产定价基础在于科学地确定知识产品的价值量。由于知识产品的生产具有连续性、创造性、探索性等特征,决定了知识产品价值量的复杂性。一般来说,知识型体育无形资产的价值量应包括以下三个部分:一是转移的价值部分,即创造知识产品耗费的全部成本或花费的全部费用;二是必要劳动所创造的价值部分,如知识劳动者的体力、脑力耗费的补偿;三是剩余劳动所创造的价值。知识生产者的创造性劳动可为社会带来巨大的经济效益,其剩余劳动部分也应计算价值量。此外,还要考虑专有性和社会需求状况,对知识型体育无形资产作出合理的定价。

(3)权利型体育无形资产的定价。权利型体育无形资产主要是指有契约、合同或政府授权所形成的无形资产,如与体育赛事、体育组织、集体与名人相关的特定的权利和关系等,并且这种权利和关系能为所有者长期带来经济效益。从权利型体育无形资产的产生来看,是一种行政权的延伸,是一种能产生垄断性经济效益的权利的授予。权利型体育无形资产的定价比较复杂,一般通过评估的方法确定其价格。中国国家财政部颁布的《资产评估准则——无形资产》规定了无形资产的评估方法,主要包括重置成本法、收益法和市场法。

重置成本法是按被评估无形资产的现实重新开发创造成本或购置一项全新无形资产的耗费扣减其各项损耗价值来确定被评估无形资产的方法。其计算公式为

体育无形资产评估值 = 体育无形资产重置成本 × 成新率

收益法又称收益现值法,它是通过估算无形资产在未来的预期收益,并采用适宜的折现率折算为现值,然后累加求和,求得被评估体育无形资产的价值的一种评估方法。其计算公式为

$$体育无形资产评估值 = \sum \frac{R_i}{(1+r)^i}$$

式中: R 为预期收益, r 为折现率, i 为收益期。

市场法是选择近期内同类体育无形资产的交易为参照物,以评估目标体育无形资产,进行适当的调整而得到交易价格的方法。

各种评估方法不是彼此孤立的,在无形资产的评估中应当兼容使用综合确定最后的评估价值,对权利型体育无形资产合理定价。

3. 体育无形资产交易价格支付

体育无形资产交易价格的支付主要有:一次总算、入门费、分成支付、入门费加提成费、定金分成、入股分红等。

一次总算,又称总额付费。根据输出方转让的体育技术协议的内容和所承担的责任、义务,对转让费以及输入方可能获得的经济效益进行结算,从而商定一笔技术转让总额,由输入方一次性付清。

入门费,又称定金或预付金。体育无形资产交易的协议生效后,技术输入方正式投产后支付提成费之前,按规定付给技术输出方的一笔费用。实际上它是作为技术输出方提供资料、披露机密、传授技术的一种报酬。

分成支付。进行体育无形资产交易的双方在签订技术转让协议时,对所转让的技术并不具体商定一个固定的转让费总额,而是在一定期限内,由技术商品买方在技术实施所产生的经济效益中,分出一部分给卖方,作为支付这一技术商

品的价款。分成支付可以分为利润分成、产值分成和销售分成。

入门费加提成费。双方在签订合同后,或在受让方收到出让方的技术资料后若干天内,先付给出让方一笔约定数量的金额,其余数额待产品正式投产销售后,再按规定分年提成。

定金加分成,定金是在技术转让过程中出让方所需的全部费用。分成则是受让方每年为支付技术商品的费用在已付定金的基础上还要有一定的提成。这种方式实质上是一次总算和分成支付两种方式的结合。

入股分红。指以无形资产进行投资,通过无形资产作价入股,然后投资方按股份多少分取红利。入股分红不同于利润分成,入股分红可无限分红收益,严格按通行的分红方法获利,而且不仅享有收益的权利,还有按股承担债务的义务。

(五)体育无形资产经营策略

体育无形资产的市场经营活动,就是凭借专有的体育无形资产,在一定的市场上,通过适当的交易方式,运用有效的交易策略将其销售出去,以获得最大收益。无形资产的市场交易的策略包括销售策略、市场策略、价格策略、网络策略、域名策略等。

1. 销售策略

体育无形资产销售是沟通智力形态的体育无形资产与社会最终需要的有形资产之间的桥梁,通过销售使体育无形资产真正成为社会生产的生产要素,通过交换使体育无形资产所含的价值为社会所承认。体育无形资产销售的特点如下。

(1)体育无形资产交易的两权分离。体育无形资产使用效益大,价格高,在使用时承担很大的风险,因此一次交易全部产权较困难。同时具有可以反复利用而本身不会损耗的特点,所以体育无形资产一般只是部分使用权的交易,所有权的转让属于少数,其价值分多次逐渐实现。

(2)体育无形资产交易方式多样性。体育无形资产既可以一次全部使用权买卖,也可以部分使用权买卖,还可以部分所有权买卖;交易时间既可以是长期,也可以是短期;既可以是全部生产许可,也可以是部分生产许可。

(3)体育无形资产交易方式的复杂化。由于体育无形资产自身所含风险不同,买方所承受的风险也不同,造成了无形资产交易的支付方式比较复杂。

2. 市场策略

体育无形资产市场以知识产权市场为主体,涉及消费品市场、资料市场以及产权市场,是一个庞大的市场体系。原因在于体育无形资产形式多种多样,具有极强的渗透性。在社会生产力诸要素中科技含量的大幅提高,对体育无形资产交易市场将产生极大影响。一个完整的体育无形资产交易市场体系,包括独立的供给方和需求方、高效的市场运行机制、完善的体育无形资产中介机构和健全的法律保护体系,保证体育无形资产市场正常、有序的运行。

3. 网络策略

借助全球计算机互联网,网络营销策略将是未来体育无形资产经营的重要方面。在网络环境下,信息资源更加广泛,获取信息的速度更加快捷,体育经营组织通过网络了解市场行情,随着电子货币的产生,消费者通过网络购买商品、支付货款,网络营销的许多经营方式成为体育经营组织宝贵的无形资产。

4. 域名策略

域名是国际互联网上的计算机系统的名字。互联网域名按照层次分国际性域名和地区性域名,地区性域名下又按照更详细的地区或行业划分更为深层次的域名。由于互联网全球一体化的特征,国际性域名成为全球各类企业争夺占领的对象。2000 年 10 月正当北京申奥紧张进行的时候,美国 ACE 国际发展有限公司在中国拍卖 70 个汉语拼音特征的国际顶级行业和业务域名,其中"奥运"(aoyun. com)标价高达 300 万元人民币。世界上各大公司均在网上开设网址,树立网上形象,发布公司供求信息。由于域名只具有潜在的取得收益的可能性,并非一经注册域名就能取得巨大的收益,因此体育经营组织需要立足于长远发展思路,树立网络意识和域名意识,保护珍贵的域名资源。

第二节　体育营销价格策略

一、影响定价的因素

在体育的营销中,价格行为是企业市场行为的主要内容,也是一个企业盈亏的主要因素之一,在企业制定价格策略时应考虑以下四个因素。

（一）消费者的收入水平

消费者的收入是指消费者个人从各种来源所得到的货币收入,通常包括个人的工资、奖金、其他劳动收入、退休金、助学金、红利、馈赠、出租收入等。一般来说,收入水平、年龄、职业、性别等不同的消费者对价格的接受程度有较大的差异。对于低收入者、弱势群体定价水平要低,对于高收入者定价水平要高。收入高的消费者可以有时间有能力去购买更多的体育产品,而收入较低的消费者首先要投入生活最基本的消费,如房产、教育等,这样就替代了体育产品的消费量。因此,消费者的收入水平决定着体育市场产品的需求量以及产品的层次。这样的需求层次为体育产品设立了价格上限,上限的具体位置取决于顾客对产品或服务的价值感受。

(二)体育产品成本因素

众所周知,利润等于收入减去成本,因此成本是企业产品定价的下限。在营销和分销活动中把成本分为:直接和非直接成本、共同成本、机会成本、现金成本和非现金成本等。

直接成本是由于具体的产品、部门、项目、销售区或客户而产生的成本,这些成本可能是固定的,也可能是变动的,物料和劳动成本可以细化到每一件产品。体育管理人员的工资、体育场地的租金和其他办公费用细化到直接成本。非直接成本可以客观地跟踪到产品、部门、项目、销售区域或客户。尽管这些成本不是专门为某一个具体产品所支出的,但是仍然可以建立同产品的客观联系,这些成本可能是固定的,也可能是变动的,用于几种产品生产的物料可以根据不同的产品生产中的消耗比率客观地识别出来。最典型的是赛事的电费、照明费、维修费等。共同成本或一般成本用来支持许多活动或利润的成本,这些成本不可能客观地跟踪到每一种产品或部门,如举办赛事之前的市场调研或研发费用。机会成本是选择一种机会所放弃的另一种机会的边际收益。

(三)市场需求

产品价格除受成本影响外,还受市场需求的影响。即受商品供给与需求的相互关系的影响。当商品的市场需求大于供给时,价格应高一些;当商品的市场需求小于供给时,价格应低一些。反过来,价格变动影响市场需求总量,从而影响销售量,进而影响企业目标的实现。因此,企业制定价格就必须了解价格变动对市场需求的影响程度。反映这种影响程度的一个指标就是商品的价格需求弹性系数。

(四)产品生命周期

在产品生命周期的不同阶段(导入、成长、成熟和衰退),价格策略的依据应有所不同,尤其是体育的赛事产品,因其不反复性并且进入和退出市场较快,有的甚至没有衰退期就退出市场,因此不同的周期定价所依据的条件自然不同,企业应该做周密的调研和计划。

(五)确定价格目标

我国的体育产业和美国、欧洲等一些发达国家有着明显的不同,在欧美国家体育产业已成为支柱产业。美国 1997 年体育消费达 213 000 万美元,在 GDP 中排第 6 位;而我国体育消费只排生活消费的第 6 位,并且消费主体人群是低收入的工人和农民。可以看出在不同的国家体育存在的状况是不一样,但从经济学角度看,在市场运作和价格确定大概一致。大体上可以分为:长期价格,短期价格和销售最大化价格。

长期价格目标是企业长久生存、销售量最大化的定价目标。尽管利润可以更高一点,但是组织还是通过降低价格或其他的手段尽可能增大销售额,目标是获得更大的市场份额和随之而来的长期利益。这样的产品定价目标对市场应有很好的预期,并且对企业有长远的计划。

短期价格目标通常是着眼目前的经济现象,不考虑竞争利润最大化的定价目标。

销售增长最大化定价目标一般适用于体育场馆。随着基本设施(建筑,设备,人员等)已固定,不为多一个消费者承担很大的成本,这就使得销售额外的门票(如过道的座席)的做法特别流行。

价格策略还要依据其他的因素,如竞争因素、消费者心理与偏好、年龄结构、产品结构等。

二、定价方法

越来越多的企业认识到价格作为需求的决定性变量的价值并且作出积极的定价决策。体育作为一种商品进入市场,定价决策的难度要求管理者进行仔细的规划,和其他商品一样,考虑到如何进入市场和进入市场前后的定价方法和程序。

(一)新产品定价

1. 撇脂法

撇脂法,即制定一种高价格的策略,是指在新产品上市初期,价格定得高,以便在较短的时间内获得最大的利润,这种定价策略因类似从牛奶撇奶油而得名。这是企业对其效能高,质量优的新产品所采取的一种策略。收入高的阶层往往对高质量、高效能的新产品感兴趣,有的企业就把这部分消费者作为它的目标顾客群,利用高收入阶层愿意支付更高价格来购买对其有更大现实价值的产品而制定的这样的价格,以获取高额利润;待满足了高收入人群的需求后,再逐渐降低价格。在体育市场上,这样的定价也是很常见的。

有些产品在形成了市场所接受的特定服务方式和满足了特定需求之后不适合再进行激烈的调整。对于这样的新产品应该采取相对高价格的定价策略。

适用撇脂定价策略的新产品包括:

(1)消费者对早期的产品价格不敏感,到了产品"充分成熟"和模仿品出现之后敏感性上升。也就是说,需要的弹性在产品的生命周期中预计会上升。

(2)差异定价推出的产品有助于打破市场的格局,形成具有不同的需求价格弹性的细分市场。

（3）销量不高,产能和财务资源消耗同样也不够的情况下。

（4）产品和服务在感受上物有所值。

（5）在顾客对产品利益难以判断,而产品品质要经过很长时间才能显现出来的情况下。

（6）导入期的高价可以作为信号,向顾客和竞争对手表明企业预期。

撇脂策略也并不是总成功的,事实上,撇脂定价法存有其弊端。撇脂策略不是一个能够吸引消费者进入购买的策略,也不鼓励大规模采用或扩散。不仅如此,如果撇脂策略导致相对较高的边际利润,会吸引竞争者进入市场。同渗透法价格策略相比,撇脂定价策略在产品成熟阶段容易导致更多的竞争。

2. 渗透法

渗透法是低价渗透策略,也就是把商品价格定在相对较低的水平上,以便新产品迅速进入市场,取得在市场上的主动权,以取得利润最大化。

适用渗透定价法的新产品包括:

（1）产品销量对价格极为敏感,在产品导入的早期就已经表现出价格弹性的这种特点。

（2）在使用或试用后,消费者可以迅速地确定产品的质量和利益。

（3）销量的快速增加可以实现产品制造和分销单位成本显著的经济效益。

（4）导入期后将面临强大的竞争产品。

（5）消费者中没有一个类别顾客愿意支付更高的价格。

（6）产品分销的能力巨大。

（7）较低的导入期价格可以用来向消费者和竞争对手表明,公司预期会出现相对较大的经济效益。

渗透法适用于产品生命周期的任何一个环节,新产品的渗透为了早期占领市场,一旦新产品在市场占领了阵地,还应当再次考虑实行渗透的可能。

在决定对新产品应用撇脂还是渗透的策略时,一个重要的考虑因素就是竞争对手替代品上市的速度,进入市场的难度。如果初始定价足够低,大的竞争对手可能认为不值得为了些许薄利而大动干戈,大举投资。另一重要因素是消费者和竞争对手是否有利用经验效应使成本降低。如果消费者预期公司成本将大幅度降低,消费者会推迟购买,希望厂家再次降价。这些消费者认为降价会较快到来,并且企业能够提供的幅度更大。

3. 温和定价

是一种介于撇脂和渗透之间的价格策略,即所定的价格比撇脂定价低,而相对渗透定价要高,是一种中间价格,这种定价策略由于能使生产者和消费者都比较满意而得名,有时又称"君子定价"、"满意定价"。不论哪种方法、什么阶段,理解和处理顾客的价格预期都具有战略性的意义,如果价格显著低于顾客预期,销售可能受到不利影响,因为消费者会认为产品质量不高,或者消费者会认为公司马上就要推出新的经过改进的产品,他们会持币待购,等待新的更好的产品;如果价格显著高于顾客的预期,同样会对销售产生不利的影响。

（二）成长期定价

产品一旦进入壁垒能够生存下来、通过了导入期,就进入了产品生命周期的第二阶段——成长期(图 8-1)。

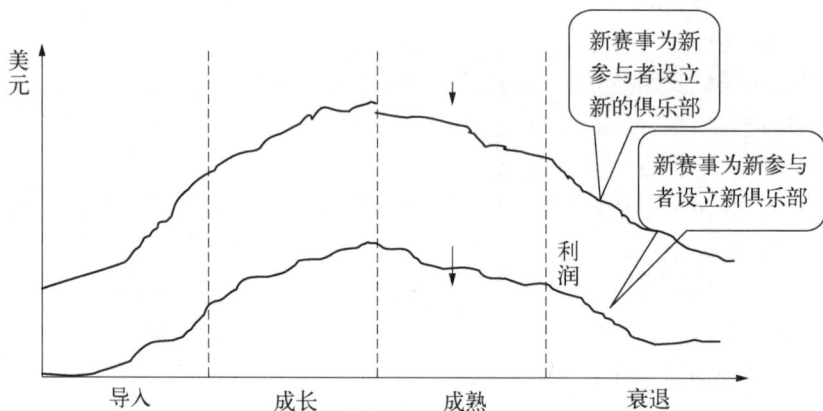

图 8-1　典型的 PLC 曲线呈 S 形。

产品成长阶段是市场快速地接受以及不断增长利润的阶段,其贡献的分析性质就会发生改变,继续巩固市场的地位并且阻止其他产品进入市场。这时的产品定价考虑的因素则将更加广泛,由于体育的核心产品对经济的贡献仍然包含在文化这一大类之下,核心产品所决定的其他衍生产品的品牌、质量,同样参与体育市场的定价,下面以篮球产品为例。澳大利亚国家篮球联盟(NBL)的10支球队的赛事开始于 1979 年,并很快进入了篮球体育市场的导入阶段,因为篮球并不是澳大利亚的传统项目,本土化进程极其缓慢,利润很低甚至亏损。第一年 NBL 的赛事吸引了近 19 万观众,与 1995 年的超过 100 万的观众相比,可见为篮球开发市场的前期是如何困难。但篮球的产品意识可以逐渐成熟,会进入产品成长阶段。在这个阶段,随着俱乐部迁往更大的训练基地,出席观看的人数也出现很大的增幅。NBL 发现必须提供舒服宽敞的场地设施,同时也要提供优质的衍生产品。

可以看出,在产品的成长阶段,产品供应的范围也出现扩大,市场上有许多竞争者生产和销售类似的产品。成长期价格在市场上会有一个相对较大的区间,但是这个区间会随着产品的逐渐成熟而越来越窄。一般而言,成长期的定价方法主要有以下三种。

1. 差别定价法

差别定价法,也叫差别定价法或价格歧视。在经济学中的所谓价格歧视或价格差别,是卖方垄断市场上流行着的一种定价行为,它是指企业在同一时间对购买不同数量的产品的消费者索取不同的价格,或者在同一时间对购买同一产品的不同购买者收取不同价格的行为。因为这种方法能够将消费群体分类和分层,不同消费者有着不同的定价,垄断厂商进而决定的最优价格,比单一价格更能提高利润水平。这种方法是假设垄断厂商能够区分两个阶层,并对各个阶层按不同价格出售同一商品;同时假设每个市场的消费者都不能倒卖这种商品。

差别定价(价格歧视)在经济领域广泛适用,但对体育这种商品,不仅要看消费者的人口、经济状况,还要看消费者对体育产品的介入情况。总体来说可以分为高介入购买和低介入购买两种。高介入购买,是充分利用并扩展决策的过程,昂贵、复杂和高风险的购买属于此类,高介入消费者不可避免地进行周全的信息搜索和对产品进行仔细的比较研究,可以说对体育忠实程度很高,从事或参加体育的次数也比较频繁,其他替代品比较少,他们愿意为自己喜爱的产品支出,甚至在信息不对称的情况下也愿意支出。低介入购买是指购买者对所消费的产品或服务从社会意义或心理意义上并不重要的购买决策,这种情况下信息被动收集,对体育的亲密程度不是很高。差别定价可以充分利用体育消费者的介入特点,进行利润最大化的定价。

2. 均衡分析法定价

均衡是指获得最大利益的资源组合和行为选择。企业的行为必然要受多种因素的约束,而这些因素往往是相互制约的。均衡分析方法就是在考虑这些制约的条件下,确定各因素的比例关系,使其最有利于企业的发展。均衡分析方法的主要应用方向是制定价格。企业在制定价格的时候,并不是定得越高越好。

价格的高低直接影响销售收入,价格太高,必然会降低销售量,销售收入不一定就高;同样,为了达成更多的销售量,企业必然要以较低的价位来刺激购买力,如果价位过低,也不能达到较高的销售总额。所以,企业在定价的时候,总是要面对这样一个矛盾:提高价格可能会减少销售量,扩大销售量就必然要降低价格。如何既保持一定的市场占有率,同时又能使企业获利?这就涉及"均衡"问题。肯定有一个价格水平,能够使销售总收入达到最大。在这个价格之上或之下,都会使企业的收益减少。

产量(规模)决策。企业规模的大小会影响其生产、销售及各种成本,进而影响投入和产出的关系。小规模生产的企业,可能致力于产品的质量,以较高的价格获得盈利。而大规模的企业则以较低的成本和较低的价格取胜。如何选择一个适合自身发展的规模,就要用到均衡分析的方法。

要素组合。企业在生产经营中,需要投入各种要素。其中有些要素可以相互替代。由于各种要素的价格不一样,组合起来的要素的成本是有差异的。选择哪一个方案,也需要利用均衡分析的方法。均衡分析方法主要应用方向制定价格、确定产量、确定要素组合

3. 心理定价法

心理定价策略是一种根据消费者心理所使用的定价策略,是运用心理学的原理,依据不同类型的消费者在购买商品时的不同心理要求来制定价格,以诱导消费者增加购买,扩大企业销量。具体策略包括以下六种。

(1)整数定价策略是指在定价时把商品的价格定成整数,不带尾数,使消费者产生"一分价格一分货"的感觉,以满足消费者的某种心理,提高商品形象。

(2)尾数定价策略是指在商品定价时,取尾数而不取整数的定价方法,使消费者购买时在心理上产生大为便宜的感觉。

(3)分级定价策略是指在定价时,把同类商品分为几个等级,不同等级的商品,其价格有所不同。这种定价策略能使消费者产生货真价实、按质论价的感觉,因而容易被消费者接受。

(4)声望定价策略是指在定价时,把在顾客中有声望的商店、企业的商品价格定得比一般的商品要高,是根据消费者对某些商品某些商店或企业的信任心理而使用的价格策略。

(5)招徕定价策略是指多品种经营的企业中,对某些商品定价很低,以吸引顾客,目的是招徕顾客购买低价商品时,也购买其他商品,从而带动其他商品的销售。

(6)习惯性定价策略是指有些商品在顾客心目中已经形成了一个习惯价格,这些商品的价格稍有变动,就会引起顾客不满,提价时顾客容易产生抵触心理,降价会被认为降低了质量。因此对于这类商品,如体育用品中普通的羽毛球,乒乓球,等常见的产品。企业宁可在商品的内容、包装、容量等方面进行调整,也不采取调价的方法。

(三)成熟期定价

通过成长期,产品进入成熟期。企业有必要评估以往的价格决策并确定下

一步的价格变化。体育市场一旦进入成熟期,市场上将充斥着大量的体育产品,市场条件大不可能支持涨价,定价决策实际上就是降价或保价之间作出选择。为处于产品生命周期中晚期产品作出适当定价,重要的是掌握产品在何时进入成熟期。除了在产品上降低成本、提高质量、创新外,在原有的定价方法和策略上采取新的定价方法。

动态定价法是利用因特网赋予的强大优势,根据供应情况和库存水平的变化,迅速、频繁地实施价格调整,为顾客提供不同的产品,各种促销优惠、多种交货方式以及差异化的产品定价。在此策略下,网络商家无须不断以牺牲价格和潜在收益为代价,便可及时清理多余库存。当然,动态定价策略不是万能的。其有效性要构筑在及时反应与调整的定价系统之上。也就是说,在按既定定价规则运作的基础上,离不开人为的判断。企业必须具备敏锐的感知能力,洞察顾客的言行,即是否对动态定价策略有所反应。因此,有效地定价还需要企业掌握各种历史数据,长期积累客户洞察经验。动态定价更符合当今数字化时代的需要,因为它在买家和商家间找到了更好的平衡点:实现了客户化和准时化。商家与顾客的关系也随之发生转变。

(四) 衰退期定价

在衰退的市场里竞争需求的减少往往难以引起经理们的注意,因为他们更在意利润而不是销量。当产品进入生命周期末期时,销量下降和产能过剩会导致企业边际利润下降。销量增长速度的减缓可能是多种因素作用的结果,如人口和生活方式的变化、技术进步、替代性和竞争性产品的引入。企业必须认清销量增长速度下降背后的原因,将总体上不赚钱的产品线陆续停止。

不是每家企业都能够在衰退市场中继续经营的,不过最后一家仍在经营的企业可能还是赚钱的。为了表明企业打算在某一市场上竞争到底的决心,管理层应当持续地投资于市场,购买竞争对手的资产来降低对方退出市场的障碍和避免代价高昂的价格战。

在什么情况下应当考虑作为最后一家留在市场内的企业? 在衰退的市场中提高投资的前提应当是:(1) 充分的需求;(2) 将当前的营销战略转向针对“最后”顾客的重新定位所带来的成本可以快速回收;(3) 几乎不存在能够向企业所在的极度细分的顾客群体提供满足的竞争者。

在衰退的市场中竞争的企业应当采取怎样的定价战略? 当然位于产品生命周期末期的企业应当努力避免价格战。然而,降价可以帮助企业保持销量,令无力在衰退市场里进行竞争的企业退出市场。在产品生命周期的衰退阶段,直接成本是定价中极为重要的考虑因素。一般而论,激烈的竞争已经令价格下降到了接近直接成本的程度。只有那些在成熟阶段做到保持或削减直接成本的企业才能留在场内。如果衰退不是由于商业总体上的循环性衰退所引起的,而是因为购买者偏好的转移,那么当务之急就是获得尽可能多的贡献。

只要企业还有富余的产能并且利润高于全部的直接成本,企业就应当继续留在市场里。一般而论,只有价格超出直接可变成本,绝大多数的企业将取消(或尽可能减少)所有的期间营销成本,但仍然会选择留在市场里。

第三节　体育营销促销策略

现代市场营销不仅要求企业提供满足消费者需要的产品,制定有吸引力的价格,是产品易于为目标顾客所接受,而且要求企业塑造并控制其在公众中的形象,设计并传播产品及产品给目标顾客带来的利益等各方面的信息,即进行促销活动。

一、促销的含义

促销是指企业将其产品及相关的有说服力的信息告知目标顾客,帮助目标顾客认识产品或劳务所带的利益,从而说服和提醒目标顾客作出购买行为的市场营销活动。

促销本质上是一种通知、说服和沟通活动,是谁通过什么渠道(途径)对谁说什么内容,企业作为信息的沟通者有意识地安排信息、选择渠道媒介,发出作为刺激物的产品及相关信息,把信息传播到目标顾客,以便对目标顾客的行为与态度进行有效的影响。由此可见,促销与沟通是密不可分的,但两者并非等同,因为沟通的含义与应用范围远比促销广泛,沟通是指两个或两个以上的人之间的一种分享信息的过程,其目的是谋求信息,劝说、指导或娱乐。

二、促销组合策略

促销组合是指为使某一产品达到预定的销售水平,企业可以在特定的时期采用的各种促销手段或促销工具来与个人、群体和机构沟通的组合。促销组合有四种主要的促销工具组成:广告、人员推销、销售促进与公关宣传。

广告:是有特定的广告主,在付费的原则下,通过大众传播媒体所进行的商品或服务信息的有说服力的传播活动。

销售促进:是指在短期内利用某些活动和名目来给商品增加某些额外的价

值,用于直接刺激商品(服务)销售。

人员推销:销售人员与一个或多个可能的购买者的进行交谈,以口头陈述的方式推销商品(服务),促进和扩大销售。

公关宣传:企业以非付费方式通过大众媒体,以新闻报道形式来发表有关企业或产品的有利报道。虽然营销者对这些媒体的新闻采访并不直接付费,但仍需在新闻稿的准备与发布上花一定费用。

企业的市场营销促销组合策略就是上述四种促销工具所构成的有机组合,以促使企业商品更好地为顾客所接受。促销组合策略通常是随时间的变化而变化,通过不断的变更和调整,提高企业声誉,或激发消费者的欲望和兴趣,以实现其购买行为。

三、制订促销方案

促销组合中的每一个构成要素相互之间具有部分的替代性,这些要素作为促销工具都可以刺激顾客的购买欲望与购买行为,只是在程度上有所区别而已。因此,促销方案的制订实质上就是企业根据自身优势、劣势选择合适的促销工具和设计有效促销内容,并在促销组合的各个构成要素之间合理分配促销预算的问题。作为市场策略的重要组成部分,促销方案不是单纯的、孤立的市场活动,一般来说,企业在制订促销方案时需考虑营销计划、促销目标、市场及产品特点、推式与拉式战略等因素,来选择促销工具和制订促销预算,落实促销行动方案,最后根据实际反馈情况的对促销方案进行调整(图8-2)。

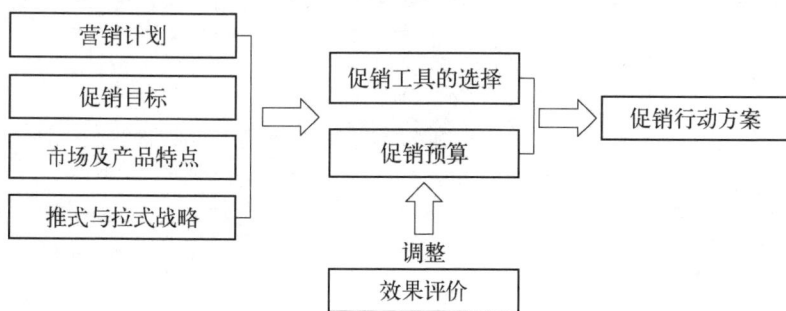

图8-2　促销方案制订过程

(一) 营销计划

企业的营销计划是企业根据外部营销环境和内部资源条件而制订的带有全局性的计划,它规定了企业的任务、发展战略、市场定位、营销目标等,对其促销计划有着指导作用,因此促销方案的制订必须以企业的营销计划为中心。

(二) 促销目标

由于相同的促销方式在实现不同的促销目标时,其成本效益是不同的,所以促销目标对促销方案的制订会产生直接影响。广告、销售促进和公关宣传在建立购买者知晓方面,比人员推销的效果要好得多,但购买者购买与否以及购买多少,广告和公共宣传的作用不是很显著,而人员推销的作用则十分明显。购买者对企业及其产品的信任,在很大程度上受人员推销的影响,其次才是广告。

(三) 市场及产品特点

市场营销学根据购买者及其购买目的将市场划分为消费者市场、生产者市场、中间商市场、政府市场、国际市场,这些市场的顾客有着不同的、变化着的需求,必定要求企业制订不同的促销方式与之沟通。同时,企业在制订促销方案时也必须考虑产品自身的特点,如日用品的主要促销工具一直是广告,而选购品更多地依赖人员推销和销售促进;另外,在产品不同生命周期阶段的促销方式的侧重点也不相同,在产品生命周期的介绍期和成熟期,促销是一个十分重要的市场营销组和因素。这是由于新产品出上市时消费者对其不认识、不了解,必须通过促销活动来吸引广大消费者的注意力,而在成熟期,随着竞争对手增多,为了与竞争对手相抗衡,保持住已有的市场占有率,企业也必须增加促销费用,加强促销力度(表8-2)。

表8-2　产品市场生命周期不同阶段的促销方式

产品市场生命周期	特　点	促销的主要目标	促销的主要方式
介绍期	消费者对其产品不认识、不了解	促进消费者认识、了解企业产品	广告与销售促进的配合使用
成长期	社交渠道沟通方式开始产生明显效果,口头传播越来越重要	继续提高市场占有率	加强原来的促销工作,树立产品品牌形象
		取得更多利润	用人员推销来取代广告和销售促进的主导地位,以降低成本费用
成熟期	市场趋于饱和,销售额增长缓慢直至转而下降,竞争逐渐加剧	保持已有的市场占有率,诱发购买兴趣	改变广告形式,如提醒式广告;加强人员推销、公关宣传
衰退期	产品销售量急剧下降消费者的消费习惯发生改变	减少费用、保证足够利润	少量广告保持顾客记忆,宣传活动、人员推销减至最小规模,甚至全面停止

（四）推式与拉式战略

企业是选择推式战略还是拉式战略来创造销售,对促销组合也具有重要影响。推式战略是利用人员推销与中间商促销来将产品推入渠道——从制造商推向批发商,从批发商推向零售商,直至最终推向消费者和用户。拉式战略是指企业先针对最后消费者,花费大量的资金从事广告及消费者促销活动,以增进产品的需求。如果做得有效,消费者就会向零售商要求购买该产品,零售商会向批发商要求购买该产品,而批发商又会向生产者要求购买该产品,于是拉动整个渠道系统。企业对推式战略和拉式战略的选择显然会影响各种促销工具的资金分配。

（五）其他营销组合因素

企业在制定促销方案之前,须估计用于促销的支出是否比用于新产品开发、降低售价、改进分配渠道等方面的效益更好。如果不是这样,那么促销支出就不能太多。事实上,增加新产品开发、降低售价、改进分销渠道等方面的费用的支出,会使顾客在心目中认为可得到更多的实在价值,使之产生实惠感,继而扩大销售量,因此促销方案制定的关键不是在于是否进行促销活动,而是在于应花多少钱来进行沟通并且取得良好的效果。

（六）促销工具的选择

在对企业计划、促销目标、推式与拉式战略、其他营销组合因素进行系统分析后,企业就可对促销工具进行有目的的选择,做到以较低的费用帮助消费者认识产品,引起兴趣,进而促使其购买。

（七）促销预算

促销预算是企业从事促销活动而支出的费用,促销预算支撑着促销活动,它关系着促销活动的实施以及促销效果的大小。根据行动方案编制预算方案,收入方列出预计销售量及单价,支出方列出促销费用,收支差即为预计的利润。在决定企业促销预算时,传统方法与计量方法是两大类普遍被采用的方法。传统方法一般由经验而来,或是迫于竞争而抉择的对策,其中有量入为出法、销售百分比法、竞争对等法和目标任务法四种。

（八）促销行动方案

各种促销工具确定后,要真正发挥效用,还必须将它们转化为具体的行动方案。这些行动方案大致围绕下列问题的答案来制订：（1）要完成什么任务？（2）什么时候完成？（3）由谁负责执行？（4）完成这些任务花多少费用？例如,营销人员以提高市场占有率为主要促销目标来制订的促销方案,就必须列出许多具体行动方案,包括负责人的确定、广告公司的选择,评价广告公司提出的广告方案、决定广告题材、核准广告媒体计划等。

（九）效果评价与调整

促销计划的最后一部分为效果评价与调整，这是以整体营销策略角度进行评价，监督、检查整个促销方案的执行情况，包括销售收入、促销支出、利润以及消费者的态度、偏好和行为等，对出现的问题应及时调整。

四、体育广告

（一）广告的含义

广告是指法人、公民和其他经济组织，以承担费用的方式，通过各种媒介和非人员促销形式直接或者间接地向公众发布的有关信息，推销自己的商品、服务或观念。大众传播媒介刊播的经济信息和各种服务信息，报道商品、服务的经营者、提供者，凡收取费用或报酬的，均视为广告。

一般来说，广告目标可分为三种类型：信息型、说服型、提醒型。信息型广告主要用于一种新产品的市场开拓阶段，目的在于建立该产品的原始需求或基本需求，即告知消费者现在新出现了某类新产品；说服型广告的目的是培养消费者对某种品牌的需求，从而在同类商品中选择它，主要用于进入竞争阶段的产品；提醒型广告在产品进入旺销后十分重要，目标是提醒消费者对该种产品的记忆和连续购买，有时为了使这种提醒的作用更广，企业通常还辅以另一种相关形式的广告，其目的在于增强企业的形象和声誉，而不是直接刺激销售。

（二）广告步骤

广告主要分为以下五个步骤。

（1）确立广告目标。广告目标是指在一个特定时期对特定观众所要完成的特定的传播任务。

（2）确定广告对象。广告对象通常为企业的目标市场。

（3）确定广告区域。针对广告区域的地方性，区域性，全国性，国际性的不同，选择不同的广告覆盖方法，如全面覆盖、渐进覆盖或轮番覆盖。

（4）确定广告概念。广告概念特指广告所强调的商品特点、信息传递方法、技巧和具体步骤等。

（5）确定广告媒体。选择媒体要根据商品和媒体的特性。

（三）广告媒体

1. 广告媒体的种类

（1）印刷品广告。印刷品广告包括报纸广告、杂志广告、电话簿广告、画册广告、火车时刻表广告等。

（2）电子媒体广告,或称电波广告,电气广告。它包括电视广告、电影广告、电台广播广告、电子显示大屏幕广告 ,以及幻灯机广告、扩音机广告等。

（3）户外广告。它主要包括：路牌广告(或称广告牌,它是户外广告的主要形式,除在铁皮、木板、铁板等耐用材料上绘制、张贴外,还包括广告柱、广告商亭、公路上的拱形广告牌等)、霓虹灯广告和灯箱广告、交通车厢广告、招贴广告(或称海报)、旗帜广告、气球广告等。

（4）邮寄广告。邮寄广告是广告主采用邮寄售货的方式,供应给消费者或用户广告中所推销的商品。它包括商品目录、商品说明书、宣传小册子、明信片、挂历广告,以及样本、通知函、征订单、订货卡、定期或不定期的业务通讯等。邮寄广告是广告媒体中最灵活的一种,也是最不稳定的一种。

（5）POP广告。英文 Point of Purchasing Advertising 的大写字母缩写,译为售点广告,即售货点和购物场所的广告。世界各国广告业都把 POP 视为一切购物场所(商场、百货公司、超级市场、零售店、专卖店、专业商店等)场内场外所做广告的总和。

（6）其他广告。指除以上五种广告以外的媒体广告,如馈赠广告、体育赞助广告,以及包装纸广告、购物袋广告、火柴盒广告、手提包广告等。

2. 广告媒体的选择因素

（1）产品因素。不同的媒体在展示、解释、可信度与颜色等各方面分别有不同的说服能力。例如,技术性复杂的体育机械产品,宜用样本广告,它可以较详细地说明产品性能,或用实物表演,增加用户实感;体育服装之类的消费品用视听广告媒体的效果更好些。

（2）消费者媒体习惯。如针对技术人员的广告,应选择专业杂志为媒体,推销体育用品等产品最好的媒体是电视。

（3）销售范围。广告宣传的范围要和商品推销的范围一致,即商品广告的播出应同时或后于产品渠道建立。

（4）广告媒体的知名度和影响力。它包括发行量、信誉、频率和散布地区等。

（5）广告主的经济承受能力。即受广告主的广告预算的影响。

五、人员推销

（一）人员推销的概念和形式

根据美国市场营销协会定义委员会的解释,所谓人员推销,是指企业通过派出推销人员与一个或一个以上可能成为购买者的人交谈,作口头陈述,以推销商品,促进和扩大销售。可见人员推销就是推销员以一种直接、生动、与客户相互影响的方式来进行推销,通过直觉和观察,推销员可探究消费者的动机和兴趣,建立与发展其他各种人际沟通关系,从而使客户完成实际购买行为。

企业可以采取多种形式开展人员推销,常用的有以下三种。

(1)建立自己的销售队伍,使用本企业的销售人员来推销产品。企业自组的推销队伍的成员叫作推销员、销售代表、业务经理、销售工程师。这种推销人员又分为两类:一类是内部推销人员,他们一般在办公室内用电话等来联系、洽谈业务,并接待可能成为购买者的人来访;另一类是外勤推销人员,他们以旅行的方式推销,如上门访问客户。

(2)企业可以使用专业合同销售人员。例如,制造商的代理商、销售代理商、经纪人等,按照其代销额付给佣金。

(3)企业可以雇用兼职的售点推销员,在各种零售营业场合,用各种方式促销,按销售额比例提取佣金,方式如产品操作演示、现场模特、咨询介绍等。一般称这种促销员为售点促销小姐或促销先生。

(二)人员推销的设计

推销人员的工作不仅仅是推销商品,更重要的是作为企业和顾客之间相互联系的纽带,对于许多顾客来说销售人员就是企业的象征,而对于企业而言销售人员会带来利润和许多有关的信息、资料。为此,企业应详细设计出销售人员的任务、结构、规模。

1. 销售人员的工作任务

探寻市场。积极寻求机会,发现潜在顾客,创造需求,开拓新的市场。

传递信息。销售人员及时向消费者传递产品和服务信息,为消费者提供购买决策的参考资料。

销售产品。销售人员运用推销技巧(包括接近顾客、展示产品、回答异议、结束销售等),千方百计推销商品。

收集情报。销售人员在推销过程中还要进行市场调查和收集情报,反馈信息。

开展售前、售中、售后服务。这包括向顾客提供咨询服务、帮助顾客解决某些技术问题、办理交货等。

2. 销售队伍的规模。

企业怎样确定其所需销售人员的数量?销售队伍的规模直接影响着销售量和销售成本的变动。人员推销的成本与企业推销工作的负荷量是考虑这一问题的两个基本依据。企业设计销售队伍的规模通常有三种方法。

销售百分比法。企业根据历史资料计算出销售队伍的各种耗费占销售额的百分比以及销售人员的平均成本,然后对未来销数额进行预测,从而确定销售人员的数量。

分解法。这种方法是把每一位销售人员的产出水平进行分解,再同销售预测指向对比,就可判断销售队伍的规模。

工作量法。首先按年销售量的大小将顾客分类,确定每类顾客所需的访问次数,再将每类顾客的数量乘以各自所需的访问次数就是整个地区的访问工作量。确定一个销售代表每年可进行的平均访问次数,将总的年访问次数处以每个销售代表的平均年访问次数,即得到所需的销售代表数。

六、销售促进

(一)销售促进的含义

美国市场营销协会定义委员会认为,销售促进是指:"除了人员推销、广告宣传以外的、刺激消费者购买和经销商效益的各种市场营销活动,例如,陈列、演出、展览会、示范表演以及其他推销努力。"

(二)销售促进的实施过程

企业在运用销售促进时,必须确定目标、选择工具、制定方案、实施和控制方案及评价结果。

1. 确定销售促进目标

就消费者而言,目标包括鼓励消费者更多地使用商品和促进大批量购买;争取未使用者试用,吸引竞争者品牌的使用者。就零售商而言,目标包括吸引零售商们经营新的商品品目和维持较高水平的存货,鼓励他们购买商品,贮存相关品目,抵消各种竞争性的促销影响,建立零售商的品牌忠诚和获得进入新的零售网点的机会。就销售队伍而言,目标包括鼓励他们支持一种新产品或新型号,激励他们寻找更多的潜在顾客和刺激他们推销落令商品。

2. 选择销售促进工具

许多不同的销售工具可以用来实现不同的目标,而且各种不同的新工具仍不断地被开发出来。可以在上述的各种方式中,灵活有效地选择使用。选择销售促进工具,必须充分考虑市场类型、销售促进目标、竞争情况以及每一种销售促进工具的成本效益等各种因素。

(1)针对消费者的销售促进。可以鼓励老顾客继续使用,促进新顾客使用,动员顾客购买新产品或更新设备。引导顾客改变购买习惯,或培养顾客对本企业的偏爱行为等。其可以采用以下方式。

　　赠送：向消费者赠送样品或试用样品,样品可以挨户赠送,在商店或闹市区散发,在其他商品中附送,也可以公开广告赠送。

　　优惠券：给持有人一个证明,证明他在购买某种商品时可以免付一定金额的钱。

　　廉价包装：是在商品包装或招贴上注明,比通常包装减价若干,它可以是一种商品单装,也可以把几件商品包装在一起。

　　奖励：可以凭奖励券买一种低价出售的商品,或者凭免费以示鼓励,或者凭券买某种商品时给一定优惠,各种摸奖抽奖也属此类。

　　现场示范：企业派人将自己的产品在销售现场当场进行使用示范表演,把一些技术性较强的产品的使用方法介绍给消费者。

　　组织展销：企业将一些能显示企业优势和特征的产品集中陈列,边展边销。

　　(2) 针对中间商的销售促进。目的是鼓励批发商大量购买,吸引零售商扩大经营,动员有关中间商积极购存或推销某些产品。其可以采用以下方式。

　　批发回扣：企业为争取批发商或零售商多购进自己的产品,在某一时期内可给予购买一定数量本企业产品的批发商以一定的回扣。

　　推广津贴：企业为促使中间商购进企业产品并帮助企业推销产品,还可以支付给中间商以一定的推广津贴。

　　销售竞赛：根据各个中间商销售本企业产品的实绩,分别给优胜者以不同的奖励,如现金奖、实物奖、免费旅游、度假奖等。

　　展会：是组织者吸引参展商在特定的时间里到特定地点将其产品或服务进行充分的展示并和观众(客户或潜在客户)进行交流,达到吸引观众注意并促使其当场或展后购买产品或服务的目的。

　　工商联营：企业分担一定的市场营销费用,如广告费用、摊位费用,建立稳定的购销关系。

　　(3) 针对销售人员的营业推广。鼓励他们热情推销产品或处理某些老产品,或促使他们积极开拓新市场。其方式可以采用:① 销售竞赛。如有奖销售,比例分成。② 免费提供人员培训,技术指导。

　　3. 制定销售促进方案

　　企业市场营销人员不仅要选择适当的销售促进工具,而且还有作出一些附加的决策以制定和阐明一个完整的促销方案。销售促进方案应该包括这样几个因素:费用、参加者的条件、营业推广措施的分配途径、销售促进时间、销售促进的总预算。

4. 方案试验

面向消费者市场的营业推广能较为轻易地进行预试,可邀请消费者对几种不同的、可能的优惠办法作出评价和分等,也可以在有限的地区进行试用性测试。

5. 实施和控制销售促进方案

实施计划必须明确实施的期限,包括前置时间和销售延续时间。前置时间是从开始实施这种方案前所必须的准备时间,它包括最初的计划工作、设计工作,以及包装修改的批准或者材料的邮寄或者分送到家;配合广告的准备工作和销售点材料;通知现场推销人员,为个别的分店建立地区的配额,购买或印刷特别赠品或包装材料,预期存货的生产,存放到分配中心准备在特定的日期发放。销售延续时间是指从开始实施到大约95%的采取此促销办法的商品已经在消费者手里所经历的时间,这段时间可能是几个星期、几个月,主要取决于实施这一办法所持续的时间长短。

6. 评价销售促进结果

企业可用多种方法对销售促进结果进行评价。评价程序随着市场类型的不同而所差异。例如,企业在测定对零售商促销的有效性时,可根据零售商销售量、商店货档空间的分布和零售商队和做广告的投入等进行评估。企业可通过比较销售绩效的变动来测定消费者促销的有效性。在其他条件不变的情况下,销售的增加可归因于销售促进的影响。

七、公关宣传

（一）公共宣传的含义

公共宣传是指某一组织为改善与社会公众的关系,促进公众对组织的认识、理解及支持,达到树立良好组织形象、促进商品销售的目的的一系列促销活动。它本意是工商企业必须与其周围的各种内部、外部公众建立良好的关系,如周年庆祝活动、艺术展览会、拍卖会、义演晚会,在不寻常地方举行聚会、舞会等。作为促销组合的一部分,公共关系的含义是指这样一种管理职能:评估社会公众的态度,确认与公众利益相符合的个人或组织的政策与程序,拟定并执行各种行动方案,以争取社会公众的理解与接受。

（二）公共宣传的实施步骤

1. 调查研究

企业通过调研,一方面,了解企业实施政策的有关公众的意见和反应,反馈给高层管理者,促使企业决策有的放矢;另一方面,将企业领导者意图及企业决策传递给公众,使公众加强对企业的认识。

2. 确定目标

一般说来,企业公关目标是促使公众了解企业形象,改变公众对企业的态度。具体地说,公关目标是通过企业传播信息,转变公众态度,即唤起企业需求。必须注意,不同企业或企业在不同发展时期,其公关具体目标是不同的。

3. 交流信息

企业通过大众传播媒体及交流信息的方式传播信息。可见,公关过程就是信息交流过程。

(三)评估公共宣传结果

评价的指标可以包括:第一,曝光频率,衡量公共关系效果的最简易的方法是计算出现在媒体上的曝光次数,企业同时希望报上有字,广播有声,电视有影;第二,反响,分析由公共关系活动而引起公众对产品的知名度、理解、态度方面的变化,调查这些变动前后变化水平;第三,如统计方便,销售额和利润的影响是最令人满意的一种衡量方法。

第四节　体育营销渠道策略

一、体育分销渠道概念与功能

(一)体育分销渠道的概念

体育分销渠道是指导体育产品从生产者流到消费者中的组织或个人,它主要包括中间商、代理商,以及处于渠道起点和终点的生产者与消费者。在现代商品经济条件下,大部分生产企业并不直接把产品销售给最终用户或消费者,而要借助于一系列中间商的转卖活动。分销渠道的起点是生产者,终点是消费者或用户,中间环节包括各参与了商品交易活动的批发商、零售商、代理商和经纪人。严格地说,后两类中间商并不对商品拥有所有权,但他们帮助达成了商品的买卖交易活动,因此也可作为分销渠道的一关或一个环节。所以,只要是从生产者到最终用户或消费者之间,任何一组与商品交易活动有关并相互依存、相互关联的营销中介机构均可称作一条分销渠道。

体育经营者的一项工作就是通过体育营销渠道确保体育产品流畅的流向消费者。通过对体育渠道的适当管理,产品以最为适时和最为有效的方式送达消费者。

(二)体育营销分销渠道的功能

体育营销渠道由五种流程构成,即实体流程、所有权流程、付款流程、信息流程及促销流程。

1. 实体流程

实体流程是指实体原料及成品从制造商转移到最终顾客的过程。

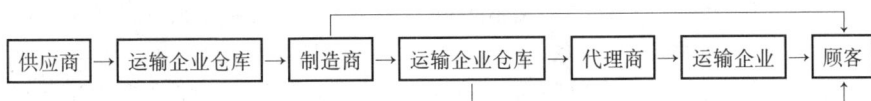

供应商 → 运输企业仓库 → 制造商 → 运输企业仓库 → 代理商 → 运输企业 → 顾客

2. 所有权流程

所有权流程是指货物所有权从一个市场营销机构到另一个市场营销机构的转移过程。

供应商 → 制造商 → 代理商 → 顾客

3. 付款流程

付款流程是指货款在各市场营销中间机构之间的流动过程。

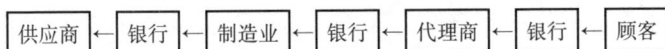

供应商 ← 银行 ← 制造业 ← 银行 ← 代理商 ← 银行 ← 顾客

4. 信息流程

信息流程是指在市场营销渠道中,各市场营销中间机构相互传递信息的过程。

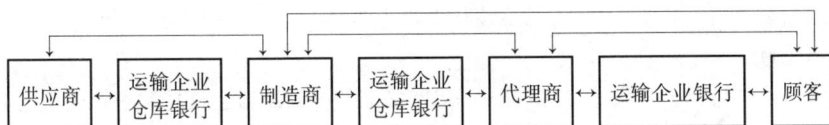

供应商 ↔ 运输企业仓库银行 ↔ 制造商 ↔ 运输企业仓库银行 ↔ 代理商 ↔ 运输企业银行 ↔ 顾客

5. 促销流程

促销流程是指由一单位运用广告、人员推销、公共关系、促销等活动对另一单位施加影响的过程。

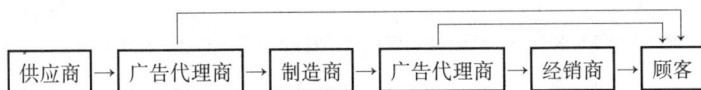

供应商 → 广告代理商 → 制造商 → 广告代理商 → 经销商 → 顾客

二、制订分销渠道策略

企业在建立自己的渠道时可以有多类型供其选择,渠道的不同类型是按照渠道成员之间的关系来划分的,具体来说企业选择的渠道类型主要有:传统分销渠道模式、垂直分销渠道模式、水平分销渠道模式和多渠道分销渠道模式。

（一）传统分销渠道模式

传统分销渠道模式，又称为松散型的分销渠道，渠道都各成员之间是一种临时的、偶然的、松散的合作关系，各自追求自己的利润最大化。传统的分销渠道模式具有较大的灵活性，可以随时、任意地淘汰或选择分销渠道。由于渠道成员间各自追求自己利益的最大化，彼此之间缺乏合作的基础，难以形成长期稳定的合作关系，为此选择传统分销渠道的企业越来越少。但是对于一些资金实力有限、生产规模较小、产品类型与标准处于不稳定状态的小型企业，比较适合选择传统的分销渠道模式。

（二）垂直分销渠道模式

垂直分销渠道模式，是由生产者、批发商和零售商组成的一种统一的联合体，每个成员把自己视为分销系统中的一分子，关注整个垂直系统的成功。垂直分销渠道模式包括有三种形式：管理式、公司式、契约式。

垂直分销渠道模式的优势是：合理管理库存，消减分销成本，便于把握需求动向，易于安排生产与销售，渠道控制力强，有利于阻止竞争者加入，商品质量有保障，服务水平高。垂直分销渠道系统的缺陷是：维持系统的成本高，经销商缺乏独立创造性。

（1）管理式分销系统。是指由一个或少数几个实力强大、具有良好品牌声望的大公司依靠自身影响，通过强力的管理而将众多分销商聚集在一起而形成的分销系统。

（2）公司式分销系统。是指一家公司通过建立自己的销售分公司、办事处或通过实施功效一体化及横向战略而形成的分销系统。企业可以通过以下两种方式来建立分公司分销系统：制造商设立分销分公司、建立分支机构或兼并商业机构，采用工商一体化的战略而形成的销售网络；大型商业企业拥有或统一控制众多制造性企业和中小商业企业，形成工贸商一体化的销售网络。

（3）契约式分销系统。是指厂商或分销商与各渠道之间通过法律契约来确定它们之间的分销权利与义务关系，形成一个独立的分销系统。它与公司式分销系统的最大区别是成员之间不形成产权关系，与管理式分销系统的最大区别是用契约来规范各方的行为，而不是用权利和实力。

（三）水平分销渠道模式

水平分销渠道模式，又称为共生型营销渠道关系，它是只有两个或两个以上成员相互联合在一起,共同开发新的营销机会,其特点是两家或两家以上的公司横向联合共同形成新的机构,发挥各自优势,实现分销系统的有效、快速运行,实际上是一种横向的联合经营。目的是通过联合发挥资源的协同作用或规避风险。

（四）多渠道分销渠道模式

多渠道分销渠道模式,是指一家公司建立两条以上的渠道进行分销活动。公司的每一种渠道都可以实现一定的销售额。渠道之间的竞争既可能促进销售额的共同增加,也有可能发生冲突。例如,安踏运动鞋在运动鞋零售商店、百货公司、安踏专卖店等渠道中销售。

三、影响分销渠道选择的因素

良好有效的分销渠道不但可以实现企业的销售目标和管理目标,而且可以最大化地发挥网络成员的作用,减少分销渠道的风险,使企业的市场占有率提高,因此在设计分销渠道时必须考虑以下主要制约因素。

（一）产品因素

如果产品易毁或易腐,则采用直接或较短的分销渠道。如果产品单价高,可采用短渠道或直接渠道;反之,则采用间接渠道。产品的体积与重量,从成本控制的角度考虑,体积和重量越大,越应该采取短渠道策略。单位价值越小,越需要密集布点,需要更多的网络成员来经营;单位价值越大,要求的分销渠道路径就越短,避免过多的中间商盘剥利润,可以采用专卖或者代理的形式来建立分销渠道。社会化程度高的产品,人们的购买频率相对就高,应该密集布点,方便消费者的购买;社会化程度不高的产品,可以选择重点城市建网。对于专用产品,技术含量和服务的要求就比较高,应该采取定制的策略,实行一对一服务;通用产品,借助经销商的力量来推广,效果会更好。对于季节性强的产品应该选择短渠道、快渠道,达到快速布点的目的。产品技术性复杂需要安装及维修服务的产品,可采用直接销售;反之,则选择间接销售。

（二）市场因素

市场成熟的程度对选择分销渠道有着直接的影响。一般来说导入期为了保证速度,依靠中间商打开市场;成长期为了保证质量,应建立自己的网络,加强终端建设;成熟期则保证销量,最大限度地挖掘市场、网络的潜力;衰退期保持冷静,维护好市场,为新一轮的产品导入做准备。市场的密集程度大,应该集中分销渠道,进行深度分销,以争取市场份额为重点;密集程度小,应借助分销成员的力量比较科学。根据目标顾客的不同性质,分销渠道的选择也应不同,面对一般消费者销售的产品,分销渠道设计较为复杂,一般多为复合渠道;面对专业性用户或者产品,分销渠道建立在技术和售后服务的支持上。

（三）竞争对手因素

企业设计分销渠道时还应考虑到竞争者所使用的渠道的影响,如采用同样跟随的分销渠道设计,但是不以击败竞争对手为目标,而是谋求竞争双赢,在不同的空间取得各自的市场份额,或者运用避实就虚的分销渠道设计,避开竞争对手的锋芒,寻找市场的空白点,完成分销部署。

（四）企业因素

企业的资源丰富,能够应付企业长期战略,分销渠道的设计可以做全面部署,谋求长期的分销渠道效应;资源缺乏,分销渠道的设计就必须抓住突破点,建立区域性分销渠道。力量强大的企业可以根据自身的实力,如品牌、知名度、信誉、财务状况,管理水平和经验,按照自己的意图布局分销网络,有战略性和前瞻性,对分销渠道的控制能力就强大;而力量单薄的企业更多地依赖中间商和渠道成员,面对大客户的谈判能力不强。管理水平的高低是分销渠道设计的中心。管理水平较低,分销渠道的设计相对要比较粗放;管理水平高的企业,尽量要在分销渠道的设计中体现管理的水平。

（五）中间商因素

各类各家中间商由于实力、特点不同,诸如广告、运输、储存、信用、训练人员、送货频率等方面具有不同的特点,从而会影响企业对分销渠道的选择。按中间商数目多少的不同情况,可选择密集分销、选择分销、独家分销。密集式分销指生产企业同时选择较多的经销代理商销售产品。一般来说,日用体育产品采用这种分销形式较多。工业品中的一般原材料,小工具,标准件等也可用此形式。选择性分销,指在同一目标市场上,选择一个以上的中间商销售企业产品,而不是选择所有愿意经销本企业产品的所有中间商。这有利于提高企业经营效益。独家分销,指企业在某一目标市场,在一定时间内,只选择一个中间商销售本企业的产品,双方签订合同,规定中间商不得经营竞争者的产品,制造商则只对选定的经销商供货,一般来说,此分销形式适用于消费品中的健身器材,以及体育的无形产品,这种形式有利于双方协作,以便更好地控制市场。

四、设计分销渠道

分销渠道设计包括三方面的决策:确定渠道模式、确定每一层次所需中间商的数目和规定每位成员的权利与责任。

（一）确定渠道模式

确定渠道模式,即确定渠道长度,是企业分销渠道中中间环节的数目。商品在分销中经过的环节越多,分销渠道就越长;反之越短。具体可分为四种基本类型：零层渠道、一层渠道、二层渠道和三层渠道。零层渠道又称为短渠道,其他三种又称为长渠道。利用短渠道的分销行为被称为直接销售,有人将其称为直销。对一些规模较大的市场,适合选用较长的分销渠道;而一些容量十分有限的市场,厂商可选择较短的分销渠道,把产品直接出售给零售商或最终消费者;对一些耐用、技术性较强、价值较大、非规格化或易腐的产品比较适合短渠道,反之则适用长渠道。

（二）确定中间商数目

确定中间商数目,即确定渠道宽度。企业在确定每一层次所需中间商的数目时,有三种策略可供选择。

1. 密集分销

密集分销是指制造商尽可能通过更多的批发商、零售商为其推销产品。这种策略的重心是扩大市场覆盖或加速进入一个新市场,使众多的消费者和用户能随时随地买到这些产品。消费者越是要求购买的大量性、高频性和方便性,就越有必要和可能选择密集型分销方式。

2. 选择分销

选择分销是指制造商在某一地区通过几个精心挑选的、最合适的中间商推销产品。这一策略的重心是维持市场竞争地位的稳固,维护本企业的产品在该地区良好的信誉。选择分销的优势在于可以使产品取得足够的市场覆盖面,又可以比密集分销更易于控制和节省成本。

3. 独家分销

独家分销即制造商在某一地区仅通过一家中间商推销其产品。通常双方协商签订独家经销合同,规定不得同时经营第三方的产品,特别是竞争对手的产品,以便控制经销商的业务经营,调动其经营的经济性,占领市场。其重心在于刺激经销商的促销经济性,同时控制市场、控制经销商,或是彼此充分利用对方的商誉和经营能力。

（三）规定渠道成员的权利和责任

规定渠道成员的权利和责任,如制造商给予中间商的供货保证、产品质量保证、退货保证、价格折口、广告促销协助等;经销商向制造商提供市场信息和各种业务统计资料,保证实行价格政策,达到服务水准等。分销渠道管理人员在选择具体的分销渠道模式时,无论出于何种考虑,从何处着手,一般都要遵循以下原则：畅通高效、覆盖适度、稳定可控、协调平衡、发挥优势。

五、渠道管理

（一）激励渠道成员

制造商在选择确定了中间商之后，为了更好地实现企业的营销目标，促使中间商与自己合作，还必须采取各种措施不断对中间商给予激励，以此来调动中间商经销企业产品的积极性，并通过这种方式与中间商建立一种良好关系。激励职能包括的主要内容有：研究分销过程中不同分销商的需要、动机与行为；采取措施调动分销商的积极性；要解决分销商或分销执行者之间的各种矛盾等。

从总体上说，激励方式的选择要具有针对性。依据企业销售产品的不同和企业选择中间商的不同，激励方式也会有所不同。任何一家企业在选用激励方式之前都要分析激励对象即中间商和其他分支机构的需求，然后设法满足。如果不分析中间商的需求情况随便采取一种激励手段，其激励效果可能不会很好，有时甚至会起负面效果。企业还要确定好合理的激励水平，因为激励可能带来销售量增加，但也需要花费生产企业的人力、财力。

此外，在进行激励时，要注意采用多元手段，因为中间商与生产企业如果仅仅只有利益关系，在市场不稳定，出现利润下降甚至没有利润时，中间商就可能流失。而如果相互之间的纽带多元化，就可以化解很多危机。

（二）调整渠道成员

在分销渠道管理中，根据每个中间商的具体表现、市场变化和企业营销目标的改变，对分销渠道需要进行调整。

调整的方式主要有以下三种。

1. 增减分销渠道中的中间商

经过考核，对推销不积极或经营管理不善、难以与之合作的中间商，或者给企业造成困难的中间商，企业在必要时不得已与其中断合作关系。企业为了开拓某一新市场，需要在该地区物色一中间商，经过调查分析和洽谈协商，在符合企业对中间商的要求和中间商愿意合作的基础上，可以选定其作为企业在该地区的经销商或代理商。

2. 增减某一种分销渠道

当某种分销渠道出售本企业的某种产品，其销售额一直不够理想，企业可以考虑在全部目标市场或某个区域内撤消这种渠道类型，而另外增设一种其他的渠道类型。企业为满足消费者的需求变化而开发新产品，若利用原有渠道难以迅速打开销路和提高竞争能力，则可增加新的分销渠道，以实现企业营销目标。

3. 调整整个分销渠道

有时由于市场情况变化太大,企业对原有渠道进行部分调整已难以实现企业的要求和市场情况的变化,必须对企业的分销渠道进行全面的调整。

六、化解渠道冲突

渠道冲突是指当分销渠道中的一方成员将另外一方成员视为对手,对其进行伤害、设法阻挠或在损害该成员利益的基础上获得稀缺资源的情景。如同级批发商或同级零售商之间的冲突,表现为跨区域销售、压价销售、不按规定提供售后服务或提供促销等;制造商与分销商之间、总代理与批发商之间、批发商与零售商之间的冲突,表现为信贷条件的不同、进货价格的差异、提供服务的差异等;直销渠道与间接渠道中成员之间的冲突,代理分销与经销分销中渠道成员之间的冲突,表现为销售网络混乱、区域划分不清、价格不同等。

渠道冲突在某种程度上是不能根除的,但作为渠道的管理者可将其冲突控制在一个适当的可控范围之内,并加以利用。但是要坚决制止,则可能会导致渠道成员关系破裂程度的提高加大渠道冲突。化解渠道冲突可通过以下三个步骤。

(1) 分析渠道冲突的起因。

(2) 获取事实,注意分清事实和假设。

(3) 选择解决方案,主要有物质激励、清理渠道成员、法律手段。

七、体育经纪人

(一) 体育经纪人的概念

随着我国社会主义市场经济体制的确立,体育职业化、商业化的不断深入,体育经济和体育产业在国家经济中的比重不断加大。特别是体育商业形式的特殊化,作为中介的体育经纪人的活动形式已初具规模并成为我国各项体育运动走向市场的桥梁和纽带。体育经纪人作为体育市场发展的行为主体之一,直接参与体育比赛、体育经济活动及运动员流动等经纪活动,以及在运动员俱乐部、协会、赞助商、广告商之间的牵线搭桥作用,成为活跃市场、促进体育事业发展的不可或缺的积极因素。体育经纪人之所以能起到如此大的作用,重要的原因是国家建立了适合本国国情的、合理的、有效的体育经纪人管理体制,在充分发挥体育经纪人的积极性、主动性和创造性的同时对他们进行有效的管理和约束,确保体育经纪活动在规范、有序的环境中进行,保持体育市场和体育产业稳定、健康发展。

体育经纪人是以获取佣金为目的,与体育相关人员及组织签订委托合同,充当委托人与第三人之间有关职业运动、体育竞赛的订约媒介,或为委托人提供通过体育获益机会的自然人、法人或其他经济组织。体育经纪人保证委托合同的实施,其代理内容为体育,其职能是在某个体育产业管理层的领导下,为管理层提供各种经济信息,为体育产业增加经济效益,运转好机构内部的经济体制,赢得更大的市场份额,提高知名度,推销体育产业有特色的产品,为赞助商带来广告效益、促销产品,带来丰厚利润。按照俱乐部委托人的授权,招揽商业性比赛,承办场地器材和租赁业务,组织体育知识技术培训、辅导等有偿咨询,撮合各种体育社会活动的有偿出席,如记者招待会、电视采访商业、展览会、为著名运动员联系有偿广告业务等,与新闻媒体联系转播重大国内、国际比赛,负责球员转会的程序。通过所学的经济知识,对市场进行实际调研,采取资产的有效流动、收购、兼并、重组、参股、交易、转让、租赁等各种途径优化配置,以实现体育产业的最大增值。

(二) 体育经纪人的活动范围

1. 为运动员作代理

代理运动员的工作合同,包括运动员转会谈判、报酬、合同签订等内容,是个体体育经纪人主要的业务范围,经纪人应深知各俱乐部的需求,以及各位明星球员和有潜质的后备球员的特点和情况,为俱乐部和运动员牵线搭桥。安排运动员参加比赛,包括选择比赛、制定比赛日程、筹措资金、参赛服务等也是体育经纪人的重要服务领域,其中合理地选择和安排比赛最为重要,既有利于运动员水平的提高,又能为运动员带来更大的经济效益。安排比赛巡回间歇的训练和生活,这不仅要同比赛的组织打交道,而且要与有关体育组织和训练基地搞好关系,管理运动员繁杂的日常事务,如管理赛事收入和财务收支、安排社会活动等。

2. 推广体育比赛

体育经纪人可以全部或部分买断国际或国内体育组织举办的正规赛事,然后通过电视转播广告推销。争取赞助等多种渠道开发、推广,成功举办比赛并最后达到盈利的目的,如国际管理集团推广经纪我国的足球和篮球甲级联赛,以及中国香港精英公司曾经推广过的世界女排大奖赛等,依靠自己(公司)的经济实力和社会交往能力,同时征得有关体育组织的许可,经纪人还可自己筹划推出非体育组织举办的新的赛事,如 ATP 网络系列大奖赛等,这样将会获得更大的社会影响和经济效益。

3. 包装运动队

这是近年来新出现的体育经纪人业务,也是经纪个体运动员的延伸,但工作的内容和方式不同。经纪人通过与赞助商家联系,获得运动队的冠名权,使运动队以某个商家的名义参加比赛,或在比赛服装上打广告,既包装了运动队,又使运动队获得了赞助。运动队其他无形资产的开发,如比赛转播权、纪念品开发等也是体育经纪人不应放过的领域。

4. 其他经纪活动

现代体育经纪活动已不仅限于竞技体育,正在逐步渗透到大众体育、体育经纪等各个方面,如体育赞助、体育保险、体育旅游等,这也为有志从事体育经纪活动者提供了更为广阔的空间。此外,体育经纪人还可以参与解决体育活动和交往中出现的经济、法律等方面的问题,或提供有关咨询,并可作为体育组织的代理、帮助其协调或解决有关的问题、争端,为其获取有关信息、提供订约机会,以及进行商业方面的开发等。

[本章讨论题]

1. 结合案例分析体育装备产品策略。
2. 结合案例分析体育装备市场的渠道策略。
3. 促销与沟通有何区别?
4. 广告有哪些主要媒体?
5. 公共关系的主要办法是什么?
6. 销售促进有哪些主要工具?
7. 直通营销与直销有何区别?
8. 为什么说体育经纪人活动能为体育市场创造价值?

[案例一]

阿迪达斯培养自己的经销商　踏上渠道重建路

经过 2009 年的收权、关店风波,阿迪达斯的渠道重建计划已经势在必行。

阿迪达斯于 8 月份公布的 2010 年半年报显示,虽然有着南非世界杯的刺激,但中国市场仍成为其 2010 年上半年全球 6 大市场中唯一出现负增长的区域市场。

为了拓展渠道,8 月 17 日阿迪达斯在淘宝商城官方授权的网店开启。

而行业分析人士称,电子商务只是阿迪达斯渠道重建计划一个很小的部分。阿迪达斯未来要做的,除了加大直营的投入,还将培养一批忠于自己的经销商队伍,以保证其对渠道的掌控力。

但这注定是一个漫长的过程。

开网店消化库存

"支付宝"的相关数据显示,阿迪达斯在淘宝网正式上线仅三天,日销售额即已超过300万元,成为淘宝同类商品的业绩冠军。打上特价标签的正版阿迪达斯,颇受消费者青睐。

在解释决定进入电子商务领域的初衷时,阿迪达斯方面表示,在中国区门店总数将增加到6 300家,高门店数代表高成本,因此公司希望寻找到新的销售渠道和途径。此外,阿迪达斯的网上旗舰店,可将业务覆盖至之前难以辐射到的二三线城市。

不过在经销商看来,阿迪达斯此举的首要目的还是在于消化库存。通过网店打折,也可将对其品牌的伤害降到最低。

阿迪达斯之前公布的半年报显示,其在2010年上半年实现了55.9亿欧元的收入,同比增长11%,几乎所有区域市场都实现了两位数的同比增长。但其在中国市场却出现了倒退,收入同比减少16%。这表明,已经困扰阿迪达斯中国市场两年之久的库存问题,至今并未得到根本解决。

之前,由于对奥运会后中国市场过于乐观的估计,阿迪达斯错误地放大了市场需求,而由此造成的大量库存则直接影响到了阿迪达斯的销售表现。高库存同样拖累了很多阿迪达斯的经销商,百丽、达芙妮等经销商在2009年都关闭了不少阿迪达斯门店。

"2009年关了那么多门店后,阿迪达斯欲提升销售额,只有尝试不同的销售渠道。"运动品牌观察人士马岗认为,运动品牌开网店自然是一种行业趋势,但也反映出阿迪达斯重建渠道的迫切心情。

上述观点阿迪达斯方面未作置评。记者以邮件形式发送采访提纲,至截稿未获回复。

培养自己的经销商

UTA时尚管理集团总裁杨大筠也留意到一个现象,在2009年百丽削减阿迪达斯门店、达芙妮退出运动品牌代理的大背景下,阿迪达斯正在加大对直营门店和各地分公司的直接投入。在北京和上海,阿迪达斯直营旗舰店的数量正在慢慢攀升。在这之前,阿迪达斯已经将旗下的"三叶草"经销权收回,改在自己的部分直营门店销售。

但杨大筠也不相信一向轻资产的阿迪达斯,真的会彻底摈弃之前的经销渠道,自己慢慢的攒门店。但这反映出阿迪达斯的部分转变,即希望加强对渠道的控制力,使自己的营销策略更好地在各个终端执行。

在这个行业,经销商"一夫多妻制"的特点越来越明显,一个阿迪达斯的经销商,往往还是耐克的经销商,或者是李宁的经销商。这对阿迪达斯、耐克这样的强势品牌越来越不利,某个品牌在单个经销商处的销售增量太快,经销商就会考虑自己的提货风险会不会增加,转而去寻找多个品牌间的平衡。而且随着经销商话语权的增大,这些强势品牌的营销策略越来越难在终端推动。

"阿迪达斯接下来要做的,无疑就是扶持一批经销商,再抛弃一批经销商,从而建立起一批忠于自己的经销商队伍。"一位业内人士表示,在很多行业分析师的眼里,安踏的成长性甚至要高于李宁,主要原因在于安踏的经销商队伍大多数是自己一手培养起来的,有很高的忠诚度,便于品牌商的掌控。如今阿迪达斯的渠道重建计划,目的也是在于此。

阿迪达斯已经有所动作。如其旗下的锐步品牌,已于2010年年初与宝胜签下了一份独家代理协议,而后者将建立的是一个具有垂直组织结构的专门团队,该团队将参与锐步产品的设计、生产、销售和市场营销。

可以预见的是,阿迪达斯的渠道重建之路并不会一帆风顺。马岗表示,对于阿迪达斯而言,电子商务只能是线下门店的辅助渠道,包括ZARA,尽管在网上的业绩已经相当可观,但它永远不可能成为另一个凡客诚品。阿迪达斯的渠道重建计划,还需要得到经销商的支持。

[案例二]

阿迪达斯走向时尚运动

2011年3月18日,阿迪达斯启动名为"all adidas"(全倾全力)的最新全球品牌推广活动。这是阿迪达斯有史以来第一次集旗下三大系列:运动表现系列(adidas sport performance)、运动经典系列(adidas originals)、运动时尚系列(NEO, Y-3, SLVR),阿迪达斯在本次发布会公布了新的一批代言人,包括李冰冰、陈奕迅、Angelababy 等时尚人士。

阿迪达斯集团大中华区董事总经理高嘉礼(Colin Currie)在接受媒体采访时表示,中国是一个非常特殊的市场,国民的体育参与率比欧美低很多,但在时尚方面,参与热情却很高。因此,阿迪达斯决定在中国将运动时尚纳入工作重点。这也是他们从上述代言人上作出调整的原因。随之,阿迪达斯"NEO"应运而生,与专业体育用品系列不同,NEO 系列切入了生活时尚领域。并且 NEO 定位中端市场,正好迎合内地中小城市的消费者。

高嘉礼称,阿迪达斯计划未来三年在中国开设 2 500 家门店,其中绝大部分将分布于中国的三、四线城市。与阿迪达斯一样,耐克也紧锣密鼓地研究着如何开拓三、四线城市。不管是耐克还是阿迪达斯,在中国更广阔的三线及以下城市,还有不少地方是空白的。他们非常清楚,那里一直是李宁、安踏等本土运动品牌的天下。

壹尚咨询认为,从阿迪达斯全新"all adidas"品牌推广活动和其大中华区董事总经理高礼嘉先生的话中不难看出,阿迪达斯对中国市场和中国消费者消费偏好的熟悉程度可见一斑。的确,和美国等欧洲发达国家不同,中国全民体育运动的推广度和国民的参与度都维系在一个较低的水平。以往,阿迪达斯在产品和品牌形象推广上过于强调运动元素和运动精神,在对时尚元素上塑造的投入度较低,但实际上随着越来越多的国际时尚品牌进入中国市场,国人对时尚的关注度和参与度也水涨船高,并且中国广袤的三、四线城市消费者的时尚意识也在纷纷觉醒。阿迪达斯敏锐地捕捉到这一市场信号,能够紧密地追随市场需求而调整其产品的开发策略和品牌传播策略,以保持产品的个性化。这一理念值得已经陷于产品同质化竞争,在红海中挣扎的中国本土品牌的借鉴与思考。

第九章

健身娱乐休闲市场

内容提要

- 健身娱乐休闲市场的概述
- 健身娱乐休闲市场的管理
- 健身娱乐休闲市场的经营

第一节　健身娱乐休闲市场的概述

一、健身娱乐休闲市场的内涵

（一）健身娱乐休闲市场的含义

健身娱乐休闲市场是为满足人们锻炼身体和娱乐休闲而形成和发展起来的体育市场。人们锻炼身体的目的是为了增强体质或保持身体健康,活动主体往往分布在青少年和老年人中间,消费者的消费水平相对较低,但人员分布极为广泛,是体育市场最主要的主体市场之一。

人们参加体育娱乐休闲活动的动机和目的主要有三个：一是出于社会交往的需要。出于这种目的参加体育活动的人把参与诸如网球、保龄球、高尔夫球等体育活动当作达到某种社会交往的方式和手段,其活动主要目的并不在于体育运动本身,而是借体育活动这种方式和所提供的场所来进行某种体育之外的社会交往活动。二是为了满足娱乐的需要。出于这种目的参加体育活动的人,把参加体育活动当成同参加任何其他的文娱活动一样,所直接满足的并不是体育运动外在身体或生理上的某种需要,而是一种内在的或心理上的欢乐或愉悦。三是对美体的追求。出于这种目的参加体育活动的人虽然从某种意义上说也十分注重某种身体的锻炼,但其基本目的并不在于锻炼身体,而是为了减肥、保持身材等审美的需要或对美体的追求。在全部体育市场中,参与体育休闲市场的人数相对较少,但他们的消费层次和消费水平却相对较高,按照我国现行的产业划分和国际通行的惯例,正是由于其所具有的高消费特征,通常总是把它划在娱乐业中,并课以较高的赋税。

（二）健身娱乐休闲市场的产品类型

1. 健身型的体育服务产品

主要指健身房、健美中心,体育场、游泳池（馆）等向消费者提供的体育服务,包括通过技术指导和陪练等,以满足体育消费者强身健体的需要。

2. 娱乐型的体育服务产品

主要指保龄球馆、台球房、高尔夫球场以及体育旅游等向消费者提供娱乐性较强的体育服务,以满足体育消费者休闲娱乐的需要。

3. 培训型的体育服务产品

主要指武术学校、足球学校、篮球学校及武术、游泳、足球、篮球、太极拳、健美操等各类培训班,提供教学、辅导、训练服务,帮助消费者掌握体育运动的知识、技术和技能等。

二、健身娱乐休闲市场的特点

体育服务产品除不同于实物形式的消费品外,与其他精神类产品也有不同之处,具有以下特点。

(一) 产品不具有实物形态

一般消费品都具有实物形态,而体育服务产品是一种非实物形态的产品,是为一种活动提供服务的。即由教练员、运动员、体育场馆工作人员等向消费者提供的一种服务活动。

(二) 产品同生产行为不能分离

体育服务产品不能脱离生产过程而独立存在,体育服务生产过程结束了,体育服务产品也就不复存在了,因而不能像实物产品那样储存和异地销售。

(三) 生产和消费具有时空统一性

体育服务产品的生产和消费是在同一时间、同一地点进行的,生产者直接出现在市场上。在一般商品在市场上,生产者是不出现的,出现的只是其劳动成果。而在健身娱乐市场上,生产者则直接出现在消费者面前,如体育健身娱乐场所的工作人员,必须出现于活动场所,为消费者提供各种服务。商业性健身娱乐休闲活动,一方面是体育工作者生产体育服务产品的过程,同时也是消费者健身、娱乐的过程,是对体育工作者提供各项服务的消费过程。体育服务的生产过程完成了,体育服务产品的消费过程也就结束了。因此,生产者和消费者同时在场是体育服务产品生产过程和消费过程的必要条件。如果体育服务产品的消费者不在现场,那么体育服务的劳动过程就成为毫无意义的行为。例如,健身房如果没有健身爱好者,那么健身房中的教练员就不可能进行辅导,没有了现场的消费者也就无法进行生产了。

(四) 产品所有权不发生转换

实物产品和书刊、绘画等精神产品在市场买卖过程中发生所有权的转移,从卖者转到买者手中。而在体育市场的买卖活动中,体育服务产品的所有权并没有发生变化。消费者购买门票参与健身娱乐活动,买到的并不是体育服务产品的所有权,买到的只是对体育服务产品的消费权。消费者到体育健身娱乐场所参与体育活动,享受有关的服务,是这种消费权的体现。

(五) 消费者具有参与性

在体育健身娱乐市场上,消费者直接参与体育活动过程,主动参与体育锻炼及娱乐活动,达到健身、健美和娱乐休闲的目的,而不是被动接受来实现消费的。

（六）参与对象的异质性

这是指参加者的生活环境不一、职业分布复杂、年龄范围广、体能差异、参与对象动机的多样性、活动时间的业余性、组织的分散性。

（七）档次具有差异性

不同体育项目因其设备、投资等不同在档次上表现出差异性。如打高尔夫球无论在国内或国外,都属于高消费。即使是同一体育项目,在不同场所其档次上也有很大差异。如豪华饭店、宾馆中的游泳池、保龄球等的消费价格高于设施一般的游泳池和保龄球馆。不同档次的保龄球馆因设施、器材和服务的差异,其消费价格相差也较大。

（八）市场容量庞大

因为它的消费对象非常广泛,包括全部公民,所以它的市场很广,潜力很大。人人都需要健康,进行体育消费、健康投资随着社会经济的发展成为人们的一种基本需求。

（九）产品内容丰富与适应性

群众体育的对象既有少年儿童,又有妇女、老年人,它的产品就包括像健身、健美、消遣、娱乐、休闲、保健、医疗康复等各个方面的内容。每个社会成员都可以找到适宜于自己的活动。

（十）消费对象以个人、家庭、机关、团体为主体

我国群众体育市场会随着体育社会化及市场经济的发展,而具有广阔的前景。目前像各种群众性比赛活动,高水平竞技比赛,各种健身辅导班、培训班、体育俱乐部等,发展的速度是惊人的,而且经济效益非常可观。

三、我国体育健身娱乐市场的现状

目前,我国体育健身娱乐市场的现状主要表现在以下四个方面。

（一）经营健身娱乐服务的企业规模小、素质低

目前,我国尚未建立体育产业统计体系,经营健身娱乐服务的企业数量和质量还没有一个系统的、准确的、官方的统计数据,只有一些零散的数据。根据局部的调查数据以及对健身娱乐业现状的感受,我国健身娱乐企业不仅存在数量少、质量差的问题,而且存在结构不合理的问题。数量少是针对12亿人的大市场而言的;质量差是指企业的平均规模小、经营者的素质低;结构不合理是指地区间发展不平衡,中西部和东南部在企业数量、规模及质量等方面差距很大,以及经营高档健身娱乐服务的企业主要是外商独资企业和中外合资企业。与发达

国家相比,我国健身娱乐企业整体素质低下的现状十分突出。美国除了有大量提供健身娱乐服务的非营利单位外,仅纯粹的商业型健身娱乐企业就有1万多家,以会员方式成为这些企业的固定消费者就高达1 100万人。

(二) 经营内容单一、经营方式落后,服务营销、服务品牌的意识淡薄

由于我国健身娱乐业起步不久,企业经营内容单一的状况十分普遍,这种情况大体上相当于发达国家20世纪60年代以前的状况。目前,美国体育健身娱乐业开展多样化经营的企业占总数的50%以上。与经营内容单一相对应的是,我国健身娱乐企业经营方式落后,开展集团化、连锁化经营的企业几乎没有。而美国目前排名前25位的商业性体育俱乐部都开展连锁化经营,其中排名前5位的企业每一家都拥有250家以上的分支企业,最大的一家美国俱乐部系统(ACS)有661个分支企业。另外,目前我国的体育健身娱乐企业在营销意识和水平上也存在很大的差距,很多企业根本就不知道如何根据企业特点和实际来树立服务品牌,开展服务营销。

(三) 健身娱乐市场整体上处在供不应求的状况

虽然一般健身娱乐服务(尤其是仅仅提供场地服务的)存在滞销现象,经营内容、方式和营销手段亟待创新,但是健身娱乐市场整体上处在供不应求的状况。随着我国城市和部分富裕农村地区健身娱乐市场的逐步活跃,开展体育健身娱乐经营的企业也越来越多,经营者在一般健身娱乐服务领域的竞争愈演愈烈。经营内容和营销手段的创新正在成为企业提高竞争力的关键和核心。

(四) 高档健身娱乐市场初现外资、外方垄断的局面

高档健身娱乐市场初现外资、外方垄断的局面,大众健身娱乐市场进一步活跃。目前,我国高档体育健身娱乐市场已经开始出现外资、外方垄断的态势。高档健身娱乐项目,如高尔夫球、保龄球,以及一些新兴的体育健身娱乐项目绝大部分都是由外资或中外合资的企业来经营和管理,国内企业在高档健身娱乐市场开展经营的不仅数量少,而且规模和竞争力都明显不足。但近年来,我国中小城市和部分富裕农村地区,大众健身娱乐市场(主要提供中低档体育健身娱乐服务)进一步活跃,并且表现出较快的增长势头。

四、我国健身娱乐市场的发展趋势

根据当前我国健身娱乐市场的现状,这一市场初步展现出以下五个方面的发展趋势。

(一) 大众健身娱乐市场将进一步活跃

随着全民健身的进一步发展,居民消费结构和消费意识的不断变化,我国健

身娱乐市场将日趋火爆。其中大中城市和富裕农村地区仍将是最具发展可能性的地区,而突破口是社区体育健身娱乐服务。健身娱乐市场的发展从根本上决定大众体育消费的普及化、生活化。

（二）体育健身娱乐企业连锁化经营和多元化经营将成为趋势,一批龙头企业会在竞争中脱颖而出

随着大众体育健身消费的不断活跃,健身娱乐市场上企业间的竞争也愈演愈烈,并且随着竞争的全面展开,一些在竞争中取得优势的龙头企业会脱颖而出,而这些骨干企业在经营方式上也一定会采取集团化连锁经营的方式,以扩大规模、降低成本,从规模效益中取得竞争的优势,在经营内容上也会相应地从一元化向多元化转变。

（三）引导消费、创造需求的能力,尤其是服务营销的水平将决定企业的盈利状况

从我国社会的人口基数、家庭总数以及二元社会结构的基本特征看,我国体育健身娱乐消费的市场潜力巨大,如何把这种潜力转化为实际的消费需求,很大程度上取决于企业引导消费、创造需求的能力。这就要求健身娱乐企业必须在搞活服务营销方面做大量的创造性工作。今后健身娱乐企业之间的竞争除了在经营内容、经营方式、服务产品价格等方面展开竞争外,在营销理念、服务品牌以及营销手段的组合等方面的竞争也会逐步展开,而后者将在很大程度上决定企业的盈利水平。

（四）高中档市场将面临国外企业的激烈竞争

随着中国加入 WTO 进程的加速,国内服务业将进一步开放,国外大型健身娱乐企业也会在更大的规模上进入中国市场。国内健身娱乐企业在中高档市场上将面临与国外同类企业更为激烈的竞争。当然,有竞争才会有发展,竞争不仅能让中国的老百姓得到更多的实惠、享受高质量的服务,而且也会从整体上提高我国健身娱乐业的规模和质量,带动大众健身娱乐消费的进一步繁荣和发展。

（五）健身娱乐服务消费的档次将进一步拉大

我国社会的二元结构在短期内不会有大的变化,并且社会成员的分配结构和收入结构,以及与之相适应的消费结构在一定时期内有可能进一步拉大差距。反映在大众健身娱乐消费上,就是健身娱乐服务业的消费档次将进一步拉大。同一种健身娱乐服务项目在消费场所的环境、设备、服务人员的专业技术水准等方面都会出现差异化和个性化的发展趋势,以适应消费者对不同档次服务项目多元化的消费需求。

第二节 健身娱乐休闲市场的管理

一、健身娱乐休闲市场管理的特点

要弄清健身娱乐休闲市场管理的特点,必须首先明确体育健身与娱乐休闲本身的特点。这使得体育健身与娱乐休闲管理,出现了一系列在其他体育管理中所不存在的特点,主要有以下四点。

（一）管理系统边界的模糊性

体育健身与娱乐休闲不但与学校体育和竞技体育运动大量交叉,而且十分容易与政治、经济、军事、教育等各主要社会侧面结合在一起,形成互动之势。如我国各企事业单位开展了多年的广播体操,既是一个规模较大的体育健身运动,又是一项加强职工纪律性的社会活动。体育健身娱乐同社会有着广泛的结合点,表现出巨大的包容性和适应性,因此它的管理系统与社会其他系统盘根错节交叉在一起,难以分清它的组织边界,表现出鲜明的开放性。体育健身与娱乐不仅与企事业的行政组织有着密切的关系,而且与工、青、妇等社会团体的工作常常融为一体,虽然为其从社会上获得各种资源提供了方便,却使它缺乏自己的独立性。过多地受社会各侧面的影响,组织边界的不清,也必然导致管理的模糊性,计划的制定和过程的控制都难以把握,大大增加了管理难度。

（二）管理目标的多样性

体育健身与娱乐休闲本身功能具有多样性,每一种功能都可以产生重要的效益,为一定的目标服务,因此人们对体育健身和娱乐价值取向常常是各不相同的。从活动的参与者来说,有的想健身,有的想促进社会交往,有的想娱乐。就参与全民健身运动的组织管理的各单位各部门来说,生产部门想以其提高工作效率,医疗部门想以其控制医疗开支,文化部门想以其丰富人们的文化业余生活。于是体育健身和娱乐的管理者经常难以确定具体的目标。目标的多样性,往往会给管理行为中的各个环节带来极大困难,如果处理不好,会使管理效率降低。

（三）管理环境的差异性

体育健身与娱乐休闲管理是一个开放性系统,与它所在的自然环境和社会环境相互联系、相互渗透,因此它总是处于周围环境的深刻影响之中。体育健身与娱乐休闲管理者必须高度重视它的周围环境,将其作为管理工作必须考虑的前提和核心因素。由于管理环境的复杂多变,管理的不可控制性也大大增加了。

（四）管理因素的复杂性

体育健身与娱乐休闲的管理具有非常复杂的内容。从管理资源来看,它所处理的人、财、物等各种资源在数量、质量或流通渠道上都是极其错综复杂的。从管理的组织类型来看,体育健身与娱乐的组织极为复杂,它既有各种正式组织,也有大量非正式组织。从管理机制来看,它既要与系统的环境紧密衔接,又要保持自身的相对独立和稳定。如何把握内外因素的各种复杂的关系,常常成为管理上最为艰难的任务。

二、健身娱乐休闲市场的管理原则

由于健身娱乐休闲市场具有不同于其他体育类别市场的特点,因此体育工作者在实践中面临着极其复杂的局面,面对着一系列无法回避的矛盾和需要考虑的各种因素。根据健身娱乐休闲市场管理特点,在管理工作中应遵循以下五条原则。

（一）社会化原则

社会化原则是动员和配合各部门、各行业、各社会团体共同抓好健身娱乐休闲市场工作,使之进入家庭,深入社区。

（二）区别性原则

健身娱乐休闲市场的发展是以社会为依托的,受它所存在的社会环境制约。由于一个社会在经济、文化等方面具有不平衡性,一些沿海地区已接近中等发达国家水平,而一些内陆省份才刚刚解决温饱问题,这就造成了健身娱乐休闲市场环境的差别性和管理因素的复杂性。因此,在管理中必须贯彻区别对待的原则,针对当时、当地的具体情况,因时、因地采取具体组织措施。

（三）可行性原则

可行性原则是指体育健身与娱乐的组织、内容、形式及开展活动的计划、方案、措施必须从实际出发,做到切实可行。贯彻该原则应注意从我国经济实际出发,充分利用有限的人、财、物资源,艰苦奋斗,勤俭节约,不可盲目攀比、铺张浪费。另外,还要根据我国人民身体实际来选择活动内容。充分发挥我国传统健身活动的优势,形成我国体育健身与娱乐的民族特色。

（四）灵活多样性原则

体育健身与娱乐的灵活多样性是指根据各类人员的需要、地域的差异、季节的变化而采取灵活多样的组织形式、竞赛方式和活动内容。它既可是个人锻炼形式,也可是集体锻炼形式;既可是单位内部的锻炼形式,也可是跨单位的锻炼形式。竞赛方式也是灵活多样的,比赛规则可更灵活,比赛程序可以简化,比赛内容可比其他体育活动更为广泛多样,参加人员的条件和数量要求也可大大放宽。灵活多样的竞赛形式,使体育健身与娱乐更加简单易行、生动活泼。活动内容也应是灵活多样的,它既可以是引人入胜的近代体育项目,也可以是丰富多彩的民族传统体育项目。

（五）激励性原则

激励性原则是指采用各种形式与手段,激发人们自觉、积极、经常地参加体育活动。体育健身与娱乐是广大群众自愿参加的一种有目的、有意识的社会行为,开展体育健身与娱乐活动,关键在于群众的自觉性、积极性,但这种积极性主要不是靠行政命令,而是靠宣传、教育、启发、诱导等多种形式激发出来的。

三、健身娱乐休闲市场管理的方法

健身娱乐休闲市场管理目标的实现,不仅要符合健身娱乐休闲市场管理的特点,遵循健身娱乐休闲市场管理的原则,还要借助于正确的健身娱乐休闲市场管理方法。这些方法一般有以下四种形式。

（一）宣传鼓励法

宣传鼓励法指运用各种宣传教育形式,提高群众对体育的认识,激发他们参加体育锻炼的兴趣、爱好和动机,掌握身体锻炼的方法,动员更多的人参加体育活动。

1. 宣传鼓励法的内容

（1）宣传体育锻炼的科学知识,使群众掌握科学锻炼的方法,提高锻炼的效果。

（2）宣传国家关于开展体育健身与娱乐的方针、政策以及各阶段的目标和计划,指导全民健身与娱乐运动朝着正确方向迅速发展,更好地为社会主义建设服务。

（3）宣传体育锻炼的意义和价值,以激起群众参加体育活动的兴趣、爱好和正确的动机。

（4）宣传体育健身与娱乐的先进集体和个人经验,以进一步推动体育健身活动的开展。

2. 宣传鼓励法的形式

宣传鼓励法的主要形式有广播、电影、录像、报纸、杂志、科普、表演、比赛、广告、板报、表彰、奖励、交流、展览等,采用的形式应力求多种多样、生动活泼,从而更好地提高群众参加体育锻炼的兴趣,获得更好的宣传效果。

（二）社会调查法

社会调查法指运用各种社会调查形式,及时掌握体育健身与娱乐活动中的信息,正确制定和调整计划,保证体育健身与娱乐目标实现的方法。社会调查法的形式较多,主要有全面调查、专题调查、个别访问、问卷调查、民意测验、社会统计等。社会调查的内容一般涉及经常参加体育锻炼的人数、社会体育场地设施的现状与分布、经费来源与使用、活动时间的分配与安排、活动内容的选择与分布、群众的体质和健康状况、影响体育健身与娱乐开展的因素等。

（三）评比竞赛法

运动竞赛对体育健身与娱乐有明显的刺激作用,是一个推动体育健身与娱乐活动迅速开展的、成本低见效快的办法。组织体育健身与娱乐的竞赛时,注意竞赛与平时锻炼相结合,以赛促练,做到体育健身与娱乐经常化,竞赛方式要机动灵活、简便易行,有利于体育健身与娱乐的广泛开展。加强赛风、赛纪教育,防止伤害事故的发生。竞赛项目的选择和规模的确定要符合当时、当地的条件,符合大众的技术和消费水平。

（四）典型引导法

运用体育健身与娱乐中先进典型的榜样作用对推动体育健身与娱乐休闲的开展十分有效。在运用典型引导法时需注意的是以下四点。

（1）代表性典型的选择不能局限在少数基础好的单位和个人,有广泛代表性才有说服力。

（2）多样性可在不同年龄、不同性别、不同单位、不同层次、不同职业、不同产业中选择多种多样的典型,发挥典型的多方面的作用。

（3）可行性典型要从实际出发,应具有可借鉴的意义。

（4）真实性典型材料须真实可靠,才具有生命力。

第三节　健身娱乐休闲市场的经营

一、商业型健身娱乐休闲市场

体育健身娱乐休闲产业有着极好的发展前景,近年来各地健身中心在短时间内的大量涌现,使供求关系暂时发生了变化,出现了在某些城市相对饱和的情况。这样,商业性健身俱乐部之间的竞争就变得激烈起来;市场营销策略的合理应用以及高效率的管理,对于这些健身中心来说就显得非常重要。

（一）目标市场

体育娱乐、健身休闲业在近期出现的一个显著变化就是体育健身中心的地位由以往的大众市场转为了确定自己的更为细分化的目标市场。经营者们根据顾客的动机以及如年龄、性别、收入等人口统计资料而把市场划分为许多部分。然后,根据各健身中心自身的特点与优势,做好市场定位,在自己选定的目标市场重点促销。

图9-1是体育健身娱乐休闲业的主要目标市场。各健身俱乐部要想在市场激烈的竞争中生存与发展,只有不断满足自己特定顾客群的需要,设计出适合他们的各种计划,配置好相应的设施与环境,提供周到的服务,才能逐渐扩大自己的市场份额。在一些国家的健身中心,最近出现了专门针对妇女需要而开设的各种健身计划。如针对妇女解剖、生理特征而开设的孕期锻炼、女子防身术等就是因为市场定位与营销策略使用得当而大获成功。另一个值得提及的例子是近年来一些俱乐部成功地开发并占领了企业健身市场。过去,拥有健身俱乐部会员资格只是企业高级主管的特权。现在,许多健身俱乐部都为其所在地的企业提供面向全体员工的体育健身服务。这些服务除了健身以外,还包括提供健康教育、营养咨询、有效减轻精神压力以及为受伤或生病的员工提供康复训练的课程与服务。

图9-1 体育健身娱乐休闲业的主要目标市场

(二)服务内容

为了在市场竞争中取胜,许多俱乐部都认识到了"多功能"对吸引并长期留住顾客的重要性。为此,不断推出适应顾客新需要的全方位的服务是近年来体育健身俱乐部能够在激烈的市场竞争中得以生存和发展的关键。表9-1是健身俱乐部所提供的主要服务项目。由于人们对健康的总体认识有所改变,精神和身体、生理和心理健康之间的联系越来越受到人们的重视。这种倾向在健身业的反映便是,传统意义上只提供身体练习的健身俱乐部正在向全方位、多功能的方向转变。正如美国丹佛市国际健身俱乐部经理凯立·伍德所说:"我们对所有的顾客都提供身体、心理、精神健康方面的服务。我们不针对重病人,治疗重病人是医院的事。但是我们针对除重病人之外的几乎所有的人。我们通过帮助每个人保持一种健康的生活方式而让所有的人得到身体的、心理的、精神的长期保健与治疗。"正是这些紧跟时代发展的新的思路,新的经营策略使整个健身业和许多健身俱乐部在激烈的市场竞争中得以长期生存与发展。

表 9 - 1　健身中心的主要服务内容与项目

主要的服务内容和项目		
按摩	体重控制	托儿服务
瑜伽术	儿童计划	水上练习
武术项目	少年计划	综合练习
运动处方	老年计划	力量练习
个别训练指导	妇女计划	营养咨询
健康教育计划	特别计划	各种健美操
健康测试与评价	企业健身计划	竞技项目培训

（三）设施类型

首先,各类健身中心都备有最基本的练习器械,其中,力量器械有杠铃、哑铃、综合力量练习器等;有氧练习器械有固定自行车、跑步机、划船器等。其次,各健身俱乐部还购置了与自己所提供的服务相配套的各种设备器材,安装了相应的设施。此外,健美中心、桑拿和蒸汽浴等正在成为较受欢迎的设施。随着健身俱乐部功能的增加与转变,一些大型俱乐部还专门增设了人体测量仪等用于健康情况的设备与器械。表 9 - 2 是目前各健身中心所使用的主要设施与器械。

表 9 - 2　健身中心常备的设施与器械

健身中心常备的设施和器械		
力量练习房	网球场	按摩房
各种有氧练习机	健美操练习房	冲浪浴
壁球场	芭蕾舞练习房	托儿所
室内、外游泳池	教室及摄录像设备	舞厅酒吧
室内、外篮球场	人体体能、体格测试仪	食品饮料区
室内、外排球场	健身用品纪念商店	蒸汽、桑拿房

（四）风险管理

健身娱乐产业需要有严格的风险管理计划和各种具体的指南性文件来指导设施、器材的使用,项目的策划与经营,以及应付不同的环境变化与紧急情况的处理。

正如我们在本书第五章所指出的,经营者通过制订并实施有效的风险管理计划,可以大大减少或避免各种法律纠纷和与保险公司的分歧。因此,根据不同对象、运动项目、器械、地点等情况实施有针对性的风险管理是体育健身娱乐业经营过程中的一个重要内容。除此之外,体育健身娱乐业的风险管理还应特别注意以下八个方面。

（1）报名前对参与者做身体检查，以决定其适合参与的运动项目和活动程度。

（2）始终保持俱乐部的各种设施、器材处于一种良好的、符合安全规定的状态。

（3）向参与者讲明参加每一个练习或活动的注意事项，必要时加以辅导和训练。

（4）在会员练习时要给以帮助和保护。

（5）对所有工作人员进行资格审查，包括是否具备相关经验、相应的从业执照等。

（6）确定各项活动的进程是否符合国家有关标准。

（7）紧急情况和重大事故的处理要符合法定程序，包括呼救、急救、疏散、搜索、求援等。

（8）对员工、顾客以及一切相关人员进行安全教育和培训。

二、健身娱乐休闲市场的再定位

（一）要大力培育群众性体育健身娱乐休闲市场

体育健身娱乐休闲市场在我国是一个具有广阔消费需求的市场。在市场开发中，应围绕着全民健身计划的实施，坚持"谁投资、谁所有、谁受益"的原则，积极引导社会各界兴办各类健身娱乐企业，要重点发展中、低档次的面向大众的体育俱乐部，适度发展高档俱乐部，并引进国外趣味性强的健身娱乐项目和设施，以满足消费者对体育健身娱乐不同层次的需求。同时，要健全群众体育的组织管理体制，使参与型体育消费能够自主经营，并加快社会体育指导员的培养，满足人们科学健身的需要。

（二）健身娱乐休闲市场进入须具备的基本条件

健身娱乐休闲市场是我国各类体育市场中最有可能大发展的市场。对于投资者来说，进入这一市场可能存在的获利机会也最大。从一般意义上讲，进入这一市场必须具备以下四个方面的基本条件。

一是要有明确选项和市场定位。所谓明确选项就是投资者要解决经营什么的问题，所谓市场定位就是投资者要解决主营服务产品为谁生产的问题。选好项、定好位是投资决策的首要问题。凡事预则立，不预则废。前期缜密的市场调查是科学决策的前提，必要的专家咨询也是确保成功决策的重要方面。

二是要具备根据市场需求的变化不断在服务产品、服务品牌和营销方式等方面的持续创新能力。大众健身娱乐需求在我国的不断升温,使得体育健身娱乐业越来越成为一个有利可图的行业,不同所有制的各类经济法人,尤其是民间投资会在更大范围涉足这一领域,由此,健身娱乐企业间竞争也会更加激烈。对于有志涉足这一领域的投资者来说,在进入这一领域之初,就必须使自己的企业具有快速的市场应变能力。没有创造消费需求能力的企业在未来健身娱乐休闲市场的竞争中将难以立足。

三是要有一流的经营管理人才和保健康复方面的专业人才加盟。根据发达国家体育健身娱乐企业的发展趋势,现代健身娱乐企业正在朝着集团化和连锁化方向发展,在经营内容上也表现出由单项运动健身服务向集健身、娱乐、保健和康复为一体的综合经营方向转变。这两个特点,都要求新型健身娱乐企业必须有一流的经营管理人才和保健康复方面的专业人才加盟,这是企业成功的必要条件。

四是要有与经营内容、方式和主营市场定位相适应的资本金。

[本章讨论题]
1. 健身娱乐休闲市场的产品有哪些类型?
2. 健身娱乐休闲市场管理的特点是什么?
3. 健身娱乐休闲市场的管理原则有哪些?
4. 我国健身娱乐休闲市场的发展趋势如何?
5. 健身娱乐休闲市场进入须具备什么基本条件?

[案例一]

宝迪沃——英派斯健身中心希格玛店

由中美健身企业联合打造的中国健身行业的"航空母舰"——"宝迪沃—英派斯健身中心",凭借集团的强大经济实力和精英团队,引进和发展国际化的连锁健身管理模式,保持了行业的领先优势。

宝迪沃—英派斯健身中心隶属宝迪沃体育文化发展有限公司。2002年6月正式启动——西直门店——超过5 000平米,拥有独一无二的阳光泳池,地处绿色交通枢纽。9月迅速扩张——希格玛店——3 000多平米,轻轨飞架链接中关村。2003年继续实现连锁健身航母,第三家店、第四家店……专业的配套设施,资深的顾问教练队伍,以高质量的服务理念体验全新的健身概念。

宝迪沃—英派斯健身中心把昔日人们普通的健身场所缔造成创造人类健康、塑造人体健美、提高生活品位和现代人生活质量的梦工厂。

宝迪沃—英派斯健身中心让您轻松获得最新的运动,健身、休闲信息、享受意想不到的会员服务,使您做一个健康,积极、充满活力的现代都市人。

宝迪沃优势

优越的地理位置(great location, convenient arrival)

西直门店——距地铁步行只需1分钟——地处绿色交通枢纽

希格玛店——距城铁步行只需3分钟——轻轨飞架链接中关村

超大的健身中心(large fitness center with swimming pool)

体会时尚健康新概念

西直门店面积5 000平米附带阳光泳池,给您带来别样的健身新感受。

希格玛店超过3 000平米同时设有篮球、羽毛球、网球、乒乓球等综合运动场地,使您感受运动全方位。

一流的进口设备(advanced training facilities)

欧美有氧健身设备。

全新绿色换气系统(completely new refreshing system)

中心采用全新风综合系统,内设加温段、加氧段,提高空气湿度,减少空气中的静电对人体的危害及细菌的滋生,增加空气含氧量,提高会员的耐氧能力,达到理想的运动效果。

舒适的健身环境(comfort bodybuilding environment)

- 泳池采用臭氧发生净化水系统,水质可达到饮用水标准。
- 中心装修全部采用环保材料;专业的操房地板保持您的关节不受损伤。
- 千平方米的更衣、洗浴、桑拿设施减少了您的等候时间。
- 健康水吧备有中医按摩、美容美发等综合配套设施。
- 健康水吧备有运动饮料,使您运动后迅速恢复体力。

美国先进的体能测试系统(advanced constitutino detection system)

通过检测使您了解自身的体质状况,科学准确的检测数据可以帮助您制定更有效的健身计划,达到健身目的。

独具个性的课程安排(characteristic class arrangement)
希格玛店介绍

宝迪沃希格玛店是您选择的另一道健身风景线。优越的地理位置,中关村科技,商贸为一体的 IT 商圈。便利的交通轻轨直达。3 000 平方米的豪华健身场所,是您在繁忙喧闹之后释放心情与健康全方位接触的优佳选择。

宝迪沃希格玛店给您全方位的运动感受。这里不仅拥有美国进口的健身器械,精致舒适的健身环境,同时拥有优雅游憩的泳池让您感受犹如绿野清风,回归自然的乡间小筑。激情动感的 SPINNING,让您体会大汗淋漓的畅快。芭蕾舞、踏板操、跆拳道、瑜伽等特色课程,满足不同人群的需求。金牌私教高质量服务,专业的技术指导在健身界独树一帜,形成独有的特色。除此之外,我们还添有娱乐休闲健身项目,如乒乓球、篮球场、网球场、羽毛球场。把昔日人们普通的健身场所缔造成创造人类健康、塑造人体健美、提高生活品位的全方位健身场所。

地理位置:轻轨飞驾链接中关村,希格玛大厦—轻轨步行 3 分钟。

全方位健身场所:

1. 美国进口的健身器械。操房、动感单车室。

2. 健身运动多样化(网球场、篮球场、羽毛球场、乒乓球)。

3. 优雅游憩的泳池环境。

4. 独具个性的课程安排。

5. 专业的教练。

6. 舒适的洗浴环境、中医保健按摩。

7. 前台(先进的远古健身会所管理系统)。

优质的服务:

1. 前台主管将为您介绍健身中心,介绍服务理念,会籍顾问的职责和跟踪服务。

2. 前台服务、制卡部、私教预约部、健康饮料吧等的优质服务。

● 宝迪沃与 CCTV－5 强强联手减肥大行动——科学减肥行为系统

宝迪沃——国内顶尖健美健身精英汇集之地

程丹彤、李知明、张菁、吴哲、谢黎明、马毅、王嘉

宝迪沃——明星私人教练服务体系

私教一对一,全面健身服务
关注您的个性健康需求,关怀您的生活膳食习惯。
量身细制个人健身方案,有效调整运动
宝迪沃——英派斯健身中心希格玛店的联系方式
俱乐部地址:北京海淀区知春路希格玛大厦 B1
俱乐部电话:010－88096699

［案例二］

事业成功的保障——英派斯健身俱乐部加盟简介

英派斯健身俱乐部特许加盟是指以青岛为总部,加盟者在独立经营的前提下,以有偿的形式获得英派斯品牌和注册商标使用权以及整套先进经营模式的加盟连锁服务体系。

英派斯总部向加盟者提供品牌使用权、管理软体、培训服务、新技术、新产品的开发和应用等。并为加盟商设计提供统一的店面形象、统一经营模式、统一器械配置、统一广告宣传方案、统一技术培训、统一着装等,并从店面选址到开门营业进行全程指导。

一、特许加盟优势

总部的支持

★品牌:英派斯集团一直围绕"在行业上争领先,市场上夺名牌,目标上创中国名牌"的企业战略,不断提升品牌形象,使英派斯的品牌在同行业中保持领先优势。

★产品:英派斯俱乐部所使用的健身器械均为青岛英派斯集团自行研制生产,它是同行业中首家通过国家体育用品检测中心产品质量检验的产品,并已成功打入欧美市场。其优惠的采购成本与便捷的配送使资金成本降为最低。

★管理:青岛英派斯健身俱乐部成功的运营,提供给加盟商快捷、有效的拷贝模板。我们为投资人提供的管理手册,给您一个规范的俱乐部管理范本;便捷先进的俱乐部管理软件,带给您现代化的管理体验。

★ 系统开发：总部负责整个组织功能的有机结合，制定长远的发展计划，使整个连锁系统发挥最大效率，而不仅仅关注某一个加盟店。

★ 培训与指导：总部负责对加盟店人员进行培训，使他们能完全掌握总部开发出来的专业经营管理技巧；同时，总部还将派专家负责具体指导加盟店的现场经营，解决出现的问题。

★ 宣传：统一的企业形象及大规模经营，立体广告及整体营销的宣传策略将会比其他独立的健身会所有更高的知名度。

★ 促销：总部负责整体促销计划的制定，并开展各种促销宣传活动，以促进加盟店的销售，提高连锁整体形象，推广新产品或课程。

★ 售后服务：与国外同类产品相比，遍布全国的售后维修网点，为所有加盟商提供了便捷的器材维护保证。免费的维修指导，让您从根本上降低费用。

★ 信息：总部及时向加盟店提供市场信息、消费动向和产业界信息，收集加工来自加盟店的销售额等各种数据，作为有价值的销售信息提供给加盟店。

二、加盟条件

1. 营业面积应在 1 500 平方米以上；

2. 具有合法的身份证明；

3. 具备相应的资金和经营能力；

4. 所选营业位置应与英派斯高档品牌形象相称，适合健身俱乐部的具体需要；

5. 愿意接受总部的各项管理，认可总部的各项管理规章制度，积极参加总部的各项培训；

6. 自觉维护"英派斯"的品牌形象，不得借"英派斯"损害消费者利益；

7. 关心中国体育产业，热衷发展健身俱乐部。

三、加盟费

1. 加盟费：一次性缴纳加盟费 95 万元，包括品牌使用、管理软件、第一年的管理指导；

2. 管理费：从第二年开始每年缴纳管理指导费 25 万。

特别要求与提示

如果您对加盟英派斯健身俱乐部感兴趣，请向英派斯特许加盟总部提

出申请,如申请得到确认,您亲临英派斯总部或在其他约定地点见面时,请您备好以下材料:

　　★ 如果您是公司投资,请带齐:

　　a. 公司营业执照复印件(副本);

　　b. 法人机构代码证;

　　c. 当地的地图(两张);

　　d. 当地的人口、区域面积及消费水平分析报告一份;

　　e. 如果您已选择了店铺面,请提供铺面及周围环境的照片及建筑物内部的结构图。

　　★ 如果您是个人投资,请带齐:

　　a. 身份证原件及复印件;

　　b. 当地的地图(二张);

　　c. 当地的人口、区域面积及消费水平分析报告一份;

　　d. 如果您已选择了店铺面,请提供铺面及周围环境的照片及建筑物内部的结构图。

　　英派斯健身俱乐部将以高品位的形象、系列化的服务为加盟商提供强有力的支持,并秉承"加盟店的成功才是总部的成功"这样的服务理念,将使加盟商的投资成本及风险降到最低。

　　欲了解更多的加盟信息请登陆青岛英派斯(集团)有限公司的网站

　　http://www. inrayfitness. com

　　电话: 0532 - 5793999

　　传真: 0532 - 5793155

　　E - mail: cnsales@ inrayfitness. com

　　地址: 中国青岛市香港中路 59 号国际金融中心 27 层

　　邮编: 266071

　　　　　　　　　　　　(资料来源:《中国体育报》2004 年 2 月 26 日)

第十章
体育竞赛表演市场

第一节　体育竞赛表演市场及其基本特征

一、体育竞赛表演市场的概念

体育竞赛表演市场(国外也称为职业体育市场),是指为满足体育消费者的观赏需求而举办的各类体育竞赛和表演的经营活动。它是将运动员娴熟的技艺、超强的体能和顽强的拼搏精神以及组织管理人员的服务质量等作为商品进行交换,进行电视转播权、门票、冠名权、赞助权等权利销售的市场。

一项体育竞赛表演,需要三类体育消费者群体,即观众、媒体和赞助商。这里的观众、媒体和赞助商可以统称为体育消费者,是体育市场的需求方;而体育市场的供给方,即在体育竞赛表演中提供体育产品的一方,也称为体育经营者。体育经营者通过提供体育竞赛表演"产品",使观众、媒体和制造商从中获益。为保证体育消费者的利益,体育竞赛表演市场不仅需要提供优质的体育产品和服务,最大程度地满足目标群体的需求,而且还要提升体育消费者的期望价值。

二、体育竞赛表演市场的特征

(一)体育竞赛表演市场经营体育产品的无形性

体育产品包括有形产品和无形产品,进入市场进行交换的体育竞赛表演作为商品,具备商品的一般属性,是价值和使用价值的统一。体育竞赛表演的价值由训练和竞赛活动过程中所消耗的场地、运动器械等生产资料的价值、运动员再生产所需的消费资料的价值和运动员创造性劳动所产生的价值构成。而体育竞赛表演的使用价值则在于它能向社会消费者提供满足人们体育娱乐和发展需要的文化服务性消费资料,体现在满足人们精神生活的需要。它是通过运动员高超娴熟的运动技能、紧张激烈的比赛、热烈的赛场氛围、运动员的人格魅力、比赛结果的不确定性产生娱乐、审美、欣赏的价值,因此体育竞赛表演区别于其他有形体育产品。

(二)体育竞赛表演市场经营的无形产品具有生产和消费的同步性

通常,有形产品是经过从生产、流通到最终消费的一系列过程,即产品的生产与消费过程具有一定的时间间隔。而对于体育竞赛表演来说,其提供的"产品"是一种服务,这种服务是具有生产与消费不可分离性的特点。也就是说,体育竞赛表演的"产品"的生产与消费过程同时进行。

（三）体育竞赛表演市场经营的无形产品具有生产和消费的不可储存性

由于体育竞赛表演市场经营的无形产品具有生产和消费的同步性，致使体育竞赛表演具有无法储存性的特征。如现场观看一次比赛，赛场上比赛的激烈程度和观众的呐喊声等比赛现场气氛会随着比赛的结束而消失，无法储存下来。随着科技的进步，人们可以借助录像或电视转播来重温现场比赛，但比赛现场的热闹气氛却只有亲临现场的人才能真正感受到，这也是为什么会有那么多的人愿意花费重金亲临现场观看比赛的原因。

（四）体育竞赛表演市场形态的差异多样性

不同的体育俱乐部产生的体育竞赛表演是不同的、有差异的。由于不同的运动员的竞技能力是不同的，不同水平、项目和侧重点的教练员也是不同的。在体育竞赛表演过程中，教练员、运动员之间的关系不同，表现在体育比赛的水平、激烈程度也不同。此外，由于不同时间、地点、运动员水平、赛事策划者等使每次的体育赛事表演都有差异，即使面对同一服务对象所展示的效果也是不同的。

（五）体育竞赛表演市场的竞争性与合作性

对于职业体育来讲，体育赛事表演者之间既是竞争对手，又是合作伙伴。如从联盟成员的角度来讲，球员之间是相互合作的关系，赛事本身的精彩程度决定了球迷对比赛的喜爱程度，而赛事的精彩程度是与球队双方的竞技水平密切相关。对于整个联盟来讲，只有提高联盟的整体竞技水平才能使其获得更好的发展，才能提高其经济效益和社会效益，球队也会从中受益。因此，联盟是一个利益共同体，相互竞争，利益共享。

三、我国体育竞赛表演市场的发展现状

20世纪90年代我国体育竞赛表演市场开始兴起，从无到有，得以迅速发展。体育竞赛表演市场是体育产业的核心市场之一，受到我国政府、社会、理论界和媒体的广泛关注。目前，我国体育竞赛表演市场的现状主要表现在以下几个方面。

（一）体育竞赛表演市场整体规模较小

目前，我国体育竞赛表演市场能够真正进入市场化运作的项目数量较少，尤其是获利的经营资源更为短缺。我国足球、排球、篮球、乒乓球已进入职业化发展阶段，而其他项目运动项目尚未进入。而美国已经有近20多个运动项目已经

进入市场化运作,如篮球、棒球、橄榄球、足球和冰球已有近800个职业队,其中参加五大联赛高水平竞赛的商业队有131支。

（二）体育竞赛表演市场主体不规范

目前,我国规范化组建的职业俱乐部很少,其中,我国国内较为规范的职业俱乐部主要有广东宏远、大连实德、上海申花、首钢男篮和山东鲁能等职业俱乐部,但并不符合国际规范化组建的职业俱乐部,特别是俱乐部同中介和媒体之间的正常商业关系还没有建立,三者之间的激烈与约束机制还未形成。

（三）职业联赛和职业体育俱乐部的产权不清

一直以来,我国职业联赛和职业体育俱乐部的产权不清,市场管理不规范,地方和项目管理中心(协会)行政化干预市场,导致俱乐部与项目中心或协会之间的关系变得越发的紧张,利益冲突较大。如大连实德足球俱乐部的存在与否在很大程度上是由政府决定的。

（四）职业俱乐部经营内容较为单一

由于我国职业俱乐部经营内容单一,经营成本较高,营销意识薄弱,资本回报率不高。目前,我国职业俱乐部无形资产开发不足,大多数俱乐部是通过球队冠名和主场经营权等较为狭窄的经营项目上获利,而缺少更为广泛的无形资产开发项目。

（五）缺乏专业体育经纪公司

由于我国专业化的体育经纪公司数量不多、尚处于规模小、经营管理水平较低、竞争力不强,导致许多具有商业价值的重大赛事项目都是由国外知名的体育经纪公司代理和推广。

（六）体育产业经营管理人才较为匮乏

体育竞赛表演市场的发展需要大量懂得经营和管理的专业体育产业管理人才。我国特别缺少懂得体育、懂得经营管理和法律的高素质复合型体育产业管理人才。目前,体育产业管理人才无论在数量上、质量上,还是在专业构成上都无法满足体育竞赛表演市场的需求。

（七）高水平竞技体育人才流失严重

体育竞赛表演市场的发展需要有高水平的竞技体育人才和重量级的明星运动员。但是在我国,一方面缺少具有明星效应的重量级高水平体育人才,使得体育竞赛表演的社会影响力不够;另一方面,高水平竞技体育人才流失严重,如国家乒乓球男队总教练刘国梁就是从八一队进入国家队的。这些无疑制约了体育竞赛表演市场的发展。

第二节　体育竞赛表演市场经营的
特征及其主要内容

一、体育竞赛表演市场经营的特征

体育竞赛表演市场经营除了具有一般市场的经营特征之外,须具有以下五个方面特征。

（一）运动员是重要的稀缺资源

在体育竞赛表演市场的娱乐产品生产过程中,生产要素的搭配、组合比例是固定的,否则无法正常进行比赛活动,作为体育竞赛表演市场主体的职业体育俱乐部的核心是由一批高水平运动员组成的职业运动队,它的社会效益、经济效益主要来源于职业运动员。运动员作为职业体育俱乐部生产过程的生产要素,需要掌握专门的技能,其培养、训练的周期较长,供给弹性很小,供给量不会随着市场价格的提高而增加,高水平的运动员由于各方面的原因更为稀缺,在一定的地域范围内,处于一流水平的运动员数量近似为常数。在国外职业运动员市场,常常可以见到一名运动员的转会费高达数百万乃至数千万美元,反映出体育竞赛表演市场中,优秀运动员特有的价值和稀缺程度,也反映出运动员在体育竞赛表演市场中的地位和重要程度。

一个职业体育俱乐部的价值源于与俱乐部签订工作合同的运动员,一个职业体育俱乐部的价值和收入,会随着一名球星的变迁而发生巨大的变化。因此,体育竞赛表演市场的经营归根到底围绕着球员、运动队展开,运动员是体育竞赛表演市场中不可替代的稀缺资源。

（二）体育竞赛表演水平是体育竞赛表演市场发展的基础

在体育竞赛表演市场中,职业俱乐部提供的商品是体育竞赛娱乐服务,它的主要成分是运动员在竞赛表演中高超的运动技能。运动员在比赛中的表演直接关系到职业俱乐部提供的商品的质量,它是以运动竞赛表演为载体的,因此职业体育俱乐部的竞赛水平就成为体育俱乐部发展的基础,也是体育竞赛表演市场发展的基础。

首先,职业体育俱乐部竞赛表演水平与其经营收入相连。一般来说,竞赛次数越多、竞赛级别越高,俱乐部的经营收入越多,而且竞赛表演活动级别高、对抗激烈和观众踊跃,可获得较高的门票定价、理想的销售额以及电视转播权售价。其次,俱乐部的竞赛水平与其社会影响密切相关。职业体育俱乐部的竞赛表演水平高,拥有较多的消费者即观众,就容易引起社会的关注,产生较大的社会影响,无疑进一步提高俱乐部开拓市场的能力,丰富经营的内容,如广告赞助收入、运动员转会的市场价值,职业体育俱乐部收益最佳时期往往是俱乐部竞赛表演水平最高、比赛成绩最好的时期,职业体育俱乐部收益最大化的实现,是体育竞赛表演市场发展的基础。

（三）体育竞赛表演市场经营活动的合作性

在体育竞赛表演中,运动员高超的运动技能要在激烈的竞争对抗中才得以充分表现,体育竞赛表演的紧张激烈气氛给人以刺激、兴奋的享受,竞赛结果的不确定性赋予了体育竞赛表演特殊的魅力,将观众吸引到竞赛场上。体育竞赛表演自身无法构成对抗,必须有对手参加,共同来生产经营一个共同的产品——竞赛表演。

职业体育俱乐部在对抗与合作中实现产品的生产经营,要求各俱乐部建立起协调、合作、制约的关系,并解决一系列问题。如各俱乐部利益的维护所涉及的参赛条件、体育竞赛表演活动的收益分配方法、俱乐部主客场的确定、俱乐部的活动范围、运动员转会制度等,形成职业俱乐部联赛组织及各俱乐部必须遵守的章程、规定与合约。随着职业体育俱乐部的发展,体育竞赛表演市场经营活动的成功越来越依赖于俱乐部彼此间的合作,需要联赛组织机构的监督、制约和协调。

（四）新闻媒体对体育竞赛表演市场经营的制约作用

在体育竞赛表演市场经营过程中,职业体育俱乐部之间的竞赛表演活动需要各种新闻媒体不间断的报道;同时,新闻媒体上对职业体育俱乐部的关注程度,在一定程度上决定了俱乐部的市场价值。随着职业体育俱乐部产业化、市场化、国际化的发展,俱乐部与媒体的互动关系越来越强,新闻媒体对体育竞赛表演市场经营的制约作用越来越显著。

（五）中介机构在体育竞赛表演市场经营活动中占有重要作用

体育竞赛表演市场的经营活动,主要是围绕职业体育俱乐部无形资产开发、球员转会、商业性赛事运作、媒体转播权、赞助广告等项目的商务活动,具有很强的专业性和时效性,高收益和高风险并存,职业体育俱乐部重大商务活动的运作和新兴业务的开发,一般都需要委托高水平中介机构来代理经营,中介机构拥有专业化的专门人才,占有信息优势,通过中介机构的代理,可以有效地节约交易成本、降低经营风险、拓展市场经营内容、提高市场经营效率。同时,高素质的中介行为也避免俱乐部与俱乐部之间、俱乐部与球员之间、俱乐部与教练员之间的"暗箱"操作,规范和促进体育竞赛表演市场的健康发展。

二、体育竞赛表演市场经营的主要内容

体育竞赛表演市场经营的主要内容有门票经营、媒体转播权经营、赞助与广告经营、赛事商务开发经营、会员转会经营。

(一)门票经营

体育竞赛表演的门票经营是职业体育俱乐部的主要收入来源之一,门票经营状况反映了消费者对体育竞赛表演市场产品——竞赛的满意程度,也是衡量职业体育俱乐部经营优劣的重要标志。体育竞赛表演市场是由球迷消费者的需求构成,比赛紧张激烈的对抗程度是俱乐部产品的核心,也是消费者观赏比赛的利益所在。职业体育俱乐部都十分重视门票收入,采取一切可能的措施,将观众吸引到比赛场上来,为消费者提供有效的服务,如实行主客场赛制、为观众参与比赛创造各种条件、营造比赛氛围、科学制定门票价格等。能否为消费者提供有效的服务、满足消费者的需求,不仅关系到俱乐部的票房收入,而且影响电视转播、广告与赞助、商务开发等经营项目的成效。

职业体育俱乐部的门票经营除了一般意义上的门票销售以外,还有豪华座位和永久座位许可两项经营内容。豪华座位是指职业体育俱乐部为满足特殊客户的需求,在自己主场设置的豪华包厢。永久座位许可是指球迷购买比赛季票和选择座位的专有权利,永久座位许可的销售收入取决于球迷对俱乐部的忠诚度和归属感。

(二)媒体转播权经营

体育竞赛表演市场的媒体转播权经营是职业体育俱乐部收入的另一个主要来源。体育竞赛表演转播权包括电视转播权、广播电台转播权、互联网转播权,其中,电视转播权在媒体转播权中居主导地位。随着电视网络的兴起,社会各界对职业体育竞赛表演的关注,电视机构为争夺体育竞赛表演的转播权而互相竞争,刺激了电视转播费的迅猛增长;另外,职业体育俱乐部在市场化经营过程中,对竞赛表演的组织、赛制、规则、器材等不断进行改革,提高比赛的观赏性;同时,职业体育管理机构市场营销策略的创新(如电视转播权的捆绑销售等),加强了职业体育俱乐部与电视机构讨价还价的能力。在一些职业体育俱乐部中,电视转播权的收入已经超过了门票的收入。美国橄榄球联盟的电视转播权收入成为其28个成员俱乐部最主要的收入来源,平均占总收入的2/3,美国橄榄球联盟与Fox Network签订1993年底的电视转播协议,4年的标价是15.8亿美元,每个赛季3.95亿美元,比过去每个赛季2.65亿美元提高了49%。美国橄榄球联盟把1994—1997年4年间的电视转权播出售给ABC、EPSN和TNT,收入达到创纪录的44亿美元,协议保证每个成员俱乐部一年有3 830万美元进账。而1998—

2005 年生效的电视转播合同的价值则暴涨到惊人的 176 亿美元。电视转播费等媒体收入的不断增长,极大地刺激了体育竞赛表演市场的发展和繁荣,随着职业俱乐部联盟垄断地位的强化和营销策略的创新,媒体转播经营将在体育竞赛表演市场经营占据更加重要的地位。

(三)赞助与广告经营

体育竞赛表演市场的赞助与广告经营在职业体育俱乐部收入来源中逐渐占据重要的地位。赞助与广告经营实质上是广告特许权的经营,即俱乐部寻找广告赞助商的经营活动。各大企业力图通过赞助体育竞赛来提高知名度,促销自己的产品,赢得商业上的利益,各职业俱乐部凭借自己所处地域的知名度以及体育竞赛表演独特的宣传效果,使俱乐部广告特许权产品多元化和系列化,与赞助商建立长期合作的伙伴关系,吸引众多企业提供高额的赞助费用。德国拜仁慕尼黑足球俱乐部有众多的合作伙伴和赞助商,如欧宝汽车公司、阿迪达斯公司、索尼公司、可口可乐公司、柯尼卡照相器材公司、英利绿色能源控股有限公司等国际著名企业,也有当地的啤酒公司、商业银行等,交易额数量相当可观。

(四)赛事商务开发经营

体育竞赛表演市场的赛事商务开发经营主要涉及职业体育俱乐部标志产品(如队服、鞋帽、纪念品、球星卡)、会员(球迷)会费、主题餐饮服务(如餐厅、酒吧、咖啡屋)、训练营观摩服务、运动场地租赁等相关产品的市场化开发经营。赛事商务开发经营经营领域宽广,市场潜在价值大,是职业体育俱乐部市场经营水平的一个重要的标志。国内外职业体育俱乐部都十分重视这一领域的经营开发与经营,不断开发新的产品和营销手段,创造相对稳定的经济来源。根据美国国家统计局的数据,2010 年美国体育用品店总销售额为 402 亿美元,较 2009 年上升了 6.6%,达到 2007 年以来的最大增速。同时,2010 年体育用品店的器材销售占全美国市场的份额也大大提升,总销售额超过 260 亿美元,而体育用品店贡献了其中的 59.2%。调查中的"体育用品店"包括全线体育用品店(从大型零售商到独立小店,规模不等)和单项运动专卖店(如自行车专卖店、滑雪专卖店等)。"综合大卖场"包括百货商场、折扣店(如凯马特、沃尔玛、塔吉特等)及仓储会员店(向个人和企业提供有限类别商品的零售店,几乎不提供任何服务,售价低)。"其他"类则指任何其他类型的零售商(如便利店、五金器具店)。

(五)会员转会经营

体育竞赛表演市场的会员转会经营是职业体育俱乐部经营的主要内容之一。职业体育俱乐部根据自己的经营目标和球队的实际情况,以合理的价格买卖球员,通常运动员从实力相对较弱、收益相对较差、知名度较低的小城市俱乐部向实力相对较强、收益相对较好、知名度较高的大城市俱乐部流动。随着高水平运动员转会价格的日趋上升,各职业体育俱乐部都十分重视职业选手的流动,建立运动员转会及会费制度,与有潜力的运动员签约,把运动员转会作为重要的经营内容。职业球员流动的加剧、转会费的提高,不仅可以优化人才配置、提高技能战术水平,同时可以发挥球星效应,增强球迷的归属感,提高门票收入,激发赞助与广告、媒体转播权与赛事商务的市场开发,增强职业俱乐部的经营活力。

第三节　体育竞赛表演市场的营销策略

体育竞赛表演市场营销策略主要有市场定位策略、产品策略、价格策略、渠道策略和促销策略五个方面。

一、市场定位策略

市场定位的实质就是建立差异化优势,即有计划地树立体育经营组织具有某种与其他竞争者产品不同的理念形象。所谓市场定位,就是在消费者心目中为体育经营组织选择一个希望占据的位置。

体育竞赛表演是以体育比赛为载体,为给体育观众、参与者或赞助商提供利益而精心设计的一种产品和服务的结合体。它不仅是竞技体育范畴的比赛,还是愉悦大众,为其提供一系列产品或服务的娱乐活动。为此,我们将体育竞赛表演业定位为一项娱乐产业。

二、产品策略

体育竞赛表演业是一项产业,高水平的竞技比赛就是它的产品。竞技比赛是整个竞赛表演业的最终载体,比赛的激烈程度和竞技水平是比赛吸引观众的主要因素,为此,体育竞赛表演业只有依靠高水平的比赛,才能吸引体育消费者。可见,只有比赛的赛前宣传和推广成为体育比赛的卖点,才能形成较为稳定的消费者群体。而作为一项娱乐活动,比赛现场的软硬件条件和气氛是影响娱乐活动质量的关键。

三、价格策略

价格策略主要包括设立价格目标、选择定价的技巧以及价格的调整三个方面。体育消费者在观看一场体育比赛或购买某一产品或服务,需要考虑的不仅仅是体育比赛门票或体育产品或服务的价格,还要考虑体育消费者享受此项产品或服务的各种费用,如交通费、餐宿费用等,这些额外的支出都是要附加到产品或服务的总成本中的。

（一）价格对体育竞赛表演市场需求的影响

通过供给与需求的分析,可以了解价格对体育竞赛表演市场的影响。影响价格的因素比较多,主要有收入和相关产品的价格等。相关产品可以分为替代品和互补品。当两种物品是替代品关系时,一种产品的价格上升会增加对另一种产品的需求量。若两种产品是互补品关系时,一种产品的价格上升会引起对另一产品需求量的减少。为此,体育经营者需要深入分析各类体育或产品服务之间的相互关系。

例如,据统计目前 CBA 联赛的单张票价有 10 元、20 元、40 元、60 元和 100元,而据市场调查,58.6% 的现场观众认为目前的票价基本合适,8.4% 的观众认为目前的票价很便宜,11% 的观众认为目前的票价较贵。这说明门票上升的需求弹性要高于门票下降的需求弹性。

（二）制订合理的价格

体育竞赛表演业是为了给体育消费者提供一个令人愉悦或是难忘的记忆,因此需要对体育消费者进行市场细分,并针对不同的细分市场,提供满足其需求的价格策略。

简单地提高或降低价格是不科学,也是不合理的,体育产品或服务的价格的提高或降低应对应着不同的服务标准。如体育产品或服务价格的上涨,随其附带的相关附加服务也增加了,而增加的这些附加服务应是经过市场前期的系统调查和分析得出的,也就是说,是体育消费者需要的,或者是其愿意承担或支付的,这样体育产品或服务提高价格不仅不会引起体育消费者的不满,还会得到体育消费者的赞同。不同的体育消费群体对价格的敏感度不同,对于价格较为敏感的体育消费者,即价格提高或降低会减少或增加其对体育产品或服务的需求量,体育经营者应谨慎提高价格,一旦提高价格,必须增加附加服务包。

四、渠道策略

如何让体育消费者快速、满意地获得其需求的体育产品或服务,这便是渠道问题。体育产品或服务渠道策略主要是通过各种中介分销渠道形式实现的,即直销和分销。

　　直销是指体育产品或服务是在没有中介机构帮助的情况下销售到消费者手中的。当选择直销的形式,体育经营者需要考虑以下三方面因素。

　　一是体育消费者所在城市、区域的经济发展程度、收入水平、所在地区的交通状况以及替代品的状况。通过此项分析,可以科学合理地制定体育门票的价格以及制定满意的服务包。

　　二是体育经营者应根据体育赛事的水平、层次以及社会影响力,选择适合的地区或城市开展体育比赛,旨在提高体育赛事影响力的同时,提高所在地区或城市的发展。如 F1 赛事选择在上海是为了发展上海的汽车工业等。

　　三是调查、分析和制订体育赛事的时间、地点。体育经营者需要调查和了解当地的风俗习惯以及日常的生活习惯,选择体育消费者接受的时间或地点开展体育赛事。如由于不同级别的体育赛事要求不同规模的场馆和设施等软硬件条件,常常在离目标群体较远的地方开展体育赛事,这就要考虑体育消费者的交通便利条件问题,体育赛事安排在哪里,以及哪个时间段较为合理。

　　分销是指通过中介机构将体育产品或服务销售给消费者。

　　媒体是体育竞赛表演业最大的体育消费者,也是最大的中介商。但在我国,能通过电视转播权的比赛还仅限于国际性的高水平体育赛事和国内开展的较为普及和受欢迎的大众体育项目。一般性的体育比赛项目是不能通过赛事转播权出售的。出售电视转播权,借助广告媒介的力量将体育赛事的看点和价值传递给体育消费者,增加了体育消费者的购买欲望。

五、促销策略

　　体育产品或服务的促销策略是指体育经营者通过广告、人员推销、宣传、公共关系、营业推广、赞助、口碑以及焦点展示等手段来促进体育产品或服务销售的一种行为。促销的目的不仅是为了让体育消费者接受体育产品或服务,而且还为了提高体育产品或服务的知名度、扩大市场销售量。成功的促销需要体育经营者系统规划以及实施体育产品和服务的内涵与外延,保证为不同的体育消费者市场提供差异化的产品和服务需求。如 2008 年奥运会门票采取抽签、酒店捆绑销售、"饥饿营销"等促销手段。在 2008 年奥运会第一阶段采取抽签订票形式来刺激体育消费者购买门票,但是效果并不好,220 万张订票居然在付款时间一拖再拖之后还有 60 万张放弃。第二阶段的奥运门票销售是在大批量赠送赞助商的同时,在市场上打着"饥饿营销"的战略,也就是采用先买先得的第二阶段售票,此法在网站上的访问量达到了 800 万次,形成了短时间内 380 万人次电话预定的高峰。

第四节　体育竞赛表演市场的营销管理

体育竞赛表演市场营销管理是体育竞赛表演经营组织为实现生产经营的目标,通过分析、计划、执行、控制等职能,用以创造、建立和维护与目标市场间互利的交易关系。

一、市场营销计划

体育市场营销计划,即市场营销活动方案的具体描述,它规定了体育经营组织各种经营活动的任务、策略、政策、目标及具体指标和措施。

营销计划是企业从事营销活动的指导,在国外企业中,编制详尽、完整和合理的营销计划已成为企业经营管理活动的惯例。其重要性表现在:有助于避免经营上的盲目性,使企业的营销活动顺利的开展;能够充分利用企业资源,取得较好的经济效益;有利于协调企业内部各部门之间的关系,分工明确,各司其职。

体育市场营销计划有许多模式,一般来说,体育市场营销计划包括以下八个方面内容。

(一)计划概要

计划概要对营销目标和措施作概括性的说明,以便企业高层管理人员能够很快掌握整个计划的核心内容。

(二)当前营销状况分析

当前营销状况分析主要包括市场需求分析、顾客分析、竞争对手分析、宏观经济环境分析。

(三)机会和威胁、优势和劣势分析

机会和威胁分析阐述外部影响企业营销的未来因素;优势和劣势分析则说明企业资源、能力等方面的基本特征。机会和威胁、优势和劣势分析的结果用来确定计划中必须强调和突出的方面。

(四)确定营销目标

营销目标是营销计划的核心和制订营销策略的基础,一般分为财务目标(即期利润指标、长期投资收益率等)和营销目标(销售额、市场占有率、目标利润率、广告效果、分销网、价格等)

（五）制订营销策略

每一目标都可以通过多种途径去实现,管理者必须作出决策,包括市场定位、市场时机、市场进入、市场发展、市场竞争和市场产品组合等。

（六）提出行动方案

营销策略还要转化为行动方案,把具体行动方案用图表形式描述出来,标明日期、活动经费、责任人等,以便执行实施。

（七）进行预算预测

列出收支预算,作为安排采购、生产、营销和人力资源管理的依据。

（八）列出控制方法

营销计划的最后一部分是列出控制方法,主要说明如何对计划的执行过程和进度进行管理。

二、市场营销执行

体育竞赛表演市场营销执行是指将市场营销计划转变为具体市场营销行动的过程,也就是企业采取措施贯彻和落实市场营销计划的过程。

体育市场营销执行过程包括以下五个主要步骤。

（一）制订行动方案

明确市场营销战略实施的关键性决策和任务,确定决策和任务的责任人,制订具体的行动时间表。

（二）建立组织结构

正式组织将战略实施的任务分配给具体的部门和人员,规定明确的职权界限和信息沟通渠道,协调企业内部的各项决策和行动,在市场营销执行过程中起决定性的作用。

（三）设计评估和报酬制度

评估和报酬制度直接关系到战略实施的成败,好的评估和报酬制度能激励管理人员为实现长期战略目标而努力,避免短期化行为。

（四）开发人力资源

充分考虑企业内人员的考核、选拔、安置、培训和激励等问题,建立完善的工资、福利和奖惩制度,激励员工的积极性,做到人尽其才。

（五）建设企业文化

企业文化是指一个企业内部全体人员共同持有和遵循的价值标准、基本信念和行为准则,企业文化对企业经营思想和领导风格、对员工的敬业精神和作风等起着决定性的作用。

三、市场营销控制

体育竞赛表演市场营销控制就是对体育经营组织市场营销业绩的分析和评估,确保营销计划全面落实。一个有效的市场营销控制步骤包括:确定控制对象、设置控制目标、建立衡量尺度、确立控制标准、比较实绩与标准、分析偏差原因和采取改进措施。

体育市场营销控制主要有年度计划控制、获利性控制、效率控制和市场营销审计等。

(一)年度计划控制

年度计划控制实质为确保企业达到年度计划规定的销售额、利润及其他指标而进行的控制,主要工具有销售额分析、市场占有率分析、销售/费用比分析等。

(二)获利性控制

获利性控制是指通过对财务报表和数据的一系列处理,衡量产品、地区、销售渠道、顾客等因素对企业最终盈利的贡献大小和盈利水平,从而决定哪些产品或市场应该扩展,哪些应该缩减以至放弃等。

(三)效率控制

效率控制是指企业使用一系列指标对营销各方面的工作进行日常监督和检查。一般来说企业营销效率控制的内容有推销员工作效率控制、广告效率控制、促销效率控制等。

(四)市场营销审计

体育市场营销审计是指定期对企业市场营销环境、经营战略、目标、计划、组织和整体营销效果等进行全面系统的审查和评价,属于最高级别的市场营销控制。体育市场营销审计包括市场营销环境审计、市场营销战略审计、市场营销组织审计、市场营销系统审计、市场营销效率审计和市场营销组合要素审计六个方面。

市场营销环境审计是指对市场营销环境进行分析,并在分析人口、经济、生态、技术、政治、文化等环境因素基础上检验市场营销战略。环境审计具体包括宏观环境审计、目标环境审计等内容。

市场营销战略审计主要考察企业营销战略、目标与当前给预期环境变化相适应的程度,包括任务、目标、战略等内容。

市场营销组织审计主要是评价市场营销组织在执行市场营销战略方面的组织保证程度和对市场营销环境的应变能力,包括组织结构、职能部门效率和部门之间的关系等。

　　市场营销系统审计主要包括信息系统、计划系统、新产品开发和控制系统的审计等内容。

　　市场营销效率审计主要包括获利性分析、成本/效益分析等内容。

　　市场营销组合要素审计主要包括产品审计、定价审计、渠道审计、推广审计等内容。

　　总之,市场营销审计是一项颇为庞大的工程,需要花费相当的时间、人力和资金,来保证体育经营组织利润最大化目标的实现。

[本章讨论题]
1. 简述体育竞赛表演市场经营的特征及主要内容。
2. 简述体育竞赛表演市场的营销策略。
3. 试制定你所熟悉的某一体育竞赛表演项目的市场营销计划。

[案例一]

IMG 在 中 国

　　IMG(国际管理集团)是 20 世纪 60 年代初由美国的马克·麦考马克(Mark H. McCormack)创立。IMG 是世界领先的体育、娱乐和媒体公司,与世界各国的许多大型公司和媒体建立合作伙伴关系。IMG 业务主要有两个事业部:一个是 IMG 体育和娱乐事业部,另一个是 IMG 媒体事业部。

　　IMG 体育和娱乐事业部业务主要包括企业咨询、项目拥有和管理、明星代理、足球、网球、橄榄球、高尔夫球、板球、赛车、广播、教练、奥运体育项目和动态体育等各方面的委托人代理。此外,IMG 拥有世界级多种项目训练和教育机构——IMG 体育学院。每年有超过 12 000 名青少年、成人和职业运动员到 IMG 的体育学院培训。

　　IMG 媒体事业部业务是业内公认的提供新媒体服务方面的全球领先者。每年 IMG 媒体事业部制作的节目在 220 多个国家的各种平台上有超过 11 000 小时发行,内容包括各种体育项目、电视剧、纪录片、喜剧片、娱乐节目、纪实节目和儿童节目;IMG 媒体事业部不仅参与颁奖晚会的广播和电视直播的制作,还代理世界各大体育赛事的播放权,现已建立世界级最大的节目库,拥有超过 250 000 个小时的节目脚本,不断地改变着观众获取内容和与内容互动的方式。

1979 年 IMG 进入中国,不但成为首家在中国举办商业性体育活动的外资企业,而且还是首家从国内向国外从事现场转播体育赛事的外资企业。IMG 先后与中国足协和篮协共创国内最大的职业体育联赛——甲 A 联赛(即中超)和 CBA 联赛。IMG 曾是北京奥申委市场推广伙伴,协助中国申办奥运会,帮助企业竞标奥运会赞助权,为奥运会大家庭成员提供奥运营销策划服务。IMG 成功运营的"中国网球公开赛",创办于 2004 年,该赛事是亚洲地区设置最全、级别最高、参赛球员最多的国际网球赛事,也是中国最重要的年度职业网球赛事。另外,IMG 公司还将"国际男子职业网球冠军巡回赛"带入中国,成为 ATP 正式的巡回赛,该赛事汇集桑普拉斯、迈肯罗、张德培、博格等 8 位传奇网球巨星。其中"ATP 冠军巡回赛"在中国成都已经举办两年,并取得了成功。

2008 年央视和 IMG 两大国际性公司联手打造中国本土的优秀体育赛事,旨在利用 IMG 规范化和科学化的管理模式,将中国体育赛事和体育文化向世界推广,促进中国体育产业的快速发展。目前由央视 IMG 管理和运营的男子职业高尔夫赛事"美兰湖上海名人赛",汇集了世界排名前 30 位的球员。该赛事达到了冠军个人奖金最高的比赛,吸引了全球媒体的广泛关注。央视 IMG 还与国家体育总局、国际汽联和中汽联密切合作,共创最高级别的"中国房车锦标赛"(CTCC),该赛事每年将在 6 个城市举办 8 场比赛,中国大部分主要汽车厂商参与了该赛事。此外,该公司还在各大城市宣传及推广已有 25 年的历史的"冰上之星"中国巡回表演,并在 NBC、ABC、ESPN 和 TBS 等几十家电视台播出,并拥有"冰上之星"在中国的所属版权。可见,央视和 IMG 利用双方的丰富经验和实力,共同管理和运营大型体育赛事,长期稳定地开发国内外体育赛事,实现竞技与商业的共赢。

(资料来源:根据中国高尔夫球协会资料整理,2008 年)

[案例二]

冰 上 雅 姿

一场名为"冰上雅姿"的国际顶级花样滑冰表演,作为国内首创顶级国际巨星花滑表演品牌一炮打响,其名称既巧妙融合了冠名品牌安利雅姿,又尽显花样滑冰运动的艺术风韵,可谓天作之合。

"2010冰上雅姿盛典"是由安利旗下世界著名美容化妆名牌"雅姿"冠名赞助的。雅姿是安利公司一直苦心经营的化妆品牌,其英文"ARTISTRY"意为艺术的本质,雅姿品牌定位于"知胜、艺术、时尚",安利公司一直朝着这个来之不易的品牌方向努力。从以往的雅姿代言明星看,由睿智亲和、知性灵秀的凤凰卫视著名访谈先锋许戈辉,到引领潮流、挥洒时尚先锋的高级订制服装设计师马艳丽,再到高贵典雅、翩舞艺术人生的芭蕾公主侯宏澜,以及现在的代言人惊鸿仙子俞飞鸿来看,她们身上有着共同因子特质——"优雅",都是以各自独到的魅力与细腻诊释着雅姿的美丽内涵。可以说,雅姿的品牌定位符合素有"冰上芭蕾"美誉之称的花样滑冰表演的优雅和灵动。安利公司一直是保持着艺术营销战略,此次冠名赞助"冰上雅姿"盛典,将运动技艺与舞蹈神韵融为一体,与雅姿品牌内涵完美契合,成功地为雅姿提供了一次绝佳的品牌宣传契机。

2013年"冰上雅姿"盛典,艺术总监申雪、赵宏博带领花滑世界冠军阵容再次突破升级,力邀2014年冬奥会男单夺冠热门,加拿大花滑锦标赛最年轻的金牌得主、以破竹之势横扫各大赛事金牌的华裔花滑冠军陈伟群、加拿大"花滑天才"科特·布朗宁、"冰上Lady GaGa"约翰尼·威尔、俄罗斯史上最优秀的单人滑女将伊瑞娜·斯鲁茨卡娅等重磅花滑明星加入,在"造梦空间"的主题下,提前引爆2014索契冬奥会冰上斗秀。赵宏博2013年也首次客串嘉宾主持,如数家珍地介绍他们的花滑明星好友及节目亮点。当红歌手曲婉婷作为铁杆冰迷,也将在冰场放声歌唱《我的歌声里》、《Drenched》,与中外花滑明星跨界合作。

坚持三年冠名赞助"冰上雅姿盛典",不仅见证了申雪、赵宏博一路结婚生子,而且将安利雅姿(ARTISTRY)品牌的精髓定位为"Forward Beauty"(超越之美),再次将运动技艺与舞蹈神韵融为一体,蕴含着对探索、想象和创新的不懈追求,与雅姿品牌内涵又一次完美契合。可见,"冰上雅姿"盛典借助奥运冠军、运动协会及企业的多方力量的共同努力,力求为中国竞技体育市场化探索出一条成功道路。

(资料来源:根据腾讯体育资料整理,2013年)

第十一章

体育装备用品市场

第一节　体育装备用品概论

一、体育装备用品概念

所谓体育装备用品主要指人们用于体育方面的实物产品,如体育服装、鞋帽、场地、器材、设备等体育装备用品。体育装备用品目前是体育市场中最活跃的产品,也是消费量最大的产品。科学技术的不断进步发展,体育装备用品的种类将不断增多;参加体育活动的人群扩大和竞赛表演市场的活跃,体育装备用品的市场需求也会呈上升趋势。

二、体育装备用品的基本分类

对于各种体育装备用品,人们依据不同的标准,可以进行不同的类型划分。如按照运动项目的不同来进行体育装备用品划分;按照运动所在的空间位置的不同来进行划分;按照体育装备用品的质量、重量的不同来划分等。然而,最常见的方法是以其使用的功能和用途来分类的。按照这种标准,一般可将体育装备用品分为以下六类。

（一）体育器材设备

在体育器材设备中根据其用途的不同,又可分为以下六种。

1. 竞赛器材

竞赛器材由比赛器材、场地设备、裁判器材三部分组成,是用于各类体育竞赛,且竞赛规则中有明确要求的一类器材设备。

（1）比赛器材:分为公共器材和个人器材两类,是各种体育比赛中运动员双方或个人使用的器材。

① 公共器材:比赛双方共同使用,由竞赛组织部门准备的器材。其特点是标准统一,利于双方运动员公平竞争和发挥水平。如各种球类比赛中的球、门、柱、架、网等;田径比赛中的标枪、铁饼、栏架、跳高架等;体操器械、举重杠铃、射击、射箭靶等。

② 个人器材:在符合竞赛规则要求的前提下,运动员根据自身特点所选用和准备的,适合发挥个人特长的器材。如各种球类比赛的拍、杆、棒、拳击手套、射击枪、弓箭、击剑、自行车、运动模型等。

（2）场地设备:各种体育比赛专用场地设备。如摔跤垫、柔道垫、举重台、拳击台、田径合成跑道、人造草皮专用场地、游泳池、跳水池设备等。

（3）裁判器材：裁判员在比赛过程中所使用的器材设备，包括裁判用具、裁判桌椅、计时、记分设备。

① 裁判用具：如口哨、秒表、发令枪、示分牌、量高仪、量远仪等。

② 裁判桌椅：如裁判桌、椅、记分台等。

③ 计时记分设备：如终点记时仪、终点摄像仪、成绩显示牌、时间限制器等。

2．训练、健身、康复器材

主要指运动员身体素质训练和体育爱好者健身、康复练习用的器材设备。

（1）训练器材：主要用于训练场馆、健身房，以提高身体素质和专项素质为目的而使用的器材。其特点是功能齐全，配套完整，练习强度高，体积大。如多功能组合练习器、单功能力量练习器、等动练习器等。

（2）家用健身器材：主要用于家庭健身或作为健身房的配套设备。其特点为体积小，练习强度小，功能相对单一，易于操作，外观漂亮。如功率自行车、划船器、跑步机、各种小型多功能健身器等。

（3）康复器材：主要供体质较差或身体机能有缺陷的人为达到身体康复的目的而使用的一类器材。其特点是功能专项化，强度小。

3．民族体育娱乐器材

主要指具有民族传统和娱乐特点的一类体育器材。如风筝、龙舟、键球、秋千、飞镖等。

4．体育休闲运动器材

主要指人们在户外进行休闲运动的器材设备，如钓鱼、登山、攀岩、狩猎等用品。

5．棋牌类用品

这是指各种棋牌，如国际象棋、中国象棋、围棋、跳棋、扑克牌等。

6．体育科研测试仪器

主要指为测量身体形态、素质、机能状态以及进行运动技术分析、评定而使用的仪器设备。如弹跳仪、身体量高仪、运动肺活量测试仪、遥控心电仪等。

（二）运动服装

运动服装的种类包括许多种，大体分为三种类型：比赛服、领奖服、休闲服。

1．比赛服

比赛服是指运动员参加体育比赛时必须穿着的服装。这类服装一般有不同的项目特点，同时竞赛规则也对其有具体的要求，如要符合运动项目的特点，利于运动员发挥水平；具有保护功能；便于区别双方队员；有鲜明的视觉效果；有一定的艺术感等。

2. 领奖服

此类服装是运动员在领奖、入场或非比赛场合所穿着的服装。特点是庄重、大方、活泼、鲜艳。由于此类服装一般是统一穿着的,因此,往往可以反映一个国家、地区、运动队的精神风貌。

3. 休闲服

此类服装是人们在娱乐、休闲和户外活动时穿着的服装。其特点是宽松、舒适、生活化、时装化,具有时代感。它是运动服与生活装结合的产物,因此已日益成为人们的日常生活用装,如各类 T 恤衫、夹克衫、运动风衣等。

(三) 运动鞋

运动鞋是供人们运动、旅游、户外活动时穿着的鞋类。其特点是舒适、跟脚、耐磨、防滑、减震、透气、吸汗等。运动鞋分为专项比赛鞋和旅游休闲鞋两类。

1. 专项比赛鞋

专项比赛鞋是运动员在比赛中穿着的用品。其主要作用是用以增强运动能力和保护足踝。有些运动项目根据比赛的特点对运动鞋又有特殊的要求。如足球鞋、田径鞋、冰鞋等。

2. 旅游休闲鞋

旅游休闲鞋是运动鞋与日常鞋相结合的产物。适合于进行各种体育活动、旅游休闲和户外活动时穿着。

(四) 运动装备

这主要是指运动者在运动场所和户外旅游、休闲活动时所使用的一些用品,主要包括运动包箱和其他运动配具。

1. 运动包、箱

这是指运动员和体育爱好者携带体育器材、运动服、运动鞋等体育装备用品的包、箱、专用袋等。

2. 其他运动配具

如运动帽、运动专用眼镜、运动发带、各种护具、配件、工具等。

(五) 运动饮料、运动营养品

这是指在运动过程中及运动结束后为补充机体能量、水份而专门制造的饮品和营养品。

(六) 体育奖品、体育纪念品

主要指体育竞赛中优胜者获得的奖杯、奖章和双方为增进友谊而互相交换的队旗、队徽、纪念章、纪念卡等带有浓郁体育色彩的纪念品。

从上述有关体育装备用品的概念和体育装备用品的分类中可以看出,首先,体育装备用品是一种专业类的物品,即指具有体育概念,用于体育竞赛和体育活动范围内的各类物品;其次,体育装备用品是一个泛指的名称,也就是说,凡用于体育竞赛和体育活动的用品都可称为体育装备用品。其中包括自然存在的和人工制造出来的(由各种体育装备用品生产企业专门制造的)。

三、体育装备用品的基本特征

体育装备用品在具有商品的一般特征的同时,又具有其一定的特殊性。这主要体现在以下四个方面。

第一,体育装备用品是一类专业性相对较强的商品,与体育以及体育运动、体育健身密切联系在一起,具有鲜明的体育色彩,是人们从事体育运动、体育健身、体育休闲、娱乐的基本物质条件。

第二,部分体育装备用品在商品类别上属于生活消费资料,但又不是一般的生活必需用品,不是生存型的生活消费资料。它是人们在满足基本生存、生活的基础上,主要用以追求健康、文明的生活方式的消费品,属于发展、享受型的生活消费资料用品。

第三,许多体育装备用品与具体的体育运动项目、比赛,以及运动技术的发挥密切联系,因此,在质量、规格、材料、生产工艺等方面有着较高的要求,并且在使用上也要求具备一定的专业技术性和专业技巧性。

第四,体育装备用品,其销售规模、范围的增加和扩大与人们生活水平的提高、收入的增加、生活观念的变化,以及人们对体育、体育健身意义和重要性的深入理解、认识,体育运动的广泛普及,体育锻炼条件的不断改善等许多主客观因素紧密相关。

第二节　体育装备用品营销渠道

作为体育装备用品的消费者,我们到体育用品商店里可以看到琳琅满目的体育装备用品,只要想要并且有支付能力,就可以把它买回去。我们不仅可以买到本地或外地的体育装备用品,还可以买到远渡重洋的体育装备用品。这一切都归功于营销渠道把体育装备用品的生产者和数量众多而分散的消费者连接起来。

一、体育装备用品营销渠道

体育装备用品营销渠道是指促使体育装备用品或服务顺利地被使用或消费

的一整套相互依赖的组织。体育装备用品从生产领域向消费领域转移过程中，即在进行交换的过程中，必然需要有一定的中介机构，采用一定的组织形式，按照一定的线路，通过一定的环节，运用一定的运载手段来实现。为了提高体育装备用品从生产领域向消费领域转移的速度，增加转换的数量，需要建立一定形式的体育装备用品营销渠道。这样才能有效地促进体育装备用品的生产和消费，进一步促进体育装备用品再生产过程的不断进行。

二、体育装备用品营销渠道的特殊性与功能

体育装备用品营销渠道在推动体育装备用品从生产领域进入消费领域的过程中，具有其自身的特殊性和特有的功能。

（一）体育装备用品营销渠道的特殊性

体育装备用品作为一种专业类的用品，是人们从事体育运动的最基本的物质基础条件，与竞技体育运动及全民健身活动有着密不可分的内在联系。因此，体育装备用品营销渠道又有其自身的特殊性，这主要体现在以下四个方面。

1. 从组成渠道的主体方面来看具有一定的专门性

这种专门性可表现在两个方面：一方面，体育装备用品营销渠道的主体主要由体育装备用品的生产者、经营者和消费者三部分组成，虽然在营销渠道中它们各处在不同的阶段或位置上，各自所起的作用不尽相同，但它们所围绕的都是体育装备用品这一共同的营销客体，即组成体育装备用品营销渠道的各主体都有着一致的营销客体目标，是专门针对体育装备用品这一特定营销客体而进行活动的；另一方面，体育装备用品营销渠道的最终目标是有效地推动体育装备用品从生产领域进入消费领域，促进体育装备用品的消费。也就是说，体育装备用品营销渠道的主体具有专门的活动目标特征——促进体育装备用品消费，从而区别于其他商品营销渠道。

2. 从渠道中运行的营销客体方面来看具有一定的专业性

在体育装备用品营销渠道中运行的营销客体——体育装备用品，具有较强的专业性特征。我们知道，体育装备用品是人们用以从事体育运动的物质条件，主要被用于从事各种体育活动；同时，根据有关体育运动项目的特点和规则规定，在体育装备用品生产过程中对各种体育装备用品在规格、质量标准等方面有着一定要求，并且有许多体育装备用品在其使用过程中也应具有一定的专业技术和专业技巧。因此，营销客体的专业性也使体育装备用品营销渠道具有其一定的特殊性。

3. 体育装备用品营销渠道的形成和有效运行与体育运动的发展有着内在

的必然联系

体育装备用品营销渠道是促进体育装备用品从生产领域进入消费领域的高效运动系统和营销组织形式,其渠道的终端界面是广大体育装备用品消费者群体,而体育装备用品消费群体的不断壮大,则取决于体育运动的广泛普及和深入发展。只有竞技体育运动和全民健身活动的进一步发展、体育装备用品消费群体的不断扩大,体育装备用品营销渠道才能形成和有效地运行。因此,体育运动的发展与体育装备用品营销渠道的形成和有效运行有着内在的必然联系。

4. 体育装备用品营销渠道是体育产业化进程中的一项重要内容

体育产业化的重要标志就是体育社会化、市场化、经营化和实体化。加速体育产业化进程,就必须按照市场经济规律、运用市场经济的手段来经营和运作各类体育市场。体育装备用品市场是涉及面最广、影响最大的体育市场之一,体育装备用品市场的不断繁荣和健康有序的发展直接影响着体育产业化的进程。体育装备用品营销渠道是遵循市场经济规律、运用市场经济手段有效地进行体育装备用品分销经营的组织形式,它的存在与发展对于培育、开发和运作体育装备用品市场、促进体育装备用品市场的繁荣,进而推动体育产业化进程有着积极的作用。

(二) 体育装备用品营销渠道的功能

体育装备用品营销渠道在促进体育装备用品的生产、引导广大消费者进行体育装备用品合理消费、稳定与维护体育装备用品市场营销环境和秩序等许多方面起着重要的作用,其特有功能主要有以下四个方面。

1. 引导体育装备用品合理消费、推动体育装备用品生产的不断发展

体育装备用品营销渠道作为一种组织化程度较高的分销组织形式和分销运动系统,在其运行过程中通过运用统一协调的市场营销手段和规模经营的优势来宣传体育装备用品,并对消费者合理使用体育装备用品进行指导和帮助,能够合理地引导消费者进行体育装备用品消费。恩格斯指出:生产和销售"这两种职能在每一瞬间都相互制约,并且互相影响,以致它们可以叫做经济曲线的横坐标和纵坐标"。[①] 当营销渠道顺畅,产品出售的快,就会促进生产的发展;营销渠道堵塞,生产的产品不能及时卖出,就会影响生产的正常进行。体育装备用品营销渠道通过直接面对消费者和规模化的经营及与体育装备用品生产企业的密切联系,准确及时地反馈市场信息,并根据市场的实际需求对体育装备用品生产企业提出要求,使体育装备用品生产企业能按照市场需求进行生产,进而推动体育

---

① 《马克思恩格斯全集(第3卷)》,人民出版社,2008年。

装备用品的生产,改善工商关系。

2. 稳定与维护体育装备用品市场秩序、规范体育装备用品市场交易行为、遏制假冒伪劣体育装备用品泛滥

在市场经济条件下保持体育装备用品市场良好的渠道秩序:一方面,要靠政府有关部门对市场进行宏观管理,制定出台一系列的市场管理政策、法规;另一方面,需要从渠道组织自身出发,建立与完善渠道组织内部的管理机构和约束机制,提高渠道组织的现代化经营观念和现代化管理手段。体育装备用品营销渠道通过建立与健全渠道内部组织管理机构和内部约束机制,将生产、渠道和消费等各环节有机结合,进行一体化的整体运行,才能提高体育装备用品的规范化交易行为,使假冒伪劣产品难以进入渠道,保证了体育装备用品销售价格的相对稳定性,从而维护与稳定体育装备用品的市场秩序。

3. 加速体育装备用品市场信息的有效传递

体育装备用品营销渠道作为推动体育装备用品有效运行的营销运动系统,也是体育装备用品市场信息的承载体和传递者。体育装备用品营销渠道通过与体育装备用品生产企业和体育装备用品消费者的紧密联系,以及建立市场信息收集与管理系统,能够有效地进行体育装备用品生产信息和体育装备用品消费信息的传递,加快体育装备用品市场信息的传递速度,并提高信息传递的准确性,促进体育装备用品生产与消费环节的紧密联系。

4. 开发与促进国产名牌体育装备用品的发展

体育装备用品营销渠道是规模化的体育装备用品销售组织系统,通过体育装备用品营销渠道的高效运转和规模化的营销,能使许多国产品牌的体育装备用品得到更好的展示与推广,在广大消费者心目中树立良好的产品形象,有力地开发和促进国产名牌体育装备用品的发展。

第三节　体育装备用品目标市场营销战略

随着中国体育产业的高速发展和人民生活水平的不断提高,体育装备用品产业呈现快速发展的态势。体育装备用品不但包含的范围广泛,而且竞争激烈。以鞋业为例,目前在我国各类与体育相关的鞋制品企业有上千家,再加上国外的企业,竞争的激烈程度可想而知。因此体育装备用品企业必须要进行科学而又准确的市场定位,才能在竞争中获得属于自身的发展空间。市场定位是体育装备用品赢得市场的第一步,没有市场定位,没有明确的市场群体目标,就没有良

好的市场营销策略,因此进行市场定位十分的关键和重要。

STP 理论是由美国营销学家温德尔·史密斯在 1956 年最早提出的。包括市场细分、目标市场选择和定位三个要素。任何一个企业、一个产品都无法满足所有人的需求,因此必须根据市场的需求与特征来将市场进行细分,从而把自己的产品定位在市场的某一个层次上,即目标市场。然后企业需要将产品定位在目标消费者所偏好的位置上,并通过一系列营销活动向目标消费者传达这一定位信息,让他们注意到品牌,并感知到这就是他们所需要的。

一、市场细分

体育装备用品消费市场是由各种各样的买方构成,他们的购买需求、购买力、地理位置、购买态度和行为各不相同。通过市场细分,公司可以把巨大的市场分解为小型的细分市场,从而使他们的产品更快捷、更有效地满足客户的需求。对于体育装备用品消费市场细分的变量主要包括地理因素、人口统计因素、心理因素、行为因素、体育因素。

（一）地理细分

按照国家、地区、城市规模、人口密度、气候等把市场划分为不同的地理单位,公司可以在某些具有特殊需求或偏好的地理区域开展业务。例如,根据我国南北方气候的差异,在南方推出水上用品的广告及销售策略,在北方开展冰雪用品的促销及销售策略。

（二）人口统计细分

根据年龄、性别、收入、职业、教育等变量把市场划分为不同的群体。消费者的需求和偏好会随着年龄而变化,有些公司运用年龄细分,给不同年龄的群体提供不同产品。例如,在网球、羽毛球市场上有企业专门推出儿童特质用球;在运动鞋市场上,有的企业专门推出老年人专用运动鞋,这种运动鞋针对老年人的身体特点进行了特殊的设计,诸如比普通的鞋子软、不用系鞋带等。性别细分以前主要应用于体育服装鞋帽等品类,目前也渗透到体育器材方面,如网球市场上推出女士专用球拍。通过对细分市场的不断开拓进一步满足不同客户群体的需求,从而稳固品牌的市场地位。从本质上讲,体育消费属于满足人们享受和发展需要的消费,收入会直接影响体育消费的水平,因此通常作为营销人员使用的细分方法。比如,游艇行业目前在我国还是个新兴产业,主要针对高端人群。

（三）心理因素细分

通过生活方式、社会等级、个性等特征,把买方划分为不同群体。消费者的购买行为反映了他们的生活方式,因此营销人员通常按照消费者的生活方式来细分市场。举例来说,在现在的中国都市,单车、滑板、直排轮滑、滑板车、街头篮球、街头足球、街舞等源于国外的街头运动正在被新一代年轻人所接受,这种运动形式正在一部分年轻群体中流行开来。与此相应,街头时尚从时尚运动领域细分出来。

(四)行为因素细分

按照消费者的不同购买行为来细分市场。影响消费者行为的因素很多,包括消费者的知识、态度、产品的使用率或对体育产品的反应等。

(五)体育因素

体育因素细分包括国家或地区的体育政策、体育发展水平、体育的兴趣、体育的习惯等。如按体育兴趣细分,有的地区人们爱好足球,有的地区人们更热衷于篮球。

二、目标营销

市场细分反应了公司的市场机会,接下来就要对每个不同的细分市场进行评估,并且选择目标细分市场。评估细分市场需要考虑的因素包括细分市场的规模和成长性、细分市场的结构吸引力、公司的资源和目标。在体育鞋服行业中,每个细分品类对专业技术的要求都有所不同。比如,专业户外用品项目对产品专业性、功能性要求高;休闲系列产品项目则对时尚、款式要求较高。品牌做什么系列,做多少个系列,都要依据企业的实际情况,在其内部优势资源上进行选择。

通常来说,目标营销可以在无差异营销、差异营销、集中性营销、微观营销四个层次执行。采用无差异营销战略,公司不考虑细分市场间的区别,仅推出一种产品来服务整个市场。采用差异营销战略,公司会为几个细分市场服务,并为每个市场设计不同的产品。例如,耐克为十多种运动生产运动鞋,从跑步、击剑、高尔夫球、有氧运动到骑自行车、打垒球。集中性营销(或称为缝隙营销)通常不去追求一个大市场的小份额,而去追求一个或几个小细分市场或缝隙市场的大份额。例如,在中国球类用品市场上,一些国际品牌的比赛用球已经拥有了很高的忠诚度,中小企业很难与其竞争,所以中小球类用品生产企业把目标对准业余球品市场,打造自己的品牌。针对青少年及儿童群体的喜好,整合动漫、卡通形象等混搭的视觉冲击力,设计诸如生肖橄榄球、红花绿叶小排球等。微观营销是指定制产品和营销方案,使之迎合每个个体和地区的需要。例如,在耐克网站上,顾客可以在自己设计他们的运动鞋。网上通过一个顾客偏好的问卷来引导消费者选择鞋子款式、基本颜色、鞋子构造,以及被印在鞋子上的个性化的 ID,

然后依据订单生产。

三、市场定位

选定目标市场后,公司要对产品进行定位。定位包括向消费者灌输品牌的独特利益和差异性。例如,在国内运动鞋服市场,鸿星尔克定位为网球类运动鞋服,361度定位为羽毛球类运动鞋服,匹克定位为篮球类运动鞋服,卡帕定位为时尚类运动鞋服等。

第三节　体育装备用品的开发

一、体育装备用品开发的种类

市场营销中的体育装备用品的开发,是对现有体育产品的改进、改革或创新等。综合起来,体育装备用品的开发大体上可分为以下四种类型。

（一）全新产品

全新产品主要指采用新的科学原理,新技术、新材料制成的体育产品。例如,首次推出的健身跑步机等。由于体育新产品包容的科技含量越来越高,投资多,费时长,风险大,一般的企业难于开发。

（二）换代产品

换代产品指采用新材料、新元件或新技术,革新了原有体育产品的工作原理或性能,使产品性能有显著的提高,又称为部分新产品。例如,健身跑步机已发展成多功能电脑跑步机就是换代产品。

（三）改进新产品

改进新产品指对体育老产品的结构、材料、品种、颜色等方面作出改进的产品。

（四）仿制新产品

仿制新产品指企业仿制市场上已有的新产品。这类产品受专利权等知识产权的限制,在仿制时往往需要做一些修改。

二、体育装备用品开发的要求与方式

（一）进行体育装备用品开发应符合以下基本要求

1. 有市场

有无市场是企业新产品开发决策的关键。因此,开发新产品必须做好对市

场需求的调查分析和预测。

2. 有特色

所谓特色,就是要有新的性能,新的用途或新的样式等。在同类体育产品中,创出自己的产品特色,使消费者感到这种产品与众不同,激发他们的购买欲望。

3. 有能力

确认某种新产品有市场后,就要认真分析企业开发这种新产品的实力,包括企业的技术力量、生产条件、资金和原材料供应等。要尽量避免因能力不足而勉强上马,结果在中途被迫下马造成损失。

4. 有效益

包括经济效益和社会效益。目前,我国体育装备用品类产业基本上可做到两个效益并重,因为这方面的市场法则和法规条例已趋成熟。

(二) 企业开发体育新产品的途径较多,较为常见的途径主要有两种

1. 独立研究开发

企业依靠自身的科研技术力量研究开发新产品。这种方法需要投入较大的人力、财力和物力,费时较长。

2. 协作研究开发

通过企业与企业、企业与科研机构或高等院校(体育运动学校)之间的协作来发展体育新产品。目前,我国已经采取了多种措施,鼓励科研机构、高等院校、体育运动人才培训中心与企业、体育俱乐部等联姻,为开发体育新产品创造了较好的条件。

三、体育装备用品开发的程序

体育装备用品的开发过程一般都要经过构思、筛选、形成产品概念、商业分析、开发、市场适销和正式上市七个步骤。

(一) 构思

构思是任何新产品开发的起点,是对未来新产品的基本轮廓架构的设想。企业寻求新产品构思必须有一套系统的规定,明确新产品发展的行业范围、目标市场、产品定位、资源分配、投资收益率等。新产品构思有许多来源,既可能来自企业内部也可能来自企业外部,既可以通过正规的市场调查获得亦可借助于非正式渠道。从企业内部看,企业科技人员和市场营销主管人员是主要来源;从外部看,消费者、竞争对手、科研机构、高等院校和国外企业的经验等都是企业获得构思的主要来源。

（二）筛选

构思完成以后,企业必须根据自身的资源、技术和管理水平等进行筛选。选出好的构思进一步开发,剔除不好的构思。构思的筛选要防止两种偏向:一是对好的构思在没有论证之前轻易放弃;二是对不好的构思轻率采纳。正确的筛选应该根据企业内外部的具体条件,全面分析衡量,谨慎地决定取舍。在外部的环境方面,一些体育类企业习惯用以下标准进行筛选:市场大小、市场增长情况、产品质量与水平、竞争程度等。应该指出的是,没有一套标准能适用于所有类别的体育企业,各企业都要根据自身的具体情况去确定筛选标准。

（三）形成产品概念

经过筛选后的新产品构思,还要进一步形成比较完整的产品概念。它包括产品概念发展和产品概念测试两个步骤。在概念发展阶段,主要是将体育装备用品的构思设想转换成体育装备用品概念,并从职能和目标意义上界定未来的体育装备用品,然后进入测试阶段。测试目的是了解目标消费者对于新产品概念的看法和反应。此外,在发展和测试概念过程中还要对体育产品概念进行定位,即将该产品的特征同竞争对手的产品进行对比,并了解它在消费者心目中的位置。

（四）商业分析

对体育装备用品概念的发展和测试完成后,还要详细分析该体育装备用品开发方案在商业领域的可行性,具体的商业分析包括很多内容,如推广该项体育新产品的人手和额外的物质资源、市场销售状况预测、成本和利润率、消费者对这种创新的看法以及竞争对手的可能反映等。

（五）产品开发

经商业分析如有开发价值,就可进入具体的体育产品的实际开发阶段。这表明企业要对此项目进行投资,招聘和培训新的人员,购买各种设施,建立沟通系统。此外,对体育非物化产品还要建立或测试构成此产品的有形要素。

（六）市场试销

对于体育有形产品来说,当新产品研制出来后就要投放市场去试销,因为消费者对设想的产品同实际产品的认识可能会有些偏差,有些新产品甚至会遭到被淘汰的命运。

（七）正式上市

试销成功的体育新产品即可批量投产上市。在正式上市时,企业应制定四项基本决策:（1）体育新产品的推出时机;（2）体育新产品的推出地点;（3）体育新产品的目标消费者;（4）体育新产品的营销策略。

四、体育装备用品展览

体育装备用品展览是体育装备用品市场的重要组成部分。中国体育用品博览会始创于 1993 年,1998 中国体育用品博览会在福建的福州国际会展中心开幕,这是中国体育用品博览会首次进入大型会展中心。内地、台湾以及国外 611 家体育装备用品生产企业的 2 000 多个展位参加展出。运动服装、运动鞋、健身器械、专项运动器材琳琅满目,服装展示表演、产品功能介绍活动繁多。多年来,中国体育用品博览会从无到有、逐步壮大,每年步入一个新台阶,在博览会这个展台上可以清晰地看到中国体育装备用品业蓬勃跃动的身影,博览会也成为中国体育装备用品业发展水平最权威的说明者,并引起了世界体育用品联盟的关注。

第四节　我国体育装备用品市场现状、 趋势及营销管理

体育装备用品市场是具有体育特点的消费品市场。这类市场与其他体育市场相比,发育程度相对较高,属于成熟市场。体育装备用品经营作为连接体育装备用品生产与消费的纽带和桥梁,是体育装备用品市场的重要环节和主要组成部分。一方面,体育装备用品经营组织的发展受到体育装备用品生产和消费状况的影响;另一方面,体育装备用品经营的发展状况又对体育装备用品的生产和消费起着引导和制约的作用。因此,了解体育装备用品经营现状,有助于为体育装备用品市场的健康发展提供有实际价值的参考。

一、我国体育装备用品市场的现状

我国体育装备用品市场在计划经济体制下已经存在,但这一市场的大发展还是在改革开放之后。随着 20 世纪 90 年代我国体育社会化、产业化进程的不断加快,体育装备用品市场的发展也经历了一个快速发展期,目前我国已成为世界上少有的运动鞋、运动服装的生产基地,并已能生产上千种体育器材和设备,产品的质量工艺水平不断提高,不少产品已达到或接近世界先进水平。当然,与发达国家相比,我国的体育装备用品市场在主客体两方面都还存在较大的差距。

(一)我国体育装备用品市场特征

1. 规模不断扩大,增长速度逐渐放缓

根据国家体育总局发布的数据测算,2006—2012 年,我国体育装备用品行

业增加值逐年增加,2012 年增至 1 936 亿元。从年均增长率情况来看,受高库存、成本上升、净利润下降等因素的影响,行业增速逐步放缓。

2. 市场集中度逐步提高,体育装备用品产业集群效应明显

目前国内市场主要的体育用品品牌包括耐克、阿迪达斯、李宁、安踏、特步等,已经建立起比较完善的生产和营销网络。这些品牌占据了国内体育用品市场的大部分市场份额。从省份和产量上看,我国体育用品产业集群主要集中在广东、福建、江苏、浙江、北京、上海等六省市,集中度超过了 85%。从企业聚集密度和产品类别上看,运动鞋主要集中在福建晋江、广东东莞、浙江慈溪、江苏昆山;运动服主要集中在福建石狮、广东中山、浙江海宁;体育器材主要集中在浙江富阳、苍南,江苏江都、泰州,河北沧州;篮球、排球、足球用品主要集中在上海、天津、浙江奉化、富阳和福建长泰、永林等地。另外,据某机构发布的 2012 年中国 500 最具价值品牌排行榜,在体育用品行业中,共有 6 个品牌入围,分别是李宁、特步、德尔惠、361 度、金苹果和金莱克。其中,李宁以 150. 11 亿元的品牌价值排在第 90 位,居体育用品行业最具价值品牌首位;其余 5 个品牌均发源于中国福建。这也进一步说明了中国体育用品产业集群的效应明显。

3. 出口依存度高,企业能否生存与发展在很大程度上取决于产品的外销能力。

目前,我国体育装备用品出口额尽管总量呈逐年提高的趋势,但外向型的产业结构还不尽合理。在出口产品总量中,大约 50% 属于来料加工,40% 属于一般贸易,而真正以国产品牌打出去的可谓凤毛麟角。同时,我国体育装备用品出口平均价格不及国际著名品牌的十分之一。国内体育装备用品市场尽管近年来也呈现逐步活跃的态势,但在人均收入水平和消费水平上还处于比较低的初级阶段,体育装备用品的国内需求尚不足以推动这一产业的高速发展,为此,必须进一步加大出口。这样就产生了一个矛盾:一方面,中国的体育装备用品业为加快自身的发展,必须进一步扩大出口;另一方面,中国体育装备用品企业整体的国际竞争力还比较弱。今后,国内体育装备用品企业的生存与发展在很大程度上将取决于企业整体素质的提高和产品的外销能力。

4. 体育装备用品市场竞争日趋激烈

目前在国内高档体育装备用品市场中,国外著名体育装备用品公司直接生产的或合资企业生产的产品和名牌占有相当大的市场份额。国内体育装备用品行业中的一些明星企业,近年来尽管在产品的花色、品种、质量和档次上有很大提高,部分高档产品在市场上的竞争力有所提高,但整体上仍有差距。随着国内某些知名品牌的崛起和国外体育用品在我国市场占有率的不断扩张,我国体育

用品市场在未来的竞争将会更加激烈。

5. 农村体育用品消费市场有待开发

与城市体育装备用品市场日渐活跃相对应的是,我国农村体育用品市场,除少部分发达地区之外,基本上还处于待开发的状况。农村居民占我国总人口的70%左右,尽管要在整体上启动农村体育用品消费市场尚有很大的难度,但是只要体育装备用品企业实行梯度开发战略,进一步细分市场,在局部启动农村居民对中低档体育用品的消费还是可能的,做到这一点,对我国体育装备用品企业的全面振兴有着十分重要的战略意义。

6. 体育装备用品企业规模小、质量差

目前我国体育装备用品企业尽管在绝对数量上不算少,但企业小型、分散及规模效益差的矛盾十分突出。在广东和福建的一些地方,往往一个县就有上千家生产运动服装、运动箱包和运动鞋帽的“企业”,但这些所谓的“企业”绝大多数都是家庭作坊式的,不可与现代企业同日而语。体育装备用品企业质量差主要表现在来料加工型企业多,有自主技术、工艺、品牌、按现代企业制度规范组建和运作的龙头企业少。

(二)我国体育装备用品经营的基本状况

第一,近年来,在我国不同类型城市中,体育装备用品流通组织发展速度较快,经营体育装备用品的流通组织数量较多。各种形式、不同类型的体育装备用品流通组织如雨后春笋般地出现在体育装备用品市场上。在各城市中,随处都可以见到大大小小、类型不同的体育装备用品商店。并且各大百货商店都增设了经营体育装备用品的专卖部和专柜。从全国来看,有大量的商业企业和个人涉足到体育装备用品流通这一领域。表 11-1 是我国典型的 3 个不同城市体育用品商店的开业时间情况。

表 11-1　我国典型的 3 个不同城市体育用品商店的开业时间表

开业时间	总计 84 家 (家/占%)		北京 41 家 (家/占%)		西安 30 家 (家/占%)		无锡 13 家 (家/占%)	
1 年以内	32	38.10	14	34.14	14	46.67	4	30.77
1—2 年	18	21.42	10	24.39	5	16.67	3	23.08
2 年以上	34	40.48	17	41.46	11	36.67	6	46.15

从表 11-1 中可以看出,有相当一部分体育用品商店是近几年新涌现出来的。在我国不同类型的各大城市中,有 50% 以上经营体育用品的商店是近一两年内新近开业的。这表明,在我国,体育装备用品流通经营在近几年发展速度较

快,也表明近几年体育装备用品市场较为活跃并被商家所看好。

第二,体育装备用品流通经营具有多种所有制并存的结构形式,体育装备用品市场呈现出垄断竞争性状况。社会主义市场经济体制逐步确立和不断发展,使得我国商品市场的经济成分发生了重大变化,流通组织的所有制结构由单一形式转变为混合型多种经济结构形式。作为社会生活消费资料的体育用品市场,其流通经营组织的所有制形式也具有多元化经济成分的特征,即不但有全民、集体所有制形式,也存在有私营、股份制及中外合资等所有制的经营单位。表11－2是不同城市体育装备用品流通经营组织的所有制结构情况。

表11－2　不同城市体育装备用品流通经营组织的所有制结构情况(％)

所有制	总　计	北　京	西　安	无　锡
全民	46.42	53.65	40.00	38.46
集体	17.86	9.76	23.33	30.77
个体	16.67	9.76	26.67	15.38
股份制	16.67	24.39	10.00	7.69
中外合资	2.38	2.44		7.69

从表11－2可以看出,全民所有制形式所占的比重较大,其次为集体、个体和股份所有制形式,中外合资所有制形式所占的比例较小。值得注意的是,尽管从形式上全民所有制所占的比例较大,但在近几年的改革中,许多全民所有制的流通组织在内部已实行了承包或租柜等形式的改革,因此很多全民或集体所有制的体育用品商店实质上也已具有私营经济的成分。此外,在体育装备用品流通组织所有制中,缺少外商独资的经济成分,表明我国的体育装备用品市场仍处于发展的初级阶段,外商还没有涉足我国体育装备用品的流通经营领域。

第三,体育装备用品经营组织多为小型化的单体经营结构,大型综合体育装备用品经营组织不多。体育装备用品经营组织小型化,是目前我国不同类型城市体育装备用品经营组织的基本特征。目前,尽管从事体育装备用品经营的各类流通组织数量较多,但从整体上看,大多数体育装备用品经营组织的规模较小,经营的体育装备用品品种也不多。除了小型化之外,大多数体育装备用品经营组织都是独立的单体经营单位,具有连锁经营性质的不多。目前在全国各地开设连锁经营的主要有几个大的体育用品的专卖店,如耐克专卖店、阿迪达斯专卖店、李宁专卖店、康威专卖店等。表11－3是我国不同类型城市体育用品商店营业面积调查表。

表 11 - 3　我国不同类型城市体育用品商店营业面积调查表

营业面积 （平方米）	总计446 家 （家/占%）		北京221 家 （家/占%）		西安201 家 （家/占%）		无锡34 家 （家/占%）	
50 以下	29	886.82	131	62.69	156	77.61	11	32.35
51—100	76	17.04	41	19.43	22	10.95	13	38.24
101—250	36	8.07	16	7.58	16	7.96	4	11.76
251—500	30	6.72	19	9.00	5	2.48	6	17.65
501 以上	6	1.35	4	1.90	2	1.00		

　　从表 11 - 3 中可以看出,我国体育装备用品流通组织小型化的情况非常普遍。由于营业面积和经营规模较小,使得大多数体育装备用品流通组织在经营品种和数量方面都受到很大限制。

　　第四,从不同类型体育装备用品经营组织情况来看,百货商店和大型综合性体育用品商店及有一定规模的体育用品连锁经营组织的经营效益相对较好。

　　实现规模经营是提高企业经济效益的有效途径,体育装备用品也不例外。提高体育装备用品流通组织的组织化、集约化、集团化程度是保证体育装备用品市场持续、稳定、健康发展的重要内容。

　　第五,大多数体育装备用品经营组织缺乏现代市场营销新观念,对多种营销手段的运用不够重视,缺乏体育专业性服务内容。目前,我国大多数流通组织还没有摆脱传统的经营观念,守株待兔式的坐店销售是主要的经营方式,并且不重视进行市场和消费者研究,在广告宣传方面投入较少。另外,在服务方面只强调一般意义上的服务,缺乏更广泛、更深层意义上的服务内容。绝大多数经营体育用品商店都缺少诸如体育装备用品使用指导、体育锻炼方法指导等体育专业性质的服务内容。这些正是目前和今后广大体育用品消费者所非常需要的。

　　不进行广告宣传,不运用多种营销手段来吸引广大消费者前来光顾并实现其购买行为,经营者当然不会获得良好的经济效益。

　　体育装备用品市场是体育物质产品市场,目前,尽管该市场已经具有相当规模,但今后仍有快速发展的可能性。这是因为:一方面我国体育装备用品的出口在一定时期内还会保持增长的势头;另一方面体育装备用品的国内市场需求巨大。目前,城市居民对体育装备用品的消费已经从低档为主向中高档方向发展,农村居民,尤其是已经进入小康生活标准的农村地区,对中低档体育用品的消费也将逐步形成一定量的需求。另外,重点发展体育装备用品市场,对带动其他体育市场的启动和发展也有促进作用,所以从可能性和必要性两个方面看,都有必要把体育装备用品市场作为发展重点。

二、我国体育装备用品市场的发展趋势

根据目前我国体育装备用品市场的现状,结合 21 世纪上半叶我国宏观经济的基本走势以及体育产业发展的一般趋势,新世纪我国体育装备用品市场可能会出现以下五个方面运行特征。

（一）企业间的资产重组活动会进一步活跃

改革开放以来我国体育装备用品企业整体上走的是外延发展的路子,企业的数量有了明显的增长,但企业的平均规模仍然较小。尽管在竞争中也涌现了一批大企业、名企业,但这些企业与国外同类企业相比,无论是在规模上还是在经营管理水平上都还有相当大的差距。在 21 世纪,出于企业自身生存和发展的实际需要,这些大企业、名企业必然要通过资本市场实施兼并、收购、联合、重组,以带动国内体育装备用品业整体的结构调整。企业间的资产重组活动会进一步活跃,优势企业借势扩充资本,组建企业集团的趋势可能会展现出来。

（二）行业在国民经济中的地位有望提升

从国民经济地位来看,2006—2012 年我国体育装备用品行业在国民经济中的地位维持在 0.4% 左右,2012 年我国体育装备用品行业增加值占 GDP 的比重为 0.37%。从整体上看,我国体育装备用品行业在国民发展中的优势尚未完全体现,其占 GDP 的比重均在 0.5% 以下。随着我国居民对体育装备用品多元化、多层次化的需求日益提升,我国体育装备用品市场容量将进一步扩大,行业发展前景日益广阔,在国民经济中的地位也将有所提升。

（三）农村地区,尤其富裕地区的体育用品消费市场（主要是中低档的体育用品）开始启动

在二元结构下,体育用品的消费档次会进一步拉大。在市场上可能会出现两头热销的局面,即出现低档和高档产品热销、中档产品滞销的现象。

（四）体育装备用品企业为适应消费需求的变化,生产的体育装备用品会呈现多样化、多能化、微型化、绿色化和舒适化的趋势

多样化是指消费者对体育装备用品的需求日益个性化,同类商品以不同的规格、花色、款式甚至不同的材料来生产和加工,以满足消费者复杂的需求。多能化是指体育装备用品朝着多功能、多用途的方向发展,即消费者越来越希望所购买的体育装备用品具有尽可能多的功能和用途。微型化是指商品朝着"轻、薄、短、小"的方向发展。绿色化是指消费品朝着生产和消费时都能节约能源、不污染环境,不产生公害的方向发展。舒适化是指体育装备用品充分体现以人为本的设计理念,更关心消费者的心理体验,朝着健康、美观和愉悦的方向发展。

（五）体育装备用品企业的研发投入和产品的科技含量将不断提高

中国体育装备用品企业在经济全球化背景下要不断提高自身的素质,必须坚定不移地走国际化发展道路。国际化发展道路不仅包括产品研发和市场营销的国际化,而且包括经营和管理模式的国际化,其中是否具有开发拥有自主知识产权的产品和品牌的能力至关重要。

三、体育装备用品市场营销管理

（一）体育产品的生命周期

体育产品生命分为自然生命和市场生命。自然生命是指一件产品能使用多长时间,如正常情况下,一台多功能跑步机能使用10—15年。产品的市场生命是指产品从进入市场到被市场淘汰所经历的时间。在体育市场营销中所讲的产品生命周期,均指体育产品的市场生命周期,即一种产品在市场上出现、发展到被淘汰的全过程。产品的生命周期一般受产品的性质和用途、消费习惯与民族特点、国民收入水平、技术进步速度、市场开放程度等因素的影响。

产品生命周期的形态一般都包括投入期、成长期、成熟期和衰落期四个阶段。

1. 投入期

投入期,也称引入期、诞生期。一般是指体育新产品试制成功并投放市场试销阶段。这时由于产品刚投放市场,消费者还不了解、不信任这种产品,表现的销售额缓慢增长;生产批量小,试制费用大,产品成本较高,常出现亏损状态。

2. 成长期

成长期是指试制新的体育产品试销成功后,产品销售量与利润额迅速增长的时期。这时产品已被消费者所熟悉,市场迅速扩大。由于生产批量大,产品成本低,产量和销量迅速增加,利润也迅速上升。

3. 成熟期

成熟期是体育产品销量增长较缓慢的阶段。这时体育产品已被消费者采用,潜在的消费者为数不多,市场需求量已逐渐趋向饱和,许多同类产品纷纷进入市场,竞争十分激烈,在其后期,市场需求达到饱和,销售增长率趋近于零,甚至出现负数。

4. 衰落期

衰落期是体育产品销售量与利润额急剧下降的阶段。这时由于性能更好的体育产品的出现,逐渐代替了老产品,使得老产品销售量下降,逐渐失去竞争能力,最后淘汰出市场。

以上对于体育产品生命周期各阶段的划分是一种理论性的定性划分,是根据经验划分的。该理论对各类体育产品具有普遍适用性。它们的四个阶段如图 11 – 1 所示。

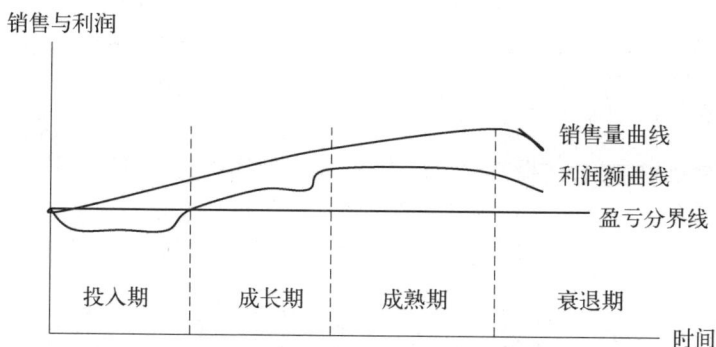

销售与利润

销售量曲线

利润额曲线

盈亏分界线

投入期　　　成长期　　　成熟期　　　衰退期

时间

图 11 – 1　典型体育装备用品生命周期曲线

（二）体育装备用品生命周期各阶段的营销策略

1. 投入期的营销策略

这个时期,体育装备用品生产企业营销策略的重点是迅速进入并占领市场,使体育产品尽快地为消费者所接受,为进入成长期打下基础。主要策略有以下四种。

（1）高价高促销策略。此策略是一方面采用较高的商品定价,另一方面支付较高的广告宣传费用,使用户迅速对产品熟悉了解,快速打开销路,占领市场。例如,一些厂家的多功能健身联合机在市场初期就是选用此策略。

（2）高价低促销策略。此策略是以高价格、低促销费用来推出新的体育产品。通过两者结合,以求从市场上获取较高的利润。采用这种策略的市场环境必须是市场容量较小,竞争潜在威胁不大,不需要抢占市场,产品确属名优新特,需求者愿出高价等。

（3）低价高促销策略。即以低价格,高促销费用来大力推出体育新产品。这种策略可使产品以最快速度进入市场,使企业获得最大的市场占有率。这种策略的市场条件是市场容量相当大,需求价格弹性较大,消费者对此产品还不太熟悉,潜在竞争较激烈等。

（4）低价低促销策略。即以低价格,低促销费用推出体育新产品。低价格可促使市场易于接受新产品,低促销是为了尽可能降低成本,多取得利润。此策略的市场条件是市场容量大,消费者对价格敏感,消费者对此产品已较熟悉,有很多潜在竞争者等。

2. 成长期的营销策略

此阶段的产品基本定型且大批量生产,成本下降,企业要抓住市场机会,迅速占领市场,根据各自的竞争能力,一般可采取五种具体策略。

(1)提高体育产品质量。从体育产品质量、性能、技术、品种、形式等方面努力并加以改进,以提高体育装备用品的市场声誉,力创名牌产品。

(2)开拓新市场。随着体育装备用品销售量的增加和竞争激烈化,企业应进一步进行市场细分,选择新的目标市场,发展新用户,扩大销售量。

(3)树立体育装备用品或企业新形象。广告策略由提高体育装备用品知名度逐渐转向树立企业产品形象,大力宣传体育装备用品特色,使消费者对企业产生信任感。

(4)增强销售渠道功效。增设中间代理机构,随时关注新的流通渠道以获得更多的产品推销机会,同时做好售后服务工作。

(5)选择适当时机降低体育装备用品价格,既可吸引更多的消费者,又可打击竞争者。我国不少知名的体育装备用品企业如李宁、康威等公司在其产品成长期都选择了以上策略。

3. 成熟期的营销策略

此阶段的市场竞争较为激烈,销售量虽有增长,但已接近或达到饱和状态,这时的经营情况较复杂。一般来说对于实力不太雄厚或产品优势不大的企业,可选择防守型策略,即通过实行优惠价格,提高服务水平,尽量保持和巩固现有市场。对于无力竞争的产品,可选择撤退型策略,即提前淘汰这种产品,积极地去开发新的产品,开创新的市场。对于实力雄厚,产品仍有相当竞争力的企业,则应选择进攻型策略。

4. 衰退期营销策略

产品衰退期的策略主要有以下三种。

(1)收缩策略。即缩短战线,把资源集中使用在最有利的细分市场,尽可能多的获取利润。

(2)持续策略。在衰退期,那些生产成本较低的企业可继续保持原有的细分市场,沿用过去的营销策略,将销售量维持在一定水平,待到时机合适,再出市场。

(3)开发新产品,淘汰老产品,实现产品的更新换代。

(三)体育装备用品市场的进入条件

体育装备用品市场在我国发展前景光明。随着我国体育健身娱乐消费的进一步活跃,人民群众对体育装备用品的消费需求将会在相当长的时间内保持持续上升的势头,这种趋势对投资者来说十分有利。当然,进入体育装备用品市场也是有条件的,从这一市场的现状及发展趋势看,进入者至少应具备以下五方面条件。

一是需要有相当大的原始投资,最好具有能在资本市场上运作的资本金(投资小型加工和流通企业除外)。我国现有的体育装备用品企业普通规模偏小,新进入的投资者如果一开始就能够以收购者的身份涉足,就能利用后发优势,抢得先机,从而在日后的竞争中处于有利的地位。

二是要有明确的产品定位和市场定位概念。体育装备用品市场是一个大市场,对于希望在这一市场上投资的人来说,明确企业的产品和市场定位十分重要。产品定位就是要明确企业生产什么? 是运动服装,还是运动器材? 是家用运动装备,还是商用运动装备? 市场定位就是明确为谁生产或者说就是企业的销售定位。只有在这两方面都真正搞清楚了,进入后才有可能盈利。

三是要有对消费者多层次、多样化需求的快速反应能力。过去体育装备用品企业的盈利取决于大批量生产的规模效益,今后企业的盈利水平将更多地取决于根据市场需求的变化进行柔性生产的能力。这是因为,消费者对体育装备用品的需求正在出现个性化和差异化的趋势,一种规格的产品难以在销售上获得成功,必须根据市场需求的变化,快速调整产品的规格、花色、用料、价格和售后服务,以适应消费者多样化的需求。

四是要有新产品的研发能力以及在产品策略、价格策略、分销渠道策略及广告促销策略等方面的创新能力。在今后的体育装备用品业中,如果企业没有自主知识产权的产品和独特的营销策略,将难以在竞争中取胜,而要做到这一点就必须加大企业的研究和开发的力度。

五是要有一流的企业管理人才和市场营销人才加盟。一流的人才创造一流的企业,带来一流的效益。在知识经济即将来临的时代,人才将从根本上决定企业成败得失,体育装备用品企业自然也不例外。

[**本章讨论题**]

1. 体育装备用品分为哪几类?
2. 体育装备用品的基本特征有哪些?
3. 体育装备用品营销渠道有什么特殊性?
4. 体育装备用品营销渠道的功能是什么?
5. 体育装备用品开发经过那几道程序?

6. 体育装备用品市场的进入条件是什么？

[案例一]

匹克营销战绩出色 装载"国际武器"走向世界

匹克用行动向市场发出了积极的信号。2012 年的整个 2 月份,匹克在各个领域里出色的营销成绩令其获得了巨大曝光率。2 月初,WTA 亚太区官方合作伙伴匹克助力中国金花征战联合会杯网球赛;2 月中旬,匹克在美旗舰店剪彩开业;2 月下旬,WCBA 在联赛中精彩落幕,赞助商匹克随球迷一起,见证了创造历史的赛季;NBA 全明星周末,匹克在奥兰多延续了在全明星赛场加入创意营销的传统……在运动用品行业整体发展速度放缓的大环境下,匹克加速由品牌国际化向市场国际化,由专业篮球市场向专业运动市场发展,并辅以运动生活领域。一系列营销策划背后,表明了匹克的国际化战略和市场发展的方向。

品牌国际化 深化与国际赛事资源合作

匹克作为中国篮球装备第一品牌,在篮球市场做足了功夫,通过与NBA、WCBA、FIBA 等联赛、机构的合作,走出了一条与其他体育品牌不一样的发展道路。利用 NBA 的资源,匹克在篮球领域的资源优势得以最大限度地发挥,匹克篮球鞋的品质得到了 NBA 国际顶尖球员的实战验证。匹克在篮球领域的专业化形象得到了加强,同时得到了国内外市场的认可。匹克还是国际篮球协会(FIBA)的全球合作伙伴,FIBA 借力匹克在中国市场的影响力,匹克则看中了 FIBA 拥有的世界篮球事业资源。

国际资源的精耕细作为匹克带来了极大的品牌价值。匹克通过专业的产品,以及品牌提倡的积极向上的价值观,让自身品牌成为各大赛事的宠儿,以这样的姿态回归国内联赛,得到了普遍的认可和广泛的信赖。

市场国际化 加注美国辐射全球市场

匹克美国旗舰店的剪彩开业成为匹克国际化战略的一个里程碑。20多年来,匹克的国际化战略经过五项准备工作,走上了国际体育用品大牌齐聚的舞台,还要和这些国际品牌"同台竞技"。匹克集团董事长许景南认为,在美国市场积累的种种经验,都将为匹克开拓全球其他市场提供了帮助。"国际化是必然的,经济全球化是必然的。任何人都没办法阻挡这个趋势,所以我们要走出去。中国政府也希望我们走出去,创造国际品牌,所以我们也打算把这次机会作为实现企业价值、国人价值的一个舞台。因为匹克国际化可以享受全球的资源,还有国际的空间很大,可以施展很多舞台"。

利用国际资源和经验 加大国内市场投入

在走国际化道路的同时,匹克加大国内市场的投入,借助丰富的国际资源和先进经验,反哺国内市场,积极赞助 WCBA 联赛,就是其中一个重要环节。本赛季,匹克以官方赞助商的身份牵手 WCBA,12 支球队全部身着匹克的装备参加训练和比赛,联赛相关工作人员也都获得了匹克提供的全套装备。在北京女篮夺冠的历史时刻,匹克还特别推出了冠军版纪念 T 恤,T 恤胸前鲜红的"CHAMPION"记录着这个不平凡的赛季。

本赛季,北京女篮首夺 WCBA 联赛冠军,成为继辽宁、八一和沈部之后第四位联赛霸主。浙江女篮虽然遗憾与冠军失之交臂,但他们在季后赛上演黑八奇迹并一路杀入总决赛的荣耀征程也将为 WCBA 的历史留下浓墨重彩的一笔。女篮姑娘们的表现完美演绎了匹克"用斗志改变未知"的品牌理念。

可以看到匹克在赞助联赛背后的积极战略布局:通过支持国内重大篮球赛事健康发展,赞助 WCBA 联赛、大学生篮球联赛、中学生联赛等,支持中国青少年篮球发展活动,提高中国篮球水平,篮球事业发展。同时也为自己的品牌培养美誉度,提高品牌的责任感。

多年的坚持的所带来的意义、作用、利益正在逐步显现,许景南表示,"企业长远发展得力于公司内部共同的价值观,国际化也是企业的共同目标,匹克也赢得了合作伙伴的认同,在这条路上,匹克将坚持不懈走下去"。

(资料来源:腾讯体育 2012 年 3 月)

[案例二]

阿迪达斯:运动永无止境

《华尔街日报》曾在一篇评论中写到:"哪里有世界冠军,哪里就有阿迪达斯公司的产品。"这句话毫不夸张地说出了阿迪达斯在体育界的影响,阿迪达斯因此被称为"冠军的影子",这也正是阿迪达斯公司一直以来实施的"以运动场为主,以体育明星为广告"的行销策略的成果。通过与体育的紧密结合,阿迪达斯成为世界知名的体育用品品牌,稳定地拥有一大批忠实的消费群体和客户。

(一) 发展历程

1920 年,在德国巴伐利亚州的一个小镇上,一对兄弟开创了达斯勒制鞋厂,几年之后,兄弟俩建立了自己的公司,取名为"阿迪达斯制鞋厂"。阿迪达斯的运动鞋早在 1928 年的奥运会上就出现过,1932 年穿阿迪达斯鞋的运动员第一次获得奥运会金牌。

阿迪达斯产品真正扬名世界是 1936 年在本土德国柏林举行的奥运会上。杰西·欧文斯在正式比赛中使用了阿迪达斯专门发明的供短跑运动员使用的钉鞋,连夺四枚金牌震惊了世界。阿迪达斯随之赢得了世界的关注,在体育用鞋中脱颖而出。

成名后的阿迪达斯由于战争的影响,运动鞋的销售一直不景气。战争结束后,兄弟俩由于意见不合分道扬镳,阿迪达斯公司由弟弟阿迪·达斯勒经营。阿迪·达斯勒在经营上坚持以体育为本,率先将品牌在视觉上与运动员、运动队、大型比赛以及相关体育活动联系起来,成为第一个向优秀运动员免费赠送运动鞋的公司,第一家与运动队签订长期提供球鞋、球袜合同的公司,使人们在许多世界级的比赛中看到优秀运动员们脚上穿着阿迪达斯的产品。

以 20 世纪 60、70 年代阿迪达斯可谓一枝独秀,在跑鞋制造业占据统治地位。

1980 年,阿迪达斯的销售额达到 10 亿美元,主要产品类别的市场占有率高达 70%。公司生产 150 种不同样式的运动鞋,17 个国家的 24 个工厂日产量达到 20 万双,阿迪达斯的产品(包括服装、运动器材和装置)在 150 个国家销售。

发展壮大的阿迪达斯忽视了 20 世纪 70 年代慢跑热潮的兴起,对市场机会判断失误,对跑鞋市场增长的潜力估计不足,与此同时耐克等竞争对手却抓住机会,迅速崛起。

1978 年阿迪·达斯勒去世,阿迪达斯失去了技术创新的主要动力。

1985 年霍斯特·达斯勒离世,使阿迪达斯又失去了一位具有品牌远见的管理者,阿迪达斯品牌开始动摇、模糊起来。

1989 年,公司卖给一位法国人——伯纳德·塔皮尔。3 年后,当他发现自己身陷财务困境时,便把阿迪达斯的控制权出让给了法国的一家银行财团。

1988—1992 年,阿迪达斯的年销售额从 20 亿美元降到 17 亿美元,20世纪 70 年代末阿迪达斯还是美国市场的领袖,而 1992 年的市场占有率只有 3%。同时,耐克在欧洲的销量上升了 38%,阿迪达斯则下降了差不多20%,公司损失 1 亿美元。

1993 年春天,财务状况不佳的法国银行把阿迪达斯卖给了一家投资公司。该公司构建了一个新的管理阵容,为阿迪达斯的复苏带来了信心。他们仔细地制订并实施了阿迪达斯的品牌重塑计划。这一计划让阿迪达斯又重新站立起来,销售额从 1992 年的 17 亿美元上升到 1998 年的 48 亿美元。在 1993 年最后一个亏损年度后,利润平稳上升,到 1998 年达到 4.25 亿美元。1999 年阿迪达斯的全球销售额比 1998 年上升了约 2.4 亿美元,更为惊人的是它在亚洲区域 1999 年度销售收入比 1997 年上升了近 80%。

(二) 品牌战略

从阿迪达斯创立之初,其创始人达斯勒就采用了一套行之有效的品牌创建模式,使阿迪达斯在 20 世纪 70 年代成长为世界第一体育品牌,并在后来被耐克成功模仿,为耐克的迅速发展起到了很大的作用。这一模式被称为“金字塔型”品牌创建模式,即品牌在 3 个层次产生影响。首先,该品牌吸引了许多专业运动员,这不仅是出于他们的需要,更在于阿迪达斯的不断革新,为选手们发挥高水平带来了技术支持。其次,阿迪达斯品牌在那些登上重大比赛领奖台的运动员身上频频出现,激发了更多潜在消费者的需要。在这个层次上,真正能满足需求的产品和口碑传播起了关键的作用。最后,上述运动员的品牌偏好逐渐渗透到一般消费群中。由于顶级体育明星的巨大辐射力和影响力,以及在大型体育盛会的电视转播里频频曝光,逐渐影响了第三层次顾客的品牌偏好,使阿迪达斯成功地创建和积累了品牌价值。

然而,随着阿迪达斯陷入危机,新的管理阵容决定实施品牌重塑计划。该计划包括以下几个方面的内容。

确立新的品牌识别。新的执行团队意识到,曾经中心突出、实力强大的阿迪达斯品牌已经动摇了。他们希望从根源上纠正品牌识别,找到过去所代表的那些东西,同时为品牌注入更多的情感和现代感。于是,一幅更清晰的阿迪达斯图景出现了,它指引着品牌创建工作。这个识别的关键部分是:积极参与、卓越表现和情感投入。

卓越表现。阿迪达斯从根本上说,是一个生产优质产品、不断创新的企业和品牌。创新是它的传统,曾帮助过许多优秀选手发挥出高水平。阿迪达斯的原创性源自它理解运动员和他们的体育项目,是帮助选手实现自我的伴侣。

积极参与。耐克把卓越的表现等同于获胜和一流选手,阿迪达斯则重在参与。对阿迪达斯而言,卓越表现意味着战胜极限,克服障碍,这既可以在运动员们竞赛的过程中,也可以在他们与环境抗争的经历中表现出来。阿迪达斯对运动员们一视同仁,无论水平、项目、性别还是年龄。不仅仅是一流选手,每个人都能,而且,都必须参与。

情感投入。无论是胜利的激动、超越时的狂喜、围绕着一个团队的情感,还是面临体力挑战的紧张感,总之,每项体育运动的核心都是要让人感到刺激和振奋。和"耐克"相联系的情感联想是:具有进攻性,甚至是有点愤怒的。阿迪达斯的情感是积极的,重在参与竞争而不是获胜。对阿迪达斯而言,挑战自我是让人兴奋的,胜利是对出色表现的一种犒赏,而不是动力。

这个品牌识别第一次为阿迪达斯确定了塑造个性的目标。它将成为一个诚实、自然、严肃而有实力的品牌。这种个性在某种程度上体现了真正的运动员的精神:一位公正地遵守比赛规则的人,一位敬业的参赛者和一名团队成员。

(三)附属品牌计划

1. 新附属品牌

阿迪达斯和其他运动服饰公司都会遇上典型的品牌垂直延伸的问题。它必须广泛吸引顾客,从专业选手、一流运动员到一般的爱好者,然而除了专业运动员外,更多的顾客并不需要性能卓越的产品。而阿迪达斯品牌已经冠在很多并非最好的产品上,所以品牌给人的感觉不是最出色的,消费者对最上层的产品失去了信心和好感。这个问题直接影响到品牌能否支持如此宽泛的产品线。

为了解决这个矛盾,阿迪达斯在1990年为公司第一流的运动服饰导入一个新附属品牌。这个名叫 Equipment 的附属品牌代表最棒的阿迪达斯产品。传播活动的焦点也集中在 Equipment 产品上。它们体现着振奋人心的消息,代表了以技术为保障的卓越表现——这正是阿迪达斯的品牌精华。

2. 纪念性产品的附属品牌——"原创"

在体育运动史上,阿迪达斯的运动鞋在许多值得纪念的场合被穿过,如何在产品中体现这些传统呢?这个问题最终导致另一条产品线的投产和新的附属品牌———"原创"的诞生。"原创"的概念来源于阿迪达斯光荣的过去和悠久的运动鞋生产历史,目的是从中汲取精粹,重新设计和推广,以图重现辉煌。"原创"非常成功,今天它的运动鞋销量已经占到阿迪达斯的15%。更重要的是,每双"原创"运动鞋的销售都增强了人们对阿迪达斯这个历史悠久的制鞋企业的好感。

(四)新的组织管理方式

1991—1992 年,阿迪达斯的组织管理方式发生了巨大的变化。当时,公司仍按三个主要的经营领域进行组织:服饰、鞋袜和运动员使用的硬件设备(比如各种球和球拍等)。新的组织结构则按经营单位和运动品类别划分。例如,足球部门全部由熟悉和热爱这项运动的人组成。公司根据市场专家的分布安排经营单位的责任,如德国人负责管理足球部门,美国的分部管理篮球。

经营单位的重新调整是有效实施品牌战略的关键。它以具体的体育项目为核心,有助于阿迪达斯人员时刻把握该体育项目的发展动态,使人们重新认识到阿迪达斯是最卓越的运动品牌。

(五)焕然一新的广告

在 20 世纪 80 年代末 90 年代初的美国和欧洲,阿迪达斯的声音和形象完全被耐克淹没了。阿迪达斯复苏的第一步就是重返广告竞技场,它的广告开支增加了一倍,与耐克的广告—销售比例平衡。阿迪达斯把广告业务交给一家广告代理商来整合所有的广告活动,结果收效显著。阿迪达斯不只是增加广告费,出色的执行更受重视。

1. 以"墙"为主体的广告

以超现实手法,表现一个跑步的人从"痛苦之墙"中穿越而过,广告口号是"战胜它(Earn it)。"

主题:阿迪达斯的卓越表现,没有什么东西能拦在你自己和胜利之间,要超越自己的理想和极限。

2. 传播阿迪达斯历史的广告系列

以田径运动员捷克人埃米尔·扎泼特克和拳王穆罕默德·阿里为主角。

主题:"过去我们认识他们———现在我们也认识他们。"这个信息传达出阿迪达斯的原创精神、悠久的传统和领导者的气质。

3. 以技术为诉求重点的广告

为公司独创的"FEET YOUR WEAR"系列产品进行了一次以提高公司的技术声望为焦点的广告活动。

阿迪达斯的品牌重塑计划得了很大的成功,在美国和德国市场犹为明显。阿迪达斯20世纪90年代初在德国的生产份额曾减少了百分之三十几,到1998年运动服饰的市场占有率提高到38%以上,重新排在第一位。在美国的市场份额也从低于3%增加了4倍,达到1998年的12%以上。

(六) 与体育紧密结合的行销策略

从1936年柏林奥运会与欧文斯的合作一举成名之后,阿迪达斯认识到借助体育明星进行品牌推广是颇为有效的策略。阿迪达斯在足球、篮球、田径、网球、棒球、拳击、游泳以及新潮的极限运动等项目都占有一席之地,赞助了许多顶尖运动选手。在网坛有名将艾柏格、格拉芙,以及近年崛起的"英国新希望"亨曼与俄罗斯美少女库尔尼科娃以及小天后辛吉斯;拳击场上则有20世纪最伟大的重量级拳击手阿里;在田径场上,阿迪达斯的口碑更是由20世纪30年代的阿瑟、埃米尔·扎泼特克延伸到现在;而足球场更是阿迪达斯的天下,包括贝克汉姆、齐达内在内的大牌球星都是它的签约代言人。在一直被耐克主宰的NBA赛场,阿迪达斯也不甘示弱,其首席代言人是目前风头正劲、被誉为"小乔丹"的科比·布莱思特。科比·布莱恩特今年23岁,但已协助他所效力的洛杉矶湖人队在过去的两个赛季中连续夺冠,使NBA宣告进入"科比时代"。从1996年起,科比·布莱恩特开始和阿迪达斯合作,每年推出一款以"科比"命名的篮球鞋,这与当年耐克推出的"乔丹鞋"有异曲同工之处,也是阿迪达斯扩大在美国的市场份额的策略之一。

比起明星和个人,阿迪达斯更推崇团队、团队工作和团队精神,因而阿迪达斯积极赞助世界各地的球队和俱乐部。足球,这一世界第一大运动一直都是阿迪达斯赞助的重点。它赞助的队伍有德国、西班牙、法国等国家足球队、西班牙的皇家马德里、意大利的 AC 米兰、德国的拜仁慕尼黑、阿根廷的河床、法国的马赛等世界顶级俱乐部。即使在中国,阿迪达斯也一直和中国足协有着密切的合作,不管中国足球的成绩如何,阿迪达斯对中国足球的支持从未间断,因为中国的球迷数量实在是十分庞大。除了足球,阿迪达斯赞助的球队还有纽约扬基棒球队和旧金山 49 人橄榄球队等。球队是它的追随者们生活的中心和意义所在,对球队的赞助,使阿迪达斯吸引了无数潜在顾客的注意力,并培养了一批对品牌有特殊偏好的忠诚顾客。

阿迪达斯一直热衷于赞助重要的比赛,如奥运会、欧洲足球锦标赛和世界杯足球赛。这一策略使阿迪达斯将自己与最激动人心的体育盛会联系起来。

阿迪达斯与奥运会的联系历史悠久,最早在 1928 年荷兰举行的奥运会上就出现过阿迪达斯的运动鞋,而 1936 年的柏林奥运会后,欧文斯穿着阿迪达斯跑鞋的照片在全世界广为流传。到了 2000 年悉尼奥运会,在 28 类奥运项目中,阿迪达斯已为其中的 26 类运动项目特别开发并生产了专业运动装备。奥运会成为阿迪达斯最理想的赞助对象,它在人们心中有崇高地位,它为最优秀的运动员提供了大舞台,也为各种项目所使用的运动鞋展现不同功能创造了最好的机会。阿迪达斯与奥运选手和比赛的长期合作使阿迪达斯得以与奥林匹克运动建立了坚实的联系,而其他间歇性赞助奥运会的品牌要发展这种关系是十分困难的。

阿迪达斯除了上述的赞助明星、俱乐部和体育赛事的策略之外,还有其独创的一项活动——街头挑战赛。该活动开始于 1992 年,是在城市里的露天场所进行的一种 3 人篮球联赛。其后,活动逐渐发展成为阿迪达斯的品牌庆典,为消费者塑造了一个很有感染力的使用公司产品的情境。比赛现场没有裁判,参赛队伍戴着五颜六色的阿迪达斯的帽子,穿着阿迪达斯的运动短裤、夹克,一副阿迪达斯的举止做派。精心设计的街头装饰营造出欢快而又紧张的氛围。重在参与是阿迪达斯街头挑战赛的特色之一。比赛欢迎人们观战,但每项工作都旨在让每个人都能参与其中的一些活动。阿迪达斯的球星们届时表演他们的绝活,给人们签名,与大家聊天。阿迪达斯还与其他赞助商联合,他们的参与不但让场面更热闹,减轻了阿迪达斯的财务压力,还有助于扩大比赛的影响。这些赞助商有索尼、可口可乐(雪碧)、汉莎航空、西门子、MTV,还有其他一些杂志和电视台。索尼和媒体赞助商尤其重要,索尼和MTV联合发行街头挑战赛的CD,MTV、*Sport Bild*杂志和Sat.1Jumpran电视台保证了比赛盛况能传遍整个德国。从第一次尝试开始,5年间,五十几万人参加了阿迪达斯的街头挑战赛。随后阿迪达斯在许多方面延伸了街头挑战赛的品牌,除了篮球,阿迪达斯足球争霸赛也获得了成功,接下来阿迪达斯探险挑战赛则主要集中在攀岩、长跑、皮划艇等户外运动。

通过这一系列的挑战赛,阿迪达斯战略性地让人们感受到阿迪达斯的品牌精神、外观标识和特色。世界上会有其他的高尔夫巡回赛和足球锦标赛,但只有一个街头挑战赛,这是阿迪达斯所专有的。所有相关的联想和体验都会涉及阿迪达斯,因为阿迪达斯是比赛名称的一部分。而且,阿迪达斯可以把比赛办下去,不需要奥林匹克委员会来决定是否要增加经费才能保住冠名权。

从阿迪达斯的发展历程和品牌创建模式可以看到,其成功、失败和重新崛起都是与品牌管理息息相关,能否有效地推行其"金字塔型"品牌模式也就成为关键之处。无论是借助体育明星的影响力,还是赞助球队、体育赛事,都是阿迪达斯的品牌创建和推广策略,而这些与体育紧密结合的策略无疑是十分奏效的。如阿迪达斯的广告语所说"运动无止境",正是与体育运动的有机结合使得阿迪达斯能够一往无前,永无止境。

第十二章

体育赞助营销

内容提要

- 体育赞助的概念、特征和国内外体育赞助的发展
- 体育赞助的营销过程
- 体育赞助效果评估的方法

第一节　体育赞助概述

一、体育赞助的含义和特点

（一）体育赞助的含义

体育赞助是指以体育为题材、以支持和回报为内容、以利益交换为形式、以达成各自组织目标为目的的一种特殊的商业行为。对体育组织、机构和个人（运动员、教练员等）来说，体育赞助是开发自己拥有的体育无形资产的商业行为；对企业来说，体育赞助是现代企业营销的一种行之有效的方式，是提升企业形象和士气，扩大产品销售，提高企业在国际、国内两个市场上的竞争力的实际需要。赞助双方是互利互惠的商业伙伴关系。

（二）体育赞助的特点

1. 商业性

商业性是体育赞助最突出的特点，它决定了体育赞助的本质功能。"在经济社会里，永远没有免费的午餐，你想得到一个机会，就必须付出一定的代价"，这是市场经济的基本原则。少投入，多产出，追求利润的最大化，则是赞助商的首要目标。因此，以体育活动或赛事为平台和载体，利用体育的巨大影响力，形成"体育搭台，经贸唱戏"和"场内拼足球，场外忙供求"的景象。开发潜在的产品市场，已得到全世界赞助商们的广泛认同，并已有无数成功的先例，具备成熟的经验。一项来自美国本土的调查显示，64%的受访者比较愿意购买体育赞助厂商的产品，借助体育赛事开展的营销活动不仅能吸引消费者的目光，达到提高销售额和利润的目标，更重要的是体育运动所推崇的公正、和平更能使厂商的宣传效果和品牌价值提升到较高的水平。可见，体育赞助的商业性使其具有强大的市场生命力。

2. 服务性

体育赞助的服务性特点决定了体育赞助的产业性质。无论对赞助的需求者还是对赞助商本身或者是消费者，这种服务应是互动的、可逆的。前英国体育赞助委员会主席丹尼斯·豪威尔在 1983 年的豪威尔报告中明确指出：体育赞助服务了整个体育，同时也服务了参与体育的人群。学者布拉克斯汉（M. Bloxham）也表示："广告仅是企业想要传达给消费者的信息而已，但赞助则是企业为消费者所做的贴心服务。"可见，是否提供了服务？服务质量如何？这些都是影响体育赞助的重要问题，单向的服务将会导致赞助活动失去投资意义，使赞助活动的价值大大降低。

3．多元性

体育赞助的多元性特点有三个方面的涵义：一是赞助商的多元化选择及其得到的多元化回报；赞助商可以根据产品的类别、性质等因素，结合体育竞赛的项目、规模、地点等选择赞助的形式、内容，从赞助活动中得到包括媒体宣传报道、树立产品在消费者心目中的形象和地位、现场促销等方面的回报。二是体育赞助产生了多元性的效应；体育赞助的作用不仅仅在经济上体现为赞助方和被赞助方实现"双赢"的问题，其产生的社会、文化等方面的影响也是无可厚非的，它能够增强人们的社会责任感、强化人们的体育意识、丰富人们的文化精神生活，同时还能形成一种独特的赞助文化，对社会的文化发展起到积极的推动作用。三是体育赞助活动过程中的多因素综合。体育赞助活动过程中，产品营销是主要的因素，而关系营销、运筹学、市场预测和管理等也是影响赞助活动能否获得成功的重要因素，因此要求赞助的双方必须综合考虑各种因素，为赞助活动的成功完成打下基础。

4．广泛性

体育赞助不应仅以局部为目标，重要的是要有全球战略目标。特别随着中国加入WTO，赞助商更应该把开拓国外市场作为一个重要目标，争取在条件允许的情况下尽可能地对国际体育活动或赛事进行赞助，以扩大产品的国际影响力，为打造品牌创造条件。例如，世界知名品牌——三星电子公司就是在韩国及世界各地广泛开展各种体育赞助活动取得了很好的投资效益。

二、体育赞助的起源与发展

（一）体育赞助的起源

现代意义上的体育赞助始于19世纪中叶。1852年美国的一家铁路运输公司向哈佛和耶鲁大学的划船队提供了免费的运送服务，并大力宣传此事，借此吸引了上千名体育迷搭乘该公司的火车去现场观看比赛。1861年两位澳大利亚的商人思皮尔斯和庞德赞助英国板球队到澳洲比赛，并借此次比赛宣传本公司，获利1.1万英镑。1896年第1届现代奥运会在雅典举行，柯达公司率先向奥运会伸出了赞助之手。1928年阿姆斯特丹奥运会上，可口可乐公司首次给美国奥运代表团免费赞助了1 000箱软饮料，并对外自我宣称为"奥运会指定供应商"。20世纪初，著名的吉列公司发现赞助拳击比赛有助于剃须刀销售量的增长。

（二）国外体育赞助的发展

当然，在20世纪上半叶，体育赞助还不是一个十分普遍的现象，大规模的、正式的体育赞助始于20世纪60年代的英国。始作俑者是壳牌、埃索和BP这三家跨国石油公司。它们于1965年共投资1 000万马克赞助1.5公升级的汽车大赛,取得了在参赛汽车上粘贴一圈公司招牌贴纸的回报,从而开创了企业大规模赞助与自身产品有直接关联的运动项目的先例。1966年,英国烟草商为应对政府禁止电视做烟草广告的新规定而改变策略,改用赞助汽车和摩托车比赛的方式继续为其产品做广告,从而成为企业大规模赞助与自身产品没有直接关联的运动项目的开路先锋。同年,在南斯拉夫举行的赛艇世界锦标赛上,第一次出现赞助商的大型广告牌,从而把赞助对象从传统的汽车、摩托车扩展到其他运动项目。1984年美国人尤伯罗斯以完全商业化的方式举办奥运会,把奥运会与赞助商更加紧密地联系在一起,奇迹般地使奥运会首次盈利2.25亿美元。国际奥委会从尤伯罗斯身上看到体育赞助巨大的商业潜力,随即推出了奥林匹克赞助计划即著名的TOP计划。截至目前,TOP计划已成功运作四期,使国际奥委会的财政状况得到明显改善,收入结构也更加合理。1990年全美企业用于运动营销(sport marketing)和体育赞助的总金额高达24亿美元,烟草商菲里普·莫里斯以7 500万美元的投入勇夺排行榜首位。1991年全美体育赞助总额升至35亿美元。1989—1991年全美体育赞助金额以40%的惊人速度增长。1994年,全美共有4 000家企业参与体育营销和赞助,总金额高达42.5亿美元,企业赞助最多的项目主要是美式橄榄球、棒球、网球、篮球和高尔夫球。

1996年全球体育赞助市场总额高达165.72亿美元。从各大洲赞助金额的比例看,美洲66亿美元排第一位,欧洲55亿美元排第二位,亚洲34亿美元排第三位,大洋洲7.13亿美元排第四位,非洲2.49亿美元排第五位,中东地区1.1亿美元排第六位(图12-1)。

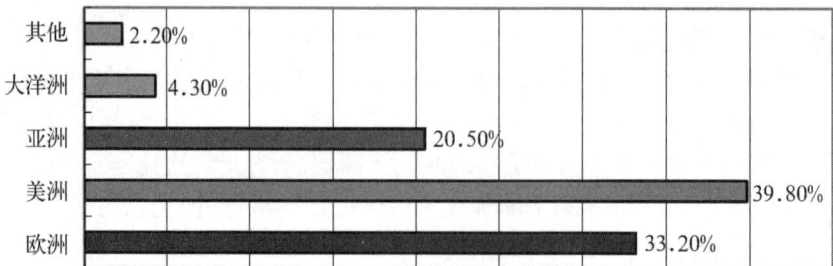

图12-1　各大洲赞助金额的比例

从各大洲中体育赞助的主要国家看,美洲主要是美国,体育赞助金额高达55.25亿美元;欧洲主要是德国,体育赞助金额达16.48亿美元;亚洲主要是日本,体育赞助金额达 22 亿美元(表 12-1)。

表 12-1　世界主要体育赞助国家的情况

国　家	体育赞助金额(亿美元)	占全球体育赞助总额的%
欧洲	55.00	33.20
英国	7.92	4.80
德国	16.48	9.90
法国	6.30	3.80
意大利	7.91	4.80
荷兰	2.13	1.30
西班牙	3.91	2.40
瑞典	1.54	0.90
美洲	66.00	39.80
美国	55.25	33.30
非洲	2.49	1.50
中东	1.10	0.70
亚洲	34.00	20.50
日本	22.00	13.30
大洋洲	7.13	4.30
全球	165.72	100.00

从全球主要赞助类型看,体育赞助在获得金额上也远远高于其他类型的赞助。在西方主要发达国家,体育赞助获得的资金一般都占总赞助金额的一半以上,美国甚至占到三分之二以上。

(三)我国体育赞助的发展

1983 年在上海举办的第 5 届全国运动会,第一次改变了完全由政府财政拨款的运作方式,出现了赞助性广告,尽管总金额仅有 11.36 万元,只占全部支出的 1.16%,但这毕竟是历史性的跨越。进入 20 世纪 90 年代以后,联赛的活跃、商业性比赛的兴起,也为企业参与体育赞助提供了舞台。1998 年全国排球联赛冠名维达杯,获得收入 800 万元。中国篮球协会将甲 A 联赛冠名权和推广权(75% 的赛场广告权)整体转让给国际管理集团,每年可获 300 万美元的收入。全国男篮甲 A,12 家俱乐部冠名权收入达 4 600 万元,其中北京奥神俱乐部的冠名权收入高达 600 万元;甲 B 俱乐部的冠名权收入也达 1 835 万元,其中深圳润讯俱乐部的冠名权收入也高达 600 万元。各排球俱乐部冠名权收入也在 100—500 万元之间。足球甲 A、甲 B 各俱乐部的冠名权收入保守地估计在 2 亿元以上,除此之外,足球俱乐部还进一步开发了城市和球队的冠名权。

近年来,体育明星的赞助活动开始起步。我国一些知名运动员、教练员开始利用自身的商业价值开发广告赞助市场,项目涉及武术、排球、乒乓球、跳水、围棋、篮球和足球等,宣传产品主要集中在家电、食品饮料、服装及通讯等行业(表12-2)。

表12-2 我国体育明星广告赞助活动情况

姓 名	宣传企业及产品品牌	项 目	行 业
李连杰	"步步高"VCD	武术	家电
马俊仁	"青岛双星"	田径	鞋业
郎 平	"澳柯玛"冰柜	排球	家电
汪嘉伟	"喜创"	排球	饮料
李小双	"扶他林"	体操	药业
莫慧兰	"八宝粥"	体操	食品
孔令辉	"格威特""安踏"	乒乓球	体育用品
邓亚萍	高路华彩电、爱立信手机等	乒乓球	通信家电
刘小光	"芬必得"	围棋	药业
阿的江	"红牛"	篮球	饮料
范志毅	"力保美达"	足球	饮料
郝海东、高峰	"百事可乐"	足球	饮料
曹限东	"金弓鞋""可赛矿泉"	足球	鞋、饮料
孙 雯	"阿迪达斯"	足球	体育用品

1996年第26届奥运会中国体育代表团名誉和标志特许使用权的招商活动也获得了4 000万元,共有60家企业购买了指定产品称号,李宁公司用800万元获得了独家赞助商的身份。1998年第13届亚运会中国体育代表团无形资产的商业开发也吸引了30家中外企业,赞助款物达到3 800万元,其中资金2 300万元,格威特公司以900万元夺得惟一指定领奖装备的称号。

当然,体育赞助在我国起步晚,发展还相当不平衡,在取得初步成绩的同时也存在着一系列的问题,比如体育赞助的总体水平与发达国家相比还有很大的差距;国内企业对体育赞助的魅力认识不够,体育组织与大型企业之间尚未建立起稳定的、长期的合作伙伴关系等。

但是起点低恰恰说明了我国体育赞助市场还有很大的发展潜力。目前,体育组织寻求赞助的能力将会进一步提高,体育赞助的中介机构将开始活跃,体育赞助的宏观管理将日趋完善,希望读者把握住机会,为体育产业的发展贡献力量。

第二节　体育赞助的营销过程

体育赞助是一项实践性很强的活动,它本身并没有太深奥的理论。因此,体育赞助的关键在于运作。尽管体育赞助涉及内容广泛,每一项成功的体育赞助都有其特殊性,但是体育赞助作为一类活动必然有其共性。从普遍意义上讲,一项体育赞助的运作大体上包括以下四个步骤。

一、赞助计划的制订

制订详尽的赞助计划是确保赞助成功的基础和前提。赞助计划的制订从操作上看,主要包含以下七个方面的内容。

(一)分析赞助的必要性

制订赞助计划的第一步就是要论证赞助的必要性。必要性分析首先是在组织或机构的内部统一思想和认识,在赞助的动机、目的等方面取得共识。其次,要对组织或机构自身进行分析,内容包括组织或机构的规模、历史、社会形象、社会地位和拥有资源状况(人、财、物),通过分析明确组织或机构的优势所在,并进一步找出赞助的卖点。如果是为一项体育赛事或活动寻求赞助,也应对赛事或活动作相应的分析。分析内容包括:(1)赛事或活动的性质。例如,是高水平竞技比赛,还是群众性体育活动;是综合性赛事,还是单项赛事。(2)赛事或活动的成熟度。例如,是新兴项目,还是传统项目;是公众和媒体关注的项目,还是公众和媒体不甚了解的项目。(3)赛事或活动的规模。一般而言,赛事或活动的规模与影响力呈正比,国际性赛事较之全国性赛事和地区性赛事,影响力要大;大型综合赛事较之单项赛事,影响力要大。所以,大型赛事和活动更容易获得赞助机会。(4)赛事或活动的主控权。赛事或活动的举办可分为主办、承办和协办等,性质不同,授予企业的赞助权限也不同。

(二)建立工作机构

赞助计划的制订和执行是一项十分庞杂的工作,成立专门的工作班子必不可少。工作机构的规模可视赞助活动的规模和难易程度来定。一般来说,工作机构可考虑以下构架。

(1)行政管理部:主要负责行政秘书性事务,承担沟通、协调、进度控制和资料保存等项职责。

（2）市场开发部：主要负责设计赞助提案、寻找赞助商，并具体负责与赞助商的联络、洽谈、签约及履行承诺等项工作。

（3）会计财务部：对与赞助活动有关的一切资金往来进行专项管理。

（三）收集、分析相关资料

广泛地收集与赞助活动相关的资料，并对资料进行归纳、整理与分析，是确保赞助成功的关键。一般来说，收集与赞助相关的资料并加以分析，主要包括三个方面。

（1）企业的资料。尽可能收集有可能成为目标赞助商的企业资料，并建立相应的资料库。收集的途径可以查阅相关的统计报表和年鉴，上网查找相关网站、网页。

（2）以往赞助的资料。收集资料除了要在目标赞助商上下工夫，还应尽可能地收集以往其他体育赞助的案例，尤其是成功的案例。"他山之石，可以攻玉"，收集并分析案例，不仅能学到成功的策略和经验，而且也能汲取失败的教训，更有利于发现目标赞助商，提高赞助的成功率。

（3）分析赞助的时机。把握赞助的时机，就是要把握赞助活动的天时、地利、人和。一般来说，赞助时机的选择在很大程度上取决于赛事或活动的举办时间。所以，如果可能，赛事或活动要尽量避免与其他重要活动相撞，尤其是性质相同或类似的活动。同时还应分析赞助运作期间国际国内的政治形势、经济走势和社会环境，相机行事，择善而从。只有准确把握赞助时机才能使赞助活动取得事半功倍的效果。

（四）拟订赞助目标

拟订赞助目标就是使赞助目的具体化。目标的确立要简明、可操作，最好是量化目标。合理的赞助目标不仅能调动赞助各方的积极性，而且也是事后评价赞助效果的依据。赞助目标一般包括以下四类。

（1）资金目标：如寻求赞助企业 1 000 万元经费支持。

（2）实物目标：如寻求赞助企业提供 200 台电脑、20 台复印机、20 部手机、10 部汽车等。

（3）服务目标：如寻求网络公司提供赛事电子中心技术服务，招募 200 名青年志愿者等。

（4）媒体参与目标：如与新闻媒体结合，策划焦点新闻，制作专题节目提高寻求赞助的实力。

（五）设计赞助"产品"

设计赞助"产品"就是用商业化的手段包装赛事或活动卖点的过程。设计的目的是为赞助商提供可选择的菜单,提高赞助的成功率。赞助"产品"设计的基本原则如下。

(1)设计能满足赞助双方需要的双赢"产品"。"产品"设计中除要考虑活动的"核心产品"(如赛事本身)之外,还要重视相关"附产品"的设计,如策划优秀运动员制作专题节目、安排明星参加赞助企业新产品发布会、组织运动员联欢晚会等。

(2)必须与媒体(报纸、杂志、电台、电视、网络公司等)携手,共同举办一系列声势浩大的造势活动和包装赛事活动。只有通过"造势活动"才能提高赞助"产品"的实力,吸引赞助商。

(3)应设计多元化的赞助权益"菜单"供不同企业选择。赞助权益的大小可根据赞助金额的多少来确定,要让企业了解提供什么样的赞助可以享受什么样的权益。

(六)赞助价格的制订

体育赞助价格一般来说受赛事或活动的规模、成熟度、影响力、企业关注程度等多方面因素的制约。赞助价格定高了无人问津;定低了体育组织和赛事的无形资产就贬值,直接影响收益。所以,制订适宜的赞助价格是确保赞助成功运作的关键环节。

(1)费用附加法:即体育组织向赞助商提供费用的权益外加合理的赞助费用。主办单位将提供给赞助商的权益部分,如冠名权、冠杯权、现场销售权、广告置放权、出席新闻发布会和颁奖典礼等,分列计价,并以此作为定价的基础,然后再加上一些合理的附加收费(包括赞助商因赞助活动获得收益的提成部分)。以这两项费用的总和向赞助商收取整个活动的赞助费。

(2)相近商品跟价法:鉴于赞助商对体育组织来说是一种稀缺资源,体育组织寻求赞助的需求要高于企业提供赞助的需求。过高的、不切实际的定价难以获得成功,因此赞助价格的拟订可以参照以往相同或相近赛事的赞助价格来进行测算,这样的价格往往能被赞助商所接受。

(3)相对价值法:依据赞助效益在社会上的相对价值高低作为定价标准。例如,秩序册广告插页的价格可以比照报纸、杂志的广告收费标准而定,赛场广告的价格可以比照电视广告的价格而定等等。

当然,在实际赞助过程中,很多赞助商并非完全用现金支付的方式获得赞助权益,而是将提供的物品和服务折算冲抵赞助金,因此对赞助商提供的产品和服务如何科学地折价,也是应慎重把握的一个重要环节。否则,可能出现名义赞助价格与实际赞助价格严重不符的现象,进而有损体育组织的利益。

（七）目标赞助商的选择

体育组织与赞助企业的结合是一个"自由恋爱"的过程,但在今天的商业社会里,体育组织实际上扮演的是"小伙子"的角色,而赞助企业扮演的则是"大姑娘"的角色。由于"大姑娘"相对紧俏,因此"小伙子"就应该采取进攻性策略,主动寻求赞助商。

寻找目标赞助商的方法,首先是建立一份企业名单,并根据企业的类别、规模、经营状况及主营产品的目标市场等标准进行分类。其次是要对名单上的企业进行分析,分析的内容主要包括以下五点。

（1）企业形象与赛事或活动形象的吻合度。吻合度越高,企业声誉、形象和主营产品在赞助活动中搭配得就越自然,就越容易被消费者所接受,企业付诸赞助实践的可能性也就越大。

（2）企业目标市场分析。企业的目标市场与赛事或活动的参与人群相一致,也是企业决定是否赞助的重要因素之一。一般来说,企业在决定赞助前要分析赛事或活动的参与人群的情况,参与人群包括出席开闭幕式的贵宾、运动员、教练员、裁判员、主协办单位人员、来现场观看的人员以及在各种媒体上观看赛事和活动的人群等。如果赛事或活动的参与人员就是企业目标市场上的消费者,或者说企业的目标市场就在赛事或活动之中,企业就可能作出赞助的决策。例如,可口可乐中国公司独家冠名赞助中国足协 U21 全国青年足球联赛,就是认为全国青年足球联赛的参与者和观众是可口可乐目标市场的消费者。丰田公司为促销新款轿车 LUXUS,而努力成为职业高尔夫球巡回赛的挂名赞助商,同样出于这样的考虑。因为,丰田公司相信,LUXUS 的潜在购买者就在职业高尔夫球巡回赛的观众和参与者中间。

（3）企业有无赞助行为分析。即名单中所列的企业哪些有过赞助行为,哪些尚无赞助行为;有过赞助行为的企业,以往赞助的项目、赞助资金的额度及赞助的方式等。

（4）企业与体育组织关系分析。即名单上的企业哪些与寻求赞助的体育组织有往来,哪些企业与体育组织没有往来;有往来的,联系渠道、联系人、往来的性质、内容情况如何。

（5）政府介入赞助活动的可能性分析。即在企业名单中哪些企业有可能受政府的影响而承担赞助任务。

根据上述的分析,体育组织便可以挑选出与本次赛事或活动最相配的目标赞助商。

二、谈判并签订协议

(一)谈判

与目标赞助商实际接触与谈判是把可能性变为现实性的关键环节。接触得当,大功可成;接触不当,再好的赞助提案也难以奏效。因此,双方应本着互惠互利的原则,务实地进行交流和协商。在谈判过程中要注意以下两个方面:一是要做好谈判前的准备工作。在确定目标赞助商之后,就要了解该公司具体负责赞助事务的机构和最终的决策人。在征得对方同意后,将本方准备好的赞助提案和相关资料传真、邮寄或面呈当事人,并请求对方在方便的时候给予面谈的机会。二是要把握好面谈的时机,力争赢得赞助。一般当该公司对呈送的赞助提案感兴趣,就会接受进一步面谈的请求。会谈的地点可由双方协商确定,如果双方当事人熟悉、是老朋友,会谈的地点不必太正规,可以安排在休闲场所,如高尔夫球场、网球场、保龄球馆等。当然,绝大部分谈判地点还是在公司或体育组织的会议室。

(二)赞助协议的签订

经过艰苦的商谈,当双方对赞助事宜达成共识后,就要履行签约程序。一般来说,赞助协议的约定有三种形式:即确认函、协议书和正式合同。确认函的正规化程度最低,仅是双方权利义务的确认。协议书的正规化程度略高于确认函,是双方共同签署的正式文件,是一种不具威胁性的非标准化的合约书。正式合同最规范、最正规,是具有法律效力的正式文件,双方都必须根据合同来履行各自的义务。选择哪一种约定形式,可根据双方当事人的需要和赞助活动规模的大小而定。当前,随着体育赞助活动的普及,选择正式合同来约定双方权利义务的越来越多。赞助合同的内容主要包括:(1)权利义务人(组织、机构)的名称、头衔;(2)赞助方式;(3)赞助义务;(4)赞助权利;(5)违约责任;(6)签约栏;(7)日期及附注等。更加具体的内容由双方相互约定。

三、赞助活动的实施

当体育组织与赞助商签订合约以后,赞助活动就进入了实施阶段。实施阶段的核心任务是为赞助商提供服务,体育组织逐项落实地为赞助商提供权益。为确保赞助活动顺利完成,避免沟通不够,影响双方的关系,体育组织应指定专门人员负责为赞助商服务,落实所承担的赞助义务。专职人员应制订详细的工作时间表,按进度逐一落实,必要时还应召开协调会,协调双方的立场、观点、行为和利益,使双方尽可能多地达成共识。

目前,国内体育赞助活动中,体育组织存在不重视履约的情况,以为赞助合约签订了一切就大功告成了。这样的做法不仅会使双方赞助关系破裂,严重时甚至会引起诉讼,而且也会给体育组织和赞助活动本身带来很多的负面影响,进而影响到今后赞助活动的开展。国内外的赞助实践表明,赞助活动是双方互利的商业行为。赞助活动只有以诚为先、以信为本,才能取得互利的双赢效果,才能建立双方长远的合作伙伴关系。

四、赞助活动的总结

当赞助执行阶段完成以后,赞助活动就进入了总结阶段。总结阶段是整个赞助活动不可或缺的一个环节。必须全力以赴,力求善始善终。总结阶段主要应做好四个方面的工作。

（一）撰写赞助评估报告

赞助评估报告应重点论述本次活动的赞助效益,赞助效益应采用定量和定性相结合的表述方式。定量描述应包括资金赞助的总额、实物赞助的数量和质量,以及服务赞助的内容、人次、时间和质量;定性描述应着重对赞助活动的社会效益进行分析和评价。通过对赞助效益的分析,最终要对是否达成赞助计划中确立的目标作出实事求是的评价。

（二）建立本次赞助活动的专项档案

赞助活动完结后应指定专门人员负责收集、整理与赞助活动相关的一切资料,包括各类文件、电话记录、传真材料和信函,以及一切能证明赞助效益的图片、报纸、杂志、录像带和光盘等。建立专项档案不仅是总结的一个部分,而且对于今后体育赞助的运作有十分重要的价值。

（三）召开总结会

总结会除了体育组织内部要就赞助计划、赞助提案、人员配置、经费管理和后勤保障等方面进行全面、系统的总结外,还应邀请赞助商共同研讨、总结本次赞助活动,并征询未来继续合作的可能性。

（四）感谢活动

感谢活动是总结的最后一项工作。感谢活动除了要向赞助商致有最高行政官员亲笔签名的感谢函外,还可以采取赠匾、赠旗和赠纪念品的方式。如果是大型的赞助活动,还应该举行答谢宴会,借此感谢有关人员并进一步与赞助商沟通感情,建立长久的合作关系。

第三节　体育赞助效果的评估

　　寻求一个适宜的体育赞助评估方式。对于赞助双方都是极为重要的。对赞助商来说,我花了大笔的钱是否值得,有没有效益,需要通过赞助效果的评估来揭示;对于体育组织来说,赞助效益的评价报告是说服企业赞助,并寻求与企业保持长期赞助伙伴关系的需要。但是,鉴于赞助活动中不可控的因素较多,赞助活动与赞助商的整体营销活动很难完全分离,再加上相关的理论研究开展不够,所以目前还没有一套成熟的、公认的评价方法可供选择和使用。当然,在标准化的评价方法产生之前,一些单项的、自我设计的评价方法也是可以运用的,下面介绍三种方式。

一、赞助商形象效益的评价

　　这是一种问卷调查方法。即赞助活动之前,针对赞助商和与赞助商主营产品、目标市场、企业规模和实力相近的企业,就企业在消费者心目中的形象进行一轮调查,赞助活动完结后,再就相同的主题对同一调查对象进行第二轮调查,通过比较两轮调查的结果,来揭示赞助商赞助前后企业形象的变化情况。具体做法:第一步确定目标企业。目标企业包括赞助商和与赞助商性质相近的企业。例如,李宁公司是亚特兰大奥运会中国体育代表团指定装备的独家赞助商。国家体育总局运动装备中心作为寻求赞助的体育组织要进行赞助企业形象评价,就可选择耐克、阿迪达斯、锐步、康威、格威特、双星等作为目标企业。第二步设计问卷。这类问卷包括两部分,一部分是问题,如"您对某某公司的印象如何?"另一部分是对企业印象的等级评定,一般可采用"利克特"五级评分法,如设置非常好、好、一般、不太好、非常不好五个等级,并相应赋予 5、4、3、2、1 的分值。第三步确定调查对象和样本。这类调查对象一般应是赞助商目标市场的消费者,调查样本在可能的情况下越大越好,小型赞助活动样本应不低于 100 人,大型赞助活动样本应不低于 1 000 人。第四步确定调查的操作方式。有两种方式可供选择,一是邮寄的方式,二是在消费场所由调查人员现场调查。一般来说,后者的效果优于前者,但采用后者时,第一轮调查就应该记下被调查者的家庭住址或工作单位,以便第二轮调查时使用。表 12－3 和表 12－4 是这种调查方法和调查结果的示例。

表 12 - 3　调查方法示例

调查内容	印　象　等　级				
	非常好	好	一般	不太好	非常不好
您对李宁公司的影响如何?	(　　)	(　　)	(　　)	(　　)	(　　)
您对耐克公司的印象如何?	(　　)	(　　)	(　　)	(　　)	(　　)
您对锐步公司的印象如何?	(　　)	(　　)	(　　)	(　　)	(　　)
您对康威公司的影响如何?	(　　)	(　　)	(　　)	(　　)	(　　)
您对双星公司的印象如何?	(　　)	(　　)	(　　)	(　　)	(　　)
您对格威特公司的印象如何?	(　　)	(　　)	(　　)	(　　)	(　　)
您对阿迪达斯公司的印象如何?	(　　)	(　　)	(　　)	(　　)	(　　)

表 12 - 4　调查结果统计示例

公司名称	赞助前	赞助后	形象变化情况
李宁公司	4.1	4.7	+0.6
耐克公司	3.8	3.9	+0.1
锐步公司	3.4	3.2	-0.2
康威公司	3.2	2.9	-0.3
双星公司	2.8	2.4	-0.4
格威特公司	3.5	3.6	+0.1
阿迪达斯公司	3.8	3.7	-0.1

二、销售量评价

企业的赞助活动能否在产品销量上有收益,是赞助商关心的一个重要问题。现在,越来越多的赞助商把赞助目标定为促进产品的销售。赞助活动促进产品销售主要有两个渠道:一是通过赞助活动获得的各种权益(如吉祥物、会徽、标志等使用权)提升企业形象,使更多的消费者对赞助商生产的产品形成好感和认同,从而有助于企业产品销量的增加;二是通过现场销售活动促销产品。对赞助商在赞助时限内的销售量进行评价,也有两种方法:一是历史同期比较法,即通过企业的销售报表和财务报表比较历史同期企业产品销售量的变化情况;二是间接评价方法,即通过发放和回收赞助折扣券的情况来判断产品销量的变化情况,但这种方法由于受发放渠道的限制,往往并不能完全反映销售量的变化情况。

三、媒体报道评价

一般来说,赞助商的赞助目标绝不仅仅是产品销售量提高一个维度,更多的赞助商是着眼于赞助活动能否带来企业声誉和形象的提高以及广告支出的下降。因此,对赞助活动媒体报道程度进行评价十分重要。对媒体报道程度的评价主要应收集三个方面的资料:一是有哪些媒体形式(电台、电视、网站、网页、报纸和杂志等)直接或间接地报道了赞助企业;二是各媒体形式报道的量,即报道次数的多少、时间的长短及版面的大小等;三是依据现行的市场价格计算赞助商在相同的媒体形式购买相同量的广告时段需要花费的资金总量,这样就可以测算赞助商因赞助活动所获得的广告收益或企业广告费的下降幅度。

目前,国内很多企业以冠名、冠杯等形式赞助体育活动或赛事,都声称是出于回报社会公益事业的目的。但实际上他们支出一定额度的赞助费是物超所值。例如,某企业购买了一个甲A足球俱乐部的冠名权,花了几百万。在一般人眼里,这笔钱的投入具有捐助的意味,但实际上,赞助企业实现了与潜在消费者的沟通,扩大了企业和产品的知名度,而这样的效果往往是几百万元买不到的。同时,赞助企业还会发现产品的销量增加了,广告费用的支出下降了或同样广告费的支出取得了更好的效果。所以赞助活动是双方的互利行为,赞助商的赞助行为不仅能提高企业的声誉,有助于在消费者心目中树立成功的大企业、大公司的形象,而且也能实实在在地降低企业的广告费支出或提高企业的广告效果。

总之,高度重视赞助效益的评价工作,对寻求赞助的体育组织来说至关重要,应有专人或聘请专门机构来负责此项工作。赞助效益的评价应以主办单位为主,必要时也应寻求赞助商的协助。天下没有免费的午餐,只有主办单位拿出科学的赞助效益评估报告,赞助商才能心悦诚服地掏钱,才能有下一次愉快的合作。

第四节　成功体育赞助的实例分析

体育赞助的运作是科学性与艺术性的结合。随着体育赞助在全球的勃兴,成功的体育赞助案例层出不穷,这里仅就最具盛名的体育赞助——奥林匹克赞助计划(TOP 计划)作一分析。

一、TOP 计划的历史

　　TOP 计划出台的背景是美国人尤伯罗斯在洛杉矶给国际奥委会官员上的一堂生动的体育市场营销课。为了改善国际奥委会财政状况,实现财政收入的多元化,国际奥委会于 1985 年正式委托国际体育娱乐公司(ISL)全权代理奥运会的赞助事宜,该公司经过周密策划,成功地推出了奥林匹克赞助计划(The Olympic Programme)简称 TOP 计划。该计划是整合冬季、夏季奥运会组委会和各国奥委会的赞助活动,使之成为一个完整的 4 年为一个周期的赞助计划。

　　TOP 计划的设计理念符合经济全球化的趋势,它包装的指向是迎合国际著名跨国公司全球化经营战略的需要。只要一个公司与国际体育娱乐公司签约,成为 TOP 赞助商,它就同时获得了冬季和夏季奥运会合法赞助商、国际奥委会和各国奥委会指定独家赞助商的头衔,从而能获得长期的和全球性的赞助效益,并能受保护地排斥同类竞争对手运用奥运营销战略。所以 TOP 计划一出台就得到了国际上一些著名跨国公司的青睐,尽管近年来 TOP 赞助商交付的赞助金一路飙升,但希望成为 TOP 计划赞助商的企业仍然趋之若鹜。这样的事实,不仅说明了 TOP 计划是有生命力的,而且也证明了国际奥委会和国际体育娱乐公司具有把握机遇、顺应潮流的远见卓识。

　　TOP 计划自 1985 年推出,目前已运作了 6 个周期,共有 42 家国际著名公司成为该计划的赞助商,共获赞助金约 11.765 亿美元。图 12-2 和图 12-3 说明了各期 TOP 计划赞助公司和赞助金的情况。

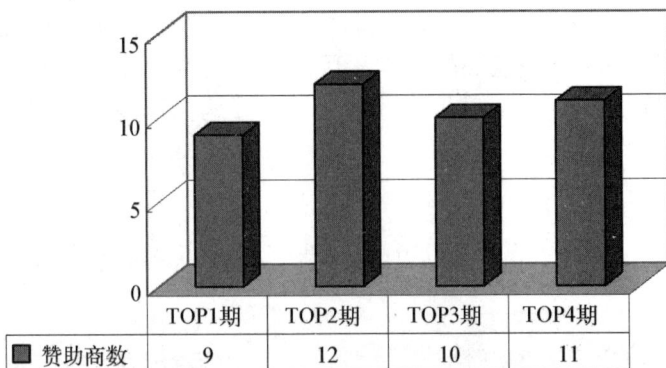

	TOP1期	TOP2期	TOP3期	TOP4期
赞助商数	9	12	10	11

图 12-2　TOP 各期赞助商数量

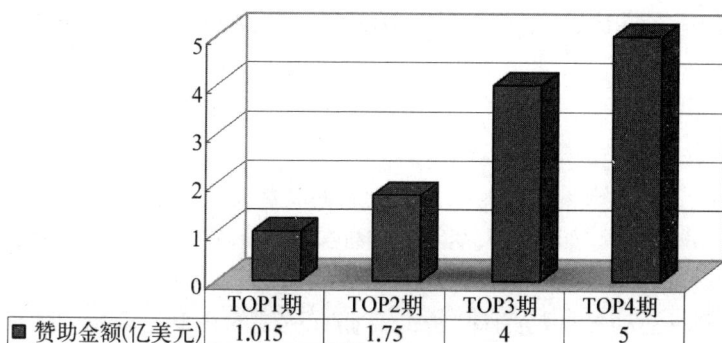

图 12 - 3 TOP 各期所获赞助金

二、TOP 赞助商的权益

根据国际体育娱乐公司的规定,TOP 计划的赞助商可获得下列权益。

（1）产品专属权：TOP 计划规定每一类产品只允许一家企业参与赞助。这样做是为了使赞助商具有绝对的同质产品的排他权,以保护赞助商的权益。例如,柯达公司是 TOP 计划的赞助商,那么富士公司就不能成为 TOP 计划的赞助商;可口可乐公司成为 TOP 计划赞助商后就排除了百事可乐公司成为 TOP 计划赞助商的可能性。

（2）标记、符号及名称的使用权：所有 TOP 赞助商均可合法使用奥林匹克的五环标志以及与奥运会相关的一切符号和名称。TOP 赞助商在所有奥运赞助商中享受的权益是最高的（表 12 - 5）。

表 12 - 5 奥运赞助商的权限

赞助商类别	等 级	标 志 使 用 权 限
TOP 赞助商	全球级	所有奥运相关标志,并用有奥运五环标志的独家使用权
OCOG 赞助商	全球级	限当届奥运会相关标志,但不可使用奥运五环标志
NOC 赞助商	国家级	仅可使用各国奥委会的标志

（3）公共关系及促销机会：TOP 赞助商可借奥运会的一些特定场合（圣火传递活动）以及媒体活动（如记者招待会）来增加企业本身曝光机会,以强化其公共关系和产品促销机会。

（4）向奥林匹克档案馆索取资料的权利：TOP 赞助商可以到位于瑞士国际奥委会总部的奥林匹克档案馆,索取和查阅各类奥林匹克运动的文史材料。

（5）奥运商品制造和销售权：TOP 赞助商拥有制造和销售奥运商品的权

利。例如,维萨(VISA)信用卡作为 TOP 赞助商,1996 就发行了奥运纯金纪念卡,并制作纪念手表、T 恤、运动衣帽、吉祥物、钥匙环等商品。

(6) 门票及礼遇：TOP 赞助商可优先获得夏季和冬季奥运会开闭幕式及比赛的门票,并拥有贵宾席等各项礼遇。

(7) 广告优先购买权：所有 TOP 赞助商可优先取得包括电视广告在内的各类广告优先购买权。如奥运会期间广告种类、地点、方式及时段等项的优先选择权等。

(8) 现场活动参与权：TOP 赞助商拥有适度的在奥运赛场开展销售、展示及样品赠送等项活动的权利。

(9) 赞助成果报告：每一位 TOP 赞助商在奥运会结束后都会收到一份完整的赞助成果评价报告。内容包括公众对赞助商的认知及赞助效益的分析等。

(10) 下届 TOP 计划的优先协议权：若本届 TOP 计划的成员有兴趣继续成为下一届 TOP 计划的赞助商,则拥有与国际体育娱乐公司优先的协议权。

三、TOP 计划的运作效益

TOP 计划自 1985 年推出,至今已运作 30 年,每个周期为 4 年,目前实际运作 6 期。各期的运作情况大体如下。

1. TOP 1 期

TOP1 期赞助期限是 1985—1988 年,赞助金底限是 400 万美元,赞助企业共 9 家,获赞助金总额 1.015 亿美元。赞助商及赞助金如表 12－6 所示。

表 12－6　TOP 1 期赞助商及赞助金情况

赞 助 商	赞助金(单位：万美元)
可口可乐	2 500
柯达公司	2 100
维萨信用卡	1 450
3M 公司	1 100
飞利浦	900
松下公司	900
兄弟公司	800
时代公司	700
联邦快递	600

TOP1 期运作的效益主要表现在两个方面：一是国际奥委会获得了 1 亿多

美元的赞助金,这笔巨额款项主要用于支持1988年举行的卡尔加里冬季奥运会和汉城夏季奥运会。二是赞助商获得了非常好的赞助效益。例如,柯达公司凭借TOP赞助商的身份,成功推出了两个新产品,并在汉城奥运会中设立新闻中心。3M公司运用奥运会主题成功地在国内外商展中扩大了企业的声誉和知名度。维萨信用卡在成为TOP赞助商后,对本公司市场占有率的情况进行了调查,结果显示,奥运会的赞助关系使得维萨公司的形象、营业额以及会员的满意度均有明显的提升。

2. TOP2 期

TOP 2 期的赞助时限是1989—1992年,赞助金底限是1 000万美元,赞助企业高达12家,获赞助金总额1.75亿美元。赞助商及赞助金情况如表12 - 7所示。

表12 - 7　TOP 2 期赞助商及赞助金情况

赞 助 商	赞助金(单位: 万美元)
可口可乐	2 800—3 000
Mars	2 000—2 500
柯达公司	2 000—2 500
维萨信用卡	2 200
3M 公司	2 000
飞利浦	1 800—2 000
理光	1 800—2 000
博士伦	1 500
松下公司	1 500—1 800
运动画刊	1 200—1 500
兄弟公司	1 000—1 200
美国邮政局	1 100

TOP 2 期所获赞助金比TOP1 期高出7 350万美元,近2亿美元的赞助金主要用于支持1992年法国阿尔贝维尔冬季奥运会和西班牙巴塞罗那夏季奥运会。赞助商也借赞助关系大行公关和营销之道。博士伦与国际奥委会协议,在奥运赛场设置视觉测试中心,收集奥运选手的视觉资料,并送选手每人一副太阳镜。兄弟公司为突出"四海之内皆兄弟"的奥运精神,向赛会提供了2 500台打字机,并免费提供相关技术服务。运动画刊作为全球最著名的体育出版公司,成为TOP 赞助商的基本动机也是想借助全球读者的影响力来塑造和强化本公司的形象,并借机在全球寻求广告代理业务。3M 公司向奥运会提供了包括建材、电脑、

录像带及各式标识产品,使得 3M 产品出现在奥运会的每一个角落。Mars(麦士)借 TOP 赞助商的身份强调食物营养与运动表现之间存在因果关系,实质也在于营销。维萨信用卡向奥运会提供 24 小时的多样化服务(包括换信用卡、报失补发、旅行支票兑换等),目的同样在于借此促销和树立品牌形象。

3. TOP3 期

TOP3 期赞助时限是 1993—1996 年,赞助底金 4 000 万美元,赞助企业 10 家,赞助金总额高达 4 亿美元, 比 TOP 2 期翻了一番。TOP 3 期恰逢奥运百年,这一届奥运会不仅创下参赛国、运动员人数及比赛项目的新纪录,而且还吸引了来自世界各地的 1.5 万名记者及全球 214 个国家和地区近 20 亿观众的注视。因此,国际体育娱乐公司给赞助商开出了 4 000 万美元的赞助金底价,同样创下了历史新高。TOP3 期的赞助商有 10 家,它们是:可口可乐、IBM、维萨信用卡、柯达公司、博士伦、松下公司、UPS、施乐、运动画刊和约翰·汗科克互助人寿保险公司。

IBM 向亚特兰大奥运会提供了 7 000 台个人电脑、80 台 AS/400 服务器、18 台 RS/6 000 工作站、4 台 390 系统电脑、1 000 台台式激光打印机以及 250 个局域网系统,并将各类奥运信息通过 IBM 设备直接与“Info'96”网站及各大媒体的新闻网页链接。通过产品赞助和服务赞助,IBM 成功地展示了它在同类企业中的领导形象。维萨成为 TOP3 期的赞助商使得奥运赛场和奥运村内的所有付款方式只有现金和维萨信用卡两种,这种特权的获得使该公司在奥运期间的业务量剧增。同时,维萨还借机推出“电子钱包”的新产品,以进一步巩固和扩大市场。可口可乐以“奥运会最长期合作伙伴”的身份,在自己的故乡亚特兰大奥运会上大搞特色公关和营销活动。为了建立消费者对其产品的新认知,更是不惜投资 6 亿美元(占全年广告经费的 47%),塑造属于可口可乐的奥运会。该公司的宣传活动在奥运会开幕前一年就以“可口可乐瓶—奥运对民俗艺术的礼赞”拉开序幕,并制作了 70 部精彩的奥运纪录广告片,成功地运用产品转移策略,使可口可乐与奥运会有机地结合在一起。同时,该公司还耗资 2 亿美元,兴建了一座可口可乐奥运模拟城,以亚特兰大主人的身份接待世界各地的游客。这个主题公园不仅展出珍贵的奥运艺术品、体育明星纪念品、签名球等,还以虚拟现实的高科技手段满足体育迷参与奥运会竞赛的梦,成为奥运期间最佳的游乐场所。这些公关和促销活动使得可口可乐的品牌形象与奥运会的卓越形象有机融合,可口可乐也成为了消费者日常生活的长期伙伴。

4. TOP 4 期

TOP4 期的赞助时限是 1997—2000 年,赞助企业 11 家,赞助金总额超过 5

亿美元。赞助商是：可口可乐、IBM、柯达公司、麦当劳、松下公司、三星、运动画刊、UPS、维萨信用卡、施乐和约翰·汗科克互助人寿保险公司。在 TOP 4 期赞助商中有 9 家是 TOP 3 期续约的赞助商，只有博士伦正式向国际奥委会表示不再加入 TOP 4 期的赞助计划，而考虑转为国家奥委会或指定产品供应商的赞助方式，不过，三星和麦当劳立即取而代之，成为新的 TOP 赞助商。

TOP 4 期获得超过 5 亿美元的赞助金，这部分资金主要用于两个方面：一是支持 1998 年日本长野冬季奥运会和 2000 年澳大利亚悉尼夏季奥运会，两个当届奥运会组委会获得赞助金总额的 50%，其中夏季奥运会组委会获得约三分之二的资金。二是支持奥林匹克大家庭各成员，占赞助金总额的 50%，其中国际奥委会占 10%，各国奥委会占 20%，国际单项运动联合会占 20%。

［本章讨论题］

1. 简述体育赞助的概念及其特点。
2. 简述体育赞助的运作过程。
3. 你认为哪种体育赞助的效果评估方法最好，试说明。
4. TOP 计划中令你印象最深的哪方面的内容，为什么？

［案例一］

安踏 6 亿独家赞助中国代表团奥运冠军领奖服

2011 年，虽然，安踏体育用品有限公司在销售额上以微弱优势超越李宁，成为国内体育用品企业第一品牌，不过在品牌影响力及美誉度方面，李宁仍占据着国内体育用品市场的霸主地位。为此，安踏体育在 2008 年奥运会之后，不惜斥巨资，击败阿迪达斯及李宁，成为中国奥委会独家体育服装赞助商。

当国旗升起、国歌响起的瞬间，标注安踏的企业品牌——这个从福建晋江走出的体育品牌在这个最黄金的"位置"拥有了无比的骄傲，"命名冠军龙服，在体育用品行业中抢先发布奥运战略，也正是希望传递'代表中国'和'代表体育精髓'的品牌形象。"安踏体育董事局主席丁世忠谈道。

"顶级赛事和体育资源带来的不仅仅是直接的账面收入，它的核心价值是提升品牌高度，与消费者产生强烈的品牌感知，对于品牌再定位非常有价值,这也是我们现在最需要的。"安踏体育副总裁张涛接受采访时表示,"对于奥运营销,尤其需要你去讲一个好故事,然后,与消费者产生品牌共鸣。"

根据这一协议,中国奥委会首次将 2009—2012 年的奥运周期打包,安踏体育获授权为中国体育团参加 2010 年温哥华冬奥会、2010 年广州亚运会以及 2012 年伦敦奥运会等 11 项重大国际赛事提供冠军装备。"双方合作涉及权益覆盖之广、年限之长以及赞助额之高,在中国奥林匹克史上都是空前的。"安踏体育执行董事及首席运营官赖世贤公开表示。

张涛说:"顶级赛事、顶级运动明星和顶级体育资源能够带来的价值,对于品牌提升有事半功倍的作用,而这样无形的增值和机遇,对一个企业来说,并不是总能碰到。"品牌提升,对从晋江系走出来的安踏体育来说,现在最直接的表达是想打造"国家"与"民族"的品牌高调。

作为中国奥委会的合作伙伴,安踏体育抢先公布启动了奥运营销战略——在伦敦奥运会期间,安踏体育又与中国奥委会设立的"中国之家"展开密切、深度的合作,借助"中国之家"这个奥运会期间中国媒体的最高资源,让品牌传播拥有更迅捷、更权威的话语平台;同时,安踏体育还将与国际奥委会(微博)深度合作,在传递奥林匹克精神的同时,将市场、商品、营销进行有效组合;携手中央电视台奥运频道,营造奥运收视环境;携手国内外一线品牌跨界合作,联合推广奥运。对企业来说,奥运营销投入可能是一次性的,但其效果和品牌渗透影响是长期的,尽管现在奥运会赞助的市场价格节节攀升,但其传播影响效果仍然值得投入,而对企业来说一个更现实的问题在于,这个昂贵的机会,如果你不去争,别人就一定会去抢,因此,无论从公司的战略或者公司未来的发展角度考虑,有实力的公司都会去做。

(资料来源: http://www.taoxie.com/anta/news/58779.htm)

[案例二]

广州亚运赞助 30 亿创纪录

2010 年 11 月 25 日,广东省政府新闻办发布消息,广州亚运会市场开发工作情况超越了历届亚运会,亚运会赞助总金额近 30 亿元,约是多哈的 5 倍、釜山的 3.5 倍。同时,广州亚组委已签约 52 家赞助商,赞助商的数量也创历史之最。亚运会高级合作伙伴中国移动、南方电网、中国电信的相关负责人向媒体介绍了企业对亚运会的保障服务情况。

　　据有关人士分析,广州亚运会赞助商中既有享誉世界的跨国企业,也有国内相关行业的龙头企业;既有实力雄厚的大型国有企业,也有蓬勃发展的民营企业;既有长期赞助体育赛事、熟悉营销规律的企业,也有新近跨入体育赛事大门、希望提升品牌的企业。由于大陆与台湾地区的经济关系日益密切,广州亚运会赞助商也出现了多家台资企业的身影,赞助企业构成多样化。

　　在此次亚运会中,赞助企业普遍投入大。首先体现在为了取得赞助资格,各层级赞助商都付出了不菲的赞助费用;更为重要的是,广大赞助商在全球经济低迷的情况下,希望借助亚运会平台化危机为契机,因此加大了企业宣传力度,增加可推广费用,期待从金融危机中一举脱颖而出。

　　发布会上,中国移动广东公司亚运会办公室总经理殷立明介绍说,亚运会开幕式期间,开幕式核心区高峰时登记用户数 4.18 万,话务量每小时平均高达 4 529ERL/平方公里,比平时增长 1 230%,相当于 27 万移动用户打了 1 分钟电话;瞬间最高峰值达到 16 800ERL/平方公里,话务密度超过奥运会,创历史新高。南方电网生产技术部主任皇甫学真则表示,亚运会期间,南方电网运行平稳,电力可靠有序供应,全部比赛场馆和重要场所供电正常。中国电信广东公司副总经理梁锋说,从今年 3 月开始,中国电信开通号码百事通 114 亚运热线,同时以普通话、粤语、英语等语言和方言为公众提供亚运会信息查询服务;亚运会期间 114 呼叫中心增设 120 个亚运会服务专席,及时提供赛事、场馆、奖牌榜、赛事电视直播等信息查询。

(资料来源:南方日报,2010 年 11 月 26 日)

第十三章
体育旅游市场

内容提要

- 体育旅游市场的基本特征
- 体育旅游市场核心目标选择
- 体育旅游市场的营销策略

体育旅游,其英文为"sport tourism",在国外早已不是什么新鲜的旅游项目,在英国,每年都有几百万人进行高尔夫球旅游;在德国,组织自行车旅游的旅行社就有200多家;在美国,旅游者最向往的旅游方式就是去欧洲进行自行车游;近邻日本也是体育旅游大户,他们主要是到世界各地区观看自己喜欢的体育比赛,如去欧洲观看足球、冰球比赛,去美国观看篮球、棒球。而在中国,体育旅游成为新兴的旅游项目不过几年的时间,目前旅行社和旅游者对体育旅游越来越情有独钟。

第一节　体育旅游市场的基本特征

一、体育旅游市场的含义

体育旅游作为旅游市场的一种新产品,是以体育资源为基础,通过各种体育活动来规划、设计、组合,引起人的消费欲望与需求,进而感受参与体育活动与大自然情趣的一种旅游形式。体育旅游不仅仅是旅游的一种简单形式,更主要是旅游产业与体育产业交叉渗透产生的一类新领域。

与"户外运动"(outdoor sports)相同的是参加者都是离开家到大自然中去进行活动,在活动过程中,参与者可以体验刺激、释放激情,获得挑战自我的精神享受。但是与户外运动中参与者是直接参与户外运动不同,体育旅游的参与者既可以直接参与,也可以通过观看、欣赏等形式间接的参与,因此体育旅游市场的整体概念包含狭义和广义两个层次。狭义的体育旅游市场是指对体育旅游有直接需要或欲望的全部消费者,对体育的直接需要是指消费者有锻炼身体、发泄情感、娱乐等一系列的需要,旅游者可以通过参加或观赏各类健身娱乐、体育竞技、体育交流活动,如森林旅游、登山、攀岩、探险、参加或参观体育比赛以及一些传统的民族体育项目等来得到满足。广义的体育旅游市场不仅仅局限于消费者单纯的体育旅游需求,还包括纪念品、住宿、交通、保险、信息等需求。随着社会主义市场经济的不断发展和完善,体育旅游市场逐渐形成以体育为核心多种市场形态相交织的网络型格局,使体育旅游市场的范围不断扩大,形成庞大的体育旅游产业,成为国民经济新增长点。

二、体育旅游的特征

体育旅游作为旅游产业和体育产业交叉渗透产生的一个新的领域,是以体育资源为基础,吸引人们去参加与感受体育活动和大自然情趣的一种新的旅游形式,是体育与旅游相结合的一种特殊的休闲生活方式,也是体育产业的一个重要组成部分。由于体育旅游中所产生的交通、膳食和住宿等收益在统计学上都归结为旅游行业收入。据不完全统计,目前全国各地共有 100 多个体育赛事或旅游节庆,同时还有 11 个体育旅游专项产品。

体育旅游产业范围广泛,如赛跑、打球、游泳、钓鱼、登山、溜冰、高尔夫球、保龄球、台球、冲浪、健美、攀岩、网球等,以及与体育旅游相关的住宿、交通等服务产业,与一般旅游产品相比,体育旅游不但具备一般旅游的特性,还具备体育的明显特征。

（一）体育旅游的综合性

体育旅游产品的综合性表现为它是由多种多样的旅游对象资源与旅游设施和多种多样的旅游服务构成的,其中不仅包含了劳动产品,而且包含非劳动的自然创造物,既有物质成分,又有社会精神成分,是一种组合型产品。体育旅游产品的综合性是由旅游活动的性质与要求决定的。体育旅游是一种综合性的社会、经济、文化活动,其主体是旅游者,旅游者的需要是多方面的,不同旅游者的需求是有差异的,在市场经济条件下,旅游业者经营旅游产品,是为了通过满足旅游者的多种需要而获取利润,因此旅游产品包含的内容必然十分广泛。体育旅游产品的综合性决定了生产或提供体育旅游产品的部门与行业众多,除包括体育旅游业中各部门与行业外,还涉及不少旅游部门外的其他部门与行业。体育旅游业作为部门增长极,通过极化效应,促进了自身的发展,通过扩散效应带动了关联产业的发展;作为区域增长极,通过极化效应,促进了人类活动、生产要素的空间集聚,形成了一定规模的旅游中心,推动了城市化进程,通过扩散效应,导致了人类经济社会活动的空间扩展,带动了区域经济社会的发展。

（二）体育旅游不可贮存性

体育旅游产品不存在独立于消费者之外的生产过程,生产的结果不表现为一个个具体的物品,而是通过服务直接满足体育旅游者的需要。因此,只有体育旅游者购买它并在现场消费时,旅游对象资源、旅游设施与服务的结合才表现为旅游产品。如果没有旅游者的购买与消费,旅游对象资源、旅游设施与服务就不能实现这种结合,也就不成为旅游产品。可见,体育旅游产品的生产、交换与消费具有同一性,具有不可贮存性。旅游产品实现的时间性很强,它一天无人购买,它这一天的价值就白白丧失了。这就要求从事体育旅游业者切实树立"顾客第一"的经营宗旨,努力开发旅游对象资源、改善旅游设施、充实服务内容、提高服务质量,树立区域或企业旅游产品的"名牌"形象,争取更多的客源;根据旅游地的游客容量与接待能力,通过各种措施与途径平衡游客的时空分布,从而提高旅游对象资源、设施的利用率,实现更多的旅游产品价值的转移,获得尽可能多的经济收益。

（三）体育旅游不可转移性

体育旅游产品实现交换后,旅游者得到的不是具体的物品,而只是一种感受或经历。旅游产品不同于物质产品可以运输并在交换后发生所有权转移,旅游者购买旅游产品,得到的并不是旅游对象资源或旅游设施本身的所有权,而是"观赏和享用"或"操作和表现"的权力,获得的是一种"接受服务"和"旅游经历"的满足感。在旅游活动中,发生空间转移的不是旅游产品,而是购买旅游产品的主体——旅游者。体育旅游产品的不可转移性说明,它的流通不是以物流形式出现的,而是以其信息传播以及由此而引起的旅游者的流动表现出来的。体育旅游产品信息传播速度快、效率高,对消费者的旅游需求刺激影响大,其价值就易于实现。这就要求从事旅游业者重视旅游产品的促销,采取各种有利的促销方式,建立、完善促销系统,加速旅游产品流通,提高旅游经济效益。

（四）体育旅游核心是体育

体育旅游与一般观光、文化旅游不同之处在于,体育旅游是用以满足消费者寻求刺激、放松身心、增加交往、挑战自我及改变生活方式等一系列需要为目的各种以体育为载体的旅游。其实,旅游中必不可少的走、爬、攀等人体动作就是体育活动,只不过是没有将此产业化罢了。20世纪80年代以来,全球掀起了徒步旅游热、骑自行车旅游热、登山旅游热,在我国由于全国健身意识的增强,20世纪90年代以后,人们的旅游观念已由自然观光旅游、人文旅游向健身、娱乐、休闲旅游转变。到2001年,全国的体育旅游已经形成气候,全国各地共有100多个体育赛事和旅游节庆,同时还推出了11个体育旅游专项产品。这些产品丰富多彩,结合了各省市的地理环境和人文特点,如2001年中国无锡体育健身旅游节设置了包括中美滑水对抗赛、世界毽球锦标赛、国际门球赛在内的8大项健身和旅游相结合的比赛,广邀天下宾朋来锡参赛。体育健身旅游节开幕期间,无锡推出十条旅游精品线路和无锡夜游项目,以体育健身为载体做足旅游的文章。最重要的是,这些活动都已规范化、产业化,成为了大众消费的新热点。所以,体育旅游的核心是体育运动。

（五）顾客体育热情培育与体育旅游安全同时并重

体育旅游产品的范围十分广泛,按旅游主体参与体育活动的程度,将体育旅游分为参与性与非参与性两种。参与性旅游指旅游者同时又是体育活动的参与者。这类体育旅游产品形式很多,如徒步旅行、自行车旅行、登山、攀岩等。这些活动中,参与者既是游客又是体育活动的主体。非参与性体育旅游产品是一种由体育活动而引起的旅游行为。其中,旅游主体并不一定是体育活动的主要参与者,但这些人的旅游行为却为体育活动发生地的旅游业创造了巨大的经济和社会效益,如各类大型体育赛事中的观众群体的旅游行为等。由于体育项目带有很强的互动性和参与性,因此体育旅游的魅力就在于顾客的高度参与和紧密联系,达到"参与者有玩头,旅游者有看头"。有些体育旅游项目还带有一定的刺激性和挑战性,但这些项目同时又有一定的危险性,有许多活动项目必须要经过专业训练后才能参加,如攀岩、登山、漂流及其他探险活动等。此外,体育旅游的组织者、旅游服务提供者也都要经过相应的专业训练才能上岗工作。在开展这些旅游活动时,旅游主办者也应提供良好的安全设备、设施。为此,除了旅游行业的一般管理规范外,体育旅游行业要建立行业工作标准化法规,按照国际上对体育旅游业管理的通行做法,在体育旅游市场准入、企业经营、服务质量方面建立健全的法规、单行条例。建立体育导游考试制度,从旅游基础知识和体育技能、保护两方面入手,使其具有良好的人文知识背景和具备水上救生、野外活动指导、红十字紧急救护、登山保护等资格,做到持证上岗,确保旅游者在体育旅游过程中的人身安全不受威胁。同时完善监督工作,做到执法必严、违法必究,创造一个良好、安全旅游环境,维护体育旅游行业的信誉。

第二节　体育旅游市场核心目标选择

由于体育旅游的进入障碍较低,随着体育旅游经济的快速发展,在市场上相继出现了许多同一品种的旅游产品,形成有山便可以推出登山探险、有水便可以山间江河漂流、有路便可以自行车旅游等一系列的重复性开发建设。为了使自己的旅游产品获得稳定的利润,企业要从各方面为旅游产品培养特色,树立市场形象,选择核心目标,以求在旅游者心目中形成一种特殊的偏好。

一、制定旅游业的发展战略

对体育旅游业整体规划的宏观管理,制定体育旅游业的发展战略。一方面,整合省内、市内的体育旅游资源,将奇山异水等自然资源与民俗体育、体育场馆、训练基地、体育赛事等体育资源有效结合,按健身娱乐、体育竞技、体育交流等功能,统筹规划、系统开发,突出体育旅游资源特色和区域特点,高起点、高质量做好体育旅游发展规划。同时,制定与发展规划相应的促销宣传策略,根据企业与消费者关注点的不同制定两套宣传方案,吸引旅游企业投资、开发体育旅游资源,吸引旅游者观光、休闲、度假。将政府体育旅游总体形象宣传与旅游企业市场营销相结合,组织旅游宣传促销团到一些国家和地区举办各种形式的旅游说明会和推介会,邀请旅行商和新闻媒体考察、采访旅游线路,提高旅游景点、旅游线路在境内、外的知名度。另一方面,合理开发利用体育旅游资源,走可持续发展道路,完善体育旅游公共配套设施,加强重点旅游区道路、供水、供电、环境保护等配套基础设施建设,增强环境保护意识,加强环境保护和维护生态环境平衡,实现经济效益、环境效益和社会效益统一协调发展。

二、建立竞争优势

发展的关键是设法建立自己的竞争优势,一方面建立价格优势,即在同样的条件下比竞争者定出更低的价格,这里的价格计算范围比较广泛,因为旅游者除享受旅游产品带来的快乐,还要感受旅游全程中吃、住、行的方便、温馨、特色等,旅游者外出旅游时的预算往往是旅游线路全程的全部花费,因此,体育旅游产品定价时需要考虑目标顾客旅游时花费在其他产品上的费用和花费在体育设施、场地的费用。

三、建立偏好优势

建立偏好优势,即能提供确定的特色来满足旅游者的特定偏好,除了分析、开发具有特色的自然资源和体育资源外,良好的服务也是体育旅游的一大特色优势,企业可通过比竞争对手提供更完善、更安全的服务来确定自己的优势。同时,根据目标市场的不同,灵活采用不同的促销方式来显示企业独特的竞争优势。如根据覆盖面相对较大目标市场,着重开发面对公众的促销活动,刺激市场需求的增长,拓宽客源层;对覆盖面比较窄的目标市场,着重开展对旅行社的促销活动,更多地发挥市场中介的作用。宣传促销可采取一系列"攻城掠地""总体轰炸""个别突击"等多种方式,充分运用广播、电视、报纸、刊物等多种新闻宣传媒介进行;利用各种媒体、参加旅游交易会、邀请客源产出地的旅行商代表和新闻媒体代表、举办旅游节庆活动等;在机场、火车站、长途汽车站及繁华地段设置大标语、大广告、招示牌、发放旅游宣传品;利用电视、互联网络,开辟旅游专栏、建立"体育旅游网络"等。除此之外,体育旅游促销还可充分利用各种体育赛事的举办进行宣传。

第三节 体育旅游市场营销战略组合

麦卡锡把可控制营销组合的变量概括为4P,即产品、定价、渠道和促销。体育旅游市场在营销组合上,与传统的营销有所不同并有所创新。

一、产品

根据市场营销学,产品是指向市场提供的能满足人们某种需要的一切物品和劳务。它包括实物、服务、组织、意识等各种有形或无形的形式,也称为产品整体概念。随着科学技术的不断进步,人们的需求日益多样化,在竞争激烈的现代旅游市场中,我们对体育旅游产品的整体概念也有了更完整的认识。一般而言,由体育旅游市场提供的能够满足体育旅游消费者各种需求的一切物品和劳务,即涵盖体育旅游者旅游活动的全部经历的各种事物与现象的总和,便是体育旅游产品整体概念的表述。体育旅游产品这一整体概念,是以旅游消费者的需求为中心,这一点对于体育旅游经营者具有重大意义,也是真正贯彻消费者观点的体现。具体到体育旅游营销之中,即贯穿旅游活动的吃、住、行、游、购、娱都可以成为旅游产品的具体内容。旅店、饮食业提供膳宿服务,交通运输部门提供地区转移服务,旅行社提供信息、组织旅游等项服务,旅游景区则提供精神文化服务,商业则为满足旅游者对于各种商品的需要服务等。尽管从性质、地区和时间上看,体育旅游服务的内容各不相同,但我们应该把提供体育旅游服务的过程看作是一个整体,以保证这个过程的协调一致。这种体育旅游综合服务的实质就是向旅游者提供统一优质的体育旅游服务,其内容包括有在旅游者的定居地及运送游客的过程中和游客临时逗留的旅游地等向旅游者提供的上述各种服务。从发展旅游的观点看,应力求保证整个旅游产品的质量,因为这一方面可以最好地满足国内外旅游者的需要,另一方面又可以使参与的各个部门实现较好的经营效果。其实,旅游产品是以运输工具、旅游饭店、旅游景区等为载体,向旅游者提供的全方位、多功能的服务产品,是无形产品的消费。

随着科学技术的快速发展,社会的不断进步,消费者需求特征的日趋个性化,市场竞争程度的加深加广,导致了产品的内涵和外延也在不断扩大。以现代观念对体育旅游运动产品进行界定,体育旅游产品是指旅游企业为了满足体育旅游者活动过程中的各种需求,而向体育旅游市场提供的各种物品与服务。

（一）核心产品

体育旅游产品最基本的层次是核心利益,即向消费者提供的体育旅游产品基本效用和利益,也是消费者真正要购买的利益和服务。消费者购买某种体育产品并非是为了拥有该产品实体,而是为了获得能满足自身某种运动需要的效用和利益。如蹦极的核心利益体现在它能让消费者体会到失重和近乎撞地的刺激感觉。由此可见,某一体育旅游产品能否被市场接受,不仅取决于企业能否提供这一产品,更重要的是取决于它能否给消费者带来某种实际利益,使其需求得到满足。企业必须以向消费者提供尽量多的实际利益为出发点,来设计和开发新产品,这应是旅游产品的促销重点,特别是在激烈的市场竞争中与竞争者的旅游产品相比较时,更应如此。

（二）形式产品

形式产品是指企业向市场提供的产品实体或服务的外观。体育旅游产品的形式产品层次表现为其出现于市场时的面貌。首先,体育旅游对象资源和旅游设施作为旅游吸引物总具有一定的形态、特征,从而体现出以旅游吸引力大小来衡量的质量层次,而旅游吸引物吸引力的大小、质量的高低又以旅游者的主观认识、理解和感受程度为主要标志。其次,以体育旅游对象资源和旅游设施为凭借提供给旅游者的服务,也具有一定的形态、特征和质量,如旅游从业人员的操作技能、衣着修饰、形态礼仪、语言表达、服务态度和精神风貌等。此外,旅游产品是否需要品牌与包装? 回答应该是肯定的。在消费者购买力日趋提高,闲暇时间日趋增多和买方旅游市场日益发展的条件下,旅游企业为自己的旅游产品设计品牌,以区别于竞争者,实施名牌战略,对提高竞争能力与市场占有率,已日显重要。同样,旅游产品也需要包装,这种包装应该是一种“软包装”或称“市场形象包装”。不同旅游地和旅游企业的旅游产品总有各自的竞争优势与不足,因此,旅游产品的包装应是“掩瑕见玉”“趋利避害”的包装,说到底,这种包装应是旅游产品或旅游企业进入市场时的一种形象策划与实施。

（三）延伸产品

延伸产品是指顾客在购买产品时所能获得的形式产品以外的利益,即顾客需要的产品的延伸部分与更广泛的服务,包括提供信贷、产品知识介绍、技术培训、安装、运输、维护、修理以及售前售后的服务保证等。现代市场上,产品日益繁多,技术性能增强,购买者希望得到产品效用的可靠保证,这是消费者需要深入发展的客观要求。消费者的需要形成了一个系统,企业也应提供相应的系统销售。旅游产品也存在延伸产品层次,它应包括融资、旅游产品知识介绍、咨询和培训,旅游产品的宣传、报道、旅游地环境保护与维护,售前售后的服务保证等。

二、价格

一般产品的价格决策,受到内部公司因素的影响,也受到外部环境因素的影响,如图13－1所示。内部因素包括公司的营销目标、营销组合策略、成本。外部因素包括市场和需求的性质、竞争以及政府。

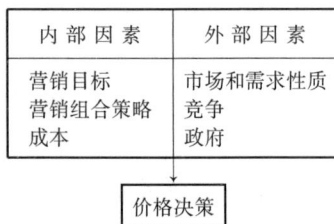

内 部 因 素	外 部 因 素
营销目标 营销组合策略 成本	市场和需求性质 竞争 政府

价格决策

图 13－1　影响价格决策的因素

体育旅游产品的价格除以上因素的影响外,还要受到其他相关旅游产品的影响。一方面,旅游者除享受旅游产品带来的快乐,还要感受旅游全程中吃、住、行的方便、温馨、特色等,旅游者外出旅游时的预算往往是旅游线路全程的全部花费,因此体育旅游产品定价时需要考虑目标顾客旅游时花费在其他产品上的费用;另一方面,旅游产品定价时应将产品的风险费用计算在内。有些体育旅游项目带有很强的危险性,即使采取了一定的保护措施,也会出现意外。一旦出现事故企业须负担一定的责任,因此须事先将企业承担的风险按一定的方法折入体育旅游产品中。

旅游产品的销售,不完全是在生产者与消费者之间直接进行的,有相当的部分是通过旅游中间商(以旅行社为主)进行的。旅游饭店、航空公司、租车公司等旅游产品经营者对批量购买的旅行社和少量购买的散客定价也是不同的,对批量购买者应实行一定的数量折扣。同一旅游产品对不同的购买者定价可以不同,这是从旅游者潜在需求特征和购买力的差异考虑的,如对国内游客和国外游客实行差别定价。

不同地区的旅游对象资源、旅游设施和服务水平,无论是数量、质量还是特点上,都会有较大的差别,从而对旅游者产生不同的吸引力,导致旅游需求上的差异,这种差异反映在旅游产品的价格上必然形成地区差别。另外,体育旅游活动随季节、节假日等时间因素的变化往往会出现淡、旺的波动,那么旅游产品的定价也应随之调整,以调节不同时间的旅游需求和提高企业效益。同类旅游产品的质量、价值不同,满足旅游者需求的程度就不同,因而应制定不同的价格,这和能反映旅游产品价值的定价原则要求是一致的。

根据上述分析,体育旅游产品的定价策略可有三种:撇脂定价、渗透定价和适中定价。

(一)撇脂定价

利用高价产生的厚利,使企业能够在新产品上市之初即能迅速收回投资,减少了投资风险,这是使用撇脂策略的好处。此外,撇脂定价还有以下三个优点。

第一，在全新产品或换代新产品上市之初，顾客对其尚无理性的认识，此时的购买动机多属于求新求奇。利用这一心理，企业通过制定较高的价格，以提高产品身份，创造高价、优质、名牌的印象。

第二，先制定较高的价格，在其新产品进入成熟期后可以拥有较大的调价余地，不仅可以通过逐步降价保持企业的竞争力，而且可以从现有的目标市场上吸引潜在需求者，甚至可以争取到低收入阶层和对价格比较敏感的顾客。

第三，在新产品开发之初，由于资金、技术、资源、人力等条件的限制，企业很难以现有的规模满足所有的需求，利用高价可以限制需求的过快增长，缓解产品供不应求的状况，并且可以利用高价获取的高额利润进行投资，逐步扩大生产规模，使之与需求状况相适应。

当然，撇脂定价策略也存在着某些缺点。

首先，高价产品的需求规模毕竟有限，过高的价格不利于市场开拓、增加销量，也不利于占领和稳定市场，容易导致新产品开发失败。

其次，高价高利润会导致竞争者的大量涌入，仿制品、替代品迅速出现，从而迫使价格急剧下降。此时若无其他有效策略相配合，则企业苦心营造的高价优质形象可能会受到损害，失去一部分消费者。

最后，价格远远高于价值，在某种程度上损害了消费者利益，容易招致公众的反对和消费者抵制，甚至会被当作暴利来加以取缔，诱发公共关系问题。

从根本上看，撇脂定价是一种追求短期利润最大化的定价策略，若处置不当，则会影响企业的长期发展。因此，在实践当中，特别是在消费者日益成熟、购买行为日趋理性的今天，采用这一定价策略必须谨慎。

（二）渗透定价

这是与撇脂定价相反的一种定价策略，即在新产品上市之初将价格定得较低，吸引大量的购买者，扩大市场占有率。利用渗透定价的前提条件有：新产品的需求价格弹性较大；新产品存在着规模经济效益。

采用渗透价格的企业无疑只能获取微利，这是渗透定价的薄弱处。但是，由低价产生的两个好处是：首先，低价可以使产品尽快为市场所接受，并借助大批量销售来降低成本，获得长期稳定的市场地位；其次，微利阻止了竞争者的进入，增强了自身的市场竞争力。

对于企业来说，撇脂策略和渗透策略何者为优，不能一概而论，需要综合考虑市场需求、竞争、供给、市场潜力、价格弹性、产品特性、企业发展战略等因素才能确定。在定价实务中，往往要突破许多理论上的限制，通过对选定的目标市场进行大量调研和科学分析来制定价格。

（三）适中定价

适中定价策略既不是利用价格来获取高额利润，也不是让价格制约占领市场。适中定价策略尽量降低价格在营销手段中的地位，重视其他在产品市场上更有力或有成本效率的手段。当不存在适合于撇脂定价或渗透定价的环境时，公司一般采取适中定价。例如，一个管理者可能无法采用撇脂定价法，因为产品被市场看作是极其普通的产品，没有哪一个细分市场愿意为此支付高价，同样它也无法采用渗透定价法，因为产品刚刚进入市场，顾客在购买之前无法确定产品的质量，会认为低价代表低质量（价格－质量效应）；或者是因为，如果破坏已有的价格结构，竞争者会作出强烈反应。当消费者对价值极其敏感，不能采取撇脂定价，同时竞争者对市场份额极其敏感，不能采用渗透定价的时候，一般采用适中定价策略。

虽然与撇脂定价或渗透定价法相比，适中定价法缺乏主动进攻型，但并不是说正确执行它就非常容易或一点也不重要。适中定价没有必要将价格定得与竞争者一样或者接近平均水平。从原则上讲，它甚至可以是市场上最高的或最低的价格。与撇脂价格和渗透价格类似，适中价格也是参考产品的经济价值决定的。当大多数潜在的购买者认为产品的价值与价格相当时，纵使价格很高也属适中价格。

传统的全包价旅游形式，随着旅游市场的开放和发展，已受到日益严峻的挑战，尤其是我国全包价旅游的直观报价高于海外旅游商普遍实行的半包价旅游的报价，给海外游客以中国旅游高价位的错觉，从而影响了海外客源市场的开拓。散客旅游的支付方式是"现付现享，零付零享"，对价格变化的敏感度也高于团客。因此，散客市场的开发在价格策略上主要应发挥好价格杠杆的良性调节作用，采用灵活的作价方式。此外，一些过去只针对团队的价格策略也可以经过改造而移植到散客市场上来。具体方法有：（1）区别不同时间实行差价。如对散客，旅游淡、旺季实行浮动价，淡季客房优惠，连续住宿越多，价格越优惠。景点门票周末价高于平时等。（2）区别不同空间实行差价。如旅游热、温、冷点实行不同的定价。（3）小包价团，指游客预付部分旅费，由组团社提供四项基本服务和选择性旅游项目。四项基本服务指接送、订房、早餐和交通票，选择性浏览项目分"一日游""半日游"等。选择性项目单列，不计入综合包价中，游客可以根据需要自行处理。（4）一地成团。指游客可以根据组团社提供的路线和浏览项目，按指定的地点和日期，汇集成团队进行旅游，汇集前费用则由游客自理。（5）零星委托。指提供给个人旅游者的单项服务，如代订客房、交通票、文娱节目、接送等。由于零星委托的业务量大,可采取预交一定保证金的补充措施。

三、渠道

体育旅游产品的渠道可包括市场地点的选择、旅行社的选择、市场销售网络的建立、销售渠道的管理与协调等。由于体育旅游产品的生产地点与消费地点为同一地点,因此与一般产品的渠道不同,旅游产品在渠道内不发生所有权的转移,转移的只是旅游区的门票。

渠道除了帮助体育旅游景点代卖门票外,其主要职能还有:寻找可能的消费者;收集消费者对旅游产品的看法;进行关于购买旅游产品的说服性沟通;就价格及其他条件达成协议;从事旅游中交通、吃住等问题的安排;承担与渠道工作有关的全部风险。体育旅游产品的渠道相对而言比较简单。渠道长度较短,通常为直接分销渠道,即旅游者直接从旅游地购买门票或租用器材,或将门票交由各旅行社代售,形成一层渠道;渠道宽度较宽,通常为密集分销,尽可能多地选择适当的旅行社,使广大消费者能随时随地获得体育旅游景区的信息,买到门票。

目前,体育旅游产品的渠道主要存在以下两个问题:渠道形式单一,管理松散,缺少有效的激励、监督、指导和鼓励;渠道职能利用较少,仅仅待售门票,安排旅游者交通、住宿,造成渠道资源大量浪费。问题存在的原因很明显,体育旅游企业还没有充分认识到渠道的重要性和渠道的职能。

四、促销

企业需要根据促销的需要,对广告、销售促进、宣传与人员推销等各种促销方式进行的适当选择和综合编配。

（一）广告宣传

广告促销活动首要的任务是进行广告定位,即根据本企业的旅游产品对旅游消费者的特殊优势,确定其在市场竞争中的方位、地位、并依此设计广告内容。它建立在对旅游产品和旅游消费者两个方面分析研究的基础上。通过突出旅游产品的特点和优点,使目标顾客产生稳固的印象,刺激需求,促使旅游消费者购买或反复购买;而对旅游产品特点和优点的确立,又要建立在了解旅游消费者的基础上。因此,广告定位可分为针对旅游产品的定位和针对旅游消费者的定位两种类型。针对旅游产品的广告定位要求在广告中突出宣传旅游产品的特色和给旅游者带来的利益。

较常用的方式有：功效定位,即在广告中突出宣传旅游产品的特殊价值、特异功能。品质定位,即在广告中突出宣传旅游产品的优良质量、良好服务。价格定位,即企业旅游产品在质量、性能、用途等方面与竞争者相近时,广告中突出强调价廉的特点。档次定位,即在广告中宣传旅游产品属于高、中、低档产品的哪一类型。针对旅游消费者的广告定位是在旅游企业进行市场细分和选定目标市场的基础上,在广告中宣传某旅游产品是为什么人生产的,购买本旅游产品的是哪一类旅游者等。它又可分为按消费对象定位和按消费心理定位两种类型。前者要求在广告中宣传购买本旅游产品的都是哪一类旅游者,如休养身心的游乐观赏者、探险者、科学考察者,考察民族风情者等,以此与竞争者区别开来;后者要求在广告中突出旅游产品的新定义,以改变旅游消费者的习惯心理并树立新的商品观念。

为了保证广告定位的效果,在广告设计与策划中,要达到引起注意、符合需要、容易理解、便于记忆、产生联想、敦促购买的设计要求,体现真实性、针对性、创造性、简明性、艺术性与合法性的设计原则。广告是通过传播媒体向潜在旅游者传递有关信息的,可供旅游企业选用的广告媒体主要有电视、报纸、杂志、广播、路牌等。不同的广告媒体有不同的适用范围和优缺点,其影响范围、程度和效果各异,而企业又受经济条件、目标市场等制约,因此正确选择广告媒体是保证广告成功的重要条件。企业选择广告媒体的基本原则是广、快、准、廉。根据旅游产品和旅游需求的特点,旅游企业选择的广告媒体以电视、报纸为主,以其他媒体为辅。根据目标市场的地域分布,所选媒体的传播范围应与其一致。

根据媒体的影响程度,企业促销目标与广告费用预算,确定国家、省、市、县等不同级别的具体媒体。广告的时间安排对广告效果也有重要影响。一方面,一种旅游产品总有一定的市场生命周期,在不同的生命周期阶段,广告促销的重点应不同。在旅游产品的市场导入期,应发布开拓性或引导性广告,进行正面宣传和介绍,传递新产品面市的信息,诱导、培养和创造新的消费要求;在成长期和成熟期,应发布竞争性或声势性广告,着重宣传旅游产品的特色、为旅游者带来的独特利益和企业的竞争优势,力争培养旅游消费者对本企业及其旅游产品的偏好,树立良好的企业信誉和产品形象;在衰退期,由于收益渐减,可做提示性广告,甚至不做广告。另一方面,旅游需求随时间变化具有客观的淡、旺变化规律,在旅游需求旺盛期,企业应延长广告刊播的时间,提高刊播频率,以争取更多的客源;随旅游需求减少,市场疲软,广告刊播可压缩时间,降低频率,或采用时效性差的杂志、路牌等媒体做广告。

（二）营业推广

1. 针对旅游消费者的营业推广方式

（1）赠品销售，即通过向旅游者赠送能够传递企业及其旅游产品信息的小物品，如印有企业名称、地址、电话号码、企业口号、景点等的日历、招贴画、打火机、小手巾、纪念卡、纪念币、小玩具等，以刺激旅游者的购买欲望。

（2）有奖销售，即旅游者购买旅游产品后发给一定量的兑奖券，销售金额达到一定数量时，公开抽奖，或购买一定货币量的旅游产品后，当场摸奖。

（3）价格折扣，即对一次性购买旅游产品达到一定量的旅游者实行价格折扣。如某旅游地有许多旅游景点，若旅游者全部游览，可购买"通票"，在各景点门票标价的基础上给予一定比例的折扣，若选择性游览，则应按门票标价购买。另外，对与企业业务关系密切的长期顾客和不经旅游中的团体旅游者，也可实行价格折扣。

（4）展销，即旅游企业联合或单独举办展销会，向旅游者宣传企业及其产品，增加销售机会。

（5）服务促销，即根据整体旅游产品概念，向旅游者提供系统销售。

2. 针对旅行社的营业推广方式

（1）经营指导，即对销售本企业旅游产品的旅行社商进行业务指导、人员培训和提供旅游地或旅游企业及其产品的有关信息及推销资料。

（2）同业优惠，即各旅游企业对旅行社的业务旅行实行优惠价甚至免费，以激励他们多经销本企业产品。

（3）批量折扣，即对旅行社经销不同数量的旅游产品实行不同比例的价格折扣。

（4）现金折扣，即在商业信用和消费信贷普遍使用的市场上，企业为鼓励旅行社现金支付或预期付款，而给予一定比例的价格折扣，以加速资金周转。

（5）经销津贴，即企业向旅行社提供开发、经营旅游产品的支持费，以争夺市场。

（6）经销竞赛，即组织所有经销本企业旅游产品的旅行社进行销售竞赛，对销量大的给予奖励。

[本章讨论题]

1. 冰雪体育旅游与传统旅游的区别？

2. 结合实例说明冰雪体育旅游营业推广的方法。

3. 冰雪体育旅游中的差异化策略？

[案例一]

我国冰雪体育旅游产业模式

严格来说,冰雪体育旅游产业是将冰雪与体育运动相结合,满足消费者冰雪多样化需求的综合产业,基本形成了"政府规划、市场主导"的冰雪体育产业的主要模式。在此基础上各个省市在其产业化过程中多与旅游结合,开展与冰雪相关的主题活动(如冰雪节、冰灯游园会、冰灯雪雕技艺等),并由此带动的相关配套产业(冰雪制造业、冰雪旅游业、冰雪装备业以及食物、住宿、交通、培训服务等)的发展繁荣,使冰雪体育旅游产业不但具有运动性、体验性,而且带有民俗节庆色彩,并走出与国外休闲度假不同的模式。目前,冰雪体育旅游开展主要以雪场为载体,因此本文以冰雪体育旅游产业的经营重点为例,如满足消费者由简到繁、由低到高的不同需求,其产业模式可以划分为体验娱乐模式、休闲度假模式、专业扩展模式、民俗节庆模式等(图 13 - 1)。

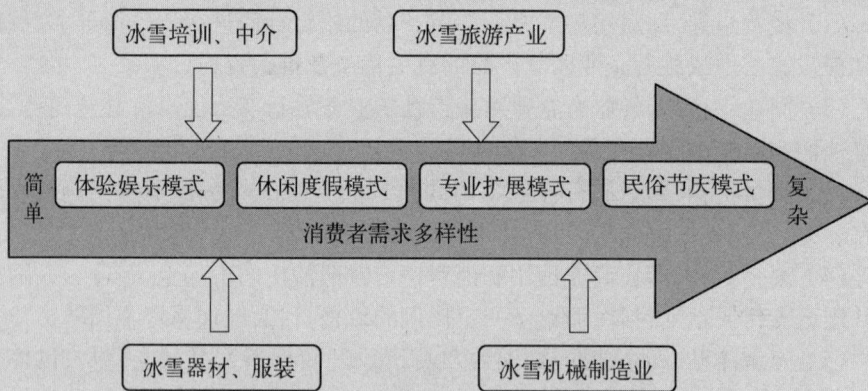

图 13 - 1 冰雪体育本体产业主要模式

一、体验娱乐模式

过去冬季绝大多数人的休闲方式比较单一,缺少去处,而今人们对新的、有趣的休闲娱乐项目需求越来越强烈,尤其是冰雪运动具有动感刺激与冰雪集合的特点,吸引了大量的游人,但是对于初级冰雪爱好者而言,冰雪体育运动仅仅作为一种健身锻炼、心理调节以及猎奇式的体验运动。这部分消费者对于雪场、冰场的设备、服务要求不高,体验娱乐式模式主要针对这部分消费者,雪场场地面积较小、设备相对简单、相关配套设施较少、从业人员缺少专业培训,有些地县级雪场甚至采用二手设备以减少成本,对于产业链中其他配套企业需求较小,但由于具有价格低廉优势、地理便利等优势,对于当地初级消费者具有的一定的吸引力。由于进入障碍较低,只要有足够的冰雪资源以及冰雪资源持续存在的气象条件就可以开工上马,使得"小作坊"式的企业遍地开花,接待的主要是"一日游"之类的短程游客。

二、休闲度假模式

随着人们对于冰雪体育运动的认识不断提高,相当的一部分人群会渐渐对在小型滑雪场滑雪失去兴趣,转而寻求更惊险、更刺激、配套服务设施更完备的大型滑雪场,因此,功能齐全、配套设施先进的大型雪场或滑雪度假区正逐步成为产业的"龙头企业"。根据欧、美、日、韩等国家冰雪体育产业的发展路径来看,休闲度假模式将成为主流模式,该种模式对于雪场功能提出更多要求,往往具有以旅游、餐饮、健身、休闲、娱乐等项目为主的多功能,设有游乐项目区、生态农业区、休闲度假区、风景区、果林植物园、综合服务区等区域,占地面积动辄数十平方公里。这一产业模式对于相关配套企业,如冰雪机械制造业、器材服装业、旅游业、冰雪培训业的企业具有极强的带动性,对于地方经济的发展提供更高的贡献。值得注意的是欧洲的休闲度假模式,雪场经营者、索道经营者、器材经营者、宾馆经营者都是分开经营,独立核算。既保证了共用冰雪资源打造统一品牌,又能分散投资减少风险,并维持一定的市场竞争,减少垄断,这为我国投资上千万兴建大型雪场提供了很好的借鉴。

三、专业扩展模式

当冰雪体育运动成为一种生活方式,成为一部分人经常性、习惯性的体育休闲行为,以及大量极限运动俱乐部成立、运营,标志着消费者对于冰雪体育产业提出了更高的要求。个人装备不再屑于雪场租赁,转而购买自用的高质量竞技产品,对于冰雪器材装备、服装产业的发展提供了更大的发展契机,但目前我国OEM企业(主要集中在南方)的产品难以满足此类消费者的需求,利润率如此高的市场被国外品牌的垄断。在人员培训方面,雪场提供的带有普及冰雪知识性质的初级培训已远远满足不了此类消费者的对专业技能进一步提高的需求,由此带动相应专业俱乐部的发展。对于雪场,不仅仅要求能够提供高质量、高水平、复合功能的服务,目前我国北大湖、亚布利等少数滑雪场都具备综上条件,成为高端人士的首选。雪场也不断推出"专业的业余"服务项目,如主题邀请活动、越野滑雪、探险滑雪等,北京的南山雪场根据自身资源条件开展业余猫跳比赛,并与 Kappa、Nordica、Elan、Dalbello、UVEX 等国际知名滑雪用品品牌商合作,吸引国内众多的业余滑雪高手关注。

四、民俗节庆模式

目前在我国对冰雪资源利用基本上沿袭两种途径:一是与体育结合,如户外冰雪运动;二是与旅游结合,如各地方大力开展的冰雪文化节。目前人们正寻求的第三条道路,即将之前的两种开发方式相结合的道路——走体育冰雪旅游的发展道路,使冰雪体育产业出现民俗节庆模式。此种模式为政府主导规划节庆主题、冰雪相关行业参与、管理部门协调管理,共同开发市场,在食、宿、行、滑、购、娱等各方面的提供高附加值的服务,满足滑雪者获取完整与完美经历和体验的需求,从而得到资金回报,逐步形成融服务、交通、商贸、工业、文化、科技、信息、教育等多元一体的社会化产业集群,充分发挥产业的关联带动功能和辐射渗透能力。

[案例二]

黑龙江省进入冬季旅游旺季　白雪变黄金

随着冬季旅游旺季的到来,黑龙江省各大旅游景区纷纷推出独具特色的冬季旅游项目。哈尔滨冰雪大世界采冰活动、太阳岛雪博会试开园、国际滑雪节开幕……这些活动盛大启幕的同时,黑龙江省已经拉开了 2012 年中国冬季旅游的帷幕,正式进入冬季旅游黄金期。

记者从黑龙江省旅游局了解到,黑龙江省全力打造的"北国风光特色旅游开发区"十大板块和 15 个重点旅游名镇,为游客提供了冰雪风光、冰雪文化、滑雪旅游、冰雪民俗等多种旅游体验为一体的"大美龙江冬季旅游精品线路"。

一派北国风光的"冰城"哈尔滨成为冬季旅游最为火爆的城市,中外宾客纷至沓来,观冬雪、赏冰灯,亲身感受玩冰弄雪带来的激情和快乐。据悉,12 月 21 日第 25 届中国·哈尔滨太阳岛雪博会正式开园纳客、以"梦幻林海雪原,神奇冰雪动漫"为主题的第十四届冰雪大世界也将于 12 月 23 日试开园。记者从旅行社获悉,冬季旅游主要分为浪漫冰城冰雪之旅、滑雪胜地激情之旅等十大精品旅游路线。去年冰雪节期间来哈的国内外游客超过 800 万,第 15 届冰雪节刚刚开幕,游客数量已超过去年,增长势头迅猛。

冬季滑雪也吸引了越来越多的国内外滑雪爱好者,黑龙江省各大雪场凭借气候寒冷这一地区优势,正在全力打造中国最具特色的滑雪旅游胜地,牡丹江横道滑雪场、亚布力雅旺斯滑雪场、大兴安岭映山红滑雪场等黑龙江省内各大滑雪场迎客数量今冬正在迅猛增长。据大兴安岭映山红滑雪场高经理介绍,自 2012 年 11 月运营以来,滑雪场已接待游客 1.1 万人次,同比增长 31.4%。12 月 12 日启幕的第十五届国际滑雪节共推出节庆、赛事、文化、娱乐、健身等 140 项特色冰雪旅游活动,更是让游客流连忘返。

（资料来源:人民网,2012 年 12 月 20 日）

主要参考书目

1. 耿力中：《体育市场营销——决策与运作》，北京，人民体育出版社，2004 年

2. ［美］马修·D·尚克（Matthew D. Shank）著/董进霞等译，北京，清华大学出版社，2003 年

3. 张文献：《市场营销创新》，上海，复旦大学出版社，2002 年

4. 利科勒：《市场营销学原理》，北京，中国人民大学出版社，2010 年

5. 柏唯良：《细节营销学》，北京，机械工业出版社，2009 年第 2 版

6. 唐德才等：《现代市场营销学教程》，北京，清华大学出版社，2009 年第 1 版

7. 顾春梅等：《新编市场营销学》，杭州，浙江工商大学出版社，2009 年第 1 版

8. 杨兴国：《品牌策划》，北京，经济管理出版社，2008 年

9. 谢尔比·D·亨特：《市场营销学理论基础》，上海，上海财经大学出版社，2006 年

10. 菲利普·科特勒：《营销管理》，上海，格致出版社，2009 年第 13 版

11. 2012 年中国体育用品产业发展白皮书

12.【美】菲利普·科特勒等著/何志毅等译：《市场营销原理（亚洲版）》，北京，机械工业出版社，2008 年

图书在版编目(CIP)数据

体育市场营销学/张贵敏主编. —2 版. —上海：复旦大学出版社，2015.8（2024.11 重印）
（复旦博学·体育经济管理丛书）
ISBN 978-7-309-11436-2

Ⅰ.体… Ⅱ.张… Ⅲ.体育-市场营销学 Ⅳ.G80-05

中国版本图书馆 CIP 数据核字（2015）第 096066 号

体育市场营销学(第二版)
张贵敏 主编
责任编辑/宋朝阳 王雅楠

复旦大学出版社有限公司出版发行
上海市国权路 579 号 邮编：200433
网址：fupnet@ fudanpress.com http://www.fudanpress.com
门市零售：86-21-65102580 团体订购：86-21-65104505
出版部电话：86-21-65642845
浙江临安曙光印务有限公司

开本 700 毫米×960 毫米 1/16 印张 22.5 字数 384 千字
2024 年 11 月第 2 版第 9 次印刷

ISBN 978-7-309-11436-2/G·1471
定价：55.00 元